Rechtsstaatliches Defizit
oder zulässige Rechtsfortbildung?

Europäische Hochschulschriften

European University Studies

Publications Universitaires Européennes

Reihe II **Rechtswissenschaft**

Series II Law

Série II Droit

Band/Volume **5967**

Arne Karsten

Rechtsstaatliches Defizit oder zulässige Rechtsfortbildung?

Die Haftung der Konzernmutter für Kartellrechtsverstöße ihrer (nahezu) 100%igen Tochtergesellschaft im europäischen Kartellrecht

PL ACADEMIC RESEARCH

Bibliografische Information der Deutschen Nationalbibliothek
Die Deutsche Nationalbibliothek verzeichnet diese Publikation in der Deutschen Nationalbibliografie; detaillierte bibliografische Daten sind im Internet über http://dnb.d-nb.de abrufbar.

Zugl.: Münster (Westfalen), Univ., Diss., 2017

D 6
ISSN 0531-7312
ISBN 978-3-631-73524-4 (Print)
E-ISBN 978-3-631-73693-7 (E-PDF)
E-ISBN 978-3-631-73694-4 (EPUB)
E-ISBN 978-3-631-73695-1 (MOBI)
DOI 10.3726/b12111

PL Academic Research ist ein Imprint der Peter Lang GmbH.
Peter Lang – Frankfurt am Main · Bern · Bruxelles · New York · Oxford · Warszawa · Wien

Diese Publikation wurde begutachtet.

www.peterlang.com

Inhaltsübersicht

Inhaltsverzeichnis

1. Kapitel: Einleitung

Ob Bier, Gummibärchen, Internetbrowser, Leitzinssätze, Fernseher, Autoglas, Vitamine oder Zucker: Kein Bereich des täglichen Lebens scheint frei von wettbewerbswidrigem Verhalten zu sein.[1] Es verwundert daher nicht, dass die Europäische Kommission als zuständige Behörde mit Kartellrechtssündern hart ins Gericht geht: „Companies must learn the hard way“[2], hieß es unlängst in einer Pressemitteilung der Europäischen Kommission. Dass die Kommission es auch so meint, zeigt ihre Bußgeldpraxis, mit der sie ihrer Stellungnahme Taten folgen lässt. Auf Grundlage von Art. 23 Abs. 2 der Verordnung (EG) Nr. 1/2003 des Rates zur Durchführung der in den Artikeln 81 und 82 des Vertrags niedergelegten Wettbewerbsregeln vom 16.12.2002[3] (im Folgenden: VO 1/2003) und mit tatkräftiger Unterstützung der Unionsgerichte verhängt sie ein „Rekordbußgeld“[4] nach dem anderen.[5]

Während sich das erste am 16.7.1969 verhängte Bußgeld gegen sechs beteiligte Unternehmen eines internationalen Chininkartells[6] auf insgesamt 500.000 Rechnungseinheiten[7] (RE) belief, wobei das höchste einzeln verhängte Bußgeld

---

1 S. auch Europäische Kommission, XXXI. Bericht über die Wettbewerbspolitik 2001, S. 4; vgl. *Bünder*, FAZ v. 25.1.2014, Nr. 21, S. 14.

2 Pressemitteilung der Europäischen Kommission v. 11.11.2009, IP-09-1695. S. auch *Soltész*, EuZW 2011, 121.

3 Abgedruckt in ABl. 2003 Nr. L 1/1. Gemäß Art. 45 S. 1 VO 1/2003 trat die Verordnung am zwanzigsten Tag nach ihrer Veröffentlichung im Amtsblatt der Europäischen Gemeinschaften in Kraft. Nach S. 2 galt sie ab dem 1.5.2004.

4 „Milliarden-Rekordstrafe“ oder „Neues Rekordbußgeld“ titelte bspw. die FAZ bezüglich des Kommissionsverfahrens gegen ein Autoglas-Kartell, abrufbar unter: http://www.faz.net/aktuell/wirtschaft/unternehmen/illegale-preisabsprachen-milliarden-rekordstrafe-gegen-autoglas-kartell-1610191.html, oder gegen den Softwarekonzern Microsoft, abrufbar unter: http://www.faz.net/aktuell/wirtschaft/unternehmen/eu-ahndet-wettbewerbsverstoss-neues-rekordbussgeld-gegen-microsoft-1512387.html, beide zuletzt abgerufen am 21.3.2014. Erst kürzlich (Ausgabe Nr. 235 vom 05.12.2013) fand man im Handelsblatt auf S. 1: „Der Bankenschreck, harte Zeiten für Geldhäuser: Die EU verhängt im Libor-Skandal Rekordstrafen.“

5 *Schneider/Engelsing*, in: MüKo-EuWettbR, Art. 23 VO 1/2003, Rn. 16f.

6 KOMM v. 16.7.1969, IV/26.623, ABl. 1969 Nr. L 192/5 – *Internationales Chininkartell*. Dies überrascht, zumal der erste Kartellrechtsverstoß bereits in der KOMM v. 23.9.1964, IV/A-00004-03344, ABl. 1964 Nr. P 161/2545 – *Grundig-Consten* festgestellt wurde. S. auch *van Themaat*, in: FS Deringer, 398 (405).

7 Bis zur KOMM v. 25.11.1980, IV/29.702, ABl. 1980 Nr. L 377/16 – *Johnson & Johnson* wurde die Höhe der verhängten Geldbuße in Rechnungseinheiten (*units of account*) angegeben. Gemäß Artikel 18 der Verordnung Nr. 17 in Verbindung mit Artikel 17 Absatz 1 der Haushaltsordnung der Gemeinschaften vom 30.7.1968 (ABl. 1968 Nr. L 199/1) betrug der Wert einer Rechnungseinheit 0,88867088 Gramm Feingold, was 1968 einem Gegenwert von 4 DM entsprach. In der Entscheidung KOMM v. 4.11.1982,

RE 210.000 betrug, hat die Kommission bis heute die „Milliardenschallmauer" bereits mehrfach durchbrochen. Nach der als „Röhrenkartell" betitelten Entscheidung *Cathode Ray Tubes – CRT*, in der die Kommission die bislang höchste kollektive Sanktion gegen sechs der sieben beteiligten Unternehmen in Höhe von € 1,47 Milliarden verhängte,[8] erließ sie im *LIBOR-EURIBOR*-Skandal Strafen von insgesamt € 1,71 Milliarden und setzte damit eine neues Rekordhoch.[9] Die Deutsche Bank muss davon ca. € 725 Millionen zahlen.[10] Mehr musste bisher nur Saint-Gobain, insgesamt € 896 Millionen[11], zahlen. Der Intel-Konzern wurde sogar mit € 1,06 Milliarden[12] für das Ausnutzen seiner marktbeherrschenden Stellung sanktioniert.

Diese Entwicklung „from parking tickets to blockbuster levels"[13] hat dazu geführt, dass die verhängten Sanktionen als Instrumente der Wettbewerbspolitik[14] im europäischen Kartellrecht heute mit Adjektiven wie „astronomisch"[15], „exorbitant"[16] oder „drakonisch"[17] beschrieben werden, die die Problematik auf den Punkt bringen: Today, companies do learn it the hard way. Der extreme Anstieg der Geldbußen lässt sich nicht leugnen. Das gilt auch dann, wenn nur wenige Autoren im Rahmen ihrer Ausführungen zur Bußgeldentwicklung die Auswirkungen der Inflation berücksichtigen.[18] Denn auch inflationsbereinigt kann der Anstieg der Bußgelder nicht negiert werden.[19] Tatsächlich gibt es kaum einen anderen Bereich, in dem vergleichbare Sanktionen verhängt werden: Die unionsrechtliche Kartellsanktion

---

IV/29.995, ABl. 1982 Nr. L 325/20 – *Navewa/Anseau* wurde die Sanktion erstmals in der 1979 eingeführten ECU (*European Currency Unit*) beziffert, dem Nachfolger der Rechnungseinheit. Die ECU wurde schließlich 1999 durch den Euro abgelöst.

8 Pressemitteilung der Europäischen Kommission v. 5.12.2012, IP-12-1317, s. auch EuZW 2013, 4.

9 In KOMM v. 12.11.2008, COMP/39.125, ABl. 2009 Nr. C 173/13 – *Automobilglas* erließ die Kommission Strafen in Höhe von insgesamt € 1,354 Milliarden.

10 Pressemitteilung der Europäischen Kommission v. 4.12.2013, IP -13/1208; auch abgedruckt in EuZW 2014, 5f. S. auch FAZ v. 5.12.2013, Nr. 283 S. 1, Handelsblatt v. 5.12.2013, Nr. 235 S. 1, 24.

11 KOMM v. 12.11.2008, COMP/39.125, ABl. 2009 Nr. C 173/16 – *Automobilglas*. Die Geldbuße wurde später auf € 880 Millionen reduziert.

12 KOMM v. 13.5.2009, COMP/C-3/37.990, ABl. 2009 Nr. C 227/17 – *Intel*.

13 *Joshua*, ECLR 2002, 231 (245).

14 *Dannecker/Biermann*, in: Immenga/Mestmäcker, WettbR-EU, Band 1/Teil 2, Vor. Art. 23 VO 1/2003, Rn. 23; *Nowak*, in: Loewenheim/Meessen/Riesenkampff/Kersting/Meyer-Lindemann, Kartellrecht, Art. 23 VerfVO, Rn. 7; *Schneider/Engelsing*, in: MüKo-EuWettbR, Art. 23 VO 1/2003, Rn. 20.

15 *Wagner-von Papp*, WuW 2010, 268 (270); *Soltész*, WuW 2012, 141.

16 *Möschel*, DB 2010, 2377 (2378); *Möschel*, ECLR 2011, 369; *Bechtold*, NZKart 2015, 161 (162).

17 *Van Vormizeele*, NZKart 2013, 386 (387); *Soltész*, EuZW 2011, 121.

18 Das kritisiert zu Recht *Wils*, The Optimal Enforcement of EC Antitrust Law, S. 11.

19 S. dazu *Carree/Günster/Schinkel*, Review of Industrial Organization 2010, 97 (122f.). Überhaupt scheint die Inflation nicht das Entscheidende zu sein. Aussagekräftiger

sucht bis *dato* ihres Gleichen.[20] Das entspricht auch dem Credo der Kommission, die sich fest vorgenommen hat, stärker als bisher üblich den zulässigen Rahmen der Bußgeldhöhen auszuschöpfen.[21]

Ursachen für den Anstieg gibt es viele: ökonomische, globalisierende und rechtliche. Unweigerlich gehört dazu auch die Praxis der Kommission und Unionsgerichte. Denn diese stellen für die Berechnung der Geldbußen nicht auf den Umsatz des eigentlichen Täters ab, sondern auf den des weltweit agierenden Konzerns.[22] Denn nur dieser spiegelt die Wirtschaftskraft des Unternehmens wirklich wider.[23] Art. 23 Abs. 2 und 3 VO 1/2003 schreiben zwar nicht vor, dass sich die Höhe des Bußgelds am Umsatz des sich unmittelbar beteiligenden Unternehmens bemessen muss. Der Umsatz des sanktionierten Unternehmens ist aber entgegen dem Wortlaut der Norm häufig Hauptkriterium für die Bußgeldbemessung.[24] Art. 23 Abs. 2 S. 2 VO 1/2003 definiert darüber hinaus die Kappungsgrenze[25] einer Sanktion mit max. 10% des

---

wäre es, danach zu fragen, welche Kaufkraft bspw. der 1969 verhängte Geldbetrag heute hätte. Zu einem anderen Ergebnis kommt offenbar *Wils*, a.a.O., S. 11.

20 So auch *Möhlenkamp*, in: Schwarze, Instrumente zur Durchsetzung des europäischen Wettbewerbsrechts, 121 (122). Allerdings einigte sich „die amerikanische Großbank JP Morgan Chase [...] mit dem amerikanischen Justizministerium und anderen Behörden wegen unlauterer Hypothekengeschäfte [...] auf einen Rekordvergleich von 13 Milliarden Dollar." Davon sind aber „nur" 2 Milliarden als Strafe deklariert, FAZ v. 20.11.2013, Nr. 270, S. 17.

21 Europäische Kommission, XXXI. Bericht über die Wettbewerbspolitik 2001, S. 4, 164 Rn. 517 sowie Europäische Kommission, XXXII. Bericht über die Wettbewerbspolitik 2002, S. 4; *Schwarze/Weitbrecht*, Grundzüge des europäischen Kartellverfahrensrechts, § 7 Rn. 2; *Sünner*, EuZW 2007, 8 (13). Die Befugnis hierzu erteilte der EuGH der Kommission in der Entscheidung v. 7.6.1983 – verb. Rs. C-100/80, Slg. 1983, 1825, Rz. 108f. – *Musique Diffusion française/Kommission.*

22 EuG v. 15.3.2000 – verb. Rs. T-25/95, Slg. 2000, II-491, Rz. 5040 – *Cimenteries CBR/Kommission.* S. dazu auch EuG v. 12.12.2007 – Rs. T-112/05, Slg. 2007, II-5049, Rz. 17 – *Akzo Nobel/Kommission*; EuG v. 27.3.2014 – Rs. T-56/09 und T-73/09, Rz. 450 – *Saint-Gobain*; *Klusmann*, WuW 2001, 820 (824); *Möhlenkamp*, in: Schwarze, Instrumente zur Durchsetzung des europäischen Wettbewerbsrechts, S. 121 (127); *Bauer/Anweiler*, ÖZK 2011, 71 (76); *Möschel*, ECLR 2011, 369 (370). Ebenfalls BGH, Beschluss v. 3.6.2014 – KRB 46/13 – *Silostellgebühren II* = NZKart 2014, 513 (514).

23 EuG v. 20.3.2002 – Rs. T-9/99, Slg. 2002, II-1487, Rz. 528f. – *HFB/Kommission*; EuG v. 5.4.2006 – Rs. T-279/02, Slg. 2006, II-897, Rz. 96 – *Degussa/Kommission*; EuG v.12.12.2007 – Rs. T-112/05, Slg. 2007, II-5049, Rz. 90 – *Akzo Nobel/Kommission*; EuG vom 8.7.2008 – Rs. T-52/03, Slg. 2008, II-115, Rz. 353, 432 – *Knauf Gips/Kommission*; EuG v. 27.3.2014 – Rs. T-56/09 und T-73/09, Rz. 450 – *Saint-Gobain*; *Dannecker/Fischer-Fritsch*, Das EG-Kartellrecht in der Bußgeldpraxis, S. 270; *Koch*, ZHR 171 (2007), 554 (558); *Bauer/Anweiler*, ÖZK 2011, 71 (76).

24 *Wegner*, WuW 2001, 469 (471).

25 *Dannecker/Biermann*, in: Immenga/Mestmäcker, WettbR-EU, Band 1/Teil 2, Art. 23 VO 1/2003, Rn. 115; *Schneider/Engelsing*, in: MüKo-EuWettbR, Art. 23 VO 1/2003, Rn. 192f. Auch „Haftungshöchstgrenze", *Kindhäuser/Meyer*, in: FK-Kartellrecht, 77.

jeweiligen Umsatzes des gegen das Wettbewerbsrecht zuwiderhandelnden Unternehmens. Auch wenn die Kommission diesen Bußgeldrahmen selten ausschöpft,[26] liegt die Grenze eines noch zulässigen Bußgeldes bei dieser Praxis weitaus höher, als wenn nur auf den Umsatz der Tochter oder Mutter abgestellt würde.[27] Bei der Firma Bosch beliefe sich das max. zulässige Bußgeld momentan bspw. auf € 5 Milliarden.[28] Ohne die Möglichkeit, auf den Konzernumsatz als Obergrenze abzustellen, würde das Erreichen der 10%igen Höchstgrenze heute wohl eher die Regel als die Ausnahme darstellen.[29] Genauso wenig, wie es im Rahmen der Bußgeldberechnung folglich auf den Umsatz des unmittelbaren Täters ankommt, spielt es für die zuständigen Unionsorgane eine Rolle, wer tatsächlicher Täter des Kartellrechtsverstoßes ist. Nach gefestigter Praxis[30] kann die Kommission auch die nicht am Kartellrechtsverstoß unmittelbar beteiligte Konzernmuttergesellschaft für den durch ihre Tochtergesellschaft begangenen Wettbewerbsverstoß, mit einer am Umsatz des Konzerns bemessenen Geldbuße, in Anspruch nehmen. Diese Methode dürfte deshalb ebenfalls maßgeblich für die beschriebene Entwicklung der Kartellbußen sein.[31] Damit reagieren die Unionsorgane auf die wirtschaftliche Realität, die sich heute in der Tat als eine von multinationalen Konzernen beherrschte darstellt,[32] die als Täter der zu sanktionierenden (Wirtschaftsstraft-)taten in Erscheinung treten[33].

An der Praxis ist deshalb im Grundsatz auch nichts auszusetzen, solange sich die Muttergesellschaft an der Zuwiderhandlung ihrer Tochter beteiligt hat. Geldbußen müssen, wie der EuGH schon 1983 in der *Pioneer*-Entscheidung (*Musique Diffusion française)* betonte, zur Not angehoben werden, um eine ausreichend abschreckende

---

Lfg. (2012), Art. 23 VO 1/2003, Rn. 134. Anders BGH, Beschluss vom 26. 2. 2013 – KRB 20/12 – *Grauzementkartell* = NJW 2013, 1972 (1973); BGH, Beschluss v. 3.6.2014 – KRB 46/13 – *Silostellgebühren II* = NZKart 2014, 513 (513f.).

26 Infolge der Ankündigung der Kommission, härter gegen Kartellanten vorzugehen, erreichte sie des Öfteren auch die Kappungsgrenze von 10%, *van Bael*, Due Process in EU Competition Proceedings, Ch. 5, S. 218. S. auch *Sünner*, EuZW 2007, 8 (13) sowie *Soltész*, EuZW 2011, 121; *Bretter/Thomas*, ZWeR 2009, 25 (33); *Klusmann*, ZGR 2016, 252 (253). Vgl. auch EuG v. 17.12.2014 – Rs. T-72/09, Rz. 281 – *Pilkington Group u.a.*

27 Vgl. *Riesenkampff*, in: FS Loewenheim, 529 (530).

28 FAZ v. 9.1.2014, Nr. 7, S. 9.

29 Vgl. *Sünner*, EuZW 2007, 8 (13).

30 S. nur die Entscheidungen der KOMM v. 9.12.2004, COMP IV/E-2/37.533, ABl. 2005 Nr. L 190/22 – *Cholinchlorid*; KOMM v. 21.12.2005, COMP/F/C.38.443, ABl. 2006 L 353/50 – *Kautschukchemikalien*; KOMM v. 19.1.2005 COMP/E-1/37.773, ABl. 2006 L 353/12 – *MCAA*; KOMM v. 20.9.2006,COMP/F1/38.121, ABl. 2007 Nr. L 283/63 – *Fittings*; KOMM v. 12.11.2008, COMP/39.125, ABl. 2009 C 173/08 – *Automobilglas*.

31 Zustimmend *Hofstetter*, GCP November 2009, 2 (7); *Kokott/Dittert*, WuW 2012, 670 (670f.).

32 Vgl. *Fromm*, ZIS 2007, 279.

33 *Heine*, ÖJZ 1996, 211 (212); *Fromm*, ZIS 2007, 279.

Wirkung zu entfalten.[34] Die Realität der Unionspraxis sieht indessen anders aus.[35] Dort haften Mutter- und Tochtergesellschaft als Gesamtschuldnerinnen nebeneinander, unabhängig von einem eigenen Tatbeitrag der Konzernmutter oder deren Kenntnis von einem wettbewerbswidrigen Verhalten der Tochtergesellschaft.[36] Die Folgen für die Muttergesellschaft sind weitreichend. Neben der Tatsache, dass sie für eine am weltweiten Umsatz bemessene Sanktion haftet, die ihre wirtschaftliche Leistungsfähigkeit nicht mehr widerspiegelt, dürfte sie *de facto* alleine für den Verstoß ihrer Tochtergesellschaft(en) einzustehen haben.[37] Es liegt in der Natur der Sache, dass sich die Kommission, um die Durchsetzung der Sanktion zu gewährleisten, zunächst an die solventere Mutter hält.[38] Da die am Konzernumsatz bemesse Geldbuße für den wahren Täter in der Regel aber existenzbedrohende Ausmaße haben dürfte[39] und die Konzernmutter ihre Tochter kaum in die Insolvenz stürzen will, wird sie sie wohl nur selten auf Regress verklagen. Die „gesamtschuldnerische Haftung" ist daher nicht mehr als Makulatur und ändert an der alleinigen Haftung der Konzernmutter nichts.

Diese Vorgehensweise ist wie gesagt nicht neu. Die Unionsgerichte rechtfertigen sie denn auch, indem sie an das Vorliegen einer *wirtschaftlichen Einheit* die Möglichkeit knüpfen, der Muttergesellschaft das Verhalten ihrer Tochter „zuzurechnen". Zum ersten Mal äußerte sich der EuGH in seinem *Stora*-Urteil[40] zu der Frage, ob das kartellrechtswidrige Verhalten einer Tochtergesellschaft ihrer Mutter zugerechnet werden könne.[41] Diesbezüglich führte das Gericht in Anlehnung an seine *ICI*-Rechtsprechung aus, dass das Verhalten der Tochtergesellschaft „der Muttergesellschaft zugerechnet werden kann; dies gilt insbesondere dann, wenn die Tochtergesellschaft ihr Verhalten nicht autonom bestimmt, sondern im Wesentlichen Weisungen der

34 EuGH v. 7.6.1983 – verb. Rs. C-100/80, Slg. 1983, 1825, Rz. 106, 108f. – *Musique Diffusion française/Kommission.*

35 „Dass die bußgeldrechtliche Verantwortung für einen Kartellrechtsverstoß nicht an den Grenzen der unmittelbar beteiligten Gesellschaft halt macht, kann heute zum gesicherten Stand des europäischen Kartellrechts gezählt werden", *Zimmer/Paul*, WuW 2007, 970 (971).

36 *Dannecker/Biermann*, in: Immenga/Mestmäcker, WettbR-EU, Band 1/Teil 2, Vor. Art. 23 VO 1/2003, Rn. 82; *Pohlmann*, Der Unternehmensverbund im Europäischen Kartellrecht, 1999, S. 356.

37 Vgl. *Bosch*, ZHR 177 (2013), 454 (458); so bspw. KOMM v. 27.11.1981, COMP IV/30.188, ABl. 1982 L 94/11 – *Möet et Chandon*; s. auch *Dannecker/Fischer-Fritsch*, S. 273 mit weiteren Beispielen.

38 Vgl. *Schneider/Engelsing*, in: MüKo-EuWettbR, Art. 23 VO 1/2003, Rn. 64; *Bürger*, WuW 2011, 130. *Pohlmann*, S. 374; *Dannecker/Fischer-Fritsch*, S. 270, die die gesamtschuldnerische Haftung zu Recht hinterfragen.

39 *Möhlenkamp*, in: Schwarze, Instrumente zur Durchsetzung des europäischen Wettbewerbsrechts, S. 121 (127); *Klusmann*, WuW 2001, 820 (824).

40 EuGH v. 16.11.2000 – Rs. C-286/98 P, Slg. 2000, I-9925 – *Stora Kopparbergs/Kommission.*

41 *Riesenkampff*, in: FS Loewenheim, 529 (531).

Muttergesellschaft befolgt“[42]. Denn „in einem solchen Fall [sind] die Muttergesellschaft und ihre Tochtergesellschaft Teil ein und derselben *wirtschaftlichen Einheit* und damit ein Unternehmen [...]“[43], wie der EuGH, seine Rechtsprechung weiterentwickelnd, insbesondere im berühmten *Akzo Nobel*-Urteil ausführte. Daneben etablierte er durch das Urteil eine „widerlegliche“[44] Vermutung für das Vorliegen dieser wirtschaftlichen Einheit in dem Fall, dass die Muttergesellschaft nahezu 100%[45] der Anteile an der Tochter hält. Denn in einem solchen Fall wäre nicht nur davon auszugehen, dass die Mutter einen bestimmten Einfluss auf ihre Tochter ausüben kann, sondern dies auch tatsächlich tut.[46] Um die kartellrechtliche Verantwortlichkeit der Muttergesellschaft zu begründen, genügt deshalb der Nachweis, „dass die Muttergesellschaft das gesamte Kapital der Tochtergesellschaft hält, [...] sofern die vom Mutterunternehmen [...] vorgelegten Beweise nicht für den Nachweis ausreichen, dass [das] Tochterunternehmen auf dem Markt eigenständig auftritt“[47]. Ohne dies explizit zu sagen, beherrscht erstere ihre Tochter in einem solchen Fall, so dass es letzterer an Autonomie fehlt und beide folglich eine wirtschaftliche Einheit bilden. Das gilt selbst dann, wenn die Muttergesellschaft alles in ihrer Macht Stehende getan hat, um ein wettbewerbswidriges Verhalten ihrer Tochtergesellschaft zu verhindern.[48] Diese Rechtsprechung hat der Europäische Gerichtshof seitdem einige Male wiederholt,[49] so dass auch insoweit bereits von einer gefestigten Rechtsprechung gesprochen werden kann.[50]

---

42 EuGH v. 16.11.2000 – Rs. C-286/98 P, Slg. 2000, I-9925, Rz. 26 – *Stora Kopparbergs/Kommission.*

43 EuGH v. 10.9.2009 – Rs. C-97/08 P, Slg. 2009, I-8237, Rz. 59 – *Akzo Nobel/Kommission* (Hervorhebungen vom Verfasser).

44 EuGH v. 10.9.2009 – Rs. C-97/08 P, Slg. 2009, I-8237, Rz. 60, 63 – *Akzo Nobel/Kommission.*

45 In EuG v. 15.7.2015 – Rs. T-45/10, Rz. 135 – *Wärmestabilisatoren (GEA) I* ließ das EuG nunmehr eine Haftung auch für den Fall zu, dass die Muttergesellschaft nur zu 71,4% am Kartellanten beteiligt war.

46 EuGH v. 10.9.2009 – Rs. C-97/08 P, Slg. 2009, I-8237, Rz. 60 – *Akzo Nobel/Kommission.*

47 EuGH v. 10.9.2009 – Rs. C-97/08 P, Slg. 2009, I-8237, Rz. 61 – *Akzo Nobel/Kommission.* So jetzt auch EuG v. 15.7.2015 – Rs. T-45/10 – *Wärmestabilisatoren (GEA) I.*

48 EuG v. 13.7.2011 – Rs. T-138/07, Slg. 2011, II-4819, Rz. 88 – *Schindler/Kommission*; EuGHv. 16.6.2016 – Rs. C-155/14 P, Rz 40ff. – *Evonik Degussa (Calciumcarbid).*

49 EuGH v. 20.1.2011 – Rs. C-90/09 P, Slg. 2011, I-1 – *General Química/Kommission*; EuGH v. 29.9.2011 – Rs. C-521/09 P, Slg. 2011, I-8947 – *Elf Aquitaine/Kommission*; EuGH v. 19.7.2012 – verb. Rs. C-628/10 P, Slg. noch nicht veröffentlicht – *Alliance One International/Kommission*; EuGH v. 22.1.2013 – Rs. C-286/11 P, Slg. noch nicht veröffentlicht – *Tomkins/Kommission*; EuGH v. 8.5.2013 – Rs. C-508/11 P, Slg. noch nicht veröffentlicht – *Eni/Kommission*; zuletzt EuGH v. 18.7.2013 – Rs. C-501/11 P, Slg. noch nicht veröffentlicht – *Schindler/Kommission*; EuGH v. 5.3.2015 – verb. Rs. C-93/13 und C-123/13 – *Kommission u.a. / Versalis u.a.*; EuGH v. 16.6.2016 – C-155/14 P – *Evonik Degussa (Calciumcarbid).* S. zuletzt EuG v. 23.1.2014 – Rs. T-384/09, Slg. noch nicht veröffentlicht, Rz. 81 – *SKW/Kommission.*

50 *Zimmer/Paul*, WuW 2007, 970 (971); *Bosch*, ZHR 177 (2013), 454 (458).

Danach haftet die Konzernmutter also für Kartellrechtsverstöße ihrer Töchter mit einer Geldbuße bemessen am Konzernumsatz, obwohl sie an der Zuwiderhandlung weder beteiligt war, noch davon Kenntnis hatte, allein aus dem Grund, dass sie (nahezu) 100% der Anteile besitzt.

Dass diese Praxis Kritik vor allem von Seiten der Unternehmen hervorgerufen hat, überrascht wenig. Im Vordergrund standen dabei auch Verstöße gegen das gesellschaftsrechtliche Trennungsprinzip,[51] da das europäische Kartellrecht mehr oder weniger „blind" dafür sei,[52] vor allem aber auch andere allgemeine Rechtsgrundsätze des Unionsrechts wie der Wesentlichkeitsvorbehalt, das Schuldprinzip, der Bestimmtheitsgrundsatz oder der Verhältnismäßigkeitsgrundsatz.[53] Es werden also auch Geschütze aufgefahren, die auf die Vereinbarkeit der unionsrechtlichen Arbeitsweise mit rechtsstaatlichen Grundprinzipien abzielen und Zweifel an ihrer Rechtsstaatlichkeit aufkommen lassen.[54]

Als Reaktion darauf stützen der EuGH und seine Generalanwälte die Kommission, indem sie die aufkeimende Besorgnis allen Zweifeln zum Trotz praktisch im Keim zu ersticken versuchen. Erst im Jahr 2013 hat die Generalanwältin *Kokott* in ihren Schlussanträgen zur Rechtssache *Schindler*[55] beinahe lehrbuchartig zu dieser Problematik Stellung genommen und sämtliche Bedenken des betroffenen Unternehmens als unbegründet abgetan. Die momentane Bußgeldpraxis sei erforderlich,

---

51 Thematisiert wurde dies vor allem in der Entscheidung *Schindler/Kommission*. S. dazu die Schlussanträge der Generalanwältin *Kokott* v. 18.4.2013 – Rs. C-501/11 P, Slg. noch nicht veröffentlicht, Rz. 64ff. – *Schindler/Kommission*. In der Literatur kritisieren dies insbesondere *van Vormizeele*, WuW 2010, 1008 (1014ff.); *Gehring/Kasten/Mäger*, CCZ 2013, 1 (5f.); *Bosch*, ZWeR 2012, 368 (374f.); *Bosch*, ZHR 177 (2013), 454 (460); *Thomas*, KSzW 2011, 10 (12); *Hofstetter*, GCP 2009, 2 (7); *Bodenstein*, NZKart 2015, 141; vgl. auch *Zimmer/Paul*, WuW 2007, 970 (971).

52 So *Zimmer/Paul*, WuW 2007, 970 (971).

53 Schlussanträge der Generalanwältin *Kokott* v. 18.4.2013 – Rs. C-501/11 P, Slg. noch nicht veröffentlicht – *Schindler/Kommission*.

54 Umfassend zur Kritik am europäischen Kartellbußgeldverfahren s. *Schwarze/Bechtold/Bosch*, Rechtsstaatliche Defizite im Kartellrecht der Europäischen Gemeinschaft, 2008; *Schwarze*, EuR 2009, 171; *Schwarze*, WuW 2009, 6; *Bechtold*, in: 50 Jahre Wettbewerbsgesetz in Deutschland und Europa, S. 61; *Bechtold/Bosch*, ZWeR 2011, 160; *Bodenstein*, NZKart 2015, 141; *Slater/Thomas/Waelbroeck*, ECJ 2009, 97; *Forrester*, EL Rev 2009, 817; *Möschel*, ECLR 2011, 369; *Thomas*, JZ 2011, 485; *Hofstetter*, GCP 2009, 2; *Hofstetter/Ludescher*, in: FS von Büren, 485; *Bauer/Anweiler*, ÖZK 2011, 71; *Soltész/Steinle/Bielesz*, EuZW 2003, 202; *Soltész*, WuW 2012, 141 (142) m.w.N. Die gleiche Diskussion beginnt aktuell auch in Deutschland, wo im Zuge der 9. GWB Novelle mit § 81 Abs. 3a RefE eine dem Unionsrecht entsprechende Konzernhaftung in das GWB eingeführt werden soll. Zur Annahme der Verfassungswidrigkeit der Norm s. bspw. *Brettel/Thomas*, WuW 2016, 336; a.A. Monopolkommission, Sondergutachten 72 (2015), Rn. 62ff.; *Weck*, WuW 2016, 404 (407f.).

55 Schlussanträge der Generalanwältin *Kokott* v. 18.4.2013 – Rs. C-501/11 P, Slg. noch nicht veröffentlicht – *Schindler/Kommission*

um dem Missbrauch nicht „Tür und Tor"[56] zu öffnen, lautet das Argument immer wieder.[57] Auch in der Literatur finden sich mittlerweile Befürworter der Unionspraxis.[58] Nichtsdestotrotz dürfen deshalb die Interessen der Unternehmen nicht vollständig missachtet oder in den Hintergrund gedrängt werden: Dieser Aussage liegt die Tatsache zu Grunde, dass das Kartellrecht in einem ständigen Konflikt mit den betroffenen Unternehmensinteressen steht. Einerseits erfordert es die Sicherstellung eines effektiven Wettbewerbs, andererseits dürfen die dadurch tangierten Interessen der Wettbewerbsteilnehmer, die insbesondere in der Wahrung rechtsstaatlich garantierter Rechte bestehen, nicht vollständig verdrängt werden. Der bestehende Konflikt darf nicht einseitig zu Gunsten eines mutmaßlichen Missbrauchspotentials entschieden werden. Erforderlich ist also immer ein interessengerechter Ausgleich. Die Aufgabe, diesen Konflikt widerstreitender Interessen im Sinne einer praktischen Konkordanz zu lösen, ist aufgrund der sich aus der Globalisierung ergebenden wirtschaftlichen Realität alles andere als einfach. Immer zu berücksichtigen ist aber, dass die Union auf dem Fundament der Rechtsstaatlichkeit beruht, Art. 2 EUV. Auch die VO 1/2003 erklärt in ihren Erwägungsgründen Nr. 12, 37 und 38 noch einmal die Verbindlichkeit allgemeiner Rechtsgrundsätze, wie die des Verhältnismäßigkeitsgrundsatzes und des Prinzips der Rechtssicherheit sowie der Bindung an die Charta der Grundrechte der Europäischen Union. Der EuGH und das EuG haben dies auch für die Kommission entschieden[59] und sind aufgrund des in Art. 19 EUV zum Ausdruck kommenden Rechtsschutzauftrages selbst an diese Grundsätze gebunden.[60] Die Unionsorgane sind daher auch in Wettbewerbssachen verpflichtet, die Rechtsstaatlichkeit mit größtmöglicher Sorgfalt zu wahren. Die Kartellrechtsdurchsetzung

---

56 Schlussanträge der Generalanwältin *Kokott* v. 29.11.2012 – Rs. C-440/11 P, Slg. noch nicht veröffentlicht, Rz. 55 – *Kommission/Stichting Administratiekantoor Portielje*; *Kling*, WRP 2010, 506 (507).

57 Befürchtet wird vor allem, dass sich die Tochtergesellschaft „nach außen hin als Kartellbeteiligte 'die Finger schmutzig macht', während die reiche und mächtige Muttergesellschaft im Hintergrund bleibt und sich so geschickt dem Zugriff der Kartellbehörden entzieht", *Kokott/Dittert*, WuW 2012, 670 (674). S. dazu auch *Thomas*, Unternehmensverantwortlichkeit und –umstrukturierung nach EG-Kartellrecht, S. 133 sowie *Pohlmann*, S. 373f.; *Bauer/Anweiler*, ÖZK 2011, 71 (79); *Mundt*, WuW 2007, 458 (467). Darüber hinaus bestünde bei einer Abkehr von der unionsrechtlichen Sanktionspraxis die Gefahr, dass sich Unternehmen durch Umstrukturierungsmaßnahmen ihrer kartellrechtlichen Verantwortung entziehen könnten, da kein Haftungssubjekt mehr bestünde. Im deutschen Recht wird in diesem Zusammenhang von der sog. *Wurstlücke* gesprochen; s. dazu z.B. *Weck*, WuW 2016, 404; *Mäger*, NZKart 2015, 329.

58 *Hengst*, in: Langen/Bunte, Kartellrecht, Band 2, Art. 101 Rn. 38; s. auch *Kersting*, WuW 2014, 1156 (1159).

59 EuGH v. 22.5.2008 – Rs. C-266/06 P, Slg. 2008, I-81, Rz. 51 – *Degussa/Kommission und Rat*; EuG v. 5.4.2006 – Rs. T-279/02, Slg. 2006, II-897, Rz. 77 – *Degussa/Kommission*.

60 *Schwarze*, in: Schwarze, EU-Kommentar, Art. 19 EUV, Rn. 12. Vgl. auch *Rengeling*, VVDStRL 1994, 202 (237).

darf nicht dazu führen, dass die betroffenen Unternehmen in ihren garantierten Rechten verletzt werden.[61] Diese stellen folglich die Schranken des kartellrechtlichen Gestaltungsspielraumes dar.[62] Ähnlich[63] wie im deutschen Strafprozessrecht konkretisiert auch das Kartell(verfahrens)recht rechtsstaatliche Grundsätze, die dazu führen, dass es eine effektive Kartellrechtsdurchsetzung um jeden Preis nicht geben kann. Wie immer gilt: Der Zweck heiligt nicht jedes Mittel.[64]

Auch wenn *Kokott* in der Rs. *Schindler/Kommission* daher zu Gunsten des Wettbewerbs die Verfahrensweisen der Kommission und Unionsgerichte verteidigt, um so dem potentiellen Missbrauch entgegenzuwirken, und so sehr die Kommission die Bedeutung der Wettbewerbspolitik für den Binnenmarkt auch betont[65], folgt daraus nicht automatisch die Antwort auf die Frage, ob die Praxis, die Konzernmutter für Kartellrechtsverstöße ihrer Töchter, an denen sie nicht beteiligt war, haften zu lassen, zulässig ist. Viel eher sollten die vorgebrachten Bedenken Anlass dazu geben, die Modalitäten der Unionsorgane einmal objektiv und kritisch zu hinterfragen. Denn letztlich stehen diese sowie andere Entscheidungen exemplarisch für die bestehende Skepsis, inwieweit die Inanspruchnahme der Konzernmutter mit dem geltenden Recht vereinbar ist. Obwohl die Unionsrechtsprechung sich auch nach dem *Akzo Nobel* Urteil davon nicht hat beirren lassen, ist die Rechtmäßigkeit, ja sogar die Rechtsstaatlichkeit, dieser Praxis höchst fraglich. Dabei kratzen die geltend gemachten Einwände noch an der Oberfläche. Nicht nur das aktuell vor dem EGMR anhängige Verfahren, indem das dem Unionsrecht nachgebildete niederländische Kartellrecht auf dem Prüfstand steht geben Anlass die Rechtmäßigkeit der Vorgehensweise zu hinterfragen.[66] Bereits ein Blick auf den Wortlaut des Art. 23 Abs. 2 VO 1/2003 wirft die noch viel grundlegendere Frage auf, wie die Kommission und auch die Unionsgerichte ihre Praxis überhaupt darauf stützen wollen. Das gilt in erster Linie im Hinblick auf den Unternehmensbegriff, der im Folgenden zunächst Gegenstand der Untersuchung sein soll. Denn wie kann es dogmatisch begründet werden, ein Bußgeld gegen die Muttergesellschaft zu verhängen, wenn dies dem Wortlaut nach eindeutig gegen das Unternehmen geschehen muss, das gegen die Artt. 101, 102 AEUV verstoßen hat? Was versteht das europäische Kartellrecht unter *dem* Unternehmen? Kann die Haftung der Konzernmutter auf den Unternehmensbegriff als Dreh- und Angelpunkt des europäischen Kartell(bußgeld)rechts gestützt werden, oder ist ihr Ausgangspunkt eine Verhaltenszurechnung? Auf welche Normen könnte diese dann gestützt werden, oder liegt es gar in der Macht des Gerichts,

61 *Dittrich*, Geldbußen im Wettbewerbsrecht der Europäischen Union, 2010, S. 31.
62 *Van Vormizeele*, NZKart 2013, 386.
63 Die Zugrundelegung eines rein deutschen Verständnisses wäre verfehlt, s. Monopolkommission, Sondergutachten 72 (2015), Rn. 65.
64 Diesen Titel verwenden auch *Bechtold/Bosch* für ihren Aufsatz in ZWeR 2011, 160.
65 Europäische Kommission, KOM(2013) 257 final. Bericht über die Wettbewerbspolitik 2012, S. 1; Europäische Kommission, XXXII. Bericht über die Wettbewerbspolitik 2002, S. 3.
66 S. *Bosch*, ZHR 177 (2013), 454 (458).

„Zurechnungsnormen" zu etablieren, auf deren Grundlage entsprechend intensive Eingriffe gestützt werden könnten, die dann aber im Spannungsverhältnis zu verschiedenen allgemeinen Rechtsgrundsätzen des Unionsrechts stünden? Und wie erklärt sich das Gericht, dass das sanktionierte Unternehmen gemäß dem Wortlaut *vorsätzlich* oder *fahrlässig*, in jedem Fall also schuldhaft, gegen das Kartellrecht verstoßen haben muss, wenn es sich selbst doch gar nicht an dem Verstoß beteiligt hat? Besonders brisant wird dieser Aspekt aufgrund des durchaus fragwürdigen Charakters der Kartellsanktion als Strafe. Nicht nur die damit verbundene Anwendbarkeit strafrechtlicher Fundamentalgarantien könnte ein anderes Licht auf die Zulässigkeit der Unionspraxis werfen, sondern auch die Frage, ob überhaupt eine entsprechende Kompetenz zum Erlass vergleichbarer Sanktionen besteht. Auf den Punkt gebracht: Existiert überhaupt eine Rechtsgrundlage, auf die die Kommission ihre Praktiken stützen kann, oder handelt es sich um Richterrecht, das aufgrund der Unvereinbarkeit mit fundamentalen Grundsätzen des Unionsrechts unzulässig ist?

2. Kapitel: Die Haftung der Konzernmutter auf Grundlage von Art. 23 Abs. 2 VO 1/2003

Die Europäische Union beruht gemäß Art. 2 S. 1 EUV explizit auf dem Grundsatz der Rechtsstaatlichkeit.[67] Der Grundsatz vom Vorbehalt des Gesetzes als Ausprägung des Grundsatzes der Gesetzmäßigkeit der Verwaltung gilt daher auch hier.[68] Jeder Eingriff in die Rechte einer natürlichen oder juristischen Person bedarf daher einer gesetzlich normierten Grundlage.[69] Für das Kartellbußgeldrecht ergibt sich das Erfordernis einer Rechtsgrundlage folglich schon aufgrund des mit der Sanktionierung verbundenen Eingriffs in die Grundrechte der bebußten Unternehmen.[70] Im Zweifel folgt es auch aus dem eng mit dem Vorbehalt des Gesetzes verbundenen, im Strafrecht geltenden, *nulla poena sine lege* Grundsatz.[71] Es handelt sich dabei um einen allgemeinen Grundsatz des Primärrechts,[72] der mittlerweile neben Art. 7 Abs. 1 EMRK auch aufgrund der Anerkennung der GRCh über Art. 6 Abs. 1 EUV

---

67 *Zuleeg*, in: von der Groeben/Schwarze, Kommentar zum EU-/EG-Vertrag, Art. 1 EG, Rn. 44.

68 *Stettner*, in: Dauses, EU-Wirtschaftsrecht, 40. Lfg. (2016), B.III, Rn. 63; *Wegener*, in: Calliess/Ruffert, EUV/AEUV, Art. 19 EUV, Rn. 38; *Schwarze*, in: Schwarze, EU-Kommentar, Art. 19 EUV, Rn. 25; *Hellmann*, WuW 2002, 944 (947); EuG v. 8.10.2008 – Rs. T-69/04, Slg. 2008, II-2567, Rz. 34 – *Schunk und Schunk/Kommission*; ausführlich zum Vorbehalt des Gesetzes im Unionsrecht *Hilf/Classen*, in: FS Selmer, 71ff.; s. auch *Grabitz*, NJW 1989, 1776 (1779).

69 EuGH v. 21.9.1989 – verb. Rs. C-46/87, Slg. 1989, 2859, Rz. 19 – *Hoechst/Kommission*; *Wegener*, in: Calliess/Ruffert, EUV/AEUV, Art. 19 EUV, Rn. 38; *van Bael*, Due Process in EU Competition Proceedings, Ch. 5, S. 220; *Hilf/Classen*, in: FS Selmer, 71 (81); *Schwarze/Bechtold/Bosch*, Rechtsstaatliche Defizite im Kartellrecht der Europäischen Gemeinschaft, 2008, S. 18.

70 S. nur *Schwarze*, EuR 2009, 171 (180); *Schwarze/Bechtold/Bosch*, Rechtsstaatliche Defizite im Kartellrecht der Europäischen Gemeinschaft, 2008, S. 21.

71 So *Mayer*, in: Grabitz/Hilf/Nettesheim, Das Recht der Europäischen Union, 41. Lfg. (2010), Grundrechtsschutz und rechtsstaatliche Grundsätze, EUV nach Art. 6, Rn. 380 m.N.

72 EuGH v. 22.5.2008 – Rs. C-266/06 P, Slg. 2008, I-81, Rz. 38 m.w.N. – *Degussa/Kommission und Rat*; EuGH v. 3.5.2007 – Rs. C-303/05, Slg. 2007, I-3633, Rz. 46 – *Advocaten voor de Wereld*; *Mayer*, in: Grabitz/Hilf/Nettesheim, Das Recht der Europäischen Union, 41. Lfg. (2010), Grundrechtsschutz und rechtsstaatliche Grundsätze, EUV nach Art. 1, Rn. 380; *Kindhäuser/Meyer*, in: FK-Kartellrecht, 77 Lfg. (2012), Bußgeldrechtliche Folgen Art. 101 AEUV, Rn. 35; *Gaitanides*, in: von der Groeben/Schwarze, Kommentar zum EU-/EG-Vertrag, Art. 220 EG, Rn. 23.

über Art. 49 Abs. 1 GRCh[73] Anwendung findet.[74] Danach darf niemand wegen einer Handlung oder Unterlassung verurteilt werden, die zur Zeit ihrer Begehung nicht strafbar war. Die Rechtsfolge muss also gesetzlich normiert und hinreichend präzise gefasst sein (*nulla poena sine lege certa*). Der EuGH hat für den Bereich des Kartellrechts mehrfach entschieden, dass dieses Fundamentalprinzip Anwendung findet.[75]

A. Art. 23 Abs. 2 VO 1/2003 als Rechtsgrundlage der Bußgeldhaftung

Die erste gemeinschaftsrechtliche Rechtsgrundlage zum Erlass von Sanktionen für Verstöße gegen Kartellverbote enthielten die Artt. 65f.[76] des Vertrags über die Europäische Gemeinschaft für Kohle und Stahl (EGKSV) vom 18.4.1951.[77] Gemäß Art. 65 § 5 EGKSV[78] konnte die Hohe Behörde für einen Verstoß gegen das in Art. 65 § 1 EGKSV verankerte Kartellverbot Geldbußen und Zwangsgelder festsetzen. Dieser erste Schritt zur Einführung einer europäischen Sanktion für Wettbewerbsverstöße, der den Ursprung der europäischen Geldbuße markiert,[79] ist lange her. Heute ist Art. 23 Abs. 2 S. 1 a) VO 1/2003, der die Vorgängervorschrift Art. 15 Abs. 2 a) der am 21.2.1962 im Amtsblatt der Europäischen Gemeinschaften veröffentlichten[80] und am 13.3.1962[81] in Kraft getretenen Verordnung Nr. 17 – Erste Durchführungsvorschrift zu den Art. 85 und 86 des Vertrages (im Folgenden VO 17/62) nahezu inhaltsgleich[82] ersetzt hat, an dessen Stelle Dreh- und Angelpunkt der kartellrechtlichen Bußgeldhaftung.

---

73 Neben weiteren Grundrechten folgt aus Art. 49 Abs. 1 vor allem das Erfordernis einer Rechtsgrundlage, *Eser*, in: Meyer, EU-GRCh Kommentar, Art. 49, Rn. 10; *Jarass*, EU-GRCh Kommentar, Art. 49, Rn. 2, 10; *Blanke*, in: Calliess/Ruffert, EUV/AEUV, Art. 49 GRCh, Rn. 3; *Schwarze*, EuZW 2003, 261 (263) m.w.N.

74 *Kindhäuser/Meyer*, in: FK-Kartellrecht, 77 Lfg. (2012), Bußgeldrechtliche Folgen Art. 101 AEUV, Rn. 35.

75 EuGH v. 22.5.2008 – Rs. C-266/06 P, Slg. 2008, I-81, Rz. 38 – *Degussa/Kommission und Rat*; vgl. EuGH v. 29.6.2005 – verb. Rs. C-189/02 P, Slg. 2005, I-5425, Rz. 215 – *Dansk Rørindustri/Kommission.*

76 In den Vorschlägen und Entwürfen waren es noch die Art. 60f., s. *Schulze/Hoeren*, Dokumente zum Europäischen Recht, Bd. 3, S. 54, ff., 74ff., 85f., 87ff.

77 Normen abgedruckt in *Gaedke*, Das Recht der Europäischen Gemeinschaft für Kohle und Stahl, S. 64ff.

78 Weitere Normen mit ähnlichen Befugnissen: Art. 47 Abs. 3; Art. 54 Abs. 5 u. 6; Art. 58 § 4; Art. 59 § 7; Art. 64; Art. 66 §§ 6, 7; Art. 68 § 6.

79 Vgl. *Kindhäuser/Meyer*, in: FK-Kartellrecht, 77 Lfg. (2012), Bußgeldrechtliche Folgen Art. 101 AEUV, Rn. 5.

80 Abgedruckt in ABl. 1962 Nr. P 13/204.

81 *Weyer*, DB 1962, 293.

82 *Sünner*, EuZW 2007, 8.

B. Anknüpfungspunkt: Der Unternehmensbegriff im Sinne des Art. 23 Abs. 2 S. 1, 2 VO 1/2003

Gemäß Art. 23 Abs. 2 S. 1 lit a) VO 1/2003 *kann* die Kommission gegen *Unternehmen* ein Bußgeld verhängen, wenn diese vorsätzlich oder fahrlässig gegen Artt. 101, 102 AEUV verstoßen haben. Gleichzeitig bestimmt sich gemäß Art. 23 Abs. 2 S. 2 VO 1/2003 am Umsatz jedes an der Zuwiderhandlung beteiligten *Unternehmens* die Kappungsgrenze der jeweils zulässigen Bußgeldhöhe. Sie darf 10% des im vorausgegangenen Geschäftsjahr erzielten Gesamtumsatzes nicht übersteigen. Während der Unternehmensbegriff in den Artt. 101, 102 AEUV neben dem Subjekt des Kartellrechtsverstoßes auch als objektives Tatbestandsmerkmal fungiert,[83] bestimmt er im Kartellbußgeldrecht den Sanktionsadressaten und die max. zulässige Bußgeldhöhe. Dabei gilt das Opportunitätsprinzip.[84] So wie sich die Artt. 101, 102 AEUV als echte Sonderdelikte[85] ausschließlich an Unternehmen richten, kann auch Sanktionsadressat der Geldbuße nur ein Unternehmen sein.[86] Auch bei den Bußgeldtatbeständen der Union handelt es sich daher um solche Sonderdelikte.[87] Nach der Lesart der Norm sind Sanktionsadressat und Täter dabei identisch. Nur wer den Tatbestand der Artt. 101, 102 AEUV erfüllt, ist Täter[88] und kann damit auch Adressat der Sanktion sein.

I. Unternehmensbegriff im Unionsrecht

Der Unternehmensbegriff spielt sowohl im Kartell- als auch im Kartellbußgeldrecht eine überragende Rolle.[89] Dabei ist er sehr vielschichtig.[90] Trotz dieser immensen Bedeutung definieren weder der AEUV, noch die Durchführungsverordnung oder

---

83 *Pohlmann*, S. 36, 51.

84 *Dannecker/Fischer-Fritsch*, S. 291; *Schneider/Engelsing*, in: MüKo-EuWettbR, Art. 23 VO 1/2003, Rn. 29; *Sura*, in: Langen/Bunte, Kartellrecht, Band 2, Art. 23 VO 1/2003, Rn. 2; *Dannecker/Müller*, in: Rengeling/Middeke/Gellermann, Handbuch des Rechtsschutzes in der Europäischen Union, 3. Aufl. (2014), § 39, Rn. 97.

85 *Tiedemann*, in: FS Jescheck, 1411 (1419); *Dannecker/Fischer-Fritsch*, S. 253; *Heinichen*, Unternehmensbegriff und Haftungsnachfolge im Europäischen Kartellrecht, S. 35.

86 Gemäß Art. 23 Abs. 2 VO 1/2003 kann die Kommission ein Bußgeld ebenfalls gegen eine Unternehmensvereinigung verhängen. Die vorliegende Arbeit konzentriert sich hingegen voll und ganz auf das Unternehmen als Normadressat. Die Unternehmensvereinigung soll daher im Folgenden unberücksichtigt bleiben.

87 *Kindhäuser/Meyer*, in: FK-Kartellrecht, 77 Lfg. (2012), Bußgeldrechtliche Folgen Art. 101 AEUV, Rn. 154.

88 *Pohlmann*, S. 42.

89 *Roth/Ackermann*, in: FK-Kartellrecht, 67. Lfg. (2009), Grundfragen Art. 81 Abs, 1 EG, Rn. 27; *Dannecker/Fischer-Fritsch*, S. 253.

90 *Pohlmann*, S. 35f. auch mit Verweis (S. 36) auf *Cook/Kerse*, EEC Merger Control (1. Aufl.), S. 47, die dem Unternehmensbegriff aufgrund seiner Vielseitigkeit chamäleonähnliche Qualitäten zu sprechen. Vgl. auch *Thomas*, S. 39.

das sonstige Unionsrecht, was hierunter zu verstehen ist.[91] Es handelt sich um einen unbestimmten Rechtsbegriff, der insbesondere durch die Rechtsprechung der Unionsgerichte ausgefüllt wurde.[92] Da der Unternehmensbegriff zunächst einziger Anknüpfungspunkt[93] für die Frage ist, ob die unionsrechtliche Vorgehensweise unter die Rechtsgrundlage des Art. 23 Abs. 2 VO 1/2003 subsumiert werden kann, soll im Folgenden die zum Unternehmensbegriff ergangene Rechtsprechung kurz nachskizziert werden. Dabei liegt das Augenmerk auf den Fragen: I. Was ist grundsätzlich unter dem Unternehmen im Sinne des europäischen Kartellrechts zu verstehen? II. Wer ist tatsächlich Täterunternehmen und Sanktionsadressat nach der Unionspraxis? Mit den daraus gewonnenen Erkenntnissen kann dann III. eine Antwort auf die Frage geben werden, ob unter die bußgeldrechtliche Rechtsgrundlage subsumiert werden kann, dass die Muttergesellschaft für einen Verstoß ihrer Tochter in Anspruch genommen wird.

1. *Institutionelle und funktionale Unternehmensdefinition*

Erste Ausführungen zum Unternehmensbegriff finden sich in der Rechtsprechung des EuGH zum EGKSV. In seinem *S.N.U.P.A.T.*-Urteil stellte der Gerichtshof fest, dass sich „der Unternehmensbegriff im Sinne des Vertrages [...] mit dem Rechtsbegriff der natürlichen oder juristischen Person“[94] deckt. Weder sähe der Vertrag die Möglichkeit vor, mehrere eigenständige Unternehmen zu einem einzigen zusammenzufassen, noch sei dies unter Berücksichtigung der nationalen Rechtsordnungen denkbar, da sie dort als verschiedene juristische Personen angesehen würden.[95] Der europäische Unternehmensbegriff war folglich an das Recht der Mitgliedstaaten gekoppelt. Diesem Grundsatz folgend definierte der Gerichtshof das Unternehmen „als eine einheitliche, einem selbständigen Rechtssubjekt zugeordnete Zusammenfassung personeller, materieller und immaterieller Faktoren [...], mit welcher auf

---

91 *Grave/Nyberg*, in: Loewenheim/Meessen/Riesenkampff/Kersting/Meyer-Lindemann, Kartellrecht, Art. 101 Abs. 1 AEUV, Rn. 130; *Emmerich*, in: Immenga/Mestmäcker, WettbR-EU, Band 1/Teil 1, Art. 101 Abs. 1 AEUV, Rn. 7; *Roth/Ackermann*, in: FK-Kartellrecht, 67. Lfg. (2009), Grundfragen Art. 81 Abs., 1 EG, Rn. 28; *K. Schmidt*, Handelsrecht, § 3 Rn. 1. Anders noch Art. 80 EGKSV und Art. 196 b) EAGV sowie heute Art. 1 des Protokolls 22 zum EWR-Abkommen.

92 Vgl. *Grave/Nyberg*, in: Loewenheim/Meessen/Riesenkampff/Kersting/Meyer-Lindemann, Kartellrecht, Art. 101 Abs. 1 AEUV, Rn. 130. Damit entspricht die Rechtslage im Grunde der in Deutschland, wo es „einen allgemeingültigen *Rechtsbegriff* >>Unternehmen<< [...] nicht [gibt]“, *K. Schmidt*, Handelsrecht, § 3 Rn. 1; *K. Schmidt*, Gesellschaftsrecht, § 17 II, S. 935f.

93 Durchführungsverordnungen, Bekanntmachungen (Leitlinien) oder Mitteilungen der Kommission gibt es zur Frage der Haftung von Konzerngesellschaften für die Verstöße anderer Konzerngesellschaften nicht, *Riesenkampff*, in: FS Loewenheim, 529 (530f.).

94 EuGH v. 22.3.1961 – verb. Rs. C-42/59, Slg. 1961, 101, 164 – *S.N.U.P.A.T/Hohe Behörde.*

95 EuGH v. 22.3.1961 – verb. Rs. C-42/59, Slg. 1961, 101, 164 – *S.N.U.P.A.T/Hohe Behörde.*

die Dauer ein bestimmter wirtschaftlicher Zweck verfolgt wird"[96]. Im Vordergrund der Unternehmensdefinition standen dessen rechtliche Selbstständigkeit sowie eine wirtschaftliche Betätigung.[97] Es handelt sich um einen institutionellen Unternehmensbegriff.[98]

Das sind alte Kamellen. Bereits im *Hydrotherm*-Urteil verzichtete der Gerichtshof auf das Merkmal der Rechtsfähigkeit und definierte Unternehmen im Hinblick auf den jeweiligen Vertragsgegenstand als wirtschaftliche Einheiten, selbst wenn diese rechtlich aus mehreren natürlichen oder juristischen Personen gebildet werden.[99] In der Entscheidung *Höfner und Elser* legte er dem Unternehmensbegriff dann ein funktionales Verständnis zu Grunde und definierte ihn als „jede eine wirtschaftliche Tätigkeit ausübende Einheit unabhängig von ihrer Rechtsform und der Art ihrer Finanzierung".[100] Diese Definition hat er in ständiger Rechtsprechung beibehalten.[101] Sie wird heute als funktionaler Unternehmensbegriff beschrieben.[102] Auch in den

---

96 EuGH v. 13.7.1962 – verb. Rs. C-17/61, Slg. 1962, 615, 687 – *Klöckner-Werke AG/Hohe Behörde*; sowie EuGH v. 13.7.1962 – Rs. C-19/61, Slg. 1962, 675, 750 – *Mannesmann AG/Hohe Behörde.*

97 *Dannecker/Fischer-Fritsch*, S. 253.

98 *Roth/Ackermann*, in: FK-Kartellrecht, 67. Lfg. (2009), Grundfragen Art. 81 Abs., 1 EG, Rn. 32.

99 EuGH v. 12.7.1984 – Rs. C-170/83, Slg. 1984, 2999, Rz. 11 – *Hydrotherm.*

100 EuGH v. 23.4.1991 – Rs. C-41/90, Slg. 1991, I-1979, Rz. 21 – *Höfner und Elser/Macrotron.*

101 EuGH v. 23.4.1991 – Rs. C-41/90, Slg. 1991, I-1979, Rz. 21 – *Höfner und Elser/Macrotron*; EuGH v. 17.2.1993 – verb. Rs. C-159/91, Slg. 1993, I-637, Rz. 17 – *Poucet und Pistre/AGF und Cancava*; EuGH v. 16.11.1995 – Rs. C-244/94, Slg. 1995, I-4013, Rz. 14 – *FFSA/Ministère de l'Agriculture und de la Pêche*; EuGH v. 11.12.1997 – Rs. C-55/96, Slg. 1997, I-7119, Rz. 21 – *Job Centre*; EuGH v. 12.9.2000 – Rs. C-180/98, Slg. 2000, I-6451, Rz. 74 – *Pavlov*; EuGH v. 16.3.2004 – verb. Rs. C-264/01, Slg. 2004, I-2493, Rz. 46 – *AOK-Bundesverband*; EuGH v. 28.6.2005 – verb. Rs. C-189/02 P, Slg. 2005, I-5425, Rz. 112 – *Dansk Rørindustri/Kommission*; EuGH v. 10.1.2006 – Rs. C-222/04, Slg. 2006, I-289, Rz. 107 – *Cassa di Risparmio di Firenze*; EuGH v. 11.7.2006 – Rs. C-205/03 P, Slg. 2006, I-6295, Rz. 25 – *FENIN/Kommission*; EuGH v. 14.12.2006 – Rs. C-217/05, Slg. 2006, I-11987, Rz. 39f. – *Confederación Española de Empresarios de Estaciones de Servicio;* EuGH v. 10.9.2009, Rs. C-97/08 P, Slg. 2009, I-8237, Rz. 54f. – *Akzo Nobel/Kommission*; EuGH v. 1.7.2010 – Rs. C-407/08 P, Slg. 2010, I-6375, Rz. 64 – *Knauf Gips/Kommission*; EuGH v. 20.1.2011 – Rs. C-90/09 P, Slg. 2011, I-1, Rz. 34f. – *General Química/Kommission*; EuGH v. 29.9.2011 – Rs. C-521/09 P, Slg. 2011, I-8947, Rz. 53 – *Elf Aquitaine/Kommission*; EuGH v. 19.7.2012 – verb. Rs. C-628/10 P, Slg. noch nicht veröffentlicht, Rz. 42. – *Alliance One International/Kommission*; *Grave/Nyberg*, in: Loewenheim/Meessen/Riesenkampff/ Kersting/Meyer-Lindemann, Kartellrecht, Art. 101 Abs. 1 AEUV, Rn. 131; *Emmerich*, in: Immenga/Mestmäcker, WettbR-EU, Band 1/Teil 1, Art. 101 Abs. 1 AEUV, Rn. 7; *Hackel*, Konzerndimensionales Kartellrecht, S. 121 je mit w.N.

102 *Herrmann*, in: MüKo-EuWettbR, Einl., Rn. 952; *Grave/Nyberg*, in: Loewenheim/Meessen/Riesenkampff/ Kersting/Meyer-Lindemann, Kartellrecht, Art. 101 Abs. 1

Entscheidungen der Kommission und des EuG findet sie sich zunehmend wieder.[103] Das EuG schloss sich dieser Rechtsprechung im Wesentlichen in seinem *Shell*-Urteil an, indem es mehrere selbstständige Gesellschaften der Shell-Gruppe als eine einzige einheitliche Organisation zusammenfasste[104] und damit auf die Rechtsfähigkeit verzichtete. Seitdem definiert es Unternehmen als *wirtschaftliche Einheiten* „[...] die jeweils in einer einheitlichen Organisation persönlicher, materieller und immaterieller Mittel bestehen, die dauerhaft einen bestimmten wirtschaftlichen Zweck verfolgt [sic!] und an einer Zuwiderhandlung im Sinne dieser Vorschrift beteiligt sein kann [sic!]".[105]

Ein Konkurrenzverhältnis zwischen den Unternehmensdefinitionen von EuG und EuGH gibt es nicht. Eine Entscheidung zu Gunsten der einen oder der anderen kann daher dahinstehen.[106] Denn die sich im Laufe der Zeit entwickelten Unternehmensbegriffe unterschieden sich nur marginal.[107] Wichtiger ist noch, dass beide etwas Entscheidendes gemeinsam haben: Die Einheit muss sich wirtschaftlich betätigen, ohne dass es auf ihre Rechtsfähigkeit ankommt.[108] Sinn und Zweck dieser Auslegung ist es, den Kreis der Normadressaten groß zu halten, um das Kartellrecht effektiv durchzusetzen.[109]

AEUV, Rn. 134; *Emmerich*, in: Immenga/Mestmäcker, WettbR-EU, Band 1/Teil 1, Art. 101 Abs. 1 AEUV, Rn. 8; *Stockenhuber*, in: Grabitz/Hilf/Nettesheim, Recht der Europäischen Union, 47. Lfg. (2012), Art. 101 AEUV, Rn. 51; *Wiedemann*, in: Wiedemann, Kartellrecht, § 4 Rn. 1; *Hackel*, S. 121; *Zandler*, NZKart 2016, 98. Teilweise wird er auch als *funktional-relativ* beschrieben, s. *Roth*, in: FS Bechtold, 393 (395); *Roth/Ackermann*, in: FK-Kartellrecht, 67. Lfg. (2009), Grundfragen Art. 81 Abs, 1 EG, Rn. 31, 35; oder *wirtschaftlich-funktional*, s. *Steinle*, in: FS Bechtold, 541 (542).

103 *Herrmann*, in: MüKo-EuWettbR, Einl., Rn. 952; *Emmerich*, in: Immenga/Mestmäcker, WettbR-EU, Band 1/Teil 1, Art. 101 Abs. 1 AEUV, Rn. 7.

104 EuG v. 10.3.1992 – Rs. T-11/89, Slg. 1992, II-757, Rz. 312 – *Shell/Kommission.*

105 EuG v. 10.3.1992 – Rs. T-11/89, Slg. 1992, II-757, Rz. 311 – *Shell/Kommission.*

106 In diese Richtung wohl auch *Emmerich*, in: Immenga/Mestmäcker, WettbR-EU, Band 1/Teil 1, Art. 101 Abs. 1 AEUV, Rn. 8.

107 Nach *Emmerich*, in: Immenga/Mestmäcker, a.a.O., Rn. 8 unterscheiden sie sich nur dadurch, dass der institutionelle Unternehmensbegriff „das Gewicht (zusätzlich oder allein) auf die Organisation und Dauer der [...] wirtschaftlichen Einheit legt".

108 So auch *Emmerich*, a.a.O., Rn. 8f.; Grave/Nyberg, in: Loewenheim/Meessen/Riesenkampff/Kersting/Meyer-Lindemann, Kartellrecht, Art. 101 Abs. 1 AEUV, Rn. 134. *Roth*, in: FS Bechtold, 393 (395) nennt als „konstitutiv" nur das Merkmal der wirtschaftlichen Tätigkeit.

109 So auch noch *Gippini-Fournier/Mojzesowicz*, in: Loewenheim/Meessen/Riesenkampff, Kartellrecht, 2. Aufl., Art. 81 Abs. 1 EG, Rn. 35; *Säcker/Herrmann*, in: MüKo-EuWettbR, 1. Aufl., Einl., Rn. 1591 m.w.N. Vgl. auch *Roth/Ackermann*, in: FK-Kartellrecht, 67. Lfg. (2009), Grundfragen Art. 81 Abs, 1 EG, Rn. 120.

Der Verzicht auf die Rechtsfähigkeit hat vor allem in der Literatur zu Irritationen und Kritik geführt.[110] So wurde darauf hingewiesen, dass die Wettbewerbsnormen Rechte und Pflichten begründeten und sich folglich nur an rechtsfähige Subjekte richten könnten.[111] Auch stünde der Unternehmensbegriff der Unionsgerichte in Widerspruch zum Unternehmensbegriff des Art. 1 des Protokolls 22 zum EWR-Abkommen[112], der als Unternehmen „jedes Rechtssubjekt [definiert], das eine kommerzielle oder wirtschaftliche Tätigkeit ausübt".[113] Abgesehen davon, dass der Begriff „Rechtssubjekt" ein Spezifikum der deutschen Fassung darstellt[114] und ein Rückschluss vom Unternehmensbegriff des Art. 1 des Protokolls 22 zum EWR-Abkommen auf den Unternehmensbegriff des AEUV die Gefahr einer *„petitio principii"* begründet,[115] hat der EuGH den Kritikern spätestens mit dem *Dansk Rørindustri*-Urteil endgültig den Wind aus den Segeln genommen, indem er feststellte, „ dass der Begriff des Unternehmens im Sinne der Wettbewerbsbestimmungen des Vertrages nicht voraussetzt, dass die betreffende wirtschaftliche Einheit eine eigene Rechtspersönlichkeit hat"[116] und ferner klarstellte, dass es sich nicht um eine Auslegung handle, die auf die vorausgegangenen Entscheidungen *Hydrotherm* und *Höfner/Elser* beschränkt sei.[117]

War der Unternehmensbegriff anfangs also noch an das nationale Recht gekoppelt, hat der Gerichtshof spätestens im *Dansk Rørindustri*-Urteil einen echten Rechtsprechungswandel[118] vollzogen. Er hat einen autonomen Unternehmensbegriff

---

110 Einen Überblick gibt *Pohlmann*, S. 37, 57. Kritisch zu den Folgen auch *Stockenhuber*, in: Grabitz/Hilf/Nettesheim, Recht der Europäischen Union, 47. Lfg. (2012), Art. 101 AEUV, Rn. 52; *Säcker/Herrmann*, in: MüKo-EuWettbR, 1. Aufl., Einl., Rn. 1632; *Roth/Ackermann*, in: FK-Kartellrecht, 67. Lfg. (2009), Grundfragen Art. 81 Abs, 1 EG, Rn. 105.

111 *Pohlmann*, S. 42

112 Abkommen über den Europäischen Wirtschaftsraum, ABl. 1994 Nr. L 1/3; Protokoll 22 über die Definition der Begriffe „Unternehmen" und „Umsatz" (Art. 56), ABl. EG 1994 Nr. L 1/185.

113 *Emmerich*, in: Immenga/Mestmäcker, WettbR-EU, Band 1/Teil 1, Art. 101 Abs. 1, Rn. 7; *Stockenhuber*, in: Grabitz/Hilf/Nettesheim, Recht der Europäischen Union, 47. Lfg. (2012), Art. 101 AEUV, Rn. 53; *Wegner*, WuW 2001, 469 (470); *Steinle*, EWS 2004, 118 (121) m.w.N.; vgl. *Bronett*, WuW 2012, 1163 (1170).

114 Alle anderen Sprachfassungen des Protokolls zum EWR-Abkommen verwenden nur den Begriff „Einheit", EuGH v. 28.6.2005 – Rs. C-189/02, Slg. 2005, I-5425, Rz. 115 – *Dansk Rørindustri/Kommission.* So heißt es in der englischen Sprachfassung „entity", in der französischen „entié", in der italienischen „sogetto" und der niederländischen „eenheid".

115 *Thomas*, S. 14f.

116 EuGH v. 28.6.2005 – verb. Rs. C-189/02 P, Slg. 2005, I-5425, Rz. 113 – *Dansk Rørindustri/Kommission.*

117 EuGH v. 28.6.2005 – verb. Rs. C-189/02 P, Slg. 2005, I-5425, Rz. 113 – *Dansk Rørindustri/Kommission.*

118 Vgl. auch EuGH v. 7.2.2012 – Rs. C-421/11 P, Slg. noch nicht veröffentlicht, Rz. 25 – *Total und Elf Aquitaine/Kommission.* In diesem Beschluss hat der EuGH die Relevanz seiner früheren EGKSV-Rechtsprechung für den Unternehmensbegriff

geschaffen.[119] Der an die Rechtssubjektsqualität anknüpfende Unternehmensbegriff ist daher überholt[120] und mit ihm auch die sich an der fehlenden Rechtsfähigkeit störende Kritik am funktionalen Unternehmensbegriff.

2. *Unternehmenssubjekte und Sanktionsadressaten*

Das Unternehmensspektrum wird durch den Verzicht auf die Rechtsfähigkeit extensiviert[121] und faktisch auf die Frage reduziert, ob durch die in Frage stehende Einheit eine wirtschaftliche Tätigkeit ausgeübt wird.[122] Da hierunter *jede* – auch ohne Gewinnerzielungsabsicht – auf den Austausch oder das Anbieten von Wirtschaftsgütern bzw. Dienstleistungen auf einem bestimmten Markt gerichtete Tätigkeit zu verstehen ist,[123] erscheinen der Subsumtion unter den Unternehmensbegriff keine Grenzen gesetzt. Insbesondere findet eine Restriktion durch das Definitionsmerkmal der *Einheit* nicht statt. Im Grunde ist diese das Unternehmen, wenn eine wirtschaftliche Tätigkeit vorliegt. Die Frage, was unter einem Unternehmen zu verstehen ist, haben Kommission und Unionsgerichte durch ihre Rechtsprechung daher bis heute nicht klar beantwortet. Vielmehr wurde sie durch die Frage, was unter einer wirtschaftlichen Betätigung zu verstehen ist, ersetzt.

Da das Unternehmen als Adressat offensichtlich Rechtssubjektsqualität besitzen kann, aber nicht muss, kommt es aufgrund der Autonomie des Unternehmensbegriffs ersichtlich nicht auf das Vorliegen nationaler Gesellschaftsstrukturen an. Das bedeutet aber nicht, dass Gesellschaftsformen des nationalen Rechts nicht auch unter den Unternehmensbegriff im Sinne der Artt. 101, 102 AEUV und Art. 23 VO 1/2003 fallen können. So erfüllen die deutsche AG und GmbH als juristische Personen *per se* die an den Unternehmensbegriff geknüpften Voraussetzungen.[124]

---

im Sinne des europäischen Kartellrechts verneint; vgl. auch *de Bronett*, WuW 2012, 1163 (1170).

119 *Roth/Ackermann*, in: FK-Kartellrecht, 67. Lfg. (2009), Grundfragen Art. 81 Abs, 1 EG, Rn. 29, 119; *Herrmann*, in: MüKo-EuWettbR, Einl., Rn. 947 m.w.N.

120 Vgl. *Emmerich*, in Immenga/Mestmäcker, WettbR-EU, Band 1/Teil 1, Art. 101 Abs. 1 AEUV, Rn. 8, der pauschal davon spricht, dass der institutionelle Unternehmensbegriff überholt sei. Anders sah dies *ders.* noch in: Immenga/Mestmäcker, WettbR-EG/Teil 1, Art. 81 Abs. 1, Rn. 12. S. auch *Roth/Ackermann*, in: FK-Kartellrecht, 67. Lfg. (2009), Grundfragen Art. 81 Abs, 1 EG, Rn. 28.

121 Vgl. *Pohlmann*, S. 57, die davon ausgeht, dass der Unternehmensbegriff vielfach weiter als von ihr verstanden wird.

122 Vgl. *Herrmann*, in MüKo-EuWettbR, Einl., Rn. 953, sowie noch *Gippini-Fournier/Mojzesowicz*, in: Loewenheim/Meessen/Riesenkampff, Kartellrecht, 2. Aufl., Art. 81 Abs. 1 EG, Rn. 40.

123 EuGH v. 18.6.1998 – Rs. C-35/96, Slg. 1998, I-3851, Rz. 36 – *Kommission/Italien*; *Herrmann*, in MüKo-EuWettbR, Einl., Rn. 955, 960; *Grave/Nyberg*, in: Loewenheim/Meessen/Riesenkampff/Kersting/Meyer-Lindemann, Kartellrecht, Art. 101 Abs. 1 AEUV, Rn. 136; *Lange*, WuW 2002, 953 (954) je m.N.

124 *Rehbinder*, Konzernaußenrecht und allgemeines Privatrecht, S. 58.

Gleiches muss dann auch für die SE (*Societas Europaea*) gelten. Mutter- und Tochtergesellschaften können daher in jedem Fall wirtschaftliche Einheiten und damit Unternehmen darstellen.[125] Bloße Unternehmensteile wie einzelne Betriebe oder Abteilungen[126] erfüllen diese Voraussetzungen hingegen in der Regel nicht.

Gleichzeitig ist der Unternehmensbegriff aber nicht auf juristische und damit rechtsfähige Täter und Sanktionsadressaten beschränkt. Er umfasst daher simpel gesagt auch Unternehmensverbünde bzw. Konzerne.[127] Wie zu zeigen sein wird, kommt es dabei nicht konstitutiv darauf an, dass es sich *per definitionem*[128] um den Zusammenschluss mehrerer rechtlich selbstständiger Gesellschaften unter einer wirtschaftlichen Leitung handelt, sondern darauf, dass die autonom von den Unionsorganen entwickelten „Wirkungsvoraussetzungen" vorliegen.[129] Das ist im Hinblick auf die Rechtsprechung der Unionsorgane unproblematisch, führt aber auf Rechtsfolgenseite zu Problemen.[130]

3. *Kein „bußgeldrechtlicher" Unternehmensbegriff in einer einheitlichen Rechtsordnung*

In der Literatur wird teilweise zwischen einem „täterschaftlichen" und einem „bußgeldrechtlichen" Unternehmensbegriff differenziert.[131] In der Tat könnte man geneigt sein, aufgrund der Diversität des Begriffs im Unionsrecht davon auszugehen, dass auf Tatbestands- und Rechtsfolgenseite unterschiedliche Unternehmensbegriffe

---

125 Vgl. in diesem Sinne *Pohlmann*, S. 42

126 *Lange*, WuW 2002, 953 (955). S. dazu ebenfalls noch *Gippini-Fournier/Mojzesowicz*, in: Loewenheim/Meessen/Riesenkampff, Kartellrecht, 2. Aufl., Art. 81 Abs. 1 EG, Rn. 56 m.w.N.

127 *Emmerich*, in: Immenga/Mestmäcker, WettbR-EU, Band 1/Teil 1, Art. 101 Abs. 1 AEUV, Rn. 43; *Roth/Ackermann*, in: FK-Kartellrecht, 67. Lfg. (2009), Grundfragen Art. 81 Abs, 1 EG, Rn. 30, 119, 122, 125; *Lange*, WuW 2002, 953 (955); *Bauer/Reisner*, WuW 2007, 737 (738f.); *Bürger*, WuW 2011, 130 (131); unklar *Wiedemann*, in: Wiedemann, Kartellrecht, § 4 Rn. 1. Anders noch *v.Gamm*, Das Kartellrecht im EWG-Bereich, S. 23 sowie *v.Gamm*, das Kartellrecht der EWG, S. 40. Auch in der Literatur ist diese Aussage nicht unumstritten, *Roth/Ackermann*, in: FK-Kartellrecht, 67. Lfg. (2009), Grundfragen Art. 81 Abs. 1 EG, Rn. 124 m.N.

128 *Emmerich/Habersack*, Konzernrecht, § 4 Rn. 1.

129 *Roth/Ackermann*, in: FK-Kartellrecht, 67. Lfg. (2009), Grundfragen Art. 81 Abs, 1 EG, Rn. 119.

130 S. dazu insbesondere S. 63ff.

131 Diese Differenzierung nimmt bspw. *Heinichen*, S. 121 vor. Dafür wohl auch *Roth/Ackermann*, in: FK-Kartellrecht, 67. Lfg. (2009), Grundfragen Art. 81 Abs. 1, Rn. 113 nach denen „manches dafür [spricht], bei der Begriffsbildung zwischen einem Unternehmensbegriff in Art. 81 EG einerseits und einem Unternehmensbegriff für Zwecke der Zurechnung andererseits zu unterscheiden [...]". Zweifel an der Einheitlichkeit des Unternehmensbegriffs äußert auch *de Bronett*, WuW 2012, 1163 (1169). Kritisch steht dem *Thomas*, S. 44f. gegenüber.

gelten. So wäre es denkbar, den Unternehmensbegriff des Art. 23 VO 1/2003 im Gegensatz zum Unternehmensbegriff der Artt. 101, 102 AEUV so zu verstehen, dass ersterer neben dem nicht rechtsfähigen Konzern auch einen rechtsfähigen Teil besitzt. Damit könnte gerechtfertigt werden, dass zwar auf den Umsatz des ersteren im Rahmen der Bußgeldbemessung abgestellt wird, letztlich aber die rechtsfähige Muttergesellschaft als Rechtsträger für den Wettbewerbsverstoß einzustehen hat. *Thomas* bspw. argumentiert in diese Richtung, indem er grundsätzlich von einem „zweigliedrigen Unternehmensbegriff" ausgehen will.[132] Unabhängig von den bisherigen Ausführungen könnte ein „bußgeldrechtlicher" Unternehmensbegriff daher existieren, unter den die Unionspraxis subsumiert werden könnte.

a) Grundsatz der Einheit der Rechtsordnung

Gegen eine solche Begriffsspaltung könnte aber der Grundsatz der Einheit der Rechtsordnung sprechen, der auch für das Unionsrecht[133] gilt. Die Einheit der Rechtsordnung meint zunächst nichts anderes, als dass bei der Anwendung einer Norm nicht nur diese angewendet wird, sondern die gesamte Rechtsordnung berücksichtigt werden muss.[134] Widersprüche sollen vermieden werden, indem gleichlautende Vertragsbestimmungen gleich ausgelegt werden.[135] Das fordert schon die Systematik des Gesetzes, die wiederum aus dem Grundsatz der Einheit der Rechtsordnung folgt.[136]

Geht es darum, den Inhalt einer Norm systematisch zu erklären, darf sich die Analyse folglich nicht nur auf sie selbst und ihr unmittelbares Normgefüge beziehen, sondern auf alle Regelungen, die im systematischen Zusammenhang mit der Norm stehen.[137] Daraus lässt sich die Regel von der begrifflichen Einheit (*Einheitlichkeit der Terminologie*) ableiten, der zufolge gleiche Begriffe grundsätzlich gleich zu verstehen sind.[138] Wie immer bestätigt aber die Ausnahme die Regel. Es darf daher nicht der Schluss gezogen werden, dass gleichen oder gleichlautenden Begriffen *per se*

---

132 *Thomas*, S. 46ff.

133 *Tiedemann*, in: FS Jescheck, 1411 (1415). Der EuGH hat vor allem im Hinblick auf die Auslegung nationaler Vorschriften immer wieder die einheitliche Auslegung im Unionsgebiet betont. EuGH v. 17.12.1980 – Rs. C-149/79, Slg. 1980, 3881, Rz. 19 – *Kommission/Belgien*; EuGH v. 6.10.1982 – Rs. C-283/81, Slg. 1982, 3415, Rz. 7 – *CLIFIT/Ministero della Sanità*; EuGH v. 22.2.1990 – Rs. C-221/88, Slg. 1990, I-495, Rz. 13, 15f. – *CECA/Busseni*; *Heinichen*, S. 67 m.w.N.

134 *Engisch*, in: Die Einheit der Rechtsordnung, S. 26; *Zippelius*, Methodenlehre, S. 43.

135 *Tiedemann*, in: FS Jescheck, 1411 (1415); *Anweiler*, Auslegungsmethoden des EuGH, S. 172. S. auch *Buck*, Auslegungsmethoden des EuGH, S. 177; *Zippelius*, Methodenlehre, S. 43.

136 *Anweiler*, S. 173; *Boecken*, S. 27 Rn. 73.

137 *Pechstein/Drechsler*, in: Riesenhuber, Europäische Methodenlehre, § 7 Rn. 22; *Zippelius*, Methodenlehre, S. 43; *Buck*, S. 177; *Anweiler*, S. 172; *Bitter/Rauhut*, JuS 2009, 289 (293).

138 *Heinichen*, S. 134f. S. auch *Anweiler*, S. 172; *Zippelius*, Methodenlehre, S. 43.

dieselbe Bedeutung zukommt. Es könnte genauso gut angehen, dass zwischen dem in der Durchführungsverordnung und dem AEUV verwendeten Unternehmensbegriff der Grundsatz der Relativität der Rechtsbegriffe Anwendung findet. Danach kann derselbe Begriff in verschiedenen Zusammenhängen Unterschiedliches bedeuten.[139] Er stellt somit das genaue Gegenteil einer begrifflichen Einheit dar.

Viel spricht dafür, dass die Verschiedenheit eines Rechtsbegriffs die Ausnahme bildet,[140] während im Umkehrschluss dazu die begriffliche Einheit die Regel ist. Die Einheit der Rechtsordnung und damit auch die aus ihr folgende begriffliche Einheit wird durch allgemeine Prinzipien, insbesondere rechtsstaatliche Grundsätze, beherrscht;[141] spiegelbildlich begrenzen die gleichen Regeln sie auch. Auf europäischer Ebene gehören neben dem umfassenden Grundsatz von der Gesetzmäßigkeit der Verwaltung vor allem das Prinzip der Rechtssicherheit und der Bestimmtheitsgrundsatz[142] als allgemeine Grundsätze des Unionsrechts dazu.[143] Verstößt die unterschiedliche Beurteilung desselben Begriffs innerhalb der Rechtsordnung gegen den Grundsatz der Rechtssicherheit, liegt ein Verstoß gegen Primärrecht vor, so dass dem Grundsatz der Einheitlichkeit der Vorrang zu gewähren wäre. Speziell auf das Kartellbußgeldrecht bezogen könnte sich bereits aufgrund der Schwere des Eingriffs in die Rechte der Unternehmen das Erfordernis einer einheitlichen Auslegung ergeben.[144]

Die Einheit der Rechtsordnung und mit ihr die sich aus der Systematik ableitbare begriffliche Einheit finden ihre Grenze mithin in diesen allgemeinen Prinzipien. Soweit ein unterschiedliches Verständnis desselben Begriffs mit diesen nicht kollidiert, ist eine Ausnahme vom Grundsatz der Einheitlichkeit anzunehmen, so dass von dessen Relativität auszugehen ist. Dabei sind die Besonderheiten des Kartellsanktionenrechts zu berücksichtigen.

---

139 *Riesenhuber*, in: Riesenhuber, Europäische Methodenlehre, § 10 Rn. 20; BVerfG, Beschluss v. 20.8.2015 – 1 BvR 980/15, Rz. 15 – *Kaffeekartell (Melitta)* = NZKart 2015, 447; vgl. auch *Larenz/Canaris*, Methodenlehre, S. 141f., die die Flexibilität der Sprache als ihre Stärke und Schwäche zugleich deuten. Denn ihr „Nuancenreichtum“ führt erst dazu, dass sich aus einem Wort mehrere Bedeutungen ergeben können.

140 Vgl. *Riesenhuber*, in: Riesenhuber, Europäische Methodenlehre, § 10 Rn. 20.

141 *Engisch*, in: Die Einheit der Rechtsordnung, S. 35.

142 *Wegener*, in: Calliess/Ruffert, EUV/AEUV, Art. 19 EUV, Rn. 38; *von Danwitz*, in: Dauses, EU-Wirtschaftsrecht, 40. Lfg. (2016), B.II., Rn. 27; *Schwarze*, in: Schwarze, EU-Kommentar, Art. 19 EUV, Rn. 25.

143 *Wegener*, in: Calliess/Ruffert, EUV/AEUV, Art. 19 EUV, Rn. 38; *von Danwitz*, in: Dauses, EU-Wirtschaftsrecht, 40. Lfg. (2016), B.II., Rn. 27.

144 *Dannecker/Biermann*, in: Immenga/Mestmäcker, WettbR-EU, Band 1/Teil 2, Art. 23 VO 1/2003, Rn. 59 m.w.N.

b) Kollision eines „bußgeldrechtlichen“ Unternehmensbegriffs mit dem Grundsatz der Rechtssicherheit

Da dem Grundsatz der Einheit der Rechtsordnung vor allem systematische Aspekte zu Grunde liegen, wird man von einer Relativität der Begriffe ausgehen können, wenn derselbe Begriff in einem anderen systematischen Zusammenhang gebraucht wird.[145] Regelmäßig wird dann kein Konflikt mit dem Prinzip der Rechtssicherheit bestehen. Es stellt sich also die Frage, ob der Unternehmensbegriff im AEUV bzw. Art. 23 Abs. 2 VO 1/2003 jeweils in systematisch unterschiedlichen Zusammenhängen gebraucht wird.

aa) „Täterschaftlicher“ und „bußgeldrechtlicher“ Unternehmensbegriff in systematisch unterschiedlichen Zusammenhängen

Der Unternehmensbegriff des Art. 23 Abs. 2 VO 1/2003 dient der Bestimmung des Sanktionsadressaten sowie der Ermittlung der Bußgeldhöhe, während der Unternehmensbegriff der Artt. 101, 102 AEUV einerseits als Tatbestandsmerkmal fungiert und andererseits den Täter, das Subjekt des Wettbewerbsverstoßes, bestimmt. Man könnte folglich argumentieren, den Unternehmensbegriffen von AEUV und Durchführungsverordnung kämen unterschiedliche Aufgaben zu, weshalb sie in verschiedenen systematischen Zusammenhängen stünden. Bei Art. 23 Abs. 2 der Durchführungsverordnung handelt es sich um kartellrechtliches Bußgeldrecht, während es sich bei den Wettbewerbsnormen des AEUV um allgemeines Wettbewerbsrecht in Form des Wirtschaftsverwaltungsrechts handelt.[146]

(1) Tatbestand und Rechtsfolge

Zu Recht wurde aber darauf hingewiesen, dass sich allein aus der Differenzierung zwischen allgemeinem Wettbewerbsrecht der Artt. 101ff. AEUV und dem Kartellbußgeldrecht der VO 1/2003 nicht notgedrungen ein systematisch anderer Zusammenhang im Hinblick auf den Unternehmensbegriff ergibt.[147] Vielmehr steht Art. 23 Abs. 2 VO 1/2003 in engem systematischen Zusammenhang mit dem materiellen Wettbewerbsrecht. Denn die kartellrechtlichen Normen des AEUV müssen als Tatbestand beschrieben werden, während Art. 23 Abs. 2 VO 1/2003 dessen Rechtsfolge bildet. Dies lässt schon die Lesart des Art. 23 Abs. 2 VO 1/2003 erkennen, die explizit Bezug auf den Tatbestand nimmt.[148] Ein Bußgeld kann demnach nur gegen das Unternehmen verhängt werden, welches gegen das materielle Wettbewerbsrecht im Sinne der Artt. 101, 102 AEUV verstoßen hat. Streng genommen handelt es sich

---

145 Zustimmend *Heinichen*, S. 135 der alternativ auch auf teleologische Zusammenhänge abstellen will.

146 *Heinichen*, S. 135.

147 *Heinichen*, S. 135.

148 *Dannecker/Biermann*, in: Immenga/Mestmäcker, WettbR-EU, Band 1/ Teil 2, Art. 23 VO 1/2003, Rn. 56f.

daher um eine Norm nach rechtlichem Vorstellungsbild.[149] Dass die Rechtsfolge derselben Norm mit dieser im selben systematischen Zusammenhang steht, dürfte nur schwer zu leugnen sein.

Selbst wenn man diese Vorstellung nicht teilt, spricht die formale Trennung zwischen Tatbestand und Rechtsfolge durch die Regelung letzterer in einer Durchführungsverordnung nicht für einen unterschiedlich systematischen Zusammenhang. Denn die Systematik berücksichtigt die Stellung der Norm im gesamten Normgefüge sowie das Verhältnis zu anderen gesetzlichen Regelungen.[150] Die Durchführungsverordnung und insbesondere Art. 23 VO 1/2003 wurden aufgrund von Art. 103 Abs. 1 AEUV erlassen, um die Einhaltung der kartellrechtlichen Vorschriften in den Verträgen zu gewährleisten. Der gemeinsame systematische Zusammenhang beider Normen lässt sich folglich nicht aberkennen.

(2) Art. 23 Abs. 2 VO 1/2003 als Blankettnorm

Im Hinblick auf den Unternehmensbegriff verdeutlicht sich die systematische Enge noch, wenn man sich die systematische Stellung des Art. 23 Abs. 2 lit a) VO 1/2003 vor Augen führt. Es handelt sich um eine (sekundärrechtliche) *Blankettnorm*[151]: Obwohl Art. 23 VO 1/2003 die Rechtsfolge selbst regelt, überlässt er die Regelungen der Voraussetzungen Ausführungsvorschriften oder anderen Rechtsquellen. In diesem Fall bestimmt also das Primärrecht, namentlich die allgemeinen Wettbewerbsnormen des AEUV, die inhaltlichen Voraussetzungen der Rechtsfolge, soweit sie auf diese verweist. Zumindest hinsichtlich der Bestimmung kongruenter Begriffe muss daher die ausfüllende Norm des Primärrechts in die bußgeldrechtliche Vorschrift hineingelesen werden.[152] Auch aufgrund dieser Tatsache kann es sich bei dem Unternehmensbegriff der Durchführungsverordnung nicht um einen systematisch anderen Begriff handeln.[153]

Nur eine solche Sichtweise wird im Übrigen dem allgemeinen Verständnis von Normhierarchien gerecht. Danach wird eine Norm höherer Stufe im Grundsatz auf der niedrigeren Stufe angewendet. Sie geben der niedrigeren Norm die Daseinsbefugnis und bestimmen ihren Inhalt (mit).[154] Obgleich die Unternehmensbegriffe

---

149 Vgl. *Engisch*, in: Die Einheit der Rechtsordnung, S. 26.

150 *Zippelius*, Methodenlehre, S. 43; *Buck*, S. 177; *Pechstein/Drechsler*, in: Riesenhuber, Europäische Methodenlehre, § 7 Rn. 22; *Anweiler*, S. 172; *Bitter/Rauhut*, JuS 2009, 289 (293).

151 *Dannecker/Biermann*, in: Immenga/Mestmäcker, WettbR-EU, Band 1/ Teil 2, Art. 23 VO 1/2003, Rn. 57; *Kindhäuser/Meyer*, in: FK-Kartellrecht, 77. Lfg. (2012), Bußgeldrechtliche Folgen Art. 101 AEUV, Rn. 89; *Bahnmüller*, Strafrechtliche Unternehmensverantwortlichkeit im europäischen Gemeinschafts- und Unionsrecht, S. 101; *Heinichen*, S. 135.

152 *Bahnmüller*, S. 101; *Heinichen*, S. 135; vgl. *Dannecker/Biermann*, in: Immenga/Mestmäcker, WettbR-EU, Band 1/Teil 2, Art. 23 VO 1/2003, Rn. 57.

153 Zustimmend *Heinichen*, S. 135.

154 *Engisch*, in: Die Einheit der Rechtsordnung, S. 11.

formal getrennt sind, sind sie deshalb doch als Einheit verbunden und folglich bis zur oben beschriebenen Grenze der Einheit parallel anzuwenden.[155]

(3) Normenhierarchie

Dieser Grundgedanke ist, da er aus der Einheit der Rechtsordnung folgt, auch dem Unionsrecht immanent. Das primäre Recht ist dem sekundären zwar grundsätzlich nicht übergeordnet. Das gesamte Primärrecht, zu dem auch Verordnungen zählen, steht auf einer Stufe. Allerdings kann die „Abstufung" zwischen primären- und sekundärem Primärrecht im Rahmen der Systematik zu beachten sein.[156] Die Normen des AEUV werden folglich zur Auslegung des Sekundärrechts herangezogen und nicht umgekehrt[157]- es bestimmt daher das Sekundärrecht. Auch das Verhältnis von Primär- und Sekundärrecht spricht daher dafür, die vom ersteren geprägten Begriffe identisch auszulegen und anzuwenden.

bb) Ergebnis

Im AEUV und der VO 1/2003 ist von einem einheitlichen Unternehmensbegriff auszugehen.[158] Dieser findet auch im Rahmen des Kartellbußgeldrechts Anwendung und damit auch auf den Unternehmensbegriff der Durchführungsverordnung[159]. Er definiert folglich nicht nur das Tatbestandsmerkmal „Unternehmen", sondern auch den Sanktionsadressaten sowie die beschriebene Kappungsgrenze. Damit gilt im gesamten Wettbewerbsrecht der Union dasselbe Verständnis von einem Unternehmen.

Es bietet sich an, in diesem Verhältnis einen *weiten Grundsatz der begrifflichen Einheit* in Abgrenzung zu einem *engen Grundsatz der begrifflichen Einheit* zu differenzieren. Da schon eine Begriffsspaltung des Unternehmensbegriffes zwischen AEUV und Art. 23 Abs. 2 VO 1/2003 (weiter Grundsatz) in Konflikt mit dem Grundsatz der Rechtssicherheit und dem Bestimmtheitsgrundsatz geraten würde, muss dies erst recht für eine Begriffsspaltung innerhalb der Rechtsfolge (enger Grundsatz) gelten.[160] Weder grammatikalische noch systematische Aspekte können folglich

---

155 Vgl. *Engisch*, in: Die Einheit der Rechtsordnung, S. 11.

156 Vgl. *Nettesheim*, EuR 2006, 737 (740f.).

157 Vgl. *Buerstedde*, Juristische Methodik des Europäischen Gemeinschaftsrechts, S. 72f.

158 *Herrmann*, in MüKo-EuWettbR, Einl. Rn. 949; so auch *Pohlmann*, S. 57, die es ablehnt, zwischen einem materiellen Unternehmen im Sinne der Artt. 101, 102 AEUV und einem verfahrensrechtlichen Unternehmensbegriff im Sinne der Durchführungsverordnung zu differenzieren.

159 *Nowak*, in: Loewenheim/Meessen/Riesenkampff/Kersting/Meyer-Lindemann, Kartellrecht, Art. 23 VerfVO, Rn. 17; *Schneider/Engelsing*, in: MüKo-EuWettbR, Art. 23 VO 1/2003, Rn. 59; *Sura*, in: Langen/Bunte, Kartellrecht, Band 2, Art. 23 VO 1/2003, Rn. 10; wohl auch *Bechtold/Bosch/Brinker*, EU-Kartellrecht, Art. 23 VO 1/2003, Rn. 26.

160 Vgl. *Steinle*, EWS 2004, 118 (122).

eine Aufspaltung des Unternehmensbegriffs in einen materiellen und einen verfahrensrechtlichen begründen.[161] Eine Praxis und/oder Rechtsprechung, die von divergierenden Unternehmensbegriffen ausgeht, ist daher grundsätzlich nicht möglich. Vermeintliche „Widersprüche"[162] bzw. Störungen innerhalb der einheitlichen Rechtsordnung könnten allenfalls im Wege der (teleologischen) Auslegung (als bußgeldrechtlicher Unternehmensbegriff) oder notfalls durch Rechtsfortbildung beseitigt und damit gerechtfertigt werden.[163] Wie zu zeigen sein wird, ist die Zulässigkeit dieser Mittel aber ebenfalls äußerst fragwürdig.

4. Stellungnahme

Als Täter des Kartellrechtsverstoßes und damit als sanktionierbares Unternehmen kommt folglich neben der Tochter- und Muttergesellschaft auch der Unternehmensverbund in Frage. Da die Tochtergesellschaft gegen das Kartellrecht verstoßen hat, müsste die Kommission sie für den Verstoß in Anspruch nehmen und die an ihrem Umsatz bemessene Geldbuße an sie adressieren. Wie beschrieben geht die Kommission unter Rückendeckung der Unionsgerichte aber einen anderen Weg. Für den Verstoß haftet faktisch die Konzernmutter, auch wenn die Geldbuße an beide Unternehmen gesamtschuldnerisch verhängt wird. Hinzukommt, dass das Bußgeld weder am Umsatz der Tochter, noch am Umsatz der Mutter, sondern am weltweiten Konzernumsatz bemessen wird. Diese Praxis erscheint im Hinblick auf den Wortlaut der Norm äußerst widersprüchlich.[164] Im Endeffekt schöpft die Kommission das Unternehmensrepertoire zwar aus: Das Unternehmen „Tochter" verletzt das Kartellrecht, anhand des Unternehmens „Konzern" wird das Bußgeld berechnet und am Ende haftet dafür das Unternehmen „Mutter", obwohl dieses weder an dem Verstoß beteiligt war, noch davon wusste. Allerdings ist nach dem bisher Gesagten nicht ersichtlich, wie diese Praxis vom Unternehmensbegriff umfasst sein soll.

II. Täter und Sanktionsadressat der Geldbuße in Konzernsachverhalten

Obwohl als Täter und damit auch Sanktionsadressat des Art. 23 Abs. 2 VO 1/2003 jede eine wirtschaftliche Tätigkeit ausübende Einheit in Betracht kommt, bereitete seine Bestimmung in Konzernsachverhalten regelmäßig Schwierigkeiten. Selten war klar erkennbar, auf wen die Unionsorgane als Täter und damit Subjekt des

---

161 *Thomas*, S. 44; s. auch *Steinle*, EWS 2004, 118 (122), der zudem auch eine Begriffsspaltung aus teleologischer Sicht ablehnt.

162 *Engisch*, in: Die Einheit der Rechtsordnung, S. 42.

163 Vgl. *Engisch*, in: Die Einheit der Rechtsordnung, S. 43, der im Fall der Auslegung von scheinbaren Widersprüchen spricht, im Fall der Analogie von echten Widersprüchen.

164 Vgl. *Haberkamm/Przybilla*, EuZW 2010, 404 mit Verweis auf die Kritik von *Dannecker* an der Sanktionspraxis der Kommission; *Pohlmann*, S. 36.

Kartellrechtsverstoßes abstellten.[165] Während die Kommission bereits in früheren Entscheidungen den Unternehmensverbund ausdrücklich als Täter identifizierte, stellt sie heute durchgängig auf die „wirtschaftliche Einheit“ als für den Verstoß verantwortliches (Täter-)Unternehmen ab.[166] Auch in der Entscheidung *Akzo Nobel* identifizierte sie die wirtschaftliche Einheit als Täterin des Verstoßes, an die die Entscheidung zu richten sei.[167]

Dem EuGH zu Folge ist es gleichfalls die wirtschaftliche Einheit, die gegen die Wettbewerbsregeln verstößt und dafür einzustehen hat.[168] Die Formulierung „gegen das Wettbewerbsrecht verstößt“ kann nur meinen, dass Täterin des Verstoßes die wirtschaftliche Einheit selbst ist. Dass diese für den Verstoß „verantwortlich gemacht werden muss“, impliziert, dass sie auch auf Rechtsfolgenseite als Adressat heranzuziehen ist. In diesem Zusammenhang hat das Gericht klargestellt, dass hierunter ein Unternehmen zu verstehen ist, auch wenn es aus einer Einheit mehrerer miteinander verbundener Gesellschaften besteht.[169] Diese Grundsätze hat das Gericht zuletzt in der Entscheidung *Siemens* erneut bestätigt.[170] Der EuGH verwendet die Begriffe der „wirtschaftlichen Einheit“ und des „Unternehmens(verbunds)“ folglich synonym.[171] In Konzernsachverhalten ist also nicht die Tochtergesellschaft oder die Muttergesellschaft Täter und Adressat der Wettbewerbsvorschriften, sondern die „wirtschaftliche Einheit“, respektive der Konzern oder Unternehmensverbund.[172]

---

165 *Dannecker/Fischer-Fritsch*, S. 264, 273f.; *Pohlmann*, S. 36.

166 *Bodenstein*, NZKart 2015, 141; *Dannecker/Biermann*, in: Immenga/Mestmäcker, WettbR-EU, Band 1/Teil 2, Vor Art. 23 VO 1/2003, Rn. 84 m.w.N. KOMM v. 21.12.1988 – IV/31.865, ABl. 1989 L 74/14 – *PVC*; KOMM v. 23.11.1984 – IV/30.907, ABl. 1985 L 35/14 – *Peroxy-Produkte*; *Dannecker/Fischer-Fritsch*, S. 265; *Bürger*, WuW 2011, 130.

167 Vgl. EuG v. 12.12.2007 – Rs. T-112/05, Slg. 2007, II-5049, Rz. 12 – *Akzo Nobel/Kommission.*

168 EuGH v. 10.9.2009 – Rs. C-97/08 P, Slg. 2009, I-8237, Rz. 56 – *Akzo Nobel/Kommission*; EuGH v. 20.1.2011 – Rs. C- 90/09 P, Slg. 2011, I-1, Rz. 36 – *General Química/Kommission*; EuGH v. 29.9.2011 – Rs. C-521/09 P, Slg. 2011, I-8947, Rz. 53 – *Elf Aquitaine/Kommission*; EuGH v. 19.7.2012, verb. Rs. C-628/10, Slg. noch nicht veröffentlicht, Rz. 42 – *Alliance One International/Kommission*; *Hengst*, in: Langen/Bunte, Kartellrecht, Band 2, Art. 101 Rn. 36.

169 EuGH v. 14.12. 2006 – Rs. C-217/05, Slg. 2006, I-11987, Rz 40 – *Confederación Española de Empresarios de Estaciones de Servicio*; EuGH v. 10.9.2009 – Rs. C-97/08 P, Slg. 2009, I-8237, Rz. 55 – *Akzo Nobel/Kommission.*

170 EuGH, v. 10.4.2014, Rs. C-231/11 P bis C-233/11 P, Rz. 42–44 – *Siemens Österreich.*

171 *Steinle*, EWS 2004, 118 (122); *Pohlmann*, S. 355; *de Bronett*, EWS 2012, 113 (121); vgl. *Kling/Thomas*, Kartellrecht, § 5 Rn. 17.

172 Zutreffend *Kersting*, WuW 2014, 1156 (1158).

1. *Eigenständige Rechtsfigur der wirtschaftlichen Einheit*

Obwohl auch große Teile der Literatur die wirtschaftliche Einheit als Täterin bezeichnen[173] und sie damit als das gegen die Wettbewerbsnormen verstoßende Unternehmen anerkennen, ist dieses Ergebnis nicht unumstritten. Schuld an diesem Dilemma sind die Praxis und insbesondere die Rechtsprechung der Unionsorgane. Aus ihr werden teilweise unterschiedliche Schlüsse gezogen, so dass unklar bleibt, ob die wirtschaftliche Einheit dazu dient, das verantwortliche, rechtsfähige Subjekt zu bestimmen oder das Subjekt im Falle miteinander verbundener Unternehmen meint.[174]

2. *Rechtsfolge der wirtschaftlichen Einheit*

Den Sinn und Zweck der wirtschaftlichen Einheit zu bestimmen, erweist sich als schwierig. Fakt ist, dass sie „in durchaus unterschiedlichen Zusammenhängen und zu durchaus unterschiedlichen Zwecken Verwendung" findet[175] und eine zentrale Rolle im Sinne des Untersuchungsgegenstandes spielt. Welcher dies im Kontext des Untersuchungsgegenstandes ist, ist aber mehr als fraglich: Umschreibt sie nun den Täter in Konzernsachverhalten, wie es die Praxis der Unionsorgane nahelegt? Oder begründet sie die Möglichkeit, die Muttergesellschaft sukzessiv in Anspruch zu nehmen? Wann liegt eine wirtschaftliche Einheit überhaupt vor? Zu Recht muss sie sich daher auch den Vorwurf gefallen lassen, mehr zu verklären als zu erklären.[176]

---

173 *Muders*, wistra 2011, 405 (412) bezeichnet die wirtschaftliche Einheit bspw. als „Tatsubjekt der Kartellverstöße"; *Zimmer/Paul*, WuW 2007, 970 (971); *de Bronett*, EWS 2012, 113 (122), der die Rechtsprechung des EuGH ebenfalls so interpretiert, dass nur die wirtschaftliche Einheit die Zuwiderhandlung begeht und folgerichtig dafür verantwortlich ist, soweit dies überhaupt möglich ist. S. auch *Kling*, WRP 2010, 506 (507); *Bauer/Reisner*, WuW 2007, 737 (738f.); *Dück/Schultes*, WM 2013, 9 (10); *Lipowsky*, Die Zurechnung von Wettbewerbsverstößen zwischen verbundenen Unternehmen im EWG-Wettbewerbsrecht S. 59; vgl. auch *Dannecker/Fischer-Fritsch*, S. 261f.

174 So *Koch*, ZHR 171 (2007), 554 (557); *Papakiriakou*, Das Europäische Unternehmensstrafrecht in Kartellsachen, S. 162; *Bauer/Reisner*, WuW 2007, 737 (739); *Dannecker/Fischer-Fritsch*, S. 273f.; *Roth/Ackermann*, in: FK-Kartellrecht, 67. Lfg. (2009), Grundfragen Art. 81 Abs, 1 EG, Rn. 106; *Schünemann*, in: Schünemann/González, Bausteine des europäischen Wirtschaftsstrafrechts, 1994, 265 (292); *Bürger*, WuW 2011, 130; *Emmerich*, in: Immenga/Mestmäcker, WettbR-EU, Band 1/Teil 1, Art. 101 Abs. 1 AEUV, Rn. 46.

175 Zu den verschiedenen Fallgruppen *Kling*, ZWeR 2011, 169 (171); *Thomas*, JoECLaP 2011, 1 (2); *Roth/Ackermann*, in: FK-Kartellrecht, 67. Lfg. (2009), Grundfragen Art. 81 Abs, 1 EG, Rn. 106.

176 *Roth/Ackermann*, in: FK-Kartellrecht, 67. Lfg. (2009), Grundfragen Art. 81 Abs, 1 EG, Rn. 106.

Um für mehr Klarheit zu sorgen, sollten daher verschiedene Problemkreise voneinander getrennt werden. Zunächst sind die Fragen zu beantworten, was aus dem Vorliegen der wirtschaftlichen Einheit folgt und wann eine wirtschaftliche Einheit vorliegt. Sind diese geklärt, stellen sich im Anschluss die Fragen, womit die Inanspruchnahme der Muttergesellschaft am Konzernumsatz begründet wird und ob die Figur der wirtschaftlichen Einheit dabei noch eine Rolle spielt. Denn erst wenn die Funktionsweise der wirtschaftlichen Einheit und deren Verständnis geklärt sind, können daraus Rückschlüsse für die Frage gezogen werden, ob die Inanspruchnahme zulässig ist.

a) Wirtschaftliche Einheit als Unternehmen

Dass auch der Konzern als Unternehmen im Sinne des Kartellrechts in Frage kommt, haben bereits die Ausführungen zum Unternehmensbegriff gezeigt. Im Kontext des Untersuchungsgegenstandes äußerte sich das EuG grundlegend dazu in der Entscheidung *Akzo Nobel.* Es führte aus, dass „nach dem gemeinschaftlichen Wettbewerbsrecht [...] verschiedene Gesellschaften, die zum selben Konzern gehören, eine wirtschaftliche Einheit und somit ein Unternehmen [...]“[177] darstellen. Die wirtschaftliche Einheit ist der Konzern als ein Unternehmen im Sinne des europäischen Kartellrechts. Sie bzw. er ist Normadressat und Handlungssubjekt, der/das sich an die Wettbewerbsnormen halten muss.[178]

b) Wirtschaftliche Einheit als Zurechnungsmodell

Das genaue Gegenteil wird zum Teil aus der Rechtsprechung des EuGH geschlussfolgert. Die „wirtschaftliche Einheit“ müsse danach komplett losgelöst vom Unternehmensbegriff gesehen werden. Sie sei nicht zu verwechseln mit der Definition des Unternehmens, bei dem es um jede eine wirtschaftliche Tätigkeit ausübende Einheit geht.[179] Daran ist richtig, dass die „wirtschaftliche Einheit“ nicht *die* eine wirtschaftliche Tätigkeit ausübende Einheit im Sinne der Definition ist. Sie ist aber *eine* eine solche Tätigkeit ausübende Einheit, mithin ein Unternehmen im Sinne des europäischen Wettbewerbsrechts. Vertreter dieser Ansicht wollen die „wirtschaftliche Einheit“ indessen gänzlich vom Unternehmensbegriff trennen und das Rechtsinstitut dem Problemkreis der Zurechnung zuordnen. Sie interpretieren die Rechtsprechung des EuGH so, dass Täter nur ein einzelnes, rechtsfähiges Unternehmen sein kann, nicht hingegen der gesamte Unternehmensverbund.[180] Die „wirtschaftliche Einheit“ beschreibt dabei nicht das Handlungssubjekt im Sinne der Wettbewerbsnormen,

---

177 EuG v. 12.12.2007 – Rs. T-112/05, Slg. 2007, II-5049, Rz. 58 – *Akzo Nobel/Kommission.*

178 *Papakiriakou*, S. 163.

179 *Herrmann*, MüKo-EuWettbR, Einl., Rn. 1000.

180 So bspw. ausdrücklich *Koch*, ZHR 171 (2007), 554 (559); *Bauer/Reisner*, WuW 2007, 737 (739).

sondern ist dem Spezialsachverhalt der Zurechnung vorbehalten.[181] Sie stellt danach ein Zurechnungsmodell *sui generis*[182] zur Ermittlung des verantwortlichen Rechtssubjekts dar.[183] Begründet wird diese Annahme u.a. damit, dass ein Ausgleich zur Privilegierung von Konzernen bei Absprachen im Innenverhältnis geschaffen werden müsse.[184] Insbesondere wird aber auf die Rechtsprechung des EuGH verwiesen. Aus dieser ginge hervor, dass für den Gerichtshof nur ein rechtsfähiger Unternehmensträger als Täter des Wettbewerbsverstoßes in Betracht kommt.[185]

Ein Blick auf diese Rechtsprechung zeigt in der Tat, dass das Gericht mit dem Gedanken der Zurechnung zwischen verschiedenen Gesellschaften arbeitet. Bereits in seinem *ICI*-Urteil vom 14.7.1972 führte er aus, dass das Verhalten der Tochter- der Muttergesellschaft zugerechnet werden kann, wenn diese „ihr Marktverhalten nicht autonom bestimmt, sondern im wesentlichen Weisungen der Muttergesellschaft befolgt“[186]. Den Grund dafür sah das Gericht darin, dass Mutter- und Tochtergesellschaft in diesem Fall eine wirtschaftliche Einheit bildeten.[187] In diesem Fall ist entweder der Tatbestand der kartellrechtlichen Verbotsnorm nicht erfüllt, da es an einem Verhalten „zwischen Unternehmen“ fehlt oder die Anwendbarkeit der Norm wird ausgeschlossen.[188]

Diese Rechtsprechung hat der EuGH in den Urteilen *Geigy* und *Viho* bestätigt.[189] Liegen die Voraussetzungen einer wirtschaftlichen Einheit vor, ist das Verhalten der Tochter- der Muttergesellschaft mit der Folge zuzurechnen, dass ein

181 Vgl. *Roth/Ackermann*, in: FK-Kartellrecht, 67. Lfg. (2009), Grundfragen Art. 81 Abs. 1 EG, Rn. 109; so wohl auch *Kling*, ZWeR 2011, 169 (171) und *Papakiriakou*, S. 165.

182 *Mansdörfer/Timmerbeil*, EuZW 2011, 214 sprechen von einer „Verbandshaftung sui generis“. S. auch *Kindhäuser/Meyer*, in: FK-Kartellrecht, 77. Lfg. (2012), Bußgeldrechtliche Folgen Art. 101 AEUV, Rn. 22.

183 *Koch*, ZHR 171 (2007), 554 (559); *Steinle*, EWS 2004, 118 (122); *Papakiriakou*, S. 166; *Bauer/Reisner*, WuW 2007, 737 (739); vgl. *Dannecker/Fischer-Fritsch*, S. 260; *Lipowsky*, S. 51, 60. Kritisch *Rütsch*, Strafrechtlicher Durchgriff bei verbundenen Unternehmen?, S. 54ff. Für die frühere Rechtsprechung auch *Kindhäuser/Meyer*, in: FK-Kartellrecht, 77. Lfg. (2012), Bußgeldrechtliche Folgen Art. 101 AEUV, Rn. 22.

184 *Lipowsky*, S. 206ff.; *Pohlmann*, S. 372; vgl. *Kokott/Dittert*, WuW 2012, 670 (672).

185 *Koch*, ZHR 171 (2007), 554 (559).

186 EuGH v. 14.7.1972 – Rs. C-48/69, Slg. 1972, 619, Rz. 132/135 – *ICI/Kommission.*

187 EuGH v. 14.7.1972 – Rs. C-48/69, Slg. 1972, 619, Rz. 132/135 – *ICI/Kommission.* Die wirtschaftliche Einheit wurde hier aber dazu verwendet, die Unanwendbarkeit der kartellrechtlichen Verbotsnormen zu begründen.

188 Eine Übersicht zum Streitstand gibt *Thomas*, ZWeR 2005, 236 (240f.). S. auch *Emmerich*, in: Immenga/Mestmäcker, WettbR-EU, Band 1/Teil 1, Art. 101 Abs. 1 AEUV, Rn. 49f.; *Roth/Ackermann*, in: FK-Kartellrecht, 67. Lfg. (2009), Grundfragen Art. 81 Abs. 1 EG, Rn. 128; *Schroeder*, in: Wiedemann, Kartellrecht, § 9 Rn. 3ff.

189 EuGH v. 14.7.1972 – Rs. C-52/69, Slg. 1972, 787, Rz.44 – *Geigy/Kommission*; EuGH v. 24.10.1996 – Rs. C-73/95 P, Slg. 1996, I-5457, Rz. 51f. – *Viho/Kommission.*

Wettbewerbsverstoß tatbestandlich ausscheidet.[190] Diese Formulierung hat der Europäische Gerichtshof auf nachfolgende Entscheidungen wiederholt übertragen.[191] Als Kehrseite dieser Privilegierung übertrug der EuGH in der Entscheidung *Stora*[192] das Ergebnis aus dem *ICI*-Urteil auf das Außenverhältnis, mit der Folge, dass die Muttergesellschaft für den Verstoß der Tochtergesellschaft verantwortlich gemacht wurde.[193]

In seiner *Akzo Nobel*-Entscheidung bestätigte er diese Rechtsprechung, führte aber weiter aus, „dass in einem solchen Fall die Muttergesellschaft und ihre Tochtergesellschaft Teil ein und derselben wirtschaftlichen Einheit sind und damit ein Unternehmen"[194] im Sinne der europäischen Wettbewerbsnormen. Diesen Grundsatz hat er auf weitere Entscheidungen übertragen.[195]

c) *Stellungnahme*

Die Einwände der Literatur könnten nach dem Blick auf die Praxis der Unionsorgane berechtigt sein. Je nachdem welche „Qualitäten" man der wirtschaftlichen Einheit zugesteht, scheinen sie zur Begründung des Unternehmensbegriffs oder der Zurechnung der Verantwortlichkeit einer Gesellschaft zu einer anderen zu dienen. Der Rechtsfigur der wirtschaftlichen Einheit läge folglich ein gespaltenes Begriffsverständnis[196] zu Grunde.

Eine solch scharfe Trennung ist der Unionspraxis aber im Hinblick auf die Frage, welche Rechtsfolge das Vorliegen einer wirtschaftlichen Einheit hat, nicht wirklich zu entnehmen.[197] Weder ist ersichtlich, dass die Unionsgerichte dogmatisch zwischen den ihrer Rechtsprechung entnommenen Ansätzen differenzieren würden,[198] noch macht es im Hinblick auf die Voraussetzungen einen Unterschied, welche Wirkung

---

190 EuGH v. 24.10.1996 – Rs. C-73/95 P, Slg. 1996, I-5457, Rz. 51f. – *Viho/Kommission.*

191 So bspw. in EuGH v. 14.7.1972 – Rs. C-52/69, Slg. 1972, 787, 838 Rz. 44 – *Geigy/Kommission*; EuGH v. 21.1.1973 – Rs. C-6/72, Slg. 1973, 215, 242 Rz. 15 – *Europemballage Corporation/Kommission*; vgl. auch EuGH v. 28.6.2005 – verb. Rs. C-189/02 P, Slg. 2005, I-5425, Rz. 110 – *Dansk Rørindustri/Kommission.*

192 EuGH v. 16.11.2000 – Rs. C-286/98 P, Slg. 2000, I-9925 – *Stora Kopparbergs/Kommission.*

193 *Riesenkampff*, in: FS Loewenheim, 529 (531).

194 EuGH v. 10.9.2009 – Rs. C-97/08 P, Slg. 2009, I-8237, Rz. 59 – *Akzo Nobel/Kommission.*

195 EuGH v. 20.1.2011 – Rs. C-90/09 P, Slg. 2011, I-1, Rz. 38. – *General Química/Kommission*; EuGH v. 29.9.2011 – Rs. C-521/09 P, Slg. 2011, I-8947, Rz. 55 – *Elf Aquitaine/Kommission*; EuGH v. 19.7.2012 – verb. Rs. C-628/10 P, Slg. noch nicht veröffentlicht, Rz. 44 – *Alliance One International/Kommission.*

196 Vgl. *Hackel*, S. 152f.

197 *Thomas*, KSzW 2011, 10 dort. Fn. 5; *Hackel*, S. 152f.

198 *Thomas*, KSzW 2011, 10 dort Fn. 5; in diesem Sinne auch *Hackel*, S. 152f.

man dem Vorliegen einer wirtschaftlichen Einheit beimisst.[199] Denn letztlich müssen immer die Voraussetzungen einer wirtschaftlichen Einheit vorliegen.[200] Allerdings hätte die Unterscheidung einen praktischen Unterschied, der wesentlich ist. Denn lehnt man ab, dass Rechtsfolge der wirtschaftlichen Einheit die Bestimmung des Unternehmens Konzern ist, hat dies zur Konsequenz, dass: erstens Täter des Kartellrechtsverstoßes und bußgeldverpflichtetes Unternehmen nie der Konzern wäre. Zweitens hätte dies den Vorteil, dass das Bußgeld immer gegen einen rechtsfähigen Bußgeldschuldner verhängt und damit auch durchgesetzt werden könnte. Denn da sich die Vollstreckung gemäß Art. 299 AEUV nach nationalen Normen richtet, muss der Vollstreckungsadressat letztlich Rechtsfähigkeit besitzen.[201] Drittens wäre auf Rechtsfolgenseite die Bemessung des Bußgelds anhand des (weltweiten) Konzernumsatzes kaum möglich,[202] da in diesem Fall regelmäßig die 10%ige Kappungsgrenze erreicht werden würde.

Offensichtlich will das aber auch der EuGH nicht. Obwohl die Interpretation seiner Rechtsprechung insbesondere im Hinblick auf die Durchsetzbarkeit des Bußgelds und damit die Effektivität des Kartellrechts vorzugswürdig erscheint, hat er in der Entscheidung *Akzo Nobel* nunmehr für Klarheit gesorgt und sich gegen einen solchen Ansatz entschieden. Der vermeintliche Streit über die Einordnung und Rechtsfolgen der wirtschaftlichen Einheit ist daher im Grunde obsolet. Zwar verwendet der EuGH immer noch den Begriff der Zurechnung. Dieser kann aber höchstens im Rahmen der Inanspruchnahme der Muttergesellschaft losgelöst vom Begriff der wirtschaftlichen Einheit noch eine Rolle spielen. Denn das Gericht hat ausdrücklich zu verstehen gegeben, dass es eine vermeintliche Zurechnung an den Unternehmensbegriff knüpft.[203] Voraussetzung einer Zurechnung sei es, dass Mutter- und Tochtergesellschaft ein einheitliches Unternehmen bilden. Das tun sie, wenn sie eine wirtschaftliche Einheit bilden.[204] Darauf hat die Generalanwältin *Kokott* noch einmal ausdrücklich hingewiesen.[205] Explizit hat der EuGH sogar festgestellt, dass unter dem Begriff des Unternehmens eine wirtschaftliche Einheit zu

---

199 *Dannecker/Biermann*, in: Immenga/Mestmäcker, WettbR-EU, Band 1/Teil 2, Vor. Art. 23 VO 1/2003, Rn. 87; *Pohlmann*, S. 362; *Papakiriakou*, S. 167f.

200 Vgl. *Dannecker/Fischer-Fritsch*, S. 265, die darauf hinweisen, dass entscheidendes Kriterium immer das Autonomiedefizit ist.

201 *Kling*, WRP 2010, 506 (507), dort Fn. 27.

202 Auf diese Konsequenz weist auch *Koch*, ZHR 171 (2007), 554 (559) hin.

203 So wohl auch *Bechtold/Bosch/Brinker*, EU-Kartellrecht, Art. 101 AEUV, Rn. 33, die die Zurechnung als Aspekt des Unternehmensbegriffs verstehen.

204 In EuGH v. 10.9.2009 – Rs. C-97/08 P, Slg. 2009, I-8237, Rz. 58f. – *Akzo Nobel/Kommission* führt das Gericht aus: Dass das Verhalten der Tochtergesellschaft der Muttergesellschaft zugerechnet werden kann, „liegt darin begründet, dass in einem solchen Fall die Muttergesellschaft und ihre Tochtergesellschaft Teil ein und derselben wirtschaftlichen Einheit sind und damit ein Unternehmen [...] bilden".

205 Vgl. Schlussanträge der Generalanwältin *Kokott* v. 23.4.2009 – Rs. C-97/08 P, Slg. 2009, I-8237, Rz. 88 – *Akzo Nobel/Kommission*.

verstehen ist.[206] Außerdem sieht er selbst die wirtschaftliche Einheit als Täterin des Wettbewerbsverstoßes in der Verantwortung für den Kartellrechtsverstoß. Daraus muss entnommen werden, dass auch der EuGH davon ausgeht, dass Rechtsfolge der wirtschaftlichen Einheit die Qualifizierung des Konzerns als Unternehmen ist und sie nicht etwa ein Zurechnungsmodell begründet.[207]

Der gleiche Grundsatz ist im Übrigen auch schon der *ICI*- und anderen Entscheidungen[208] zu entnehmen. In allen Fällen ging es darum, die Unanwendbarkeit der wettbewerbsrechtlichen Verbotsnormen zu begründen. Argument war, dass es im Fall einer wirtschaftlichen Einheit am Merkmal der Vereinbarung zwischen Unternehmen fehle, da die am „Verstoß" beteiligten Gesellschaften in diesem Fall ein Unternehmen bildeten. Daraus kann aber nichts Anderes geschlossen werden, als dass der EuGH aus dem Vorliegen der wirtschaftlichen Einheit ebenfalls den Schluss zieht, dass sie der Bestimmung des Unternehmens und nicht der Zurechnung dient. Als Spiegelbild des Konzernprivilegs müssen sich verbundene Unternehmen, wenn sie die Voraussetzungen der wirtschaftlichen Einheit erfüllen, auch als ein Unternehmen im Außenverhältnis behandeln lassen.[209] Die wirtschaftliche Einheit dort als Zurechnungsmodell zu interpretieren, würde eine „Zweckentfremdung"[210] dieser ursprünglichen Intention darstellen, die ihren legitimen Zweck in der einheitlichen „Ausübung von wettbewerblicher Handlungsfreiheit im Konzern"[211] hat. Die hinter dem Konzernprivileg stehende Intention ist daher nicht auf die Haftungsfrage übertragbar.[212] Deshalb überzeugt es auch nicht, die Möglichkeit der Zurechnung als Kompensation der Privilegierung zu verstehen.[213]

Weshalb der EuGH erst so spät die wirtschaftliche Einheit explizit mit dem Unternehmensbegriff gleichgestellt hat, kann mit einem Blick auf die historische Entwicklung des Unternehmensbegriffs begründet werden. Der EuGH gab die Voraussetzung der Rechtsfähigkeit frühestens in seiner *Hydrotherm*[214]-Entscheidung

---

206 EuGH v. 14.12.2006 – Rs. C-217/05, Slg. 2006, I-11987, Rz. 40 – *Confederación Española de Empresarios de Estaciones de Servicio*; EuGH v. 10.9.2009 – Rs. C-97/08 P, Slg. 2009, I-8237, Rz. 55 – *Akzo Nobel/Kommission.*

207 Vgl. *Thomas*, KSzW 2011, 10, dort Fn. 5.

208 EuGH v. 14.7.1972 – Rs. C-52/69, Slg. 1972, 787, Rz.44 – *Geigy/Kommission*; EuGH v. 24.10.1996 – Rs. C-73/95 P, Slg. 1996, I-5457, Rz. 51 – *Viho/Kommission.*

209 *Kokott/Dittert*, WuW 2012, 670 (672).

210 *Hofstetter/Ludescher*, in: FS Büren, 485 (487f.); *Kling*, ZWeR 2011, 169 (180); vgl. auch *Bauer/Reisner*, WuW 2007, 737 (738) und *de Bronett*, EWS 2012, 113 (120).

211 *Pohlmann*, S. 372.

212 *Kling*, ZWeR 2011, 169 (181); *Koppensteiner*, GPR 2010, 92 (93).

213 So aber *Lipowsky*, S. 206ff; kritisch *Pohlmann*, S. 372.

214 Die Formulierung, dass „im Rahmen des Wettbewerbsrechts unter dem Begriff des Unternehmens eine im Hinblick auf den jeweiligen Vertragsgegenstand bestehende wirtschaftliche Einheit zu verstehen (ist), selbst wenn diese [...] aus mehreren, natürlichen oder juristischen Personen gebildet wird", hat vielfach zu der Annahme geführt, der Gerichtshof wolle das Erfordernis des rechtsfähigen Subjekts aufgeben, s. dazu bereits oben S. 12ff.

auf. Ausdrücklich tat er dies erst im Urteil *Dansk Rørindustri*. Er konnte den Konzern folglich erst ab diesen Zeitpunkten als Unternehmen im Sinne des europäischen Kartellrechts ansehen. Davor forderte er selbst die Rechtsfähigkeit des Subjekts.

d) Ergebnis

Sinn und Zweck der wirtschaftlichen Einheit im Kontext des Untersuchungsgegenstandes ist es, den Unternehmensverbund als Subjekt und Sanktionsadressat zu bestimmen. Unter bestimmten Voraussetzungen werden mehrere miteinander verbundene Gesellschaften als ein einheitliches *Unternehmen* aufgefasst.[215] Ein gespaltenes Verständnis vom Begriff der wirtschaftlichen Einheit existiert zwischen den Unionsorganen nicht. Damit dient die wirtschaftliche Einheit aber auch nicht unmittelbar dazu, die Konzernmutter in Anspruch zu nehmen. Sie ermöglicht „nur", den Konzern unter den Unternehmensbegriff zu subsumieren und eröffnet damit den Zugriff auf *diesen*.[216] Die vom Gerichtshof im Zusammenhang mit der wirtschaftlichen Einheit erwähnte Zurechnung ist daher unabhängig von der Rechtsfigur der wirtschaftlichen Einheit zu sehen. Offen bleibt, unter welchen Voraussetzungen die wirtschaftliche Einheit, also der Konzern, als ein Unternehmen im Sinne einer eine wirtschaftliche Tätigkeit ausübenden Einheit angesehen werden kann.

3. Voraussetzungen der wirtschaftlichen Einheit

Nachdem die Rechtsfolge der wirtschaftlichen Einheit feststeht, bleibt zu klären, wann und unter welchen Voraussetzungen in den beschriebenen Fällen von einer wirtschaftlichen Einheit gesprochen werden kann.

Den Begriff der wirtschaftlichen Einheit hat der EuGH wie beschrieben schon früh verwendet. Seinen Ursprung findet er im sog. Konzernprivileg. In der bereits erwähnten *ICI*-Entscheidung des Gerichtshofs nahm das Gericht eine wirtschaftliche Einheit an, „wenn die Tochtergesellschaft [...] ihr Marktverhalten nicht autonom bestimmt, sondern im wesentlichen Weisungen der Muttergesellschaft befolgt"[217]. In nachfolgenden Entscheidungen bestätigte er diese Rechtsprechung.[218] Auch für die Frage, wann eine wirtschaftliche Einheit im Außenverhältnis vorliegt, verwendet

215 *Roth/Ackermann*, in: FK-Kartellrecht, 67. Lfg. (2009), Grundfragen Art. 81 Abs, 1 EG, Rn. 119, 125; *Thomas*, KSzW 2011, 10, dort Fn. 5.

216 A. A. wohl *Koch*, ZHR 171 (2007), 554 (557).

217 EuGH v. 14.7.1972 – Rs. C-48/69, Slg. 1972, 619, Rz. 132/135 – *ICI/Kommission.*

218 EuGH v. 14.7.1972 – Rs. C-52/69, Slg. 1972, 787, Rz. 44 – *Geigy/Kommission;* EuGH v. 21.1.1973 – Rs. C-6/72, Slg. 1973, 215, 242 Rz. 15 – *Europemballage Corporation/ Kommission*; EuGH v. 24.10.1996 – Rs. C-73/95 P, Slg. 1996, I-5457, Rz. 51 – *Viho/ Kommission.* „Bestimmt die Tochtergesellschaft [...] ihr Marktverhalten nicht autonom, sondern befolgt sie die Anweisungen, die ihr von der Muttergesellschaft [...] gegeben werden, so sind die Verbote des Art. 85 Absatz 1 [...] unanwendbar."

der Gerichtshof diese Formulierung.[219] Auf rechtliche Weisungsbefugnisse kommt es dabei nicht an.[220]

Wichtigste Voraussetzung für das Vorliegen einer wirtschaftlichen Einheit ist folglich ein Mangel an Entscheidungsautonomie,[221] der zur wirtschaftlichen Unselbstständigkeit führt, indem er ein selbstständiges Auftreten am Markt verhindert. In diesem Fall erfüllt das beherrschte Tochterunternehmen nicht die sich aus dem kartellrechtlichen *Selbstständigkeitspostulat* ergebende (Unternehmens-)Voraussetzung einer eigenständigen Autonomie, so dass sie kein Unternehmen mehr im Sinne des Wettbewerbsrechts darstellen kann.[222]

Die Frage, wann ein solches Entscheidungsdefizit auf Seiten einer Gesellschaft insofern vorliegt, als diese ihr Verhalten nicht mehr autonom bestimmen kann und damit eine wirtschaftliche Einheit begründet, stellt im Grundsatz immer eine Entscheidung des Einzelfalles dar. In diesem Zusammenhang sind zwar sämtliche wirtschaftlichen, organisatorischen und rechtlichen Gesichtspunkte zu berücksichtigen, die zudem von Fall zu Fall variieren und nicht abschließend aufgezählt werden können.[223] Die genauen Umstände sind aber weitgehend ungeklärt.[224]

a) Voraussetzung: fehlende Autonomie

Eine Ausnahme vom obigen Grundsatz stellt die 100%ige Anteilsinhaberschaft einer Gesellschaft an einer anderen dar. Denn das – heute – für die Bußgeldhaftung wohl wichtigste Indiz der wirtschaftlichen (Un-)Selbstständigkeit ist in den Augen der Unionsorgane die kapitale Verflechtung der Gesellschaften.[225] Dies gilt umso mehr, als dass es in den hier kritisierten Sachverhalten auf die Beteiligung im Sinne einer Mitwirkungshandlung zur Bestimmung einer wirtschaftlichen Einheit nicht ankommt. Denn zwischen Mutter- und Tochterunternehmen besteht hinsichtlich

---

219 EuGH v. 16.11.2000 – Rs. C-286/98 P, Slg. 2000, I-9925, Rz. 26 – *Stora Kopparbergs/Kommission*; EuGH v. 2.10.2003 – Rs. C-196/99 P, Slg. 2003, I-11005, Rz. 96 – *Aristrain/Kommission*; EuGH v. 10.9.2009 – Rs. C-97/08 P, Slg. 2009, I-8237, Rz. 58 – *Akzo Nobel/Kommission*; EuGH v. 20.1.2011 – Rs. C-90/09 P, Slg. 2011, I-1, Rz. 37f. – *General Química/Kommission*; EuGH v. 19.7.2012 – verb. Rs. C-628/10 P, Slg. noch nicht veröffentlicht, Rz. 43f. – *Alliance One International/Kommission.*

220 *Kling*, WRP 2010, 506 (508); *Kling*, ZWeR 2011, 169 (172).

221 Vgl. *Dannecker/Fischer-Fritsch*, S. 265.

222 *Thomas*, S. 144; *Thomas*, ZWeR 2005, 236 (239); *Kling*, ZWeR 2011, 169 (172).

223 EuGH v. 10.9.2009 – Rs. C-97/08 P, Slg. 2009, I-8237, Rz. 74 – *Akzo Nobel/Kommission*; EuGH v. 1.7.2010 – Rs. C-407/08 P, Slg. 2010, I-6375, Rz. 100 – *Knauf Gips/Kommission*; EuGH v. 19.7.2012 – verb. Rs. C-628/10 P, Slg. noch nicht veröffentlicht, Rz. 45 – *Alliance One International/Kommission*; *Kling*, ZWeR 2011, 169 (172).

224 *Emmerich*, in: Immenga/Mestmäcker, WettbR-EU, Band 1/Teil 1, Art. 101 Abs. 1 AEUV, Rn. 46, der zugleich die Legitimität der gesamten Praxis bezweifelt.

225 *Van Vormizeele*, WuW 2010, 1008 (1010); *Dannecker/Biermann*, in: Immenga/Mestmäcker, WettbR-EU, Band 1/Teil 2, Vor. Art. 23 VO 1/2003, Rn. 87f.; *Dannecker/Fischer-Fritsch*, S. 274.

des Kartellrechtsverstoßes gerade kein Anstiftungsverhältnis und erst Recht keine Beteiligung der haftenden Muttergesellschaft an der Zuwiderhandlung.[226] Die Beteiligung kommt daher hier nach Ansicht der Unionsorgane *de facto* nicht in Betracht, um eine Haftung der Muttergesellschaft zu ermöglichen. Maßgeblich ist insoweit insbesondere die kapitalmäßige Verflechtung.

aa) Höhe der Beteiligung

Eine wirtschaftliche Einheit kann umso eher angenommen werden, je höher der Kapitalanteil ist, den eine andere Gesellschaft an ihr hält. Denn je höher der Anteil ist, desto wahrscheinlicher ist es, dass die Muttergesellschaft entscheidenden Einfluss auf ihre Tochter ausüben kann. Die Frage, ob es einen bestimmten prozentualen Satz gibt, bei dem stets vom Vorliegen einer wirtschaftlichen Einheit ausgegangen werden kann, wurde von den Unionsgerichten lange uneinheitlich beantwortet:

Das EuG tendierte zunächst dazu, im Falle einer Kapitalbeteiligung von (nahezu) 100% von einem Entscheidungsdefizit und damit vom Vorliegen einer wirtschaftlichen Einheit auszugehen.[227] In späteren Entscheidungen ruderte es vereinzelt zurück und führte aus, dass „das Halten von 100% des Kapitals einer Tochtergesellschaft [...] für sich genommen aber als Beleg für eine solche Kontrolle durch die Muttergesellschaft nicht ausreichen (kann). Immer hängt die Zurechnung des Verhaltens der Tochtergesellschaft davon ab, dass die tatsächliche Ausübung von Leitungsmacht festgestellt wird."[228] Es reicht nicht aus, dass entscheidender Einfluss ausgeübt werden kann, sondern die Ausübung desselben müsse auch tatsächlich festgestellt werden.[229] Dieser Rechtsprechung machte der EuGH aber in seinem *Stora*-Urteil einen Strich durch die Rechnung. Denn er erklärte zumindest, dass bei einer 100%igen Anteilsinhaberschaft davon ausgegangen werden könne, dass die Muttergesellschaft tatsächlich entscheidenden Einfluss auf ihre Tochter ausübe,[230] was auch das EuG (wieder) dazu veranlasste, seine Rechtsprechung entsprechend zu ändern.[231]

---

226 EuG v. 12.12.2007 – Rs. T-112/05, Slg. 2007, II-5049, Rz. 58 – *Akzo Nobel/Kommission.*

227 EuG v. 30.9.2003 – Rs. T-203/01, Slg. 2003, II-4071, Rz. 290 – *Michelin/Kommission*; EuG v. 27.9.2006 – Rs. T-314/01, Slg. 2006, II-3085, Rz. 138 – *Avebe/Kommission.*

228 EuG v. 15.9.2005 – Rs. T-325/01, Slg. 2005, II-3319, Rz. 218 – *DaimlerChrysler/Kommission.* So auch in EuG v. 26.4.2007 – Rs. T-109/02, Slg. 2007, II-947, Rz. 132 – *Bolloré/Kommission*; EuGH v. 16.11.2000 – Rs. C-286/98 P, Slg. 2000, I-9925, Rz. 28 – *Stora Kopparbergs/Kommission.*

229 EuG v. 27.9.2006 – Rs. T-314/01, Slg. 2006, II-3085, Rz. 136 – *Avebe/Kommission.*

230 *Riesenkampff*, in: FS Loewenheim, 529 (531).

231 EuG v. 27.9.2006 – Rs. T-314/01, Slg. 2006, II-3085, Rz. 136f. – *Avebe/Kommission*; EuG v. 12.12.2007 – Rs. T-112/05, Slg. 2007, II-5049, Rz. 60 – *Akzo Nobel/Kommission.* In diesem Fall besteht eine „einfache" Vermutung, dass die Muttergesellschaft einen bestimmenden Einfluss auf die Tochter ausgeübt hat.

Dass das Gericht die Äußerungen in *Stora* wie dargelegt interpretiert hat, verwundert. Richtig ist zwar, dass der EuGH die Auffassung der Kommission bestätigte, da es ausführte, dass „das Gericht aufgrund des Vorliegens einer 100%igen Kapitalbeteiligung zu der Annahme berechtigt (war), dass die Muttergesellschaft tatsächlich entscheidenden Einfluss auf das Verhalten ihrer Tochtergesellschaft ausübte". Es stellte aber ebenfalls klar, dass „das Gericht [...] nicht davon ausgegangen [sei], dass sich die Verantwortung der Muttergesellschaft allein aus der 100%igen Kapitalbeteiligung ergebe".[232] Daraus könnte auch der Schluss gezogen werden, dass auch im Falle einer 100%igen Beteiligung der Muttergesellschaft an der Tochtergesellschaft noch zusätzliche Faktoren hinzutreten müssten, um davon ausgehen zu können, dass eine wirtschaftliche Einheit vorliegt.[233] Spätestens im Urteil *Akzo Nobel* ist der EuGH aber einem solchen Verständnis entgegengetreten und präzisierte bzw. korrigierte seine (möglicherweise zu unklaren) Äußerungen im *Stora*-Urteil.[234] Dabei knüpften die Richter an ihre Rechtsprechung im Urteil *AEG*[235] sowie die Rechtsprechung des EuG in den Urteilen *Avebe* und *Akzo Nobel* an und bestätigten diese: Im Fall einer 100%igen Kapitalbeteiligung bestehe eine widerlegliche Vermutung, dass die Konzernmutter einen bestimmenden Einfluss auf ihre Tochter ausübt.[236] Denn in einem solchen Fall verfolge die Tochtergesellschaft „zwangsläufig eine Politik, die von denselben satzungsmäßigen Organen festgelegt wird",[237] wie die der Muttergesellschaft. Es bedürfe daher keiner gesonderten Prüfung, sondern es bestehe in diesem Fall eine Vermutung für das Ausüben der Entscheidungsautonomie. Die Kommission müsse einzig und allein nachweisen, „dass die Muttergesellschaft unmittelbar oder mittelbar das gesamte oder nahezu das gesamte Kapital ihrer Tochtergesellschaft hält".[238] Der EuGH betont zwar die Widerlegbarkeit der Vermutung,[239] und verdeutlicht, dass sich die Kommission nicht ausschließlich auf

---

232 EuGH v. 16.11.2000 – Rs. C-286/98 P, Slg. 2000, I-9925, Rz. 28f. – *Stora Kopparbergs/Kommission.*

233 Darauf haben sich offensichtlich die Rechtsmittelführerinnen zu stützen versucht, Schlussanträge der Generalanwältin *Kokott* v. 23.4.2009 – Rs. C-97/08 P, Slg. 2009, I-8237, Rz. 55ff. – *Akzo Nobel/Kommission*, zugleich ablehnend.

234 EuGH v. 10.9.2009 – Rs. C-97/08 P, Slg. 2009, I-8237 Rz. 62f. – *Akzo Nobel/Kommission*; s. auch Schlussanträge der Generalanwältin *Kokott* v. 23.4.2009 – Rs. C-97/08 P, Slg. 2009, I-8237, Rz. 55ff. – *Akzo Nobel/Kommission.*

235 EuGH v. 25.10.1983 – Rs. C-107/82, Slg. 1983, 3151 – *AEG/Kommission.*

236 EuGH v. 10.9.2009 – Rs. C-97/08 P, Slg. 2009, I-8237 Rz. 63 – *Akzo Nobel/Kommission*; Schlussanträge der Generalanwältin *Kokott* v. 23.4.2009 – Rs. C-97/08 P, Slg. 2009, I-8237, Rz. 53f. – *Akzo Nobel/Kommission.* Zuletzt wieder EuGH v. 5.3.2015 – verb. Rs. C-93/13 und C-123/13, Rz. 41 – *Kommission u.a. / Versalis u.a.*; EuGH v. 16.6.2016 – C-155/14 P, Rz. 28 – *Evonik Degussa (Calciumcarbid).*

237 EuGH v. 25.10.1983 – Rs. C-107/82, Slg. 1983, 3151, Rz. 50 – *AEG/Kommission.*

238 EuGH v. 5.3.2015 – verb. Rs. C-93/13 und C-123/13, Rz. 42 – *Kommission u.a. / Versalis u.a.*; EuGH v. 16.6.2016 – C-155/14 P, Rz. 29 – *Evonik Degussa (Calciumcarbid).*

239 EuGH v. 29.9.2011 – Rs. C-521/09 P, Slg. 2011, I-8947, Rz. 59 – *Elf Aquitaine/Kommission*; EuGH v. 19.7.2012 – verb. Rs. C-628/10 P, Slg. noch nicht veröffent-

die Vermutung stützen müsse, sondern einen bestimmenden Einfluss auch durch andere Beweise oder durch eine Kombination solcher Beweise mit der genannten Vermutung begründen könne.[240] Die Aussage dürfte hingegen allenfalls deklaratorische Bedeutung haben. Denn sie ändert nichts daran, dass *de facto* im Falle einer 100%igen Anteilsinhaberschaft immer eine wirtschaftliche Einheit vermutet wird.[241]

bb) Zwischenergebnis

Der Gerichtshof hat die Bußgeldpraxis nicht nur weiter verschärft, sondern auch die Frage geklärt, ob es im Falle einer 100%igen Anteilsinhaberschaft noch weiterer, sog. Plus-X[242] Faktoren bedarf, um das Vorliegen einer wirtschaftlichen Einheit zu bejahen. Entgegen dem Grundsatz, dass es Sache der Kommission ist, zu beweisen, dass ein bestimmender Einfluss auch tatsächlich ausgeübt wurde,[243] wurde dies auf die Unternehmen abgewälzt. Hält die Muttergesellschaft an ihrer Tochter folglich 100%, *ist* daraus auf ein Entscheidungsdefizit zu schließen. In diesem Fall genügt es, dass die Kommission nachweist, dass die Muttergesellschaft das gesamte Kapital der Tochtergesellschaft hält, um anzunehmen, dass die Muttergesellschaft einen bestimmenden Einfluss auf die Geschäftspolitik dieses Tochterunternehmens ausübt.[244] Auf weitere Umstände oder Beweise kommt es in diesen Fällen nicht mehr an.[245] Sie einzeln aufzuzählen wäre ohnehin nicht möglich, wie selbst der EuGH zugegeben hat.[246]

b) Stellungnahme

Zusammenfassend kann auf die drei von *Papakiriakou* vorgeschlagenen Voraussetzungen verwiesen werden, nach denen eine wirtschaftliche Einheit vorliegt, wenn 1. die Gesellschaften kapitalmäßig in einer Weise verbunden sind, dass die Möglichkeit einer gemeinsamen Leitung eröffnet wird, 2. diese Leitung auch tatsächlich einheitlich ausgeübt wird und 3. die nicht unmittelbar über ihre Organe tätig

---

licht, Rz. 48 – *Alliance One International/Kommission*; vgl. EuGH v. 8.5.2013 – Rs. C-508/11 P, Slg. noch nicht veröffentlicht, Rz. 68 – *Eni/Kommission.*

240 EuGH v. 19.7.2012 – verb. Rs. C-628/10 P, Slg. noch nicht veröffentlicht, Rz. 48f. – *Alliance One International/Kommission.*

241 Zur Unwiderlegbarkeit der Vermutung s. S. 187ff.

242 *Kling*, ZWeR 2011, 169 (176ff.); *Hackel*, S. 163.

243 EuG v. 27.9.2006 – Rs. T-314/01, Slg. 2006, II-3085, Rz. 136 – *Avebe/Kommission.*

244 EuGH v. 10.9.2009 – Rs. C-97/08 P, Slg. 2009, Rz. 61 – *Akzo Nobel/Kommission.*

245 Schlussanträge der Generalanwältin *Kokott* v. 23.4.2009 – Rs. C-97/08 P, Slg. 2009, I-8237, Rz. 50, 70ff. – *Akzo Nobel/Kommission.*

246 EuGH v. 10.9.2009 – Rs. C-97/08 P, Slg. 2009, I-8237, Rz. 74 – *Akzo Nobel/Kommission*; EuGH v. 1.7.2010 – Rs. C-407/08 P, Slg. 2010, I-6375, Rz. 100 – *Knauf Gips/Kommission*; EuGH v. 19.7.2012 – verb. Rs. C-628/10 P, Slg. noch nicht veröffentlicht, Rz. 45 – *Alliance One International/Kommission.* Ausführlich mit der Frage, wann eine wirtschaftliche Einheit bei weniger als 100%- Beteiligung vorliegt, beschäftigt sich bspw. *Hackel*, S. 164 ff.

werdende Gesellschaft an dem wettbewerbswidrigen Vorgang zumindest mittelbar selbst beteiligt ist.[247]

In der Realität der Unionspraxis genügt (heute) hingegen oft nur die erste Voraussetzung. Ist die Muttergesellschaft mit nahezu 100% an der Tochtergesellschaft beteiligt, bilden beide *faktisch* eine wirtschaftliche Einheit, ohne dass es auf weitere Umstände ankäme. Das Kriterium der kapitalmäßigen Verbundenheit hat in diesen Fällen gegenüber den zusätzlich geforderten Kriterien eine ausschließende Wirkung. Denn einerseits wird die tatsächliche Ausübung dieser Leitung vermutet. Die Forderung, dass sie dies auch tatsächlich getan hat, ist daher nicht mehr als Makulatur. Dabei kann der EuGH noch so sehr die Widerlegbarkeit betonen. Tatsächlich ist es nämlich neben der Entscheidung *Rohtabak Spanien* – soweit ersichtlich – nur in einem einzigen weiteren Fall (aus Versehen) dazu gekommen, dass sich ein Unternehmen entlasten konnte.[248] Andererseits kommt es auch auf die (3) Voraussetzung, eine Beteiligung, nicht (mehr) an. Denn im Fall der wirtschaftlichen Einheit wird die Konzernmutter unabhängig von einem eigenen Tatbeitrag bzw. einer Beteiligungshandlung in Anspruch genommen.[249] Der Hinweis, „dass die fehlende Autonomie der Tochtergesellschaft im Hinblick auf ihr Marktverhalten nur ein möglicher Anknüpfungspunkt ist, auf den die Zurechnung der kartellrechtlichen Verantwortlichkeit an die Muttergesellschaft gestützt werden kann"[250], ist daher zumindest in Fällen einer nahezu 100%igen Kapitalbeteiligung ebenfalls das Papier nicht wert, auf dem diese Äußerung gemacht wurde. Völlig zu Recht wurde deshalb darauf hingewiesen, dass die auf den ersten Blick hohen Anforderungen durch die Praxis der Unionsorgane sehr aufgeweicht werden. Denn das Erfordernis der tatsächlichen Ausübung des bestimmenden Einflusses wird durch die (widerlegbare) Vermutung faktisch *ad absurdum* geführt.[251]

4. Ergebnis

Täterin des Kartellrechtsverstoßes und damit auch Sanktionsadressatin ist in den beschriebenen Konzernsachverhalten die wirtschaftliche Einheit. Liegen die Voraussetzungen vor, die an die wirtschaftliche Einheit gestellt werden, stellen Mutter- und Tochtergesellschaft ein einheitliches Unternehmen dar,[252] das für den Kartellrechtsverstoß verantwortlich ist. Der Konzern begeht also nicht nur den Kartellrechtsverstoß, sondern muss auch dafür geradestehen. Aufgrund der wirtschaftlichen

---

247 *Papakiriakou*, S. 175ff.

248 S. dazu S. 200f.

249 EuG v. 12.12.2007 – Rs. T-112/05, Slg. 2007, II-5049, Rz. 58 – *Akzo Nobel/ Kommission.*

250 Schlussanträge der Generalanwältin *Kokott* v. 23.4.2009 – Rs. C-97/08 P, Slg. 2009, I-8237, Rz. 87 – *Akzo Nobel/Kommision.*

251 Vgl. *Koch*, ZHR 171 (2007), 554 (557).

252 *Thomas*, KSzW 2011, 10 dort Fn. 5; *Roth/Ackermann*, in: FK-Kartellrecht, 67. Lfg. (2009), Grundfragen Art. 81 Abs, 1 EG, Rn. 119, 125.

Bedeutung von Konzernen im globalisierenden Wirtschaftsrecht, könnte man geneigt sein, die wirtschaftliche Einheit als Wesenskern des Unternehmensbegriffes zu deklarieren.[253] Das darf aber nicht zu der Annahme führen, bei der wirtschaftlichen Einheit im Sinne des Unternehmensverbunds handele es sich um die eine wirtschaftliche Tätigkeit ausübende Einheit im Sinne der Unternehmensdefinition. Zwar wird jeder Unternehmensverbund auch eine wirtschaftliche Tätigkeit ausübende Einheit darstellen, aber umgekehrt nicht jede eine solche Tätigkeit ausübende Einheit zugleich die Voraussetzungen *der wirtschaftlichen Einheit* im Sinne des Konzerns erfüllen. Letztere stellt also nur einen Fall der eine wirtschaftliche Tätigkeit ausübenden Einheit dar. Die Begriffe sind folglich nicht deckungsgleich, weshalb die wirtschaftliche Einheit auch nicht zum Wesenskern des Unternehmensbegriffes gehören kann. Sie stellt vielmehr nur ihren wohl praktisch wichtigsten Anwendungsfall dar. Wie bereits gesagt, muss *die wirtschaftliche Einheit* daher vom Definitionsmerkmal der eine wirtschaftliche Tätigkeit ausübenden Einheit unterschieden werden.[254] Sie definiert, wann der Konzern oder Unternehmensverbund unter den Unternehmensbegriff im Sinne der europäischen Wettbewerbsnormen fällt. In gewisser Weise stellt sie folglich sogar eine Restriktion der letztlich nur auf die wirtschaftliche Betätigung abstellenden Unternehmensdefinition dar, da sie den Konzern nur unter weiteren Voraussetzungen unter den Unternehmensbegriff fallen lässt. Mit einer etwaigen Zurechnung hat sie indessen nichts zu tun.

III. Endergebnis

Das oben Gesagte zu Grunde gelegt ist die Praxis der Unionsorgane *contra legem*. Adressat des Bußgelds kann nur das Täterunternehmen sein. Nach dem unionsrechtlichen Unternehmensbegriff können dies prinzipiell die Tochtergesellschaft, die Muttergesellschaft oder die wirtschaftliche Einheit Konzern sein. Je nachdem wen die Unionsorgane von diesen Unternehmen als das für den Wettbewerbsverstoß verantwortliche ausmachen, bestimmt sich die Kappungsgrenze der Sanktion nach dessen Umsatz. Sein Umsatz sollte außerdem für die Bemessung der Bußgeldhöhe ausschlaggebend sein.

Die Unionsorgane haben sich für die hier zu untersuchenden Fälle offensichtlich für die wirtschaftliche Einheit Konzern als Täter und Sanktionsadressat entschieden. Damit ist es zwar legitim, das Bußgeld am Umsatz des Konzerns zu bemessen. Das entspricht auch der Praxis der Unionsorgane, die die Sanktion am weltweiten Umsatz berechnen. Nicht vom Unternehmensbegriff und daher auch vom Wortlaut umfasst ist hingegen der sukzessive Rückgriff auf die Muttergesellschaft für den Verstoß ihrer Tochtergesellschaft bzw. der wirtschaftlichen Einheit. Inwiefern diese Vorgehensweise noch auf die Rechtsgrundlage des Art. 23 Abs. 2 VO 1/2003 gestützt werden kann und somit im Einklang mit dem Grundsatz vom Vorbehalt des Gesetzes

253 So bspw. *Hackel*, S. 122; vgl. auch *van Vormizeele*, WuW 2010, 1008 (1009).
254 So auch *Herrmann*, in: MüKo-EuWettbR, Einl., Rn. 1000.

steht, ist mehr als fraglich. Denn nach dem bisher Gesagten ist nicht ersichtlich, wie diese Vorgehensweise aus dem Unternehmensbegriff und damit aus dem Wortlaut der Rechtsgrundlage abgeleitet werden kann. Denn entweder die Unionsorgane stellen auf den Konzern als Täter ab, oder sie nehmen die Muttergesellschaft in Anspruch. Einen zweigliedrigen oder gespaltenen Unternehmensbegriff, wie er augenscheinlich von Unionsgerichten und Kommission vertreten wird, kennt das Unionsrecht nicht. Viel spricht daher dafür, dass der europäische Gesetzgeber die Frage der Haftung von Konzerngesellschaften gemessen am Umsatz des Konzerns schlichtweg nicht geregelt hat.[255] Eine Rechtsgrundlage, auf die die Kommission und die Unionsorgane ihre Praxis stützen könnten, existiert im Unionsrecht augenscheinlich nicht, so dass viel dafür spricht, sie als Verstoß gegen rechtsstaatliche Grundsätze zu sehen.[256]

---

255 *Riesenkampff*, in: FS Loewenheim, S. 529 (530f.); vgl. auch *Pohlmann*, S. 29: „Regelungen, die den Besonderheiten verbundener Unternehmen Rechnung tragen, gibt es nur punktuell." Sowie *Bechtold/Bosch/Brinker*, EU-Kartellrecht, Art. 101 AEUV, Rn. 39, die die Zurechnungspraxis als „uneinheitlich und einzelfallabhängig" kritisieren.

256 Vgl. *Bechtold/Bosch/Brinker*, EU-Kartellrecht, Art. 101 AEUV, Rn. 39.

3. Kapitel: Dogmatische Begründungsansätze für die Inanspruchnahme der Konzernmutter

Weder die Kommission noch die Unionsgerichte folgen freilich dieser Sichtweise. Stattdessen hat die Kommission eine äußerst fragwürdige Lösung etabliert,[257] um die sukzessive Inanspruchnahme der Konzernmutter praktisch zu begründen. Der Lösungsansatz wird von den Gerichten mitgetragen.[258] Danach steht es nicht im Widerspruch zu rechtsstaatlichen Grundsätzen, die Konzernmutter für einen Verstoß ihrer Tochter in Anspruch zu nehmen, wenn beide eine wirtschaftliche Einheit bilden, weil das dazu erforderliche Prozedere auf einer zweistufigen Prüfung beruht, die mit dem Wortlaut der Norm in Einklang steht. Dabei wird in einem ersten Schritt ermittelt, an *wen* sich die Wettbewerbsregeln richten. Gemeint ist damit die beschriebene materiell-rechtliche Ermittlung der wirtschaftlichen Einheit als Täterin. In einem zweiten Schritt wird dann die Frage geklärt, *wer* für diesen Verstoß einzustehen hat. Dies soll das Unternehmen sein, welches für den Verstoß verantwortlich ist.[259] In den hier beschriebenen Fallgruppen ist dies als eine Rechtsträgerin[260] vor allem die solventere Muttergesellschaft,[261] die ihre Tochtergesellschaft aufgrund ihrer (nahezu) vollständigen Anteilsinhaberschaft kontrolliert.

---

257 Kritisch insbesondere *Stockenhuber*, in: Grabitz/Hilf/Nettesheim, Recht der Europäischen Union, 47. Lfg. (2012), Art. 101 AEUV, Rn. 52. Kritik auch bei *Herrmann*, in: MüKo-EuWettbR, Einl., Rn. 999; *Pohlmann*, S. 57. Vgl. *Steinle*, EWS 2004, 118 (122).

258 Vgl. EuGH v. 7.1.2004 – verb. Rs. C-204/00 P, Slg. 2004, I-123; Rz. 60 – *Aalborg Portland/Kommission*; EuGH v. 10.9.2009 – Rs. C-97/08 P, Slg. 2009, I-8237, Rz. 57. – *Akzo Nobel/Kommission*; EuGH v. 20.1.2011 – Rs. C- 90/09 P, Slg. 2011, I-1, Rz. 37 – *General Química/Kommission*; EuG v. 12.12.2007 – Rs. T-112/05, Slg. 2007, II-5049, Rz. 59 – *Akzo Nobel/Kommission*; *Pohlmann*, S. 41; *Hackel*, S. 150.

259 *Muders*, wistra 2011, 405 (406); *Dannecker/Fischer-Fritsch*, S. 274; *Kling*, WRP 2010, 506 (507); *Steinle*, in: FS Bechtold, 541 (543); *Dannecker/Biermann*, in: Immenga/Mestmäcker, WettbR-EU, Band 1/Teil 2, Vor Art. 23 VO 1/2003, Rn. 78f.; *Emmerich*, in: Immenga/Mestmäcker, WettbR-EU, Band 1/Teil 1, Art. 101 Abs. 1, Rn. 11, 46; *Roth/Ackermann*, in: FK-Kartellrecht, 67. Lfg. (2009), Grundfragen Art. 81 Abs, 1 EG, Rn. 106, 121; *Koch*, ZHR 171 (2007), 554 (557f.); *Pohlmann*, S. 41. Insbesondere der EuGH stellt dabei auf den Grundsatz der persönlichen Verantwortlichkeit ab. EuGH v. 10.9.2009 – Rs. C-97/08 P, Slg. 2009, I-8237, Rz. 56 – *Akzo Nobel/Kommission*; EuGH v. 20.1.2011 – Rs. C-90/09 P, Slg. 2011, I-1, Rz. 36 – *General Química/Kommission*; EuGH v. 29.9.2011 – Rs. C-521/09 P, Slg. 2011, I-8947, Rz. 53 – *Elf Aquitaine/Kommission*; EuGH v. 19.7.2012 – verb. Rs. C-628/10, Slg. noch nicht veröffentlicht, Rz. 42 – *Alliance One International/Kommission.*

260 Schlussanträge der Generalanwältin *Kokott* vom 23.4.2009 – Rs. C-97/08 P, Slg. 2009, I-8237, Rz. 39 – *Akzo Nobel/Kommission.*

261 Vgl. *Bosch*, ZHR 177 (2013), 454 (458).

Der praktische Hintergrund dieser Argumentation liegt auf der Hand. Er führt zurück zu der Frage, ob das kartellrechtliche Unternehmen Rechtsfähigkeit besitzen muss. Soweit dies zumindest für das Unionsrecht nicht der Fall ist, verändert sich die Sachlage mit Blick auf Art. 299 AEUV, der die Vollstreckung der Geldbuße dem Recht der Mitgliedstaaten überlässt. Im deutschen Recht muss der Vollstreckungsschuldner aber nach § 50 ZPO parteifähig sein,[262] was wiederum Rechtsfähigkeit voraussetzt[263].

Ob dieser rein praktische Aspekt dazu geeignet sein kann, eine entsprechende „Zweistufen-Lösung" entgegen dem Wortlaut zu legitimieren, soll hier zunächst dahinstehen. Denn vorab ist zu erörtern, welcher dogmatische Ansatz überhaupt herangezogen werden kann, um eine solche Praxis zu begründen.

A. (Extensive) Auslegungs- oder Zurechnungslösung?

Eine Antwort auf die Frage, wie die Unionsorgane ihre Vorgehensweise dogmatisch begründen, existiert nicht.[264] Von der Literatur wird diesbezüglich vor allem auf eine (extensive)[265] Auslegungs- und eine Zurechnungslösung verwiesen.[266] Das Nebeneinander erklärt sich wiederum aus den unterschiedlichen Schlüssen, die den Äußerungen der Unionsgerichte im Kontext der Haftung der Konzernmutter für einen Kartellrechtsverstoß ihrer Töchtergesellschaften zugeschrieben werden. Während sich nach hier vertretener Auffassung die Aussagen der verschiedenen Unionsgerichte im Hinblick auf die Frage, was aus der wirtschaftlichen Einheit für den Unternehmensbegriff folgt, nicht unterscheiden, gilt dies im Rahmen der Haftung der Konzernmutter für einen Kartellrechtsverstoß ihrer Tochter nicht. So interpretieren Teile der Literatur die Äußerungen des Gerichts der Europäischen Union und der Kommission in der Weise, dass die Haftung der Konzernmutter durch

---

262 OLG Hamm, OLGZ 1990, 209 (210); *Lackmann*, in: Musielak, ZPO, Vorbem. Zu §§ 704ff., Rn. 21.

263 Dies definiert § 50 Abs. 1 ZPO legal. *Lindacher*, in: MüKo-ZPO, § 50, Rn. 3.

264 *Schünemann*, in: Schünemann/González, Bausteine des europäischen Wirtschaftsstrafrechts, 1994, 265 (292); *Zimmer/Paul*, WuW 2007, 970 (971). *Steinle*, EWS 2004, 118 (122) der die methodische Vorgehensweise für fragwürdig hält.

265 Zum Begriff der extensiven Auslegung s. *Larenz*, Methodenlehre, S. 341f. Sie erfasst Sachverhalte, die sich nur noch im Randbereich befinden und selten vom allgemeinen Sprachgebrauch erfasst werden.

266 *Dannecker/Fischer-Fritsch*, S. 265, die entweder eine „weitgehende Zurechnung des Verhaltens abhängiger Gesellschaften oder aber eine extensive Auslegung des Unternehmensbegriffs" für methodisch zulässig halten; *Lipowsky*, S. 51ff.; *Papakiriakou*, S. 46; *Pohlmann*, S. 29, 355f. S. auch *Dannecker/Biermann*, in: Immenga/Mestmäcker, WettbR-EU, Band 1/Teil 2, Vor. Art. 23 VO 1/2003, Rn. 83; *Emmerich*, in: Immenga/Mestmäcker, WettbR-EU, Band 1/Teil 1, Art. 101 Abs. 1 AEUV, Rn. 46; nachdrücklich *Roth/Ackermann*, in: FK-Kartellrecht, 67. Lfg. (2009), Grundfragen Art. 81 Abs. 1, Rn. 109, 121.

eine extensive Auslegung des Unternehmensbegriffs begründet würde, während der EuGH sie auf eine Zurechnung stütze.[267]

In der Tat legen die Formulierungen des Gerichts eine solche Interpretation nahe. In seiner *Akzo Nobel*-Entscheidung führte das EuG aus, dass „nicht ein zwischen Mutter und Tochterunternehmen in Bezug auf die Zuwiderhandlung bestehendes Anstiftungsverhältnis und schon gar nicht eine Beteiligung Ersterer an dieser Zuwiderhandlung, sondern der Umstand, dass sie ein einziges Unternehmen im vorstehend genannten Sinne darstellen, [...] der Kommission die Befugnis (gäbe), die Entscheidung, mit der Geldbußen verhängt werden, an das Mutterunternehmen einer Unternehmensgruppe zu richten“[268]. Damit könne letztlich diese für den Verstoß der Tochter haften, auch wenn sie an diesem nicht beteiligt war.[269]

Sowohl das EuG, als auch die Kommission knüpfen die Inanspruchnahme der (tatunbeteiligten) Muttergesellschaft folglich direkt an den Unternehmensbegriff und damit letztlich die Rechtsfigur der wirtschaftlichen Einheit.[270] Einziger Anknüpfungspunkt bleibt daher der Wortlaut der Norm, insbesondere der Unternehmensbegriff.[271]

Obwohl es die Begründung des EuG in seinem *Akzo Nobel*-Urteil nahelegt, die Haftung der Konzernmutter mit Hilfe der verschiedenen Auslegungsmethoden zu erklären, kann folgendes nicht ausgeblendet werden: Der EuGH hat zur Frage „unter welchen Umständen einer juristischen Person, die nicht Urheberin der Zuwiderhandlung ist, dennoch Sanktionen auferlegt werden können“[272], ausgeführt, dass „nach ständiger Rechtsprechung [...] einer Muttergesellschaft das Verhalten ihrer Tochtergesellschaft [...] *zugerechnet* werden (kann)“[273], wenn Mutter- und Tochtergesellschaft eine wirtschaftliche Einheit bilden. Auch wenn der Gerichtshof aus dem Vorliegen einer wirtschaftlichen Einheit ebenfalls folgert, dass Mutter und

---

267 *Dannecker/Fischer-Fritsch*, S. 260, 265; *Schünemann*, in: Schünemann/González, Bausteine des europäischen Wirtschaftsstrafrechts, 1994, 265 (292); *Koch*, ZHR 171 (2007), 554 (557ff.); *Zimmer/Paul*, WuW 2007, 970 (971f.); *Hackel*, S. 149ff. S. auch *Pohlmann*, S. 355.

268 EuG v. 12.12.2007 – Rs. T-112/05, Slg. 2007, II-5049, Rz. 58 – *Akzo Nobel/Kommission.*

269 EuG v. 12.12.2007 – Rs. T-112/05, Slg. 2007, II-5049, Rz. 12 – *Akzo Nobel/Kommission.*

270 *Koch*, ZHR 171 (2007), 554 (557); *Dannecker/Biermann*, in: Immenga/Mestmäcker, WettbR-EU, Band 1/Teil 2, Vor. Art. 23 VO 1/2003, Rn. 84; *Emmerich*, in: Immenga/Mestmäcker, WettbR-EU, Band 1/Teil 1, Art. 101 Abs. 1, Rn. 11, 46; *Pohlmann*, S. 355; *Lipowsky*, S. 58; *Hackel*, S. 149f.

271 A. A. *Pohlmann*, S. 356.

272 EuGH v. 20.1.2011 – Rs. C- 90/09 P, Slg. 2011, I-1, Rz. 37 – *General Química/Kommission.*

273 EuGH v. 10.9.2009 – Rs. C-97/08 P, Slg. 2009, I-8237, Rz. 58 – *Akzo Nobel/Kommission* (kursive Hervorhebungen vom Verfasser).

Tochter unter diesen Umständen ein einheitliches Unternehmen bilden, scheint er diese wirtschaftliche Einheit in Einklang mit der Kommission „nur" als Täterin anzusehen, während der Verstoß letztlich „eindeutig einer juristischen Person zugerechnet werden" muss.[274] Dass die Muttergesellschaft in Anspruch genommen wird, könnte daher auch durch einen Rückgriff auf die Rechtsfigur der Zurechnung begründet werden, so dass sich die Frage stellt, welcher von beiden Möglichkeiten der Vorzug zu gewähren ist.

I. Zurechnung

Das *Akzo Nobel*-Urteil des Europäischen Gerichtshofs so zu interpretieren, dass hiermit die Möglichkeit in das europäische Kartellrecht integriert wurde, der Konzernmutter das Verhalten ihrer Töchtergesellschaften zuzurechnen, um so den Rückgriff auf erstere für Kartellrechtsverstöße letzterer zu ermöglichen, würde in jedem Fall den einfachsten und pragmatischsten Weg darstellen, den Bedenken der Kommission zu begegnen, Konzernmütter könnten durch ihre beherrschten Tochtergesellschaften versucht sein, den Wettbewerbsschutz zu umgehen. Rein lösungsorientierte Argumente können hingegen nicht über rechtsstaatliche Bedingungen hinweghelfen. Eine unreflektierte Übernahme einer Zurechnungsmöglichkeit ließe nicht nur außer Betracht, dass bereits die Voraussetzungen einer Zurechnung fragwürdig sind, sondern vernachlässigt auch die Tatsache, dass die Zurechnung letztlich einen Eingriff in die Rechte der Konzernmutter darstellt, da sie die Sanktionierung erst ermöglicht. Gemäß dem Grundsatz vom Vorbehalt des Gesetzes bedürfte sie folglich einer Ermächtigungsgrundlage. Woher aber will das oberste europäische Gericht diese nehmen? Kann diesbezüglich auf die Rechtsfigur der wirtschaftlichen Einheit abgestellt werden? Wäre ein solcher Rückgriff auf die Rechtsfigur, die der Bestimmung des Unternehmensbegriffs dient, überhaupt zulässig? Kann ein ungeschriebener Grundsatz *sui generis*, der der Rechtsprechung des EuGH entsprungen ist, überhaupt den rechtsstaatlichen Anforderungen genügen, die an eine einen Eingriff rechtfertigende Norm zu stellen sind und folglich einen legislativen Akt ersetzen? Existiert möglicherweise eine andere Rechtsgrundlage, auf die die Zurechnung gestützt werden könnte? Oder handelt es sich entgegen den Äußerungen des Gerichts tatsächlich gar nicht um eine Zurechnung, sondern wie vom EuG vertreten um eine Auslegung des Unternehmensbegriffs? All diese Fragen werden vollkommen ignoriert, wenn man das Wort „Zurechnung" des EuGH für bare Münze nimmt und den sukzessiven Rückgriff auf die Konzernmutter hierauf stützt.

---

274 EuGH v. 10.9.2009 – Rs. C-97/08 P, Slg. 2009, I-8237, Rz. 56f. – *Akzo Nobel/ Kommission.*

1. *Voraussetzungen der Zurechnung*

Allgemein versteht man unter Zurechnung eine Rechtstechnik, mit deren Hilfe die Frage gelöst wird, ob einem Zurechnungssubjekt „etwas" (Zurechnungsobjekt) als eigene Tat zugerechnet werden kann.[275] Zurechnungsobjekte, also „etwas" in diesem Sinne, sind zumindest nach deutschem Verständnis insbesondere ein Verhalten (§§ 31, 164, 278 BGB), Wissen (§ 166 BGB), tatsächliche Gewalt (§ 855 BGB), Anteile (§ 16 IV AktG), Arbeitnehmer (§ 5 MitbestG) oder Marktanteile (§ 36 II 2 GWB),[276] nicht hingegen Schuld[277].

Vorliegend geht es um die Frage, ob der Muttergesellschaft als Zurechnungssubjekt der Kartellrechtsverstoß einer Tochtergesellschaft, also ein wettbewerbswidriges Verhalten als Zurechnungsobjekt, zugerechnet werden kann.

Da durch die Zurechnung in die Rechte des Zurechnungssubjekts eingegriffen wird, bedarf sie nicht nur einer materiellen Rechtfertigung[278], sondern schon aufgrund des Vorbehalts des Gesetzes ebenfalls einer formellen Rechtsgrundlage[279], auf die die aus der Zurechnung folgende Rechtsfolge für das Subjekt gestützt werden kann. Daneben setzt eine Zurechnung zumindest zwei *Rechts*subjekte voraus.[280] Denn es wird das Verhalten eines Rechtssubjekts einem *anderen* Rechtssubjekt zugerechnet. Die verschiedenen Rechtssubjekte verschmelzen infolge der Zurechnung nicht zu einem einheitlichen, sondern ihre Selbstständigkeit wird nur gelockert, so dass sie ihre Subjektsqualität nicht verlieren.[281]

a) *Zurechnung zwischen zwei rechtlich selbstständigen Subjekten*

Betrachtet man die Praxis der Unionsorgane, scheint sie bereits diese Voraussetzung nicht zu erfüllen. Denn letztlich wird die Konzernmutter nicht mehr für das Verhalten der Tochtergesellschaft in Anspruch genommen – diese ist nach der Unionspraxis nicht Täterin des Kartellrechtsverstoßes – ‚sondern für den durch die wirtschaftliche Einheit begangenen Wettbewerbsverstoß.[282] Die wirtschaftliche

---

275 *Bork*, ZGR 1994, 237f.

276 *Bork*, ZGR 1994, 237 (238).

277 *Rütsch*, S. 57; *Pohlmann*, S. 363.

278 *Bork*, ZGR 1994, 237 (239), der eine solche weder auf die Verantwortlichkeit einer Gesellschaft stützen will, noch auf die Konzernierung selbst, S. 237 (239, 260).

279 So auch *Hackel*, S. 154.

280 *Bork*, ZGR 1994, 237 (238, 242f.); vgl. auch *K. Schmidt*, Gesellschaftsrecht, § 10 I, S. 247.

281 *Bork*, ZGR 1994, 237 (245); *K. Schmidt*, Gesellschaftsrecht, § 9 II, S. 225.

282 Nach ganz h.M. sind die einzelnen Gesellschaften des Konzerns rechtlich selbstständig, *Bork*, ZRG 1994, 237 (243) mit diversen Nachweisen. Das Verhalten der Tochtergesellschaft könnte deshalb der Muttergesellschaft zugerechnet werden. Dies entspricht aber nicht der Unionspraxis, die der Muttergesellschaft letztlich das Verhalten der wirtschaftlichen Einheit zurechnen will, wie die Berechnung der Geldbuße am Umsatz des Konzerns gezeigt hat.

Einheit ist aber wie oben dargelegt gerade nicht rechtsfähig und damit auch kein taugliches Rechtssubjekt, dessen Verhalten der Konzernmutter nach dem hier zu Grunde gelegten Verständnis der Zurechnung zugerechnet werden könnte. Es handelt sich um eine Zurechnung zwischen einem nicht rechtsfähigen und einem rechtsfähigen Unternehmen, die letztlich nur aufgrund wirtschaftlicher Aspekte[283] erfolgt. Diese können aber die Rechtsfähigkeit der Zurechnungssubjekte nicht ersetzen.

b) Wirtschaftliche Einheit als „Zurechnungsnorm"?

Selbst wenn man anderer Auffassung ist, und nicht zwei Rechtssubjekte für die Zurechnung des Kartellrechtsverstoßes voraussetzt, oder aber der Meinung ist, es werde nicht der Wettbewerbsverstoß der wirtschaftlichen Einheit zugerechnet, sondern der der Tochtergesellschaft, bleibt man eine Erklärung schuldig, auf welche Rechtsgrundlage die zum Eingriff in die Rechte der Konzernmutter führende Zurechnung gestützt werden soll. Das angenommene Zurechnungsmodell basiert einzig und allein auf der ungeschriebenen Rechtsfigur der wirtschaftlichen Einheit.[284] Da die kartellrechtlichen Normen des AEUV genauso wenig Zurechnungsnormen darstellen wie Art. 23 VO 1/2003,[285] bliebe letztlich nur die Möglichkeit, der Rechtsfigur der wirtschaftlichen Einheit selbst den Charakter einer Ermächtigungsgrundlage und somit einer primärrechtlichen Norm zuzusprechen, um einen Eingriff in die Rechte der Muttergesellschaft zu legitimieren.

aa) Kein legislativer Akt

Allein die Tatsache, dass es sich bei der Rechtsfigur der wirtschaftlichen Einheit um einen ungeschriebenen Grundsatz, der durch die Rechtsprechung der Unionsgerichte geprägt wurde, handelt, lässt diese Annahme fragwürdig erscheinen. Schließlich folgt aus dem Grundsatz der Gesetzmäßigkeit der Verwaltung nicht nur der Vorbehalt des Gesetzes, sondern auch der Grundsatz der Gewaltenteilung. Danach ist der Erlass von Ermächtigungsgrundlagen grundsätzlich Sache der Legislative und nicht der Judikative. Auf Unionsebene gilt zwar nicht der Gewaltenteilungsgrundsatz, wie wir ihn aus dem deutschen Verfassungsrecht kennen, sondern die Union ist nach dem sog. Prinzip des institutionellen Gleichgewichts organisiert.[286] Danach handelt gemäß Art 13 Abs. 2 S. 1 EUV „jedes Organ [...] nach Maßgabe der ihm in

---

283 *Mansdörfer/Timmerbeil*, EuZW 2011, 214 (217).

284 Vgl. *Thomas*, KSzW 2011, 10 (11f.).

285 Vgl. *Pohlmann*, S. 427, die auf das Fehlen von Zurechnungsregeln hinweist, die man auf verbundene oder unverbundene Unternehmen anwenden könnte; *Hackel*, S. 115f., 154; *Riesenkampff*, in: FS Loewenheim, 529 (530f.); vgl. *Bechtold/Bosch/Brinker*, EU-Kartellrecht, Art. 101 AEUV, Rn. 39.

286 *Calliess*, NJW 2005, 929 (930); *Calliess*, in: Calliess/Ruffert, EUV/AEUV, Art. 13 EUV, Rn. 9; *Mayer*, in: Grabitz/Hilf/Nettesheim, Das Recht der Europäischen Union, 41. Lgf. (2010), Art. 19 EUV, Rn. 70. Zum Begriff des institutionellen Gleichgewichts s.

den Verträgen zugewiesenen Befugnisse [...]". Dabei ist es aber Aufgabe des Rates, (sekundäres) Recht zu setzen.[287] Er wird dabei u.a. vom Europäischen Parlament sowie der Kommission flankiert.[288] Letzterer steht sogar eine eigene Rechtssetzungsbefugnis zu, soweit die Verträge dies vorsehen.[289] Dem EuGH kommt indessen gemäß Art. 19 EUV der Auftrag zu, das Recht bei der Auslegung und Anwendung der Verträge zu wahren und zu sichern. Unbestritten umfasst dieser „Rechtsschutzauftrag"[290] entgegen dem Wortlaut, der nur von „Anwendung und Auslegung" spricht, auch die Rechtsfortbildung und Rechtsschöpfung[291]. Zwar spricht die Definition des Begriffs „Auslegung" eher gegen eine solche Annahme, da sie die abstrakte Ermittlung des Inhalts meint[292] und damit der typischen Auslegungsdefinition entspricht.[293] Anders als (vielleicht) im deutschen Recht wird dem Begriff Auslegung aber ein tendenziell weites Verständnis zu Grunde gelegt.[294] Im Übrigen wäre es den Unionsrichtern nur schwer möglich, ihrer Integrationsfunktion nachzukommen, wenn ihnen das Recht zur Rechtsfortbildung nicht zustünde. Letztere ist in einer

---

Huber, EuR 2003, 574 (576); *Hilf/Classen*, in: FS Selmer, 71 (76); *Rengeling*, VVDStRL, 202 (233).

287 *Hilf/Classen*, in: FS Selmer, 71 (78); *Ziegenhorn*, in: Grabitz/Hilf/Nettesheim, Das Recht der Europäischen Union, 51. Lfg. (2013), Art. 16 EUV, Rn. 25; *Calliess*, in: Calliess/Ruffert, EUV/AEUV, Art. 13 EUV, Rn. 9; *Huber*, EuR 2003, 574 (579); *Dänzer-Vanotti*, RIW 1992, 733 (735); *Stein*, in: FS Richterliche Rechtsfortbildung, 619 (620).

288 *Ziegenhorn*, in: Grabitz/Hilf/Nettesheim, Das Recht der Europäischen Union, 51. Lfg. (2013), Art. 16 EUV, Rn. 25; *Schoo*, in: Schwarze, EU-Kommentar, Art. 14 EUV, Rn. 18; *Huber*, EuR 2003, 574 (580); *Dänzer-Vanotti*, RIW 1992, 733 (735).

289 *Hatje*, in: Schwarze, EU-Kommentar, Art. 13 EUV, Rn. 15.

290 So bspw. *Schwarze*, in: Schwarze, EU-Kommentar, Art. 19 EUV, Rn. 12.

291 *Borchardt*, in: Schulze/Zuleeg/Kadelbach, Europarecht, § 15 Rn. 10, 12, 19, 21; *Mayer*, in: Grabitz/Hilf/Nettesheim, Das Recht der Europäischen Union, 41. Lfg. (2010), Art. 19 EUV, Rn. 30; *von Danwitz*, in: Dauses, EU-Wirtschaftsrecht, 40. Lfg. (2016), B.II., Rn. 25; *Calliess*, NJW 2005, 929 (930); *Dänzer-Vanotti*, RIW 1992, 733 (734, 735); *Leible/Domröse*, in: Riesenhuber, Europäische Methodenlehre, § 8 Rn. 32; *Kutscher*, EuR 1981, 392 (399f.); *Everling*, RabelsZ 1986, 193 (206, 229); *Rengeling*, VVDStRL, 202 (233); *Pernice*, EuR 1996, 27 (35); *Zuleeg*, in: von der Groeben/Schwarze, Kommentar zum EU-/EG-Vertrag, Art. 1 EG, Rn. 41; Das BVerfG hat wiederholt klargestellt, dass dem EuGH die Rechtsfortbildung im Grunde gestattet sei, BVerfGE 73, 339, (374–388) = NJW 1987, 577 (579ff.); BVerfGE 75, 223 (242f.) = NJW 1988, 1459 (1461f.); *Stein*, in: FS Richterliche Rechtsfortbildung, 619. Allgemein zur Rechtsfortbildung s. *Larenz*, Methodenlehre, S. 350.

292 *Schwarze*, in: Schwarze, EU-Kommentar, Art. 19 EUV, Rn. 30.

293 *Larenz*, Methodenlehre, S. 298; *Calliess*, NJW 2005, 929.

294 *Dänzer-Vanotti*, RIW 1992, 733 (735); vgl. *Stein*, in: FS Richterliche Rechtsfortbildung, 619 (620f.); *Kindhäuser/Meyer*, in: FK-Kartellrecht, 77. Lfg. (2012), Bußgeldrechtliche Folgen Art. 101 AEUV, Rn. 26.

auf Dynamik und Rechtsvielfalt angelegten Rechtsordnung[295] praktisch unverzichtbar,[296] und konkurriert stets mit der (originären) Gesetzgebungsbefugnis des Rates.[297] Es ist daher nicht unrichtig zu sagen, dass der EuGH sogar zur Rechtsfortbildung befugt sein „muß".[298]

Es überrascht daher nicht, dass der EuGH selbst eine dogmatische Trennung nicht vornimmt,[299] sondern in Fällen des Richterrechts durchaus von Auslegung spricht.[300]

Der Gerichtshof kann folglich entweder durch Richterrecht[301] Regelungslücken schließen oder aber Recht schöpfen. Im Gegensatz zu ersterem unterscheidet sich letzteres dadurch, dass noch kein Anknüpfungspunkt im Recht vorhanden ist, der fortgebildet werden könnte.[302]

Da das Unionsrecht keine Zurechnungsvorschriften kennt, auf die die Haftung der Konzernmutter gestützt werden könnte, kann es sich bei der Zurechnungslösung nur um einen Fall der Rechtsschöpfung handeln. In diesem Fall würde die wirtschaftliche Einheit als Quelle des ungeschriebenen Primärrechts mit diesem auf einer Stufe stehen und somit die vom Vorbehalt des Gesetzes ausgehenden Voraussetzungen erfüllen.

Handelte es sich bei der Rechtsfigur der wirtschaftlichen Einheit folglich um ungeschriebenes Primärrecht als Resultat der Rechtsschöpfung, könnte man hierin eine ausreichende Rechtsgrundlage für die Unionspraxis sehen. Eine solche

---

295 *Everling*, RabelsZ 1986, 193 (207); *Stein*, in: FS Richterliche Rechtsfortbildung, 619 (619f.); *Streinz*, ZEuS 2004, 387 (402) m.w.N. Durch die Rechtsfortbildung kommt der EuGH seiner Funktion als „Motor der Integration" nach, *Schweitzer/Hummer/Obwexer*, Europarecht, S. 202 Rn. 732; *Pernice*, EuR 1996, 27 (34); *Stein*, in: FS Richterliche Rechtsfortbildung, 619 (622); *Dänzer-Vanotti*, RIW 1992, 733 (734) m.w.N. Kritisch *Streinz*, in: FS Everling, Bd. 2, 1491 (1509) sowie *Schwarze*, in: Schwarze, EU-Komentar, Art. 19 EUV, Rn. 37.

296 *Calliess*, NJW 2005, 929 (930, 933); *Kindhäuser/Meyer*, in: FK-Kartellrecht, 77. Lfg. (2012), Bußgeldrechtliche Folgen Art. 101 AEUV, Rn. 43; vgl. *Pernice*, EuR 1996, 27 (34).

297 *Dänzer-Vanotti*, RIW 1992, 733 (734); kritisch dazu *Streinz*, in: FS Everling, Bd. 2, 1491 (1509) m.w.N.

298 *Rengeling*, VVDStRL, 202 (233).

299 Vgl. *Borchardt*, in: Schulze/Zuleeg/Kadelbach, Europarecht, § 15 Rn. 3; vgl. auch *Calliess*, NJW 2005, 929 (931); *Kindhäuser/Meyer*, in: FK-Kartellrecht, 77. Lfg. (2012), Bußgeldrechtliche Folgen Art. 101 AEUV, Rn. 26.

300 So *Dänzer-Vanotti*, RIW 1992, 733 (734); vgl. *Borchardt*, in: Schulze/Zuleeg/Kadelbach, Europarecht, § 15 Rn. 3, *Schweitzer/Hummer/Obwexer*, Europarecht, S. 201 Rn. 731.

301 Als Synonym zu Rechtsfortbildung oder Rechtsgewinnung, *Everling*, RabelsZ, 1986, 193 (197); *Dänzer-Vanotti*, RIW 1992, 733 (734).

302 *Borchardt*, in: Schulze/Zuleeg/Kadelbach, Europarecht, § 15 Rn. 3f.

ist aber (heute) nur in Ausnahmefällen zulässig.[303] Anerkannte Beispiele sind z.B. der Vorrang des Gemeinschaftsrechts, die Möglichkeit unmittelbarer Wirkung von Vorschriften des Unionsrechts als allgemeine Grundsätze des Unionsrechts oder der unionsrechtliche Grundrechtsschutz.[304] Im Wege der Rechtsvergleichung hat der EuGH außerdem allgemeine Rechtsgrundsätze den Wertvorstellungen der Verfassungstraditionen der Mitgliedstaaten entnommen, denen als ungeschriebenen Quellen des Unionsrechts ebenfalls verbindliche Rechtswirkung zukommt.[305] Auch wenn letztere nicht explizit im Zusammenhang mit dem Rechtsschutzauftrag des Gerichts genannt werden, hat er doch allgemein verbindliches Recht im Sinne des Art. 19 EUV geschaffen. Man könnte daher in Erwägung ziehen, dass es sich bei der Rechtsfigur der wirtschaftlichen Einheit ebenfalls entweder um einen durch den EuGH entwickelten allgemeinen Grundsatz des Unionsrechts oder einen allgemeinen Rechtsgrundsatz handelt, der die Voraussetzungen des Vorbehalts des Gesetzes aufgrund seines Normcharakters erfüllt.

Schon ein Blick auf beide zeigt aber, dass ein solcher Vergleich zu weit hergeholt ist. Der Vorrang des Gemeinschaftsrechts und die Möglichkeit der unmittelbaren Wirkung von Unionsrecht sowie die Unionsgrundrechte sind Ausprägungen des Geistes und des Systems der Verträge.[306] Obwohl der Entstehungsprozess entsprechender Grundsätze noch nicht abgeschlossen ist, folgt die Haftung der Konzernmuttergesellschaft für einen Kartellrechtsverstoß ihrer Tochter nicht aus dem Geist der Verträge. Sie ist vielmehr die Antwort der Unionsorgane auf die wirtschaftliche Realität der Konzernierung in einer sich immer weiter globalisierenden Welt.

Genauso wenig handelt es sich bei der Materie um einen der allgemeinen Rechtsgrundsätze, die der EuGH im Wesentlichen aus den Verfassungstraditionen der Mitgliedstaaten[307] ermittelt. Zum einen ist das hier in Frage kommende gesellschaftliche Trennungsprinzip kein Grundsatz des Verfassungsrechts. Zum anderen verbietet dieser Grundsatz grundsätzlich den Durchgriff auf eine nicht am Verstoß beteiligte, selbstständige Gesellschaft.[308] Wie sich später zeigen wird, steht die Vorgehensweise der Unionsorgane sogar in Konflikt mit diesem auch auf Unionsebene zu berücksichtigenden Grundprinzip des Gesellschaftsrechts, was eher noch gegen die Annahme spricht, es könnte sich bei den Haftungsmethoden um einen allgemeinen Rechtsgrundsatz handeln.

---

303 *Borchardt*, in: Schulze/Zuleeg/Kadelbach, Europarecht, § 15 Rn. 87; *Calliess*, NJW 2005, 929 (932), der von gesetzesvertretendem Richterrecht (praeter legem) spricht.

304 *Schwarze*, in: Schwarze, EU-Kommentar, Art. 19 EUV, Rn. 15, 22, 24; *Borchardt*, in: Schulze/Zuleeg/Kadelbach, Europarecht, § 15 Rn. 22.

305 *Schwarze*, in: Schwarze, EU-Kommentar, Art. 19 EUV, Rn. 22f., 25; *Borchardt*, in: Schulze/Zuleeg/Kadelbach, Europarecht, § 15 Rn. 24; *Everling*, RabelsZ 1986, 193 (211).

306 *Schwarze*, in: Schwarze, EU-Kommentar, Art. 19, Rn. 24.

307 *Schwarze*, in: Schwarze, EU-Kommentar, Art. 19, Rn. 25.

308 S. dazu S. 153ff.

Die wirtschaftliche Einheit begründet folglich keine legislative Grundlage im Sinne des Vorbehalts des Gesetzes, auf welche die Zurechnung gestützt werden könnte.[309]

bb) Zweckentfremdung der wirtschaftlichen Einheit in der Rechtsfolge

Neben dem fehlenden legislativen Charakter der wirtschaftlichen Einheit spricht auch die Tatsache, dass sie von den Unionsgerichten ursprünglich dazu verwendet wurde, den Unternehmensbegriff zu bestimmen, gegen ihre Charakterisierung als Zurechnungsnorm *sui generis*. Soweit die wirtschaftliche Einheit nämlich auf Tatbestandsebene dazu dient, den Unternehmensbegriff zu bestimmen, erscheint es fragwürdig, ihr auf Rechtsfolgenseite eine Zurechnungsfunktion zukommen lassen. Der Grundsatz von der Einheit der Rechtsordnung, respektive der aus dieser abzuleitende Grundsatz der begrifflichen Einheit, dem zufolge gleiche Begriffe grundsätzlich gleich zu verstehen sind, muss auch für die Rechtsfigur der wirtschaftlichen Einheit gelten. Mit diesem Grundsatz wäre es unvereinbar, die wirtschaftliche Einheit auf Tatbestandsseite zur Bestimmung des Täters heranzuziehen, auf Rechtsfolgenseite dann aber als Zurechnungsmodell, um den vom Täter verschiedenen Bußgeldadressaten, bei dem es sich dem Wortlaut nach um das Unternehmen „wirtschaftliche Einheit“ handelt, zu bestimmen.

Etwas Anderes kann sich nach den oben aufgestellten Grundsätzen nur dann ergeben, wenn die wirtschaftliche Einheit auf Rechtsfolgenseite in einem anderen systematischen Zusammenhang verwendet würde, als dies auf Tatbestandsseite der Fall ist. Denn Hauptzweck der Systematik ist wie erläutert die Vermeidung von Widersprüchen.

Gegen das Vorliegen eines solchen systematischen Widerspruchs und folglich für das Verständnis der wirtschaftlichen Einheit als Zurechnungsmodell ließe sich einwenden, dass die Figur der wirtschaftlichen Einheit nicht im Konflikt mit dem *weiten Grundsatz der Einheitlichkeit* steht. Die wirtschaftliche Einheit dient sowohl auf Tatbestandsseite als auch auf Rechtsfolgenseite zunächst dazu, den Unternehmensbegriff zu definieren. Insoweit handelt es sich um eine Anwendung im gleichen systematischen Zusammenhang. Bei differenzierterer Betrachtung könnte sich indessen ein anderes Bild ergeben. Zwar dient die wirtschaftliche Einheit auf Rechtsfolgenseite zunächst dazu, den Unternehmensbegriff zu bestimmen. Die Geldbuße wird denn auch gegen *dieses* Unternehmen verhängt. In einem zweiten Schritt (auf Rechtsfolgenseite) wird die Rechtsfigur der wirtschaftlichen Einheit dann aber benutzt, um die Inanspruchnahme der Konzernmutter (sukzessiv) zu begründen. Ließe sich noch argumentieren, dass auf Tatbestands- und dem ersten Schritt auf Rechtsfolgenseite noch innerhalb desselben Zusammenhangs auf die wirtschaftliche Einheit abgestellt wird, nämlich der Bestimmung des Unternehmens Konzern, gilt dies für die sich daran anschließende Inanspruchnahme der Konzernmutter nicht mehr. Denn in diesem Schritt wird die wirtschaftliche Einheit nicht mehr herangezogen,

309 In diese Richtung auch *Thomas*, KSzW 2011, 10 (11).

um das Unternehmen zu definieren, sondern um dem selbstständigen Unternehmen „Mutter" den Wettbewerbsverstoß der wirtschaftlichen Einheit zuzurechnen und so den vom Täter verschiedenen (rechtsfähigen) Adressaten zu ermitteln. Das stellt einen anderen systematischen Zusammenhang dar.

Im Grunde bewirkt die Unionspraxis sogar das genaue Gegenteil von dem hinter der Systematik allgemein stehenden Sinn und Zweck. Denn statt Widersprüche zu vermeiden, wird der ohnehin schon konturlose Begriff der wirtschaftlichen Einheit noch mehr verwässert und der bestehende Konflikt mit dem Bestimmtheitsgrundsatz weiter verstärkt.

Schlimmer noch als die Diskussion um die Frage, ob der Unternehmensbegriff innerhalb der Rechtsordnung unterschiedlich ausgelegt werden kann, ist dabei, dass Vertreter der Zurechnungslösung die wirtschaftliche Einheit innerhalb derselben Norm unterschiedlich anwenden wollen. Verneint man aber eine unterschiedliche Auslegung bereits im Rahmen von Artt. 101, 102 AEUV und Art. 23 Abs. 2 VO 1/2003, muss das erst recht gelten, wenn an denselben Begriff innerhalb des Art. 23 Abs. 2 VO 1/2003 unterschiedliche Rechtsfolgen geknüpft werden. Wird aber der Grundsatz der Rechtssicherheit infolge der Relativierung gleicher Begriffe derart in Frage gestellt, kann ein anderer systematischer Zusammenhang nicht vorliegen.

Schließt man sich folglich der hier vertretenen Auffassung an, dass die wirtschaftliche Einheit grundsätzlich dazu dient, den Unternehmensbegriff im Fall mehrerer miteinander verbundener Unternehmen zu bestimmen, kann sie konsequenter Weise auf Rechtsfolgenseite nicht zweckentfremdet werden, um die nachträgliche Inanspruchnahme der Konzernmutter zu begründen.[310] Das gilt erst recht unter Berücksichtigung der Ausführungen zum Unternehmensbegriff, wo eine Relativierung der Begriffe abgelehnt wurde.

Der wirtschaftlichen Einheit kann somit keine Doppelfunktion in dem Sinne zukommen, dass sie auf Tatbestandsseite zur Unternehmensbestimmung dient und auf Rechtsfolgenseite einen Haftungsdurchgriff begründet.

c) Schuldgrundsatz

Soweit das Verhalten der wirtschaftlichen Einheit oder der Tochtergesellschaft der Konzernmutter – auf welchem Weg auch immer – zugerechnet wird, entbindet dies die Unionsorgane nicht davon, eine individuelle Schuld des Zurechnungssubjekts darzulegen.[311] Der Wortlaut der Norm setzt unmissverständlich eine eigene Schuld des Sanktionsadressaten für den Kartellrechtsverstoß voraus. Da die Zurechnung aber nur das Verhalten und nicht die Schuld meinen kann, verstieße die Praxis gegen den im Wortlaut verankerten Schuldgrundsatz, sofern die Unionsorgane eine individuelle Verantwortlichkeit der Muttergesellschaft nicht nachweisen. Nur weil der Konzernmutter das tatbestandsmäßige Verhalten als eigenes zugerechnet wird,

---

310 Vgl. *Hofstetter/Ludescher*, in: FS Büren, 485 (487f.); *Kling*, ZWeR 2011, 169 (180); *Bauer/Reinser*, WuW 2007, 737 (738) und *de Bronett*, EWS 2012, 113 (120).

311 Vgl. *Pohlmann*, S. 363; *Bechtold/Bosch*, ZWeR 2011, 160 (167).

heißt das nicht, dass sie den Verstoß auch verschuldet hat. Im Grunde spricht die Verankerung des Schulderfordernisses daher auch gegen die Zurechnungslösung, da die Verhaltenszurechnung letztlich für sich nicht geeignet ist, einen Rückgriff auf die Konzernmutter zu rechtfertigen.

2. *Ergebnis*

Die wirtschaftliche Einheit kommt als Zurechnungsmodell nicht in Betracht.[312] Zum einen werden die allgemein an eine Zurechnung geknüpften Voraussetzungen nicht erfüllt. Zum anderen würde die Zweckentfremdung der wirtschaftlichen Einheit als Zurechnungsmodell *sui generis* nicht nur mit dem Grundsatz der Einheit der Rechtsordnung und damit dem Prinzip der Rechtssicherheit in Konflikt stehen, sondern genauso mit dem ebenfalls aus dem Rechtsstaatsprinzip folgenden Grundsatz vom Vorbehalt des Gesetzes kollidieren. Die Zurechnung eines Kartellrechtsverstoßes, die zu einer Sanktion führt, bedarf einer geschriebenen Rechtsgrundlage. Selbst wenn man der wirtschaftlichen Einheit die Funktion eines Zurechnungsmodells zuspräche, würde die Rechtsfigur aber nicht den Anforderungen an den Gesetzesvorbehalt genügen, da ihr kein Normcharakter zukommt.

Eine Rechtsgrundlage, auf die die Inanspruchnahme der Konzernobergesellschaft gestützt werden könnte, müsste folglich erst verabschiedet werden, so dass die Zurechnungslösung *de lege lata* nicht mit rechtsstaatlichen Grundsätzen zu vereinbaren ist. Insoweit ist die Auslegungslösung vorzugswürdiger.

In praktischer Hinsicht unterscheidet sie sich indessen nicht von der Zurechnungslösung. Sinn und Zweck beider Lösungsansätze sind gleich: Letztlich muss für die am Konzernumsatz ermittelte Sanktion eine juristische Person ermittelt werden.[313] Das wird sowohl nach der Rechtsprechung des EuG als auch der des EuGH die beherrschende Muttergesellschaft sein. Beide Lösungsansätze werden also kaum zu unterschiedlichen Ergebnissen führen,[314] da die Voraussetzungen der „Zurechnung“ den Voraussetzungen, die das EuG entwickelt hat, um die Muttergesellschaft für den Verstoß ihrer Tochter in Anspruch zu nehmen, entsprechen. Schließlich käme auch nach dem EuGH eine Zurechnung des Wettbewerbsverstoßes nur in Betracht, wenn Mutter und Tochter ein Unternehmen und damit eine wirtschaftliche Einheit bilden.

---

312 *Lieder/Kliebisch*, EWiR 2010, 149 (150).

313 EuGH v. 10.9.2009 – Rs. C-97/08 P, Slg. 2009, I-8237, Rz. 57 – *Akzo Nobel/Kommission*; EuG v. 12.12.2007 – Rs. T-112/05, Slg. 2007, II-5049, Rz. 59 – *Akzo Nobel/Kommission.*

314 *Emmerich*, in: Immenga/Mestmäcker, WettbR-EU, Band 1/Teil 1, Art. 101 Abs. 1 AEUV, Rn. 46; *Pohlmann*, S. 362.

II. (Extensive) Auslegung

Soweit die Inanspruchnahme der tatunbeteiligten Muttergesellschaft nicht auf das Rechtsinstitut der wirtschaftlichen Einheit als Zurechnungsmodell gestützt werden kann, bleibt nach dem oben Gesagten nur die Möglichkeit, sie durch eine (extensive) Auslegung des Unternehmensbegriffs zu begründen.[315] Die gegen eine Inanspruchnahme der Muttergesellschaft auf Grundlage der wirtschaftlichen Einheit geäußerten rechtsstaatlichen Bedenken lassen vermuten, dass der Europäische Gerichtshof den Rückgriff auf die Konzernmutter genau wie Kommission und EuG auf diesem Weg zu lösen versucht.[316] Etwas unglücklich drückt er sich dabei aus, indem er von „Zurechnung" spricht, im Grunde aber Auslegung meint. Dass der Gerichtshof, im Gegensatz zur Kommission und dem EuG, mit dem Gedanken der wechselseitigen Zurechnung arbeitet, ist daher nicht ersichtlich.[317]

Der notorische Versuch, der Praxis der Unionsorgane verschiedene Begründungsansätze zu unterstellen, sowohl im Hinblick auf die wirtschaftliche Einheit als auch im Hinblick auf die Inanspruchnahme der Konzernobergesellschaft, verklärt daher das ohnehin schon trübe Bild der kartellrechtlichen Haftungsgrundsätze nur noch mehr ohne Notwendigkeit. Denn Anzeichen dafür, dass der EuGH in Abgrenzung zum EuG und der Kommission einen dogmatisch divergierenden Ansatz schaffen wollte, finden sich nicht.

Nach hier vertretener Ansicht greifen die verschiedenen Unionsorgane deshalb einheitlich auf die Auslegung des Unternehmensbegriffes zurück, um die Haftung der Konzernmutter für einen Kartellrechtsverstoß ihrer Tochter zu begründen.

1. Grundsatz

Bei rigidem Verständnis des Wortlauts wäre die Inanspruchnahme der Muttergesellschaft am Konzernumsatz für einen Verstoß, an dem sie nicht beteiligt war, nicht von diesem umfasst. Die Praxis der Unionsorgane verstieße folglich gegen den Grundsatz der Gesetzmäßigkeit der Verwaltung und somit auch gegen den darin enthaltenen Grundsatz vom Vorbehalt des Gesetzes. Diese Schlussfolgerung könnte aber zu kurz gegriffen sein. Denn Gesetze verwenden häufig Begriffe, deren Bedeutung nicht genau festgelegt ist, so dass sie ausgelegt werden können und müssen.[318] Der mögliche Wortsinn einer Norm ist dynamisch,[319] so dass in der Regel die bloße Subsumtion nicht dazu geeignet ist, das angestrebte Ziel zu erreichen.[320]

---

315 A. A. *Pohlmann*, S. 42.

316 Vgl. in diese Richtung auch *Hackel*, S. 153f., der die Rechtsprechung des EuGH als extensive Auslegung des Unternehmensbegriffs beschreibt und so die Bebußung von Konzerngesellschaften begründet. Vgl. auch *de Bronett*, EWS 2012, 113 (120).

317 *Thomas*, KSzW 2011, 10, dort Fn. 5.

318 *Everling*, RabelsZ 1986, 193 (200); *Larenz*, Methodenlehre, S. 298.

319 *Larenz*, Methodenlehre, S. 342.

320 *Everling*, RabelsZ 1986, 193 (200). Das gilt im Zweifel auch für die Auslegung.

Durch die Auslegung als ein vermittelndes Tun wird der Sinn einer Norm bzw. eines Rechtssatzes (abstrakt) also erst ermittelt.[321] Es handelt sich um die „Rekonstruktion des dem Gesetze innewohnenden Gedankens“[322] durch verschiedene Auslegungsmethoden[323]. Gegenstand der Auslegung ist dabei immer der Wortlaut der in Frage stehenden Norm als „Träger“ des in ihm verkörperten Sinns, den es zu erforschen gilt.[324] Das gilt vor allem auch für das Unionsrecht, welches auf Dynamik basiert und folglich häufig unbestimmte Rechtsbegriffe verwendet, deren Interpretation unionsautonom durch den Gerichtshof erfolgt.[325] Dabei geht er nach denselben Auslegungsmethoden vor, die auch das nationale Recht kennt.[326] Im Vordergrund stehen dabei systematisch-teleologische Aspekte,[327] während der grammatikalischen und historischen Auslegungsmethode nur eingeschränkte[328] bzw. untergeordnete[329] Bedeutung zukommt.

---

321 *Larenz*, Methodenlehre, S. 298; *Larenz/Canaris*, Methodenlehre, S. 133; *Schwarze*, in: Schwarze, EU-Kommentar, Art. 19 EUV, Rn. 30; *Calliess*, NJW 2005, 929.

322 So *Savigny*, 1840, S. 213 zitiert von *Zippelius*, Methodenlehre, S. 35.

323 Die grammatikalische Auslegung, die systematische Auslegung, die historische Auslegung und die teleologische Auslegung, *Zippelius*, Methodenlehre, S. 35ff.

324 *Larenz*, Methodenlehre, S. 299; *Larenz/Canaris*, Methodenlehre, S. 134.

325 *Kutscher*, EuR 1981, 392 (400); *Schwarze*, in: Schwarze, EU-Kommentar, Art. 19 EUV, Rn. 36; *Pechstein/Drechsler*, in: Riesenhuber, Europäische Methodenlehre, § 7 Rn. 18 mit Verweis auf EuGH v. 18.1.1984 – Rs. C-327/82, Slg. 1984, 107, Rz. 11 – *Ekro*.

326 EuGH v. 23.3.1982 – Rs. C-53/81, Slg. 1982, 1035, Rz. 9 – *Levin/Staatssecretaris van Justitie*; *Streinz*, ZEuS 2004, 387 (401); *Schwarze*, in: Schwarze, EU-Kommentar, Art. 19 EUV, Rn. 36; *Schulze*, in: Schulze, Auslegung europäischen Privatrechts und angeglichenen Rechts, S. 13; *Weitbrecht/Baudenbacher*, EuR 2010, 230 (232); *Calliess*, NJW 2005, 929; *Potacs*, EuR 2009, 465 (471).

327 Vgl. EuGH v. 27.4.1999 – Rs. C-99/96, Slg. 1999, I-2277, Rz. 26 – *Mietz*; *Schwarze*, in: Schwarze, EU-Kommentar, Art. 19 EUV, Rn. 36; *Wegener*, in: Calliess/Ruffert, EUV/AEUV, Art. 19 EUV, Rn. 15f.; *Calliess*, NJW 2005, 929; *Borchardt*, in: Schulze/Zuleeg/Kadelbach, Europarecht, § 15 Rn. 45 m.w.N. Diese Aussage steht im Widerspruch zu der von *Dederichs* erhobenen Auswertung, wonach die grammatikalische Auslegungsmethode in der Literatur unterschätzt wird, obwohl sie die am häufigsten verwendete ist, EuR 2004, 346 (349). S. dazu aber kritisch *Wegener*, in: Calliess/Ruffert, EUV/AEUV, Art. 19 EUV, Rn. 13 dort Fn. 34, *Calliess*, NJW 2005, 929. Zur Vorreiterrolle der teleologischen Auslegungsmethode s. *Kutscher*, EuR 1981, 392 (400f.); *Schwarze*, in: EU-Kommentar, Art. 19 EUV, Rn. 36; *Dannecker/Biermann*, in: Immenga/Mestmäcker, WettbR-EU, Band 1/Teil 2, Vor Art. 23 VO 1/2003, Rn. 33; vgl. *Pechstein/Drechsler*, in: Riesenhuber, Europäische Methodenlehre, § 7 Rn. 27, 40.

328 *Wegener*, in: Calliess/Ruffert, EUV/AEUV, Art. 19 EUV, Rn. 13; *Pechstein/Drechsler*, in: Riesenhuber, Europäische Methodenlehre, § 7 Rn. 33 ,40; a.A. *Dederichs*, EuR 2004, 345 (345, 349, 359) und wohl auch *Buerstedde*, S. 46. Die unionsautonome Auslegung selbst wurde daher zutreffend auch als Ausdruck der Nichtbeachtung der grammatikalischen Auslegung bezeichnet, *Buerstedde*, S. 102.

329 *Kutscher*, EuR 1981, 392 (401); *Potacs*, EuR 2009, 465 (472); *Dannecker/Biermann*, in: Immenga/Mestmäcker, WettbR-EU, Band 1/Teil 2, Vor Art. 23 VO 1/2003, Rn. 35;

Gleichzeitig dient der Wortsinn bzw. -laut der Norm als Grenze der Auslegung.[330] Selbst, wenn also systematische oder teleologische Argumente dafür sprächen, unter den Wortsinn einen Sachverhalt zu fassen, der vom Wortlaut unmittelbar nicht erfasst wird, darf dieser nicht überschritten werden. Anderenfalls handelt es sich dogmatisch gesehen nicht mehr um Auslegung, sondern um Rechtsfortbildung. Hier eine genaue Grenze zu ziehen, ist offensichtlich nur schwer möglich; sie ist fließend.[331] Zum Teil geht das so weit, dass „Rechtsfortbildung im Wege der systematisch-teleologischen Auslegung erfolgt“[332].

2. *Systematisch-teleologische Auslegung*

Die Möglichkeit, die Muttergesellschaft für einen Verstoß der Tochter, gemessen am Konzernumsatz, in Anspruch zu nehmen, könnte sich daher trotz des entgegenstehenden Wortlauts aufgrund einer systematisch-teleologischen Auslegung des Wortsinns ergeben.

a) Systematik

Bereits die am Anfang gemachten Ausführungen zum Unternehmensbegriff haben aber gezeigt, dass die Aufspaltung des Unternehmensbegriffes in der Rechtsfolge und das dadurch bewirkte Auseinanderfallen von tatsächlichem Normadressaten auf der einen Seite und der in Anspruch genommenen juristischen Person auf der anderen Seite gerade ursächlich für die Unvereinbarkeit der Praxis mit dem Wortlaut

---

Anweiler, S. 262 m.w.N. Die untergeordnete Bedeutung gilt in erster Linie für die Gesetzesmaterialien über die Entstehung des Europarechts, die lange der Geheimhaltung unterlagen, *Buerstedde*, S. 54f.; *Borchardt*, in: Schulze/Zuleeg/Kadelbach, Europarecht, § 15 Rn. 41; *Anweiler*, S. 247ff.; *Schwarze*, in: Schwarze, EU-Kommentar, Art. 19 EUV, Rn. 37; *Streinz*, ZEuS 2004, 387 (401); *Potacs*, EuR 2009, 465 (472), der allein deshalb den Ausschluss der historischen Auslegungsmethode für nicht gerechtfertigt hält. Beachte auch die veröffentlichten Dokumente in *Schulze/Hoeren*, Dokumente zum Europäischen Recht, Bde. 1–3. Etwas anderes gilt aber für das Sekundärrecht, soweit sich der in Frage stehende Begriff in den Erwägungsgründen widerspiegelt, *Schwarze*, in: Schwarze, EU-Kommentar, Art. 19 EUV, Rn. 37; *Buerstedde*, S. 55f.; *Potacs*, EuR 2009, 465 (472); *Borchardt*, in: Schulze/Zuleeg/Kadelbach, Europarecht, § 15 Rn. 42.

330 BVerfG, Beschluss v. 20.8.2015 – 1 BvR 980/15, Rz. 11 – *Kaffeekartell (Melitta)* = NZKart 2015, 447; *Larenz*, Methodenlehre, S. 350, 417; *Larenz/Canaris*, Methodenlehre, S. 187; *Dänzer-Vanotti*, RIW 1992, 733 (734); *Rüthers/Höpfner*, JZ 2005, 21; Staudinger/*Honsell*, Einl. zum BGB, Rn. 114; a.A. *Potacs*, EuR 2009, 465 (470).

331 *Calliess*, NJW 2005, 929 (931); *Borchardt*, in: Schulze/Zuleeg/Kadelbach, Europarecht, § 15 Rn. 3, 12, 57; *Schwarze*, in: Schwarze, EU-Kommentar, Art. 19 EUV, Rn. 43; *Larenz*, Methodenlehre, S. 377; *Potacs*, EuR 2009, 465 (471); Staudinger/*Honsell*, Einl. zum BGB, Rn. 114.

332 *Borchardt*, in: Schulze/Zuleeg/Kadelbach, Europarecht § 15 Rn. 3. So auch *Calliess*, NJW 2005, 929 (931).

der Norm sind. Die Unionspraxis erzeugt letztlich erst den Widerspruch und verstößt damit gegen die Systematik des Gesetzes und folglich auch gegen die Einheit der Rechtsordnung, deren Ziel es ist, für Rechtssicherheit zu sorgen und Widersprüche zu vermeiden. Die Einheit der Rechtsordnung, die Systematik des Gesetzes sowie der Grundsatz der Rechtssicherheit verbieten daher eine unterschiedliche Auslegung des Unternehmensbegriffs *zu Lasten* des Betroffenen.

Eine Rechtfertigung der Unionspraxis aufgrund systematischer Erwägungen kommt also gerade nicht in Betracht. Vielmehr widerspricht die Systematik den Praktiken der Unionsorgane.

b) Teleologie

Während die Inanspruchnahme der Konzernmutter für einen Kartellrechtsverstoß ihrer Tochtergesellschaften nicht mit der Systematik des Unionsrechts begründet werden kann, erscheint eine Begründung unter Berücksichtigung des Sinn und Zwecks von AEUV und VO 1/2003 vielversprechender. Denn die teleologische Auslegungsmethode zielt vor allem darauf ab, die Vertragsziele objektiv zu verwirklichen.[333] Dazu gehört neben den in Art. 3 AEUV statuierten Zielen auch die Effektivität des Unionsrechts. Das gilt insbesondere für eine effektive Durchsetzung der europäischen Kartellrechtsvorschriften.[334] Eine solche könnte schließlich gefährdet sein, sollte ein Rückgriff auf die Konzernmutter nicht möglich sein, und dem Missbrauch daher „Tür und Tor“ geöffnet werden.[335] Dabei ermöglicht die Auslegung anhand der Teleologie eine, wenn nicht gar die extensivste Interpretation der Begrifflichkeiten[336], um eine möglichst effektive Durchsetzung des Wettbewerbsrechts zu gewährleisten. Dadurch wird gleichzeitig die Bedeutung des Wortlauts relativiert und die Variabilität des Wortsinns im Rahmen der Auslegung in den Vordergrund gerückt.[337]

---

333 *Bleckmann*, Europarecht, § 8 Rn. 547; vgl. *Kutscher*, EuR 1981, 392 (400f.); *Schwarze*, in: Schwarze, EU-Kommentar, Art. 19 EUV, Rn. 36; *Pechstein/Drechsler*, in: Riesenhuber, Europäische Methodenlehre, § 7 Rn. 27; *Calliess*, NJW 2005, 929; *Potacs*, EuR 2009, 465 (471) m.w.N.

334 Vgl. *Roth*, WRP 2013, 257 (258).

335 Schlussanträge der Generalanwältin *Kokott* v. 29.11.2012 – Rs. C-440/11 P, Slg. noch nicht veröffentlicht, Rz. 55 – *Kommission/Stichting Administratiekantoor Portielje*; *Kling*, WRP 2010, 506 (507) mit Verweis auf *Thomas*, S. 133. Bedenken äußern auch *Pohlmann*, S. 373f.; *Bauer/Anweiler*, ÖZK 2011, 71 (79); *Kokott/Dittert*, WuW 2012, 670 (674); *Mundt*, WuW 2007, 458 (467).

336 *Dannecker/Biermann*, in: Immenga/Mestmäcker, WettbR-EU, Band 1/Teil 2, Vor Art. 23 VO 1/2003, Rn. 33; vgl. *Papakiriakou*, S. 46.

337 *Potacs*, EuR 2009, 465 (471); vgl. *Borchardt*, in: Schulze/Zuleeg/Kadelbach, Europarecht, § 15 Rn. 49.

3. Wortlautgrenze

Allerdings haben schon die Ausführungen zur systematischen Auslegung angedeutet, wie extensiv die Praxis der Unionsorgane gemessen am Wortlaut der Norm ist. Ebenfalls wurde bereits darauf hingewiesen, dass der Wortlaut der Norm gleichzeitig auch die äußerste Grenze einer noch zulässigen Auslegung darstellt. Das gilt auch für den EuGH,[338] selbst wenn diese für ihn nicht immer verbindlich zu sein scheint.[339]

Nimmt man die Wortlautgrenze ernst, muss man zu dem Ergebnis kommen, dass der sukzessive Rückgriff auf die Konzernmutter, nachdem die Unionsorgane die wirtschaftliche Einheit als Täterunternehmen identifiziert haben, nicht mehr vom Unternehmensbegriff umfasst ist. Denn der Unternehmensbegriff bestimmt den Täter und Sanktionsadressaten der Wettbewerbsvorschriften. Er normiert aber keine Durchgriffshaftung vom Täterunternehmen auf ein anderes, selbstständiges und rechtsfähiges Unternehmen.

III. Stellungnahme

Während die Zurechnungslösung insbesondere mit dem Vorbehalt des Gesetzes nicht zu vereinbaren ist[340] und die Inanspruchnahme der Konzernmutter für einen durch sie nicht begangenen Verstoß außerhalb des möglichen Interpretationsrahmens der Norm liegt, bleibt als dogmatischer Ansatz nur, die Vorgehensweise der Unionsorgane, allen voran des EuGH, als Richterrecht einzustufen.[341] Dafür spricht auch die Tatsache, dass bereits die komplexe und fortdauernde Zuwiderhandlung als Ergebnis der Rechtsfortbildung eingestuft wird.[342] Darüber hinaus entspricht sie dem hier zu Grunde gelegten Verständnis von Rechtsfortbildung in Abgrenzung zu Rechtsschöpfung, da das Unionsrecht mit dem Unternehmensbegriff bereits einen rechtlichen Anknüpfungspunkt für eine Weiterentwicklung besitzt.

Letztlich kommt einer exakten dogmatischen Einordnung aber eine nur untergeordnete, wenn nicht gar belanglose Bedeutung zu. Auf das weite Verständnis des unionsrechtlichen Auslegungsbegriffs wurde bereits hingewiesen. Der Gerichtshof

---

338 *Borchardt*, in: Schulze/Zuleeg/Kadelbach, Europarecht, § 15 Rn. 48; *Zuleeg*, in: von der Groeben/Schwarze, Kommentar zum EU-/EG-Vertrag, Art. 1 EG, Rn. 35. A. A. *Poctas*, EuR 2009, 465 (470), der im Wortlaut der Norm nicht die Grenze einer noch zulässigen Auslegung erkennen will, sowie *Schweitzer/Hummer/Obwexer*, Europarecht, S. 201 Rn. 731.

339 Vgl. *Buerstedde*, S. 96f., 103; das vertritt auch *Potacs*, EuR 2009, 465 (469).

340 In diese Richtung auch *Bodenstein*, NZKart 2015, 141.

341 Zustimmend *Schünemann*, in: Schünemann/González, Bausteine des europäischen Wirtschaftsstrafrechts, 1994, 265 (292); *de Bronett*, EWS 2012, 113 (113, 122); *Fromm*, ZIS 2007, 279 (285); *Zandler*, NZKart 2016, 98. Auch *Bauer/Anweiler*, ÖZK 2011, 71 (78) werfen die Frage auf, ob es sich nicht mehr um Auslegung handelt, sondern bereits um Rechtsfortbildung.

342 *Dreher*, ZWeR 2007, 276 (299).

trennt danach selbst nicht dogmatisch zwischen Auslegung und Rechtsfortbildung, sondern spricht u.a. in Fällen des Richterrechts von Auslegung. Die Grenze zwischen der Auslegung innerhalb des Wortlauts und Rechtsfortbildung ist fließend; eine exakte Trennung unmöglich. Zwischen beiden steht ein untrennbarer Zusammenhang.[343]

Die teleologische Rechtsfortbildung ist daher im Unionsrecht im Grunde nichts Anderes als der „Anbau“[344] der (systematisch-)teleologischen Auslegung. Rechtsfortbildung auf Unionsebene erfolgt *durch* (systematisch-)teleologische Auslegung.[345] Der EuGH bettet sie in seine Auslegung ein, so dass die von *Calliess* (provokant) gestellte Frage, „ob es – zumindest aus Sicht des Gerichtshofs – überhaupt eine europarechtliche Rechtsfortbildung gibt“[346], durchaus seine Berechtigung hat. Rechtsfortbildung im Wege der teleologischen Extension und teleologische Auslegung sind ohnehin nicht wesensverschieden, zumal auch die gleichen Voraussetzungen an sie gestellt werden, sondern gehen nahtlos ineinander über.[347]

Da nach hier vertretener Auffassung die Unionspraxis aber den Wortlaut der Norm sprengt und dieser auch im Unionsrecht eine feststehende Grenze ist, soll im weiteren Verlauf davon ausgegangen werden, dass es sich bei der Haftung der Konzernmutter für einen Kartellrechtsverstoß ihrer Tochter um eine Rechtsfortbildung des Unternehmensbegriffs handelt.

IV. (Teleologische) Rechtsfortbildung

Genauso wenig wie die Zuständigkeit des EuGH zur Rechtsfortbildung in Frage gestellt werden kann, kann an der Zulässigkeit dieser gezweifelt werden.[348] Enthält das Gesetz eine Lücke, ist es nicht nur zulässig, sie zu schließen, sondern kann sogar geboten sein.[349] In Betracht kommt dies grundsätzlich, wenn die der Norm immanente Teleologie die Rechtsfortbildung erfordert (gesetzesimmanente Rechtsfortbildung).[350] Sie enthält dann eine Lücke, die es zu schließen gilt. Genau wie im Rahmen der Auslegung können daher die Ziele der Union, die den Sinn und

343 *Borchardt*, in: Schulze/Zuleeg/Kadelbach, Europarecht, § 15 Rn. 12, 57f.

344 *Calliess*, NJW 2005, 929 (930).

345 *Borchardt*, in: Schulze/Zuleeg/Kadelbach, Europarecht, § 15 Rn. 3; *Calliess*, NJW 2005, 929 (931).

346 *Calliess*, NJW 2005, 929 (931).

347 *Larenz*, Methodenlehre S. 350; *Larenz/Canaris*, Methodenlehre, S. 187.

348 Obwohl die Rechtsfortbildung mit dem Gewaltenteilungsprinzip bzw. dem Prinzip des institutionellen Gleichgewichts kollidiert, wird sie grundsätzlich als zulässig betrachtet. *Borchardt*, in: Schulze/Zuleeg/Kadelbach, Europarecht, § 15 Rn. 60; *von Danwitz*, in: Dauses, EU-Wirtschaftsrecht, 40. Lfg. (2016), B.II., Rn. 25; *Kempf/Schilling*, NJW 2012, 1849 (1850f.).

349 *Calliess*, NJW 2005, 929 (932).

350 *Stein*, in: FS Richterliche Rechtsfortbildung, 619 (629); *Larenz*, Methodenlehre, S. 377; *Leible/Domröse*, in: Riesenhuber, Europäische Methodenlehre, § 8 Rn. 33.

Zweck einer Norm mitbestimmen, es erfordern, diese über ihren Wortlaut hinaus auszudehnen.

1. Teleologische Extension

Obwohl die unionsrechtliche Rechtsfortbildung wie gesehen nicht notgedrungen mit der dogmatischen Terminologie des nationalen Rechts übereinstimmt,[351] unterscheiden sie sich in diesem Punkt nicht. Würde man die Praxis des EuGH anhand der nationalen Terminologie dogmatisch einordnen wollen, wäre sie aufgrund der Subsumtion sowohl eines nicht rechtsfähigen Unternehmens – der wirtschaftlichen Einheit – als auch eines rechtsfähigen – der Konzernmutter – unter den Unternehmensbegriff als Erweiterung und damit teleologische Extension zu bewerten.[352] Das schon weite Verständnis des wirtschaftlichen Unternehmensbegriffs wird noch zusätzlich extensiviert.

Erfordert der Sinn und Zweck des Art. 23 Abs. 2 VO 1/2003 unter Berücksichtigung der Vertragsziele die Aufspaltung des Unternehmensbegriffs, könnte darin daher eine Begründung für das Vorgehen der Unionsorgane gesehen werden.

2. Sinn und Zweck

Im Gegensatz zum Primärrecht kann zur Ermittlung des Sinn und Zwecks sekundärrechtlicher Normen auf die Erwägungsgründe zurückgegriffen werden, so dass diesen neben den Vertragszielen Bedeutung zukommt.[353] Ein Blick auf diese[354] und Art. 103 AEUV legen nahe, dass sich der Sinn und Zweck von Art. 23 Abs. 2 VO 1/2003 aus einem Zusammenspiel beider Normen ergibt. Denn Art. 23 VO 1/2003 beruht auf Art. 103 AEUV, der den Rat erst dazu ermächtigt, *zweckdienliche* Verordnungen zu erlassen, um die im Vertrag niedergelegten wettbewerbsrechtlichen

---

351 „Als Rechtsfiguren legitimer Rechtsfortbildung haben die Analogie und die teleologische Reduktion ihren Platz im Gemeinschaftsrecht", *Zuleeg*, in: von der Groeben/Schwarze, Kommentar zum EU-/EG-Vertrag, Art. 1 EG, Rn. 41.

352 Bei der teleologischen Extension wird der Anwendungsbereich der Norm wie bei der Analogie über den zu engen Wortsinn hinaus erweitert, ohne dass es sich um eine Analogie handelt, *Larenz*, Methodenlehre, S. 384; *Larenz/Canaris*, Methodenlehre, S. 216; kritisch dazu *Herzberg*, NJW 1990, 2525 (2526f.). Eine Differenzierung zwischen beiden Arten der Rechtsfortbildung dürfte nur theoretischer und methodischer Natur sein, da beide dazu dienen, Wertungswidersprüche zu vermeiden, den Regelungszweck einer Norm also (wieder-)herzustellen und auch dieselben Grenzen besitzen, *Larenz*, Methodenlehre, S. 386; *Larenz/Canaris*, Methodenlehre, S. 218.

353 *Pechstein/Drechsler*, in: Riesenhuber, Europäische Methodenlehre, § 7 Rn. 32.

354 Aus Erwägungsgrund (29) VO 1/2003 ergibt sich, dass der Sinn und Zweck des Art. 23 VO 1/2003 darin bestehen muss, zu gewährleisten, dass die sich aus Art. 101, 102 ergebenden Pflichten durch Geldbußen sichergestellt werden sollen.

Grundsätze zu verwirklichen. Damit ist vor allem die Einhaltung der in Artt. 101, 102 AEUV normierten Grundsätze gemeint.[355]

Der Sinn und Zweck des Art. 103 AEUV besteht folglich darin, eine wirksame Überwachung dieser Grundsätze zu gewährleisten.[356] Neben der Garantie einer effektiven Kartellrechtssicherung[357] gehört dazu auch die individuelle wirtschaftliche Freiheit zu sichern sowie den Wettbewerb als Institution zu garantieren.[358] Art. 103 AEUV ergänzt folglich die materiellen Kartellrechtsnormen in verfahrensrechtlicher Hinsicht,[359] um so sicherzustellen, dass das Wettbewerbsrecht effektiv ist.[360] Dieser verfahrensrechtlichen Konkretisierung ist der Rat, gestützt auf Art. 103 Abs. 2 a) AEUV, mit Erlass von Art. 15 VO 17/62 (jetzt Art. 23 VO 1/2003) nachgekommen.

Auch der Sinn und Zweck des Art. 23 VO 1/2003 besteht daher allgemein darin, die in Artt. 101, 102 AEUV verankerten unionsrechtlichen Ziele durch Festsetzung von Bußgeldern zu wahren[361] und damit im Grunde dem Ziel von Art. 103 AEUV.

3. Teleologische Lücke

Ein wirksames Bußgeld ist damit Voraussetzung dafür, Sinn und Zweck beider Normen und eine „kohärente Anwendung" der Artt. 101, 102 AEUV zu erreichen.[362] Das Wirksamkeitserfordernis selbst ergibt sich unmittelbar aus Art. 103 AEUV, der den Rat dazu ermächtigt, zweckdienliche Verordnungen insbesondere zur Einführung von Geldbußen zu erlassen. Kann Art. 23 Abs. 2 VO 1/2003 sein Ziel nicht erreichen, kann daher nichts Anderes für Art. 103 AEUV gelten. Beide Normen bedingen sich in diesem Punkt. Es besteht ein untrennbarer Zusammenhang zwischen materiellem Wettbewerbsrecht und verfahrensrechtlichem Bußgeldrecht[363], der im Rahmen des Sinn und Zwecks und folglich auch der teleologischen Rechtsfortbildung berücksichtigt werden muss.

a) Zweckdienlichkeitserfordernis

Um dem Sinn und Zweck der Artt. 23 Abs. 2 VO 1/2003, 103 AEUV zu entsprechen, müsste es sich bei ersterer um eine Durchführungsvorschrift handeln, die zur

355 *Jung*, in: Calliess/Ruffert, EUV/AEUV, Art. 103 AEUV, Rn. 8.

356 EuGH v. 11.6.2009 – Rs. C-429/07, Slg. 2009, I-4833, Rz. 34 – *X*.

357 *Roth*, WPR 2013, 257 (258); vgl. EuGH v. 18.9.2003 – Rs. C-338/00 P, Slg. 2003, I-9189, Rz.97 – *Volkswagen/Kommission.*

358 *Dannecker/Biermann*, in: Immenga/Mestmäcker, WettbR-EU, Band 1/Teil 2, Art. 23 VO 1/2003, Rn. 3.

359 *Brinker*, in: Schwarze, EU-Kommentar, Art. 103 AEUV, Rn. 1, 21.

360 EuGH v. 11.6.2009 – Rs. C-429/07, Slg. 2009, I-4833, Rz. 34, 37 – *X*.

361 *Nowak*, in: Loewenheim/Meessen/Riesenkampff/Kersting/Meyer-Lindemann, Kartellrecht, Art. 23 VerfVO, Rn. 2.

362 Vgl. EuGH v. 11.6.2009 – Rs. C-429/07, Slg. 2009, I-4833, Rz. 37 – *X*; *Dittrich*, Geldbußen im Wettbewerbsrecht der Europäischen Gemeinschaft, S. 31.

363 EuGH v. 11.6.2009 – Rs. C-429/07, Slg. 2009, I-4833, Rz. 36 – *X*; vgl. *Roth*, WRP 2013, 257 (263).

Einhaltung der Ziele dienlich ist. Das Zweckdienlichkeitserfordernis entspricht insoweit der Voraussetzung, dass das Bußgeld wirksam sein muss.[364] Zweckdienlichkeit liegt indessen nur dann vor, wenn die Durchführungsvorschrift geeignet ist, die materiellen Grundsätze der Artt. 101, 102 AEUV einerseits zu wahren, sie andererseits aber auch durchzusetzen.[365] Für die Frage der Geeignetheit reicht es aus, wenn diese objektiv besteht, so dass eine Unerlässlichkeit gerade nicht vorausgesetzt wird, um den Zweck zu erreichen.[366]

Eine teleologische Lücke des Art. 23 Abs. 2 VO 1/2003 käme folglich nur dann in Betracht, wenn die Anwendung des wirtschaftlichen Unternehmensbegriffs diesem Grundgedanken der Norm zuwiderliefe und dementsprechend nicht zweckdienlich wäre. Anderenfalls würde es mangels Zweckdienlichkeit streng genommen sogar an einer Ermächtigungsgrundlage für Art. 23 Abs. 2 VO 1/2003 fehlen, da Art. 103 AEUV nur zum Erlass eben solcher Vorschriften ermächtigt.

aa) Geeignetheit zur Wahrung materieller Grundsätze

Das Kartellrecht lebt nach Auffassung der Kommission von der Prävention,[367] die nach ihrer Auffassung durch eine möglichst hohe Sanktion erreicht wird[368] und folglich in eine bewusst exzessive Bußgeldpolitik ausgeartet ist. Das Bußgeld ist das Instrument ihrer (Wettbewerbs-) Politik.[369]

---

364 S. bereits oben, EuGH v. 11.6.2009 – Rs. C-429/07, Slg. 2009, I-4833, Rz. 37 – *X.*

365 *Jung*, in: Calliess/Ruffert, EUV/AEUV, Art. 103 AEUV, Rn. 13; *Schröter*, in: von der Groeben/Schwarze, Kommentar zum EU/EG, Art. 83 EG, Rn. 13.

366 *Jung*, in: Calliess/Ruffert, EUV/AEUV, Art. 103 AEUV, Rn. 13.

367 Vgl. EuGH v. 7.6.1983 – verb. Rs. C-100-103/80, Slg. 1983, 1825 (1906), Rz. 106 – *Musique Diffusion Française/Kommission*; *Nowak*, in: Loewenheim/Meessen/Riesenkampff/Kersting/Meyer-Lindemann, Kartellrecht, Art. 23 VerfVO, Rn. 4; *Kindhäuser/Meyer*, in: FK-Kartellrecht, 77. Lfg. (2012), Bußgeldrechtliche Folgen Art. 101 AEUV, Rn. 12; *Dannecker/Biermann*, in: Immenga/Mestmäcker, WettbR-EU, Band 1/Teil 2, Vor. Art. 23 VO 1/2003, Rn. 25 je mit w.N. S. auch *Roth*, WRP 2013, 257 (260); *van Bael*, Due Process in EU Competition Proceedings, Ch. 5, S. 247f.; *Schwarze*, EuR 2009, 171 (175); *Heinichen*, S. 138 m.w.N.

368 *Dannecker/Biermann*, in: Immenga/Mestmäcker, WettbR-EU, Band 1/Teil 2, Vor Art. 23 VO 1/2003, Rn. 25; Europäische Kommission, XXXI. Bericht über die Wettbewerbspolitik 2001, S. 4, 164 Rn. 517 sowie Europäische Kommission, XXXII. Bericht über die Wettbewerbspolitik 2002, S. 4; *Soltész*, EuZW 2011, 121 mit Verweis auf ein Zitat der damaligen Wettbewerbskommissarin *Kroes*; *Schwarze/Weitbrecht*, Grundzüge des europäischen Kartellverfahrensrechts, § 7 Rn. 2; *Sünner*, EuZW 2007, 8 (13); *Dittrich*, Geldbußen im Wettbewerbsrecht der Europäischen Gemeinschaft, S. 31; vgl. *Hellmann*, WuW 2002, 944. Die Befugnis hierzu erteile der EuGH der Kommission in der Entscheidung v. 7.6.1983 – verb. Rs. C-100/80, Slg. 1983, 1825, Rz. 108f. – *Musique Diffusion française/Kommission.* Vgl. auch EuGH v. 17.6.2010 – Rs. C-413/08 P, Slg. 2010, I-5361, Rz. 102 – *Lafarge/Kommission.*

369 *Dannecker/Biermann*, in: Immenga/Mestmäcker, WettbR-EU, Vor. Art. 23 VO 1/2003, Rn. 23; *Nowak*, in: Loewenheim/Meessen/Riesenkampff/Kersting/Meyer-Lindemann,

Da das Europäische Recht *de lege lata* einen Kartellrechtsverstoß „nur" mit einer Geldbuße ahnden kann, hängt die Frage der Geeignetheit des Mittels, für die Wahrung der materiellen Grundsätze zu sorgen, unzweifelhaft auch von der Höhe der zu verhängenden Strafe ab.[370] Es kann auch nicht bezweifelt werden, dass kartellrechtswidriges Verhalten geahndet werden muss.[371] Streitbar ist indessen die Aussage, dass eine effektive Kartellrechtsdurchsetzung notgedrungen mit einem möglichst hohen Bußgeld erreicht wird.[372] Während sich die Bußgeldhöhe seit 1967 drastisch erhöht hat,[373] ist ein Rückgang der Kartellrechtsverstöße nicht zu erkennen. Die Zahl scheint trotz durchschnittlich sehr viel höheren Bußgeldern allenfalls zu stagnieren. Im Vergleich zum Zeitraum 1990–1999 hat sich die Anzahl der in Kartellverfahren verhängten Bußgelder seitdem zeitweise sogar verdreifacht.[374] „Trotz der Millionenstrafen häufen sich die spektakulären Kartellfälle".[375] Von einer Trendwende kann keine Rede sein.[376]

Nichtsdestotrotz stellen hohe Bußgelder die effektivste unter den der Kommission zur Verfügung stehenden Sanktionsmechanismen dar.[377] Zudem ist die Durchführungsvorschrift schon dazu geeignet, die materiellen Grundsätze der europäischen Wettbewerbsnormen zu wahren, wenn sie hierzu nur objektiv in der Lage ist. Da die wirtschaftliche Interpretation des Unternehmensbegriffs der Kommission bereits die Möglichkeit eröffnet, immer neue Rekordbußen zu verhängen,[378] kann an der Geeignetheit der „Geldbuße", dafür zu sorgen, dass die Artt. 101, 102 AEUV eingehalten werden, kein Zweifel bestehen. Allerdings muss die mit den Bußgeldern verfolgte

Kartellrecht, Art. 23 VerfVO, Rn. 7; *Schneider/Engelsing*, in: MüKo-EuWettbR, Art. 23 VO 1/2003, Rn. 20.

370 Vgl. EuGH v. 29.6.2006 – Rs. C-289/04 P, Slg. 2006, I-5859, Rz. 61 – *Showa Denko/Kommission*; EuGH v. 17.6.2010 – Rs. C-413/08 P, Slg. 2010, I-5361, Rz. 102 – *Lafarge/Kommission.*

371 *Bechtold*, in: Möschel, 50 Jahre Wettbewerbsgesetz, S. 61; *Hermanns*, in: Wettbewerbspolititk und Kartellrecht in der Marktwirtschaft, 193 (203) mit Verweis auf eine Stellungnahme der Internationalen Handelskammer Paris vom 2. Juli 2009 (Dokument Nr. 225/65); *Nowak*, in: Loewenheim/Meessen/Riesenkampff/Kersting/Meyer-Lindemann, Kartellrecht, Art. 23 VerfVO, Rn. 1.

372 So auch *Thomas*, JoECLaP 2011, 1 (7); *Zimmer*, in: Sanktionen im Kartellrecht, 1 (2); s. auch *Hermanns*, in: Wettbewerbspolititk und Kartellrecht in der Marktwirtschaft, 193 (203) mit Verweis auf eine Stellungnahme der Internationalen Handelskammer Paris vom 2. Juli 2009 (Dokument Nr. 225/65), die die Verwirklichung des Wettbewerbsprinzips allein durch hohe Bußen ebenfalls in Frage stellt.

373 S. dazu insbesondere die Ausführungen in der Einleitung.

374 S. Statistiken der Europäischen Kommission (Stand: 19.3.2014), abrufbar unter: http://ec.europa.eu/competition/ cartels/statistics/statistics.pdf, zuletzt abgerufen am 21.3.2014.

375 *Bünder*, FAZ v. 25.1.2014, Nr. 21, S. 14.

376 *Bünder*, FAZ v. 25.1.2014, Nr. 21, S. 14.

377 Vgl. *Nowak*, in: Loewenheim/Meessen/Riesenkampff/Kersting/Meyer-Lindemann, Kartellrecht, Art. 23 VerfVO, Rn. 1.

378 Vgl. *Kokott/Dittert*, WuW 2012, 670 (671); *Hofstetter*, GCP 2009, 2 (7).

Intention hinterfragt werden. Denn wenn diese darin besteht, Unternehmen von wettbewerbswidrigem Verhalten abzuschrecken, die Kommission und Unionsgerichte aber bspw. auf Seiten der Konzernmutter noch nicht einmal Kenntnis von einem solchen zu missbilligenden Verhalten voraussetzen, geschweige denn präventive Verhinderungsmaßnahmen nicht anerkennen,[379] drängt sich unweigerlich die Frage auf, wie dies der Prävention dienen soll.[380] Soweit es zumindest fragwürdig erscheint, ob höhere Bußen notgedrungen den höheren Abschreckungseffekt haben, so haben sie jedenfalls keinen geringeren.

bb) Geeignetheit zur Durchsetzung materieller Grundsätze

Die Höhe der Sanktion ist nur ein Aspekt, den es bei der Frage, ob der Sinn und Zweck des Art. 23 Abs. 2 VO 1/2003 zumindest gefördert wird, zu beachten gilt. Die Durchführungsvorschrift muss auch geeignet sein, die in den Artt. 101, 102 AEUV verankerten Grundsätze durchzusetzen oder zumindest zu fördern. Dazu muss die gegen ein Unternehmen verhängte Kartellsanktion auch vollstreckbar sein. Denn eine Sanktion, die zwar verhängt, aber gegen den Adressaten nicht vollstreckt werden kann, wird kaum dazu beitragen können, dass die materiellen Grundsätze des europäischen Wettbewerbsrechts auch durchgesetzt bzw. gefördert werden. Ein nicht vollstreckbares Bußgeld wird kein Unternehmen dazu anhalten, sich an die in Artt. 101, 102 AEUV kodifizierten Verbote zu halten, auch wenn es noch so hoch ist.

(1) Art. 299 AEUV

Die Vollstreckbarkeit des Bußgeldes und damit die zwangsweise Durchsetzung[381] der materiellen Grundsätze bestimmt sich nach Art. 299 AEUV. Danach sind Rechtsakte der Kommission, die eine Zahlung auferlegen, vollstreckbare Titel. Hierzu gehören selbstverständlich auch Bußgelder.[382] Ebenfalls aus Art. 299 AEUV ergibt sich, dass die Vollstreckung des Bußgeldes sich nach dem Zivilprozessrecht der Mitgliedsstaaten richtet. Während der Erlass eines Bußgelds folglich in die Kompetenz der Kommission fällt, richtet sich seine Zwangsdurchsetzung nach nationalem Recht. Art. 299 AEUV wird deshalb auch als Paradebeispiel für die funktionale Kompetenzaufteilung zwischen Union und Mitgliedstaaten bezeichnet.[383]

---

379 S. dazu S. 201ff.

380 Darauf weist zu Recht *Thomas*, JoECLaP 2011, 1 (7) hin.

381 *Schoo*, in: Schwarze, EU-Kommentar, Art. 299 AEUV, Rn. 1; *Krajewski/Rösslein*, in: Grabitz/Hilf/Nettesheim, Das Recht der Europäischen Union, 45. Lfg. (2011), Art. 299 AEUV, Rn. 1.

382 *Sura*, in: Langen/Bunte, Kartellrecht, Band 2, Art. 23 VO 1/2003, Rn. 9.

383 *Schoo*, in: Schwarze, EU-Kommentar, Art. 299 AEUV, Rn. 1; *Krajewski/Rösslein*, in: Grabitz/Hilf/Nettesheim, Das Recht der Europäischen Union, 45. Lfg. (2011), Art. 299 AEUV, Rn. 2.

(2) Fehlende Rechtsfähigkeit als Vollstreckungsvoraussetzung

Zumindest für das deutsche Recht bedeutet das, dass der Vollstreckungsschuldner parteifähig sein muss i.S. des § 50 ZPO.[384] Parteifähig ist gemäß § 50 Abs. 1 ZPO aber nur, wer rechtsfähig ist. Die Zwangsvollstreckung des verhängten Bußgeldes kann folglich nur gegen eine juristische Person betrieben werden,[385] zu denen der Konzern mangels Rechtsfähigkeit nicht zählt.[386] Dieser Umstand ergibt sich allerdings schon aus dem AEUV selbst.[387] Als klarstellender Hinweis fehlt er lediglich in der deutschen Fassung von Art. 299 AEUV.[388] Vollstreckungsschuldner können nur natürliche oder juristische Personen sein, in jedem Fall also ausschließlich Rechtssubjekte.[389]

Auf die teilweise in der Literatur aufgeworfene Frage, ob die (ebenfalls) im deutschen Recht vorausgesetzte Rechtsfähigkeit des Vollstreckungsschuldners dazu führen kann, dass diese auch beim kartellrechtlichen Unternehmensbegriff vorausgesetzt wird, braucht folglich gar nicht eingegangen zu werden.[390]

cc) Zwischenergebnis

Durch die Etablierung des wirtschaftlichen Unternehmensbegriffs haben sich die Unionsorgane selbst ein Bein gestellt.[391] Er ermöglicht zwar exorbitant hohe Geldbußen. Die Kehrseite der Medaille zeigt sich hingegen bei der Vollstreckung der Sanktion. Wegen der fehlenden Rechtsfähigkeit des Konzerns ist eine solche weder nach nationalem

384 OLG Hamm, OLGZ 1990, 209 (210); *Lackmann*, in: Musielak, ZPO, Vorbem. Zu §§ 704ff., Rn. 21.

385 Vgl. *Lindacher*, in: MüKo-ZPO, § 50, Rn. 6.

386 *Rehbinder*, S. 76; vgl. *Emmerich/Habersack*, Konzernrecht, § 4 Rn. 7; *Rocco*, Die Bildung besonderer Konzernorgane, S. 8. *Heinichen*, S. 155, der das Problem nicht in der fehlenden Rechtsfähigkeit sieht, sondern im fehlenden Sondervermögen des Konzerns. Vgl. dazu auch die v.a. im Insolvenzrecht geführte Diskussion, s. *Aden*, DZWIR 2011, 89 (91); *Mönning*, in: Nerlich/Römermann, Insolvenzordnung, 30. Lfg. (2016), § 11, Rn. 109.

387 Vgl. etwa für die französische Fassung „personnes“, für die italienische „persone“, für die englische „persons“, die spanische „personas“ sowie besonders deutlich die niederländische Fassung, die von „natuurlijke of rechtspersonen“ spricht. S. dazu *Kokott/Dittert*, WuW 2012, 670 (671), dort Fn. 2.

388 *Kokott/Dittert*, WuW 2012, 670 (671) dort Fn. 2.

389 *Krajewski/Rösslein*, in: Grabitz/Hilf/Nettesheim, Das Recht der Europäischen Union, 45. Lfg. (2011), Art. 299 AEUV, Rn. 8; *Stockenhuber*, in: Grabitz/Hilf/Nettesheim, Das Recht der Europäischen Union, 47. Lfg. (2012), Art. 101 AEUV, Rn. 52; *Ruffert*, in: Calliess/Ruffert, EUV/AEUV, Art. 299 AEUV, Rn. 3.

390 Mit dieser Frage beschäftigt sich bspw. *Heinichen*, S. 155f.

391 In diese Richtung auch *Stockenhuber*, in: Grabitz/Hilf/Nettesheim, Das Recht der Europäischen Union, 47. Lfg. (2012), Art. 101 AEUV, Rn. 52 sowie *Muders*, wistra 2011, 405 (406), die darauf hinweisen, dass „die Unbeachtlichkeit der Rechtspersönlichkeit [...] auf europäischer Ebene nicht durchzuhalten“ ist.

Recht noch nach Unionsrecht möglich. Damit fehlt es an einer wirksamen Sanktion. Dem Zweckdienlichkeitserfordernis wäre nicht Genüge getan. Grundsätzlich würde es sich daher bei einem gegen die wirtschaftliche Einheit Konzern verhängten Bußgeld nur um ein großes, im Ergebnis aber stumpfes Schwert handeln.

b) Stellungnahme

Durch die Etablierung des wirtschaftlichen Unternehmensbegriffs im europäischen Wettbewerbsrecht entsteht auf Rechtsfolgenseite ein Konflikt mit dem Primärrecht. Denn dieses fordert, dass das Sekundärrecht dafür Sorge trägt, dass die in Artt. 101, 102 AEUV verankerten Grundsätze eingehalten werden. Um diesem Zweck dienlich zu sein, müsste die Geldbuße als vollstreckungsfähiger Akt wiederum gegen eine juristische Person verhängt werden, da nur gegen eine solche auch vollstreckt werden kann. Da die wirtschaftliche Einheit diese Voraussetzung nicht erfüllt, kommt es zu folgendem Dilemma: Der Kommission steht grundsätzlich ein objektiv geeignetes Mittel zur Wahrung der materiellen Grundsätze zur Verfügung, dessen Zweckdienlichkeit aber daran scheitert, dass es gemäß Art. 299 AEUV nicht vollstreckt werden kann. Das Sekundärrecht erfüllt die vom Primärrecht vorgegebenen Ziele folglich nicht. Mit anderen Worten: Der wirtschaftliche Unternehmensbegriff widerspricht der Teleologie von Art. 23 Abs. 2 VO 1/2003. Gleichzeitig kann, wie die Praxis der Kommission zeigt, die Regelung entgegen ihrem Wortsinn, aber unter Berücksichtigung ihres Sinn und Zwecks so angewendet werden, dass diese Lücke zwischen Primär- und Sekundärrecht geschlossen wird. Der Unternehmensbegriff wird so aufgespalten, dass er die Inanspruchnahme eines rechtsfähigen Unternehmensträgers gewährleistet, obgleich Adressat des Bußgelds der nicht rechtsfähige Konzern ist. Man könnte sagen, sie erfolgt aus rein vollstreckungsrechtlichem Hintergrund.[392] Erkennt man die wirtschaftliche Ausrichtung des kartellrechtlichen Unternehmensbegriffs an, stellt die Begriffsaufspaltung letztendlich die dogmatische Konsequenz dieses Verständnisses dar. Die nach dem Sinn und Zweck zu enge Regelung wird entsprechend ihrer Teleologie erweitert,[393] um den Regelungszweck,[394] der in der objektiven Verwirklichung der in Artt. 103 AEUV, 23 Abs. 2 VO 1/2003 zum Ausdruck kommenden Vertragsziele zu sehen ist, zu erreichen.

---

392 Vgl. *Kindhäuser/Meyer*, in: FK-Kartellrecht, 77. Lfg. (2012), Bußgeldrechtliche Folgen Art. 101 AEUV, Rn. 171.

393 *Larenz*, Methodenlehre, S. 377, 384; *Leible/Domröse*, in: Riesenhuber, Europäische Methodenlehre, § 8 Rn. 35. Hier wird noch einmal die Abgrenzungsschwierigkeit zur Analogie deutlich, wobei eine eindeutige Abgrenzung zur teleologischen Extension nur aus dogmatischer Sicht entscheidend ist, nicht jedoch aus praktischer. Denn was die Reichweite beider angeht, werden dieselben Maßstäbe angesetzt, *Larenz*, Methodenlehre, S. 386.

394 Vgl. *Kutscher*, EuR 1981, 392 (400f.); *Schwarze*, in: Schwarze, EU-Kommentar, Art. 19 EUV, Rn. 36; *Pechstein/Drechsler*, in: Riesenhuber, Europäische Methodenlehre, § 7 Rn. 27f.

4. Zwischenergebnis

Es handelt sich folglich um eine grundsätzlich zulässige primärrechtskonforme (Rechts)Fortbildung des Sekundärrechts[395], die sowohl unter Berücksichtigung des Sinn und Zwecks als auch des Unionsziels einer effektiven Kartellrechtsdurchsetzung zur Überbrückung der pragmatischen Lücke fehlender Durchsetzbar- und Zweckdienlichkeit erforderlich ist. Um den Sinn und Zweck eines effektiven Wettbewerbsschutzes doch noch zu erreichen, erscheint die Aufspaltung des Unternehmensbegriffs aus teleologischer Sicht gerechtfertigt. Der Sinn und Zweck, respektive die zur Erreichung notwendige Zweckdienlichkeit, erfordert danach entgegen dem systematischen Verständnis des Unternehmensbegriffs eine Interpretation desselben im Sinne eines zweigliedrigen Unternehmensbegriffs.[396]

5. Abkehr vom wirtschaftlichen Unternehmensbegriff

Die Annahme eines entsprechenden Unternehmensbegriffs als Reaktion auf die Rechtsprechung ist trotz der teleologischen Notwendigkeit nicht ohne bitteren Beigeschmack. Denn immerhin haben die Unionsorgane diesen Schritt durch ihre Praxis selbst provoziert. Genauso wie man die Aufspaltung des Unternehmensbegriffs als Konsequenz seiner wirtschaftlichen Interpretation auffassen kann, könnte man deshalb zu dem Schluss gelangen, dass er nicht praktikabel ist und deshalb abgelehnt werden sollte. Zum einen führt er zu einer dem Kartellrecht grundsätzlich fremden Zustandshaftung.[397] Zum anderen wird auch die Tatsache missachtet, dass das Primärrecht von vornhinein die Verhängung der Geldbuße gegen einen rechtsfähigen Schuldner voraussetzt. Das Problem, das einen Rückgriff auf den Telos der Norm überhaupt erst bedingt, ist folglich „hausgemacht". Das Verhalten der Unionsorgane stellt im Hinblick auf die wirtschaftliche Ausrichtung des Unternehmensbegriffs sogar ein widersprüchliches Verhalten dar. Denn der wirtschaftliche Unternehmensbegriff verhindert für sich betrachtet im Grunde den Zweck, das Regelungsziel zu erreichen, da das Bußgeld nicht durchsetzbar und damit nicht zweckdienlich ist. Dass die richterrechtliche Weiterentwicklung des Unternehmensbegriffs notwendig werden würde, musste allen Beteiligten, allen voran dem EuGH, mit Blick auf das Vollstreckungsproblem klar sein. Durch die Möglichkeit der teleologischen Rechtsfortbildung wird dem wirtschaftlichen Unternehmensbegriff daher im Grunde die

---

395 S. allgemein dazu *Leible/Domröse*, in: Riesenhuber, Europäische Methodenlehre, § 8 Rn. 33; *Zuleeg*, in: von der Groeben/Schwarze, EU-/EG-Vertrag, Art. 1 EG, Rn. 41; *Beljin*, EuR 2002, 351 (358).

396 So bereits *Thomas*, S. 46ff. A. A. *Steinle*, EWS 2004, 118 (122), der eine solche Vorgehensweise nicht nur für methodisch fragwürdig, sondern auch für durch teleologische Überlegungen nicht zu rechtfertigen hält.

397 *Kling*, WRP 2010, 506 (510, 518); vgl. auch *Pohlmann*, S. 42f., nach der es „auf der Hand [liegt], daß man derartig weitreichende Folgen [...] nicht damit lösen kann, daß man den Konzern als ein Unternehmen bezeichnet".

Brücke in die Unionskonformität gebaut. Dieser Möglichkeit zum Trotz werfen die aufgezeigten Widersprüche die Frage auf, ob die Unionsorgane sich nicht vom wirtschaftlichen Unternehmensbegriff und mit ihm auch von ihrer Praxis, die Konzernmutter auf Grundlage dieses Begriffs für einen Kartellrechtsverstoß ihrer Tochter in Anspruch zu nehmen, loslösen sollten.

a) Keine abschreckenden Bußgelder

Die Rückkehr zum rechtsfähigen Unternehmen löst das Problem der Durchsetzbar- und Zweckdienlichkeit. Die Zustandshaftung als Fremdkörper und Widersprüche wie die Bußgeldverhängung gegen ein nicht rechtsfähiges Unternehmen, obgleich das Primärrecht die Vollstreckung gegen ein rechtsfähiges anordnet, würden mit einem Schlag der Vergangenheit angehören. Eines Rückgriffs auf die Muttergesellschaft bedarf es zur Durchsetzung des Kartellrechts im Grunde ohnehin nicht. Immer kann die Kommission eine Geldbuße gegen den wahren Täter, die Tochtergesellschaft, verhängen.[398]

Die Ablehnung der wirtschaftlichen Einheit dürfte andererseits nicht zu einem Konflikt führen, der spiegelbildlich zur fehlenden Durchsetzbarkeit stünde. Fordert man die Rechtsfähigkeit des Adressaten, darf dies folglich nicht dazu führen, dass die Sanktion zwar durchgesetzt werden kann, es ihr aber plötzlich an der Geeignetheit fehlt, den Sinn und Zweck der Norm auch zu fördern bzw. zu erreichen.

Ein Anhaltspunkt gegen eine Abkehr vom wirtschaftlichen Unternehmensbegriff könnten somit die dann unbestritten niedriger ausfallenden Bußgelder sein. Die tatsächlichen sowie möglichen Rekordbußen der Kommission beruhen vornehmlich auf der Möglichkeit, die Geldbuße am weltweiten Umsatz des Konzerns und nicht bloß der Tochtergesellschaft zu bemessen.[399] Dem davon ausgehenden Aspekt der Prävention misst insbesondere die Kommission wie gesehen große Bedeutung zu. Gerade unter der kritischen Würdigung der von der Kommission vertretenen Auffassung, dass hohe Bußgelder immer auch eine hohe Abschreckung haben, erscheint dies nach der hier vertretenen Auffassung indessen noch kein gewichtiges Argument dafür zu sein, an der Geeignetheit von gegen Tochtergesellschaften verhängten Sanktionen zu zweifeln. Dies gilt umso mehr, als die Sanktion nur objektiv geeignet sein muss, die materiellen Grundsätze der Artt. 101, 102 AEUV zu wahren.[400]

b) Missbrauchseinwand

Die Geeignetheit der Sanktion könnte aber aufgrund eines anderen Umstands in Frage stehen. So wird – insbesondere von Seiten der Unionsvertreter – immer wieder darauf hingewiesen, dass ein Abstellen auf den wirtschaftlichen

---

398 *Pohlmann*, S. 373f.
399 S. aber *Pohlmann*, S. 374 mit Verweis auf *Kommission*, 25.11.1980 – Johnson & Johnson, ABl. 1980 L 377/16, 26 (Nr. 48).
400 *Jung*, in: Calliess/Ruffert, EUV/AEUV, Art. 103 AEUV, Rn. 13.

Unternehmensbegriff unumgänglich sei, da dieser neben den höheren Bußgeldern vor allem auch den Rückgriff auf die Muttergesellschaft ermögliche. Hierdurch werde vor allem einer missbräuchlichen Einschaltung der Tochtergesellschaften zur Begehung von Kartellrechtsverstößen vorgebeugt.[401] Würde eine solche Möglichkeit nicht existieren, wäre dem Missbrauch „Tür und Tor" geöffnet.[402] Ungeachtet der Höhe der Sanktion im Falle einer Abkehr vom wirtschaftlichen Unternehmensbegriff stellt diese Tatsache die Geeignetheit des dann anzuwendenden Unternehmensbegriffs in Frage, die materiellen Grundsätze zu wahren. Eine Abkehr vom wirtschaftlichen Unternehmensbegriff dürfte folglich nicht dazu führen, dass die Muttergesellschaft privilegiert würde, weil sie durch eine Tochter handelt.[403] Es darf nicht sein, „dass ein großer Konzern sich hinter einer relativ unbedeutenden und womöglich weitgehend vermögenslosen Tochtergesellschaft versteckt, die sich nach außen hin als Kartellbeteiligte 'die Finger schmutzig macht', während die reiche und mächtige Muttergesellschaft im Hintergrund bleibt und sich so geschickt dem Zugriff der Kartellbehörden entzieht"[404].

Ein weiterer Aspekt im Rahmen der Missbrauchsgefahr, den es im europäischen Recht nicht gibt, wird durch einen Blick auf das geltende deutsche Recht offensichtlich. Das GWB erlaubt in seiner aktuellen Fassung den Rückgriff auf die Muttergesellschaft für durch eine Tochter begangene Kartellrechtsverstöße nicht, wenn sie daran (durch eigene Mitarbeiter) nicht selbst beteiligt war, keine Kenntnis hatte oder sie kein sonstiges eigenes Verschulden trifft; es gilt ein strenges Rechtsträgerprinzip.[405] Daraus folgt ein weiteres Problem, das es wegen der unionsrechtlichen Sanktionspraxis im europäischen Kartellrecht nicht gibt: die sog. „*Wurstlücke*"[406]. Es handelt sich um ein Problem der Rechtsnachfolge, dem in aller Kürze dargestellt folgender Sachverhalt zu Grunde: Die Muttergesellschaft kann aufgrund der gerade genannten Gründe für den Kartellrechtsverstoß ihrer Tochter nicht verantwortlich gemacht werden. Zugleich überträgt sie alle relevanten Vermögenswerte der sich wettbewerbswidrig verhaltenden Tochtergesellschaft auf eine andere Tochtergesellschaft, um erstere

401 *Kokott/Dittert*, WuW 2012, 670 (674); *Thomas*, S. 132f.; für das deutsche Recht befürchtet dies auch *Mundt*, WuW 2007, 458, (467).

402 Schlussanträge der Generalanwältin *Kokott* v. 29.11.2012 – Rs. C-440/11 P, Slg. noch nicht veröffentlicht, Rz. 55 – *Kommission/Stichting Administratiekantoor Portielje*; *Kling*, WRP 2010, 506 (507) mit Verweis auf *Thomas*, S. 133 und *Pohlmann*, S. 373f., die beide die Gefahr einer missbräuchlichen Aufteilung zwischen Mutter- und Tochtergesellschaft betonen. S. auch *Bauer/Anweiler*, ÖZK 2011, 71 (79).

403 *Pohlmann*, S. 374.

404 *Kokott/Dittert*, WuW 2012, 670 (674).

405 *Weck*, WuW 2016, 404; *Mäger*, NZKart 2015, 329.

406 *Weck*, WuW 2016, 404 (405); s. dazu auch Monopolkommission, Sondergutachten 72 (2015), Rn. 1. Ebenfalls zu einer starken Bußgeldreduzierung wegen Umstrukturierungsmaßnahmen kam es in dem Verfahren *Tondachziegel*. Von den ursprünglich verhängten Bußgeldern wurden „nur" 42 Millionen bestätigt, wohingegen ca. 70 Millionen vom OLG Düsseldorf verworfen wurden.

sodann zu liquidieren und aus dem Handelsregister zu löschen. Dies führt aufgrund des strengen Rechtsträgerprinzips dazu, dass *kein* Haftungssubjekt mehr für das Bußgeld in Betracht kommt und eine Sanktionierung trotz Verstoßes letztlich ausbleibt:[407] Faktisch kommt es durch diese Form der Umstrukturierung zu einer Enthaftung. Zwar ist auch nach deutschem Recht eine Rechtsnachfolgehaftung möglich gemäß § 30 Abs. 2a OWiG möglich, darüber hinaus allerdings nur unter sehr engen Voraussetzungen[408]. Insbesondere betont der BGH in Hinblick auf Art. 103 Abs. 2 GG, das Verbot einer allgemeinen Konzernhaftung. Soweit folglich diese nicht vorliegen, besteht die akute Gefahr, dass die (Verbands-)Geldbuße leerläuft. Genau diese Gefahr besteht im europäischen Kartellrecht wegen des Rückgriffs auf die Figur der wirtschaftlichen Einheit nicht.[409] Auf die gesamte Problematik hat insbesondere das Bundeskartellamt, vertreten durch seinen Präsidenten *Andreas Mundt*, schon im Jahr 2015 aufmerksam gemacht und eine Anpassung an das europäische Recht gefordert.[410] Dieser Forderung hat sich nunmehr auch die Monopolkommission in ihrem 72. Sondergutachten angeschlossen.[411] Der deutsche Gesetzgeber wird auf diese Kritik nun wohl reagieren und sowohl den Unternehmensbegriff reformieren, als auch die angesprochene Lücke schließen. Der aktuelle Entwurf zur 9. GWB Novelle (RefE-GWB), der am 01.07.2016 vom Bundesministerium für Wirtschaft und Energie vorgelegt wurde, sieht nunmehr zunächst in § 81 Abs. 3a RefE-GWB eine Regelung vor, mit der im Grunde der europäische Unternehmensbegriff in das nationale Recht übertragen werden soll, um auch dort eine „*Konzernhaftung*“[412] nach europäischem Vorbild zu ermöglichen. Ergänzend soll die beschriebene Rechtsnachfolgelücke durch §§ 81 Abs. 3b und c, 81a RefE-GWB geschlossen werden.[413] Damit ließe sich das dargestellte Problem lösen, wobei, wie auf europäischer Ebene auch, die Diskussion über die Verfassungsmäßigkeit der Normen vorprogrammiert sein dürfte.[414]

---

407 *Mäger*, NZKart 2015, 329; vgl. auch *Haus*, WuW 2015, 982 (991), dem zu Folge „[e] iner “gelungenen” Rechtsnachfolge [...] de lege lata nicht viel entgegen gesetzt werden“ kann sowie Monopolkommission, Sondergutachten 72 (2015), Rn. 2.

408 Monopolkommission, Sondergutachten 72 (2015), Rn. 17, 141 u.a. mit Verweisen auf BGH, Beschluss vom 10. August 2011, KBR 2/10 – *Transportbeton Elskes*, Rz. 14; BGH, Beschluss vom 10. August 2011, KBR 55/10 – *Versicherungsfusion*, Rz. 18; BGH, Beschluss vom 27. Januar 2015, KRB 39/14 – *Kaffeeröster*, Rz. 2f. S. auch BGH, Beschluss vom 16.12.2014 – KRB 47/13 – *Silostellgebühren II*, Rz. 12b.

409 Monopolkommission, Sondergutachten 72 (2015), Rn. 45 m.N.; zu allem auch *Mäger*, NZKart 2015, 329.

410 Handelsblatt v. 22.06.2015 – Behörde fordert EU-Kartellrecht. Kritisch hierzu *Mäger*, NZKart 2015, 329 (330).

411 Monopolkommission, Sondergutachten 72 (2015), Rn. 153.

412 RefE-GWB, S. 38.

413 Ausrücklich erklärtes Ziel des RefE-GWB ist „es sicherzustellen, dass sich Unternehmen durch Umstrukturierungsmaßnahmen nicht ihrer Bußgeldhaftung entziehen können, RefE-GWB, S. 38.

414 S. dazu schon jetzt *Brettel/Thomas*, WuW 2016, 336; *Weck*, WuW 2016, 404; Monopolkommission, Sondergutachten 72 (2015), Rn. 62ff. Obwohl der Rechtsausschuss

Die Einwände sind in der Tat nicht von der Hand zu weisen.[415] Insbesondere der Blick auf das geltende deutsche Recht macht anschaulich, welche Missbrauchsgefahr mit einer Abkehr vom wirtschaftlichen Unternehmensbegriff verbunden wäre. Nicht umsonst beabsichtigt der deutsche Gesetzgeber eine entsprechende Anpassung an das Unionsrecht. Will man eine Umgehung der Wettbewerbsregeln verhindern, scheint es daher geboten, den sukzessiven Rückgriff auf die Mutter zu ermöglichen.[416] Schuld an der Misere ist wiederum der unzureichende Wortlaut des Art. 23 Abs. 2 VO 1/2003. Dieser sieht zwar vor, dass auch Unternehmen, die sich an der Zuwiderhandlung „beteiligt" haben, mit einer Geldbuße sanktioniert werden können. Formen der Mittäterschaft oder Anstiftung, auf die die Kritik offensichtlich anspielt, umfasst der Begriff aber nicht.[417] Die Konzernmutter für den Kartellrechtsverstoß der Tochter zu sanktionieren, wäre danach nur dann möglich, wenn diese sie zur Teilnahme geradezu gezwungen hätte, da sie sich dann am Verstoß beteiligt hätte.[418] Handelt es sich indessen nur um eine Anweisung, Information per „Rundschreiben" o.ä., sähe die Situation anders aus. In diesem Fall käme eine Haftung der Muttergesellschaft nach Unionsrecht nicht in Betracht, obwohl ihr Handeln zumindest nach deutschem Verständnis als Anstiftung zum Kartellrechtsverstoß verstanden werden könnte.[419] Auch die von den Unionsorganen zu Grunde gelegte Anteilsinhaberschaft von (nahezu) 100% wird folglich nicht unter den Begriff der Beteiligung zu subsumieren sein. Lehnt man es daher ab, die kartellrechtliche Verantwortlichkeit einer Tochtergesellschaft im Unternehmensverbund auf die Konzernmutter zu erstrecken, liefe man Gefahr, dass Mutter und Tochter die Wettbewerbsvorschriften umschiffen, soweit sie nur die einzelnen kartellrechtlichen Handlungen geschickt genug unter sich aufteilten.[420]

---

des Bundesrates im Rahmen seiner am 11.11.16 erfolgten Empfehlungen Bedenken hinsichtlich der Verfassungsmäßigkeit des § 81a RefE-GWB geltend machte, BR-Drucks. 606/1/16 v. 11.11.16, S. 10 Ziffer 12, lehnte der Bundesrat diese in seiner Stellungnahme vom 25.11.16 ab, BR-Drucks. 606/16 v. 25.11.2016. In die gleiche Richtung wie der Rechtsausschuss argumentierte auch schon die Monopolkommission in ihrem Sondergutachten 72 (2015), Rn. 159.

415 Kritisch hierzu aber *Bauer/Anweiler*, ÖZK 2011, 71 (79). Vgl. auch *Emmerich*, in: Immenga/Mestmäcker, WettbR-EU, Band 1/Teil 1, Art. 101 Abs. 1 AEUV, Rn. 46, der darauf hinweist, dass es sich hierbei vor allem um „wettbewerbspolitische Überlegungen" handelt.

416 *Thomas*, S. 133.

417 *Dannecker/Biermann*, in: Immenga/Mestmäcker, WettbR-EU, Band 1/Teil 2, Vor Art. 23 VO 1/2003, Rn. 132; *Kindhäuser/Meyer*, in: FK-Kartellrecht, 77. Lfg. (2012), Bußgeldrechtliche Folgen Art. 101 AEUV, Rn. 153; *Sura*, in: Langen/Bunte, Kartellrecht, Band 2, Art. 23 VO 1/2003, Rn. 4; *Muders*, wistra 2011, 405 (408).

418 *Dannecker/Biermann*, in: Immenga/Mestmäcker, WettbR-EU, Band 1/Teil 2, Vor Art. 23 VO 1/2003, Rn. 134.

419 *Muders*, wistra 2011, 405 (408).

420 Vgl. *Kokott/Dittert*, WuW 2012, 670 (674); *Pohlmann*, S. 373f.; *Thomas*, S. 132f.

Darüber hinaus wäre – sehr zum Ärgernis der Kommission – selbst dann keine Bußgeldbemessung am Konzernumsatz möglich, wenn der Begriff der Beteiligung so ausgelegt würde, dass er auch die Mitttäterschaft und Teilnahme umfasst bzw. sich diese aus dem Unionsrecht direkt ergeben würden. Denn der Wortlaut impliziert für die Höhe und damit wohl auch für die Bemessung, dass der Umsatz des sich an dem Verstoß beteiligenden Unternehmens maßgeblich ist. In jedem Fall läge die 10%ige Kappungsgrenze deutlich niedriger.

c) *Stellungnahme*

Man kann es folglich drehen und wenden, wie man will. Weder das Abstellen auf ein Unternehmen mit Rechtsfähigkeit, noch die Anwendung des wirtschaftlichen Unternehmensbegriffs sind letztlich vollends zweckdienlich und widerspruchsfrei. Entweder geht man das Risiko niedrigerer Bußgelder ein und verzichtet gleichzeitig auf die Möglichkeit, die tatunbeteiligte Muttergesellschaft mit in die Haftung einzubeziehen. Dies birgt aber gleichzeitig die Gefahr, dass die materiellen Grundsätze der Artt. 101, 102 AEUV nicht gewahrt werden. Oder man entscheidet sich für letzteres, was zwar dazu führt, dass die sonst fehlende Eignung zur Einhaltung der materiellen Grundsätze besteht, parallel aber Gefahr gelaufen wird, den Sinn und Zweck gleichfalls nicht zu erreichen, da das Bußgeld nicht durchsetzbar ist.

6. *Berücksichtigung des europäischen* effet utile *Grundsatzes*

Einen (endgültigen) Streitentscheid könnte eine Besonderheit des europäischen Rechts bringen. Geht es wie vorliegend um die Frage, welcher von mehreren Auslegungsmöglichkeiten der Vorrang zu gewähren ist, ist auf europäischer Ebene[421] die Berücksichtigung des *effet utile*[422] Grundsatzes geboten.[423] Dieser erfährt seine Bedeutung insbesondere im Anschluss an die allgemeinen Auslegungsmethoden.[424]

---

421 Der *effet utile* Grundsatz gilt sowohl auf Primär- als auch auf Sekundärebene, *Riesenhuber*, in: Riesenhuber, Europäische Methodenlehre, § 10 Rn. 45; *Roth*, WRP 2013, 257; für die Anwendbarkeit des *effet utile* Grundsatzes auf sekundäres Recht (Richtlinie) s. EuGH v. 25.10.2005 – Rs. C-350/03, Slg. 2005, I-9215, Rn. 69 – *Schulte*. Ein weiterer Hauptanwendungsfall besteht darin, das Unionsrecht „gegen Gefährdungen durch nachlässigen Vollzug seitens der Mitgliedstaaten" abzusichern, *Streinz*, in: FS Everling, Bd. 2, S. 1491 (1506).

422 Zur Entwicklung des Grundsatzes s. *Seyr*, Der *effet utile* in der Rechtsprechung des EuGH, S. 94ff.; zu den Synonymen dieses Grundsatzes s. *Streinz*, in: FS Everling, Bd. 2, 1491 (1495f.).

423 Vgl. *Pieper*, in: Dauses, EU-Wirtschaftsrecht, 40. Lfg. (2016), B.I. Rn. 37; a.A. wohl *Buerstedde*, S. 76, der den *effet utile* Grundsatz als bloßen Appell ansieht, die Vertragsinhalte und Ziele zu berücksichtigen.

424 *Potacs*, EuR 2009, 465 (474); *Seyr*, S. 254.

a) Grundsatz praktischer Wirksamkeit

Dem EuGH folgend ist dann „einer solchen Auslegung, die die praktische Wirksamkeit (einer) Vorschrift zu wahren geeignet ist [...], der Vorzug zu geben"[425]. Genau wie im Rahmen der teleologischen Auslegung gilt dies vor allem im Hinblick auf die Vertragsziele der Union[426] und damit insbesondere auch für Art. 23 Abs. 2 VO 1/2003, der als Konkretisierung des Art. 103 AEUV die Einhaltung der materiellen Wettbewerbsziele verfahrensrechtlich garantieren soll.[427] Der Effektivitätsgrundsatz will die Durchsetzbarkeit dieser Normen sichern[428] und gibt derjenigen Auslegung den Vorzug, die diese am praktischsten fördert.[429] Auf die Frage, ob es sich beim *effet utile* Grundsatz dogmatisch um eine Art der teleologischen Auslegungsmethode,[430] einen bloßen Appell[431] oder gar einen selbstständigen Auslegungsgrundsatz[432] handelt, kommt es dabei nicht an. Denn zum einen ist der Effektivitätsgrundsatz allgemein anerkannt.[433] Zum anderen verändert eine andersartige dogmatische Einordnung nicht die inhaltliche Aussage. Danach „muß der Gerichtshof im Interesse der praktischen Wirksamkeit des Gemeinschaftsrechts über Fragen der Auslegung [...] entscheiden

425 EuGH v. 22.9.1988 – Rs. C-187/87, Slg. 1988, 5013, Rz. 19 m.w.N. – *Land de Sarre/ Ministre de l'Industrie*; S. auch EuGH v. 14.10.1999 – Rs. C-223/98, Slg. 1999, I-7081, Rz. 24 – *Adidas*; EuGH v. 9.3.2000 – Rs. C-437/97, Slg. 2000, I-1157, Rz. 41 – *EKW und Wein & Co*; s. auch *Kutscher*, EuR 1981, 392 (401).

426 *Wegener*, in: Calliess/Ruffert, EUV/AEUV, Art. 19 EUV, Rn. 16; *Pechstein/Drechsler*, in: Riesenhuber, Europäische Methodenlehre, § 7 Rn. 27f.; *Böhm*, Kompetenzauslegung und Kompetenzlücken im Gemeinschaftsrecht, S. 85.

427 Vgl. *Brinker*, in: Schwarze, EU-Kommentar, Art. 103 AEUV, Rn. 1, 21.

428 Vgl. *Seyr*, S. 278.

429 *Böhm*, S. 84 m.N.

430 *Riesenhuber*, in: Riesenhuber, Europäische Methodenlehre, § 10 Rn. 45, spricht zwar von einem eigenen „Auslegungstopos", ordnet ihn aber der teleologischen Auslegung zu; *Mayer*, in: Grabitz/Hilf/Nettesheim, Das Recht der Europäischen Union, 41. Lfg. (2010), Art. 19 EUV, Rn 57, der beide als miteinander „verwandt" ansieht; *Roth*, WRP 2013, 257, der einerseits von einer Konkretisierung der teleologischen Auslegungsmethode spricht, andererseits von einer Ergänzung; so auch *Potacs*, EuR 2009, 465 (469), der den *effet utile* Grundsatz als „Spielart der teleologischen Interpretation" definiert; *Anweiler*, S. 219, der von einer „Ausprägung" spricht; *Calliess*, NJW 2005, 929, der *effet utile* und teleologische Auslegung als eng miteinander „verbunden" beschreibt; *Heinichen*, S. 68 der ebenfalls von einer „Ausprägung" spricht; *Seyr*, S. 277, die von einer „gesteigerte(n), potenzierte(n) Form der Teleologie" spricht; *Honsell*, in: FS Krejci, Bd. 2, 1929 (1933).

431 *Buerstedde*, S. 76.

432 Diese Frage wirft *Seyr*, S. 275ff., berechtigterweise auf.

433 S. nur EuGH v. 6.10.1970 – Rs. C-9/70, Slg. 825, Rz. 5 – *Grat/Finanzamt Traunstein*; EuGH v. 4.12.1974 – Rs. C-41/74, Slg. 1974, 1337, Rz. 12 – *Van Duyn/Home Office*; EuGH v. 6.10.1981 – Rs. C-246/80, Slg. 1981, 2311, Rz. 16 – *Broekmeulen/Huisarts Registratie Commissie*. Ausdrücklich auch *Böhm*, S. 72 m.w.N.

können“[434]. Negativ formuliert steht es im Interesse der praktischen Wirksamkeit des Unionsrechts, dass eine Gemeinschaftsnorm nicht ihres Anwendungsbereiches beraubt[435] und dadurch sinnentleert wird.[436] Positiv formuliert gewährleistet der Effektivitätsgrundsatz, dass der Normzweck in jedem Fall seine volle Wirkung entfaltet.[437] Ob hierunter eine *„so weit wie möglich* oder bestmöglich(e)“,[438] „größtmögliche“[439] oder insbesondere im Bereich des Bußgeldverfahrens sogar „uneingeschränkt(e)“[440] Wirksamkeit zu verstehen ist, scheint immer eine Frage des Einzelfalls zu sein. In jedem Fall ist die Auslegungsform zu wählen, die den praktischen Nutzen der auszulegenden Norm – hier die kartellrechtlichen (Bußgeld-) Vorschriften – am ehesten durchsetzt. Dies führt zwangsläufig dazu, dass die Auslegung europäischer Normen und Begriffe in der Regel so extensiv wie möglich gehalten wird.[441]

b) *Effet utile und Rechtsfortbildung*

Nicht ganz so irrelevant wie die Frage, um was für eine Auslegungsart es sich beim *effet utile* Grundsatz handelt, könnte die Frage sein, ob dieser überhaupt im Rahmen der Rechtsfortbildung Anwendung findet. Schließlich wird, wie gesehen, in der Literatur aber auch vom EuGH immer nur im Zusammenhang mit der Auslegung von dem Grundsatz gesprochen.

Diese Terminologie darf daher nicht auf die Goldwaage gelegt werden. Denn auf Unionsebene fällt unter den Begriff der Auslegung eben auch die Rechtsfortbildung. Wenn aber eine Trennung weder praktisch noch dogmatisch von den Unionsgerichten vorgenommen wird, Rechtsfortbildung sogar durch systematisch-teleologische Auslegung erfolgt bzw. in diese „eingebettet“ wird, muss der *effet utile* Grundsatz auch für die Rechtsfortbildung gelten, wenn man wie hier vertreten von einem dogmatischen Unterschied ausgeht. Auch von Teilen der Literatur wird die *effet*

---

434 EuGH v. 6.10.1981 – Rs. C-246/80, Slg. 1981, 2311, Rz. 16 – *Broekmeulen/ Huisarts Registratie Commissie.*

435 Vgl. EuGH v. 9.9.1999 – Rs. C-102/97, Slg. 1999, I-5051, Rz. 43 – *Kommission/ Deutschland*; EuGH v. 27.1.2005 – Rs. C-15/03,Slg. 2005, I-837, Rz. 38 – *Kommission/ Österreich.*

436 *Riesenhuber*, in: Riesenhuber, Europäische Methodenlehre, § 10 Rn. 45; *Buerstedde*, S. 76.

437 EuGH v. 19.11.1991 – verb. Rs. C-6/90, Slg. 1991, I-5357, Rz. 32 – *Francovich und Bonifaci/Italien*; *Schwarze*, in: Schwarze, EU-Kommentar, Art. 19 EUV, Rn. 38; *Potacs*, EuR 2009, 465 (467).

438 *Riesenhuber*, in: Riesenhuber, Europäische Methodenlehre, § 10 Rn. 45.

439 So in BVerfG 89, 155 (210); a.A. *Wegener*, in: Calliess/Ruffert, EUV/AEUV, Art. 19 EUV, Rn. 16 m.w.N.

440 *Roth*, WRP 2013, 257 (260).

441 Kritisch hierzu *Buerstedde*, S. 76 mit Verweis auf EuGH v. 26.2.1991 – Rs. C-292/89, Slg. 1991, 745ff. – *Antonissen*, in der das Gericht trotz entgegenstehendem Wortlaut und entgegenstehender Systematik unter Berücksichtigung des *effet utile* Grundsatzes die Norm extensiv ausgelegt hat.

utile Rechtsprechung für „EuGH-Urteile mit rechtsfortbildendem Charakter verantwortlich gemacht".[442] Das überzeugendste Argument für die Möglichkeit, den Grundsatz auch im Rahmen des Richterrechts anzuwenden, ist also dieses selbst. Viele der das Unionsrecht prägenden Entscheidungen des EuGH, wie der Vorrang des Primärrechts, die Etablierung der allgemeinen Rechtsgrundsätze oder die unmittelbare Anwendbarkeit des Gemeinschaftsrechts beruhen auf dem *effet utile* Grundsatz, obwohl sie das Ergebnis einer Rechtsschöpfung sind.[443] Aber auch das Sekundärrecht wurde bereits durch Rechtsfortbildung weiterentwickelt.[444] Auch für die hier angenommene primärrechtskonforme Fortbildung des Sekundärrechts kann die Anwendbarkeit des *effet utile* Grundsatzes daher nicht in Frage gestellt werden. Er findet entgegen seiner vorwiegenden Verwendung im Bereich der „Auslegung" auch für die Rechtsfortbildung bzw. Rechtsschöpfung Anwendung.

c) Effektivste Geltung unionsrechtlicher Grundsätze und Ziele

Es kommt deshalb unter Berücksichtigung des *effet utile* Grundsatzes darauf an, welche von beiden Lösungsalternativen – Abkehr oder Beibehaltung des wirtschaftlichen Unternehmensverständnisses – dem Normzweck des Art. 23 Abs. 2 VO 1/2003 zu größerer Wirksamkeit verhilft.

Legt man die oben geführte Diskussion unter Berücksichtigung des *effet utile* Grundsatzes zu Grunde, müsste sich der Gerichtshof im Interesse der praktischen Wirksamkeit des Gemeinschaftsrechts für die teleologische Rechtsfortbildung des Unternehmensbegriffs in Art. 23 Abs. 2 VO 1/2003 entscheiden. Denn dieser Lösungsweg bietet den vergleichsweise effektiveren Wettbewerbsschutz. Anders als der klassische Unternehmensbegriff gewährleistet die durch Richterrecht erreichte Aufspaltung des Unternehmensbegriffs nicht nur höhere Bußgelder, sondern nach Auffassung der Unionsorgane auch einen Rückgriff auf die Konzernmutter und beugt so dem befürchteten Missbrauch vor. Der „klassische" Unternehmensbegriff kann dieses Defizit nicht ausgleichen.

Im direkten Vergleich verhilft die teleologische Extension des Unternehmensbegriffs den unionsrechtlichen Vorschriften daher eher und mehr zu praktischer Wirksamkeit. Sie wahrt vor allem auch das vom *effet utile* Grundsatz im Sanktionsrecht ebenfalls zu berücksichtigende „Abschreckungsdogma"[445], dem die Unionsorgane, wie gezeigt, die überragende Bedeutung zuschreiben. Letztlich handelt es sich eben nur um das praktische Problem der Vollstreckung, das sich bereits im Rahmen der Verhängung auswirkt. Gerade um die praktische Wirksamkeit zu garantieren, wurde aber der Effektivitätsgrundsatz im Unionsrecht entwickelt.

---

442 Vgl. *Potacs*, EuR 2009, 465 (465, 487). S. auch *Roth*, WRP 2013, 257, wonach der Grundsatz zur Auslegung und Fortentwicklung durch den EuGH genutzt wird.

443 *Potacs*, EuR 2009, 465 (483ff.); *Streinz*, in: FS Everling, Bd. 2, 1491 (1496ff.).

444 *Roth*, WRP 2013, 257 mit Beispielen.

445 *Kindhäuser/Meyer*, in: FK-Kartellrecht, 77. Lfg. (2012), Bußgeldrechtliche Folgen Art. 101 AEUV, Rn. 30.

d) Zwischenergebnis

Unter Berücksichtigung des unionsrechtlichen „Auslegungsgrundsatzes" *effet utile* ließe sich die Kommissionspraxis begründen.[446] Der EuGH hat der Kommission hierzu – wenn auch zwischen den Zeilen – bereits die Befugnis erteilt, als er festlegte, dass „die Kommission [...] im Interesse der praktischen Wirksamkeit der gemeinschaftsrechtlichen Wettbewerbsregeln jederzeit das Niveau der Geldbußen den Erfordernissen der (Wettbewerbs-) Politik anpassen" könne.[447] Ob der Gerichtshof aber bereits schon zum damaligen Zeitpunkt die Möglichkeit des heute entsprechend exorbitanten Anstiegs der Geldbußen vor Augen hatte, darf bezweifelt werden.

7. Anknüpfungspunkt der teleologischen Auslegung/Rechtsfortbildung

Auch wenn der teleologischen Rechtsfortbildung des wirtschaftlichen Unternehmensbegriffs gegenüber dem Rechtsfähigkeit voraussetzenden Unternehmensbegriff der Vorzug zu geben ist, könnte unter Berücksichtigung des *effet utile* Grundsatzes noch eine andere Lösung in Betracht zu ziehen sein. Tatsächlich könnte man darüber nachdenken, nicht am wirtschaftlichen Unternehmensbegriff teleologisch anzuknüpfen, sondern Art. 299 AEUV so zu interpretieren, dass dieser auch eine Vollstreckung gegen nicht rechtsfähige Unternehmen zuließe. In diesem Fall wäre das Primärrecht selbst Gegenstand der Auseinandersetzung.

Das Durchsetzungsdefizit fände sich dann nicht auf unionsrechtlicher, sondern nationaler Seite. Aufgrund des generellen Vorrangs des Unionsrechts[448] gegenüber den nationalen Rechtsordnungen könnte die nationale Judikative und Exekutive dann im Wege der unionskonformen Auslegung gezwungen sein, eine Vollstreckung auch gegen nicht rechtsfähige Bußgeldschuldner zu ermöglichen. Denn nach dem Grundsatz vom Vorrang des Unionsrechts setzt sich dieses nicht nur gegen entgegenstehendes nationales Recht durch, indem es im Konfliktfall zur Unanwendbarkeit führt, sondern verpflichtet Gerichte und Verwaltung auch dazu, das Unionsrecht durchzusetzen.[449]

---

446 Vgl. in diese Richtung auch *Roth*, WRP 257 (260, 264), der die Rechtsprechung des EuGH zur Bußgeldpraxis der Kommission mit Verweis auf EuGH v. 29.6.2006 – Rs. C-289/04 P, Slg. 2006, I-5859 – *Showa Denko/Kommission* so versteht, dass das Gericht „offensichtlich von dem Ziel inspiriert (ist), dem europäischen Wettbewerbsrecht bei der Verhängung von Geldbußen zu uneingeschränkter praktischer Wirksamkeit zu verhelfen"; ohne hierauf aber explizit hinzuweisen; a.A. *Steinle*, EWS 2004, 118 (122), der die Begriffsspaltung nicht nur für methodisch fragwürdig, sondern auch durch telelogische Überlegungen nicht zu rechtfertigen hält. Vgl. zum Rechtfertigungsgrund der Effektivität des Wettbewerbsrechts EuGH v. 18.9.2003 – Rs. C-338/00 P, Slg. 2003, I-9189, Rz.97 – *Volkswagen/Kommission.*

447 EuGH v. 7.6.1983 – verb. Rs. C-100/80, Slg. 1983, 1825 (1906), Rz. 109 – *Musique Diffusion française/Kommission.*

448 EuGH v. 15.7.1964 – Rs. C-6/64, Slg. 1964, 1141 (1269ff.) – *Costa/E.N.E.L.*

449 *Jarass/Beljin*, NVwZ 2004, 1 (2).

Dieser Lösungsweg ist allerdings nicht vielversprechend. Zwar könnte man über eine europarechtskonforme Auslegung des nationalen Rechts aufgrund des *effet utile* Grundsatzes nachdenken. Allerdings handelt es sich bei der unionskonformen Auslegung nur um einen Ausfluss des Anwendungsvorrangs des Unionsrechts, der dessen Rechtsfolgen nicht hervorruft.[450] Dadurch wird die Reichweite der unionskonformen Auslegung gleichzeitig auch begrenzt. Sie endet im Umkehrschluss dort, wo die Rechtsfolgen des engen Grundsatzes vom Vorrang des Unionsrechts beginnen würden. In Anlehnung an die vom EuGH auferlegte Pflicht zur unionskonformen Auslegung[451] ist dies dann der Fall, wenn die Auslegung nicht mehr von den nationalen Auslegungsregeln umfasst wäre[452] – die Auslegung käme dann einer unmittelbaren Anwendung des Unionsrechts gleich. Die europarechtskonforme Auslegung ist folglich dort ausgeschlossen, wo der Wortlaut der Norm klar und eindeutig ist und demnach keine Interpretationsmöglichkeit mehr besteht.[453] Eine andere Ansicht würde die obige Aussage des EuGH untergraben, dass dieser die Auslegungsregeln der Mitgliedstaaten wahrt.

§ 50 Abs. 1 ZPO definiert legal, dass parteifähig nur sein kann, wer rechtsfähig ist. Aufgrund des klaren Wortlauts kommt eine unionskonforme Auslegung auch unter Berücksichtigung des *effet utile* Grundsatzes folglich nicht in Betracht. Art. 299 AEUV scheidet daher als Anknüpfungspunkt aus.

V. Endergebnis

Mithilfe des *effet utile* Grundsatzes kann die Unionspraxis begründet werden. Rückt man die reale Gefahr des Missbrauchs in den Fokus, muss der Unternehmensbegriff teleologisch fortgebildet werden, um die in Artt. 101, 102 AEUV kodifizierten Ziele nicht zu gefährden. Das gilt unabhängig von der Möglichkeit, auf die Tochtergesellschaft als wahren Täter abzustellen. Dem wirtschaftlichen Unternehmensbegriff ist danach der Vorzug zu geben.

Allerdings heiligt der Zweck bekanntlich nicht jedes Mittel. Das muss sowohl für den *effet utile* Grundsatz als auch für die Rechtsfortbildung schlechthin gelten.

---

450 *Beljin*, EuR 2002, 351 (355), der in diesem Zusammenhang vom „*Vorrang im weiteren Sinne*" spricht; s. auch *Jarass/Beljin*, NVwZ 2004, 1 (2); *Ruffert*, in: Calliess/Ruffert, EUV/AEUV, Art. 1 AEUV, Rn. 24.

451 *Jarass/Beljin*, JZ 2003, 768 (774).

452 In EuGH v. 10.4.1984 – Rs. C-14/83, Slg. 1984, 1891, Rz. 28 – *Von Colson und Kamann/Land Nordrhein-Westfalen* hat das Gericht festgestellt, dass das entscheidende Gericht zwar unter voller Ausschöpfung seines Beurteilungsspielraums auslegen muss, dies aber nur in den Grenzen des nationalen Rechts; *Leible/Domröse*, in: Riesenhuber, Europäische Methodenlehre, § 8 Rn. 54f. S. auch *Jarass/Beljin*, NVwZ 2004, 1 (2); *Jarass/Beljin*, JZ 2003, 768 (775); EuR 2002, 351 (359, 361).

453 *Borchardt*, in: Schulze/Zuleeg/Kadelbach, Europarecht, § 15 Rn. 85; *Dannecker*, in: Rengeling/Middeke/Gellermann, Handbuch des Rechtsschutzes in der EU, 2. Aufl. (2003), § 38, Rn. 33.

Mit anderen Worten: Auch der EuGH ist an bestimmte Grenzen im Rahmen seiner Zuständigkeiten gebunden. Die Tatsache, dass die Kommissionspraxis durch seine Möglichkeit der Rechtsfortbildung abgesegnet wird, bedeutet daher noch lange nicht, dass sie auch zulässig ist. Es gilt vielmehr noch, die entscheidende Frage zu beantworten, ob die durch Richterrecht ermöglichte Inanspruchnahme der Konzernmutter sich noch in den Grenzen zulässiger Rechtsfortbildung bewegt.

In einem ersten Schritt soll daher geklärt werden, wo diese Grenzen verlaufen, bevor in einem zweiten Schritt der Frage nachgegangen wird, ob die Rechtsprechung des EuGH sich noch innerhalb dieser befindet oder mit ihnen kollidiert.

B. Grenzen der Rechtsfortbildung

Genauso wenig wie die Auslegung grenzenlos ist, ist auch die auf dem *effet utile* Grundsatz beruhende Rechtsprechung oder das Richterrecht nicht schrankenlos zulässig.[454] Denn nicht nur im Privatrecht[455], sondern auch im europäischen Wettbewerbsrecht geht von einer ausufernden Anwendung des *effet utile* Grundsatzes die Gefahr aus, dass sich das Unionsrecht unter seinem Deckmantel unkontrolliert ausweitet.[456] Unklar ist indessen, wo diese Grenzen verlaufen und wie sie bestimmt werden.[457]

I. Grundsatz

Das durch die Stellung des EuGH als „Quasi-Gesetzgeber“ im Rahmen der Rechtsfortbildung akzeptierte Konkurrenzverhältnis zum Unionsgesetzgeber begrenzt zugleich seine Legitimation zur Rechtsschöpfung. Schon aus Gründen der Nachprüfbarkeit muss das Richterrecht genauso wie das legislativ gesetzte Recht aus objektivierbaren Rechtsgrundsätzen ableitbar sein (Deduktion), sich folglich an den Maßstäben von „Recht und Gesetz“ messen lassen.[458] In Betracht kommen also

454 *Calliess*, NJW 2005, 929 (932); *Hirsch*, JZ 2007, 853 (855); *Kempf/Schilling*, NJW 2012, 1849 (1851); *Dänzer-Vanotti*, RIW 1992, 733 (734); vgl. *Schwarze*, in: Schwarze, EU-Kommentar, Art. 19 EUV, Rn. 23, 43. Zu den Grenzen des *effet utile* Grundsatzes s. *Roth*, WRP 2013, 257 (258, 261, 265); *Potacs*, EuR 2009, 465 (476f., 487); *Riesenhuber*, in: Riesenhuber, Europäische Methodenlehre, § 10 Rn. 45.

455 *Riesenhuber*, in: Riesenhuber, Europäische Methodenlehre, § 10 Rn. 45.

456 Kritisch zum Ausmaß der *effet utile* Rechtsprechung, *Streinz*, in: FS Everling, Bd. 2, 1491 (1507ff.). S. auch *Honsell*, in: FS Krejci, Bd. 2, 1929 (1937ff.) sowie *Buerstedde*, S. 76.

457 *Kempf/Schilling*, NJW 2012, 1849 (1851); *Calliess*, NJW 2005, 929 (930). S. auch *Buerstedde*, S. 103. Selbst das BVerfG hält die Grenzen für „fraglich“, BVerfGE 34, 269 (288) = NJW 1973, 1221 (1225).

458 *Dänzer-Vanotti*, RIW 1992, 733 (734).

(verfassungsrechtliche) Grundsätze der gesamten Rechtsordnung.[459] Der EuGH ist demnach an (objektivierbare) Rechtsgrundsätze im Rahmen der Rechtsfortbildung gebunden.[460] Im Vordergrund stehen dabei insbesondere rechtsstaatliche Prinzipien,[461] insbesondere solche, die sich als Grundrechte der betroffenen Unternehmen darstellen,[462] sowie die Kompetenzverteilung innerhalb der Union. Das hat das Gericht für den *effet utile* Grundsatz auch bereits angedeutet. Denn es beschränkt dessen Anwendung u.a. zu Gunsten des Gebots der Rechtssicherheit und Verhältnismäßigkeit.[463] Einer möglichst praktischen Durchsetzung müssen also immer auch die objektivierbaren und gegenläufigen Interessen Dritten gegenübergestellt werden.[464]

II. Keine Rechtsfortbildung *contra legem*

Während der Wortlaut einer Norm nach wohl überwiegender Auffassung die äußerste Grenze einer noch zulässigen Auslegung darstellt, wird eine Fortbildung des Rechts durch den EuGH in jedem Fall dann als unzulässig angesehen, wenn sie gesetzeskorrigierend, also *contra legem*, erfolgt.[465] Aus der Bindung des Richters folgt, dass er sich in keinem Fall über bewusst nicht getroffene, also planmäßige, Lücken des Gesetzgebers, hinwegsetzen darf.[466] Eine planmäßige Regelungslücke liegt aber nur vor, wenn gesagt werden kann, dass der Gesetzgeber den durch Rechtsfortbildung geregelten Sachverhalt bewusst ausschließen wollte.[467] Ebenfalls hierunter zu subsumieren sein dürfte eine Rechtsfortbildung, der politische oder rein zweckmäßige Erwägungen zu Grunde liegen.[468]

---

459 *Larenz*, Methodenlehre, S. 402ff., 417f., 378; *Larenz/Canaris*, Methodenlehre, S. 187; *Hirsch*, JZ 2007, 853 (855); vgl. für die Auslegung auch BVerfG, Beschluss v. 20.8.2015 – 1 BvR 980/15, Rz. 11 – *Kaffeekartell (Melitta)* = NZKart 2015, 447.

460 *Dänzer-Vanotti*, RIW 1992, 733 (734, 737); *Calliess*, NJW 2005, 929 (932); vgl. *Zuleeg*, in: von der Groeben/Schwarze, Kommentar zum EU-/EG-Vertrag, Art. 1 EG, Rn. 41; *Rengeling*, VVDStRL, 1994, 202 (237).

461 Vgl. *Kempf/Schilling*, NJW 2005, 1849 (1851).

462 *Van Vormizeele*, NZKart 2013, 386.

463 *Roth*, WRP 2013, 257 (258, 261, 265); *Potacs*, EuR 2009, 465 (476f., 487).

464 *Riesenhuber*, in: Riesenhuber, Europäische Methodenlehre, § 10 Rn. 45; s. auch *Roth*, WPR 2013, 257 (261); *Potacs*, EuR 2009, 465 (478); vgl. auch *van Vormizeele*, NZKart 2013, 386f.

465 *Leible/Domröse*, in: Riesenhuber, Europäische Methodenlehre, § 8 Rn. 36.

466 *Calliess*, NJW 2005, 929 (932); *Dänzer-Vanotti*, RIW 1992, 733 (737); *Leible/Domröse*, in: Riesenhuber, Europäische Methodenlehre, § 8 Rn. 36.

467 *Dänzer-Vanotti*, RIW 1992, 733 (737); *Stein*, in: FS Richterliche Rechtsfortbildung, 619 (629); *Larenz*, Methodenlehre, S. 402.

468 *Larenz*, Methodenlehre, S. 418; vgl. auch *Everling*, RabelsZ 1986, 193 (201, 228f.). Jedenfalls bei politischen Fragen sieht der EuGH die Grenze zur unzulässigen Rechtsfortbildung, *Dänzer-Vanotti*, RIW 1992, 733 (742); *Calliess*, NJW 2005, 929 (932); *Schwarze*, in: Schwarze, EU-Kommentar, Art. 19 EUV, Rn. 42.

III. Objektivierbare Grundsätze im Sinne von Art. 19 EUV

Als „Quasi-Gesetzgeber" ist das Gericht grundsätzlich an alle objektivierbaren Rechtsgrundsätze, vor allem solche des Rechtsstaatsprinzips, gebunden. Auch wenn die Grenzen der Rechtsfortbildung vage bleiben, fallen hierunter in jedem Fall der Gewaltenteilungsgrundsatz, das Wesentlichkeitsprinzip, der Bestimmtheitsgrundsatz und das Analogieverbot.[469]

Im Unionsrecht folgt die materiell-rechtliche Bindung an solche rechtsstaatlichen Grundsätze ausdrücklich aus Art. 19 EUV.[470] Der EuGH hat danach das „Recht" nicht nur im Rahmen der Anwendung und Auslegung zu wahren, sondern auch bei der Rechtsfortbildung, die von Art. 19 EUV mitumfasst ist. Neben dem „Fortbildungsauftrag" meint „Wahrung" dabei auch, dass die der Unionsverfassung zugrundeliegenden Rechtsprinzipien und Wertungsmaßstäbe eingehalten sowie die verschiedenen Kompetenznormen respektiert werden.[471] Es gehört also zur Aufgabe des EuGH, dafür Sorge zu tragen, dass unionsrechtsrelevantes Handeln im Einklang mit der Verfassung steht.[472] Sein eigenes Tätigwerden darf im Umkehrschluss einen Verstoß dagegen nicht bewirken. Aus dem Wortlaut der Norm ergibt sich folglich zugleich auch die Grenze einer noch zulässigen Rechtsfortbildung.[473] Genau wie im Rahmen der Auslegung begrenzt Art. 19 EUV auch die Möglichkeit zur Rechtsfortbildung. Die Norm begründet in diesem Kontext also auch eine Pflicht zur Selbstkontrolle.[474]

1. Recht im Sinne des Art. 19 EUV

Der Begriff des „Rechts" ist weit und umfassend zu verstehen und umfasst alle Normen der Unionsrechtsordnung.[475] Dazu gehört neben dem Primärrecht, das abgesehen von AEUV und EUV vor allem auch die Grundrechtecharta mitumfasst, das Sekundärrecht genauso wie das ungeschriebene Unionsrecht.[476] Letzteres beinhaltet neben dem Unionsgewohnheitsrecht insbesondere die sich aus den Verfassungstraditionen der Mitgliedstaaten abgeleiteten allgemeinen Rechtsgrundsätze

---

469 Mit weiteren Beispielen *Kempf/Schilling*, NJW 2005, 1849 (1851).

470 *Schwarze*, in: Schwarze, EU-Kommentar, Art. 19 EUV, Rn. 12.

471 *Mayer*, in: Grabitz/Hilf/Nettesheim, Das Recht der Europäischen Union, 41. Lfg. (2010), Art. 19 EUV, Rn. 27, 31.

472 *Schwarze*, in: Schwarze, EU-Kommentar, Art. 19 EUV, Rn. 12.

473 *Mayer*, in: Grabitz/Hilf/Nettesheim, Das Recht der Europäischen Union, 41. Lfg. (2010), Art. 19 EUV, Rn. 69; vgl. auch *Schwarze*, in: Schwarze, EU-Kommentar, Art. 19 EUV, Rn. 43.

474 S. aber *Mayer*, in: Grabitz/Hilf/Nettesheim, Das Recht der Europäischen Union, 41. Lfg. (2010), Art. 19 EUV, Rn. 30 m.w.N.

475 *Schwarze*, in: FS Hollerbach, 169 (172); *Schwarze*, in: Schwarze, EU-Kommentar, Art. 19 EUV, Rn. 22; *Mayer*, in: Grabitz/Hilf/Nettesheim, 41. Lfg. (2010), Art. 19 EUV, Rn. 23.

476 *Schwarze*, in: FS Hollerbach, 169 (172); *Schwarze*, in: Schwarze, EU-Kommentar, Art. 19 EUV, Rn. 22.

des Unionsrechts.[477] Im Wege der Rechtsvergleichung inkorporiert der EuGH die Verfassungstraditionen der Mitgliedstaaten als allgemeine Rechtsgrundsätze und lässt sie so zum Bestandteil des (ungeschriebenen) Unionsrechts werden.[478] Heute ist die Pflicht, entsprechende Grundsätze zu gewährleisten, explizit in Art. 6 Abs. 3 EUV normiert. Als übergeordnete „Auslegungsmaßstäbe"[479] stellen sie das Richtmaß noch zulässiger Lückenfüllung dar.[480] Eine diese Grundsätze konterkarierende Rechtsfortbildung darf es folglich nicht geben. Missachtet der EuGH bereits in das Unionsrecht etablierte Grundsätze, aber auch solche, die den Verfassungstraditionen der Mitgliedstaaten (noch) zu entnehmen sind, im Rahmen der Rechtsfortbildung, verletzt er seinen Auftrag, das Recht zu wahren. Er überschreitet die Grenze des noch zulässigen Richterrechts.

2. *Allgemeine Rechtsgrundsätze*

Zu den wichtigsten, die Rechtsfortbildung begrenzenden, allgemeinen Rechtsgrundsätzen gehören insbesondere der Grundsatz der Gesetzmäßigkeit der Verwaltung, der Verhältnismäßigkeitsgrundsatz, der Grundsatz der Rechtssicherheit, des Vertrauensschutzes und der Bestimmtheitsgrundsatz.[481] Sie stimmen damit im Wesentlichen mit den bereits aufgezählten objektivierbaren Rechtsgrundsätzen überein.

Durch die Integration entsprechender Prinzipien des Rechtsstaats hat der EuGH die rechtsstaatliche Basis, auf dessen Grundlage die Union nach Art. 2 EUV fußt, konkretisiert. Das Gericht hat, wenn man so will, durch die Übernahme mitgliedstaatlicher Rechtsstaatsprinzipien die Verfassungskultur der Union konkretisiert, sie mit Leben gefüllt. Gleichzeitig hat der EuGH durch die Übernahme verfassungsrechtlicher Grundsätze aus den Mitgliedstaaten in das „Recht" seinen aus Art. 19 EUV folgenden Schutzauftrag diversifiziert. Er muss dafür Sorge tragen, dass die Grundsätze eingehalten werden. Das gilt auch im Rahmen der Rechtsfortbildung.

Art. 19 EUV stellt damit positivrechtlich fest, was sich auch schon aus Art. 2 EUV ergeben müsste. Zu den grundlegenden Werten der Union gehört auch die Rechtsstaatlichkeit und folglich die aus ihr folgenden Prinzipien. Diese Werte sind

---

477 *Calliess*, NJW 2005, 929 (930); *Schwarze*, in: Schwarze, EU-Kommentar, Art. 19 EUV, Rn. 25; *Everling*, RabelsZ 1986, 193 (211).

478 *Schwarze*, in: FS Hollerbach, 169 (174f.).

479 *Wegener*, in: Calliess/Ruffert, EUV/AEUV, Art. 19 EUV, Rn. 36.

480 *Schwarze*, in: Schwarze, EU-Kommentar, Art. 19 EUV, Rn. 23; *Rengeling*, VVDStRL, 1994, 202 (237); *Everling*, RabelsZ 1986, 193 (211); vgl. *Wegener*, in: Calliess/Ruffert, EUV/AEUV, Art. 19 EUV, Rn. 37.

481 *Schwarze*, in: Schwarze, EU-Kommentar, Art. 19 EUV, Rn. 25; *Schwarze*, in: FS Hollerbach, 169 (175); *Mayer*, in: Grabitz/Hilf/Nettesheim, Das Recht der Europäischen Union, 41. Lfg. (2010), Art. 19 EUV, Rn. 32; *Wegener*, in: Calliess/Ruffert, EUV/AEUV, Art. 19 EUV, Rn. 38ff.; *von Danwitz*, in: Dauses, EU-Wirtschaftsrecht, 40. Lfg. (2016), B.II., Rn. 27.

von allen Unionsorganen zu achten.[482] Es verwundert daher nicht, dass die Unionsgerichte klargestellt haben, dass auch die Kommission im Rahmen ihrer Ermessensausübung in Bezug auf Art. 23 Abs. 2 VO 1/2003 die allgemeinen Rechtsgrundsätze zu berücksichtigen hat.[483] Insoweit präzisiert Art. 19 EUV nur die schon aus Art. 2 EUV folgende Bindungswirkung. Vor allem aus dem Rechtsstaatsprinzip ableitbare bzw. sich aus den Verfassungstraditionen der Mitgliedstaaten ergebende und nach Art. 6 Abs. 3 EUV zu gewährleistende Grundsätze können dazu herangezogen werden, die Effektivität des Unionsrechts zu beschränken.[484]

3. *Strafrechtliche Fundamentalgarantien*

Da die Grundrechte-Charta (im Folgenden GRCh) gemäß Art. 6 Abs. 1 EUV den gleichen Rang wie die Unionsverträge hat, stellt sie ebenfalls „Recht" im Sinne des Art. 19 EUV dar. Für die spätere Untersuchung sind diesbezüglich insbesondere Artt. 48 und 49 GRCh interessant. Aus Art. 48 GRCh ergibt sich die Unschuldsvermutung, die vom EuGH bereits vor der Inkorporation der GRCh als allgemeiner Rechtsgrundsatz anerkannt wurde, konsequenterweise auch der allgemeine Schuldgrundsatz *nulla poena sine culpa*. In Art. 49 GRCh dagegen ist der Gesetzmäßigkeitsgrundsatz verankert, aus dem sich wiederum u.a. die Prinzipien der Bestimmtheit, des Vertrauensschutzes aber auch das Analogieverbot ableiten[485] sowie nach zumindest systematisch umstrittener Auffassung auch der Grundsatz der Verhältnismäßigkeit.[486] Soweit der Gerichtshof diese Grundsätze schon vor der Eingliederung der GRCh als allgemeine Rechtsgrundsätze entwickelt hat,[487] z.B. aus den Verfassungstraditionen der Mitgliedstaaten, bleiben diese nach Art. 6 Abs. 3 EUV bestehen. Der Vorschrift kommt diesbezüglich wohl nur deklaratorischer Charakter zu, da die deckungsgleichen Rechte der GRCh diesen als *lex specialis* vorgehen.[488]

---

482 Vgl. *Schwarze*, in: Schwarze, EU-Kommentar, Art. 2 EUV, Rn. 1.

483 EuGH v. 22.5.2008 – Rs. C-266/06 P, Slg. 2008, I-81, Rz. 51 – *Degussa/Kommission und Rat*; EuG v. 5.4.2006 – Rs. T-279/02, Slg. 2006, II-897, Rz. 77, 316 – *Degussa/Kommission*.

484 *Rengeling*, VVDStRL, 1994, 202 (230); s. auch *Roth*, WRP 2013, 257 (258, 261, 265); *Potacs*, EuR 2009, 465 (476f., 487).

485 *Eser*, in: Meyer, EU-GRCh Kommentar, Art. 49, Rn. 10; *Blanke*, in: Calliess/Ruffert, EUV/AEUV, Art. 49 GRCh, Rn. 1; *van Vormizeele*, in: Schwarze, EU-Kommentar, Art. 49 GRCh, Rn. 5; *Jarass*, EU-GRCh Kommentar, Art. 49, Rn. 11f.

486 *Jarass*, EU-GRCh Kommentar, Art. 49, Rn. 2.

487 *Jarass*, EU-GRCh Kommentar, Art. 49, Rn. 1.

488 *Hatje*, in: Schwarze, EU-Kommentar, Art. 6 EUV, Rn. 17.

4. *Kompetenzen*

Zu dem die Aufgaben des Gerichtshofs begrenzenden „Recht“ gehört auch allgemein die Kompetenzverteilung.[489] Art. 13 Abs. 2 EUV als Ausprägung des institutionellen Gleichgewichts betrifft dabei Fragen der horizontalen Aufgabenverteilung, während Art. 5 Abs. 2 EUV die vertikale Kompetenzverteilung, das sog. Prinzip der begrenzten Einzelermächtigung zwischen Union und Mitgliedstaaten, regelt[490].

a) Horizontale Kompetenzverteilung

Die horizontale Kompetenzverteilung regelt die Funktionen der verschiedenen Unionsorgane untereinander. Nach Art. 13 Abs. 2 EUV handelt jedes Organ nach Maßgabe der ihm in den Verträgen zugewiesenen Befugnisse. Da das Gericht im Rahmen der Rechtsfortbildung und -schöpfung quasi-gesetzgeberisch an Stelle von Rat und Kommission tätig wird, besteht dem Grunde nach ein Konflikt mit dieser Kompetenzverteilung, der geeignet sein könnte, die Befugnisse des EuGH entsprechend einzuschränken. In diesem Zusammenhang wurde aber bereits darauf hingewiesen, dass die Ermächtigung des EuGH, rechtsfortbildend tätig zu werden, allgemein anerkannt ist. Soweit die dazu erforderlichen Voraussetzungen also vorliegen, scheidet ein Verstoß gegen Art. 13 Abs. 2 EUV und damit auch ein Verstoß gegen Art. 19 EUV aus.

b) Vertikale Kompetenzverteilung

Im Gegensatz dazu hätte ein Verstoß gegen das Prinzip der begrenzten Einzelermächtigung die Unzulässigkeit der Rechtsfortbildung zur Folge. Nach Art. 5 Abs. 2 EUV wird die Union nur innerhalb der Grenzen der Zuständigkeiten tätig, die die Mitgliedstaaten ihr in den Verträgen übertragen haben. Der Grundsatz spiegelt die föderale Struktur der Union, die im Rahmen der Gesetzgebung eine Beteiligung bzw. Legitimation durch die Mitgliedstaaten erforderlich macht, wider.[491] Da ihr keine Staatsqualität zukommt, besitzt sie auch keine Befugnis, eigene Kompetenzen zu begründen.[492] Während also die horizontale Kompetenzverteilung das Innenverhältnis der Unionsorgane zueinander regelt, bestimmt die vertikale Kompetenzverteilung das Außenverhältnis zwischen Union und Mitgliedstaaten. Da die Union die Souveränität der Mitgliedstaaten nicht untergraben darf – keine Kompetenz

489 *Calliess*, NJW 2005, 929 (930); *Dänzer-Vanotti*, RIW 1992, 733 (735f.); *Rengeling*, VVDStRL, 1994, 202 (232f.).

490 *Bast*, in: Grabitz/Hilf/Nettesheim, Das Recht der Europäischen Union, 51. Lfg. (2013), Art. 5 EUV, Rn. 5; *Lienbacher*, in: Schwarze, EU-Kommentar, Art. 5 EUV, Rn. 1; *Calliess*, NJW 2005, 929 (930).

491 *Dänzer-Vanotti*, RIW 1992, 733 (735).

492 *Calliess*, NJW 2005, 929 (930).

ohne Kompetenz[493] – und die Kompetenzvorschriften zugleich Ausdruck des auf Unionsebene herrschenden Demokratiedefizits[494] sind, ist ein Verstoß gegen Art. 5 Abs. 2 EUV grundsätzlich geeignet, den Rechtsschutzauftrag und damit auch die Rechtsfortbildung des EuGH zu begrenzen.[495] Wenn bereits die Rechtssetzung durch den eigentlichen Unionsgesetzgeber an Art. 5 Abs. 2 EUV scheitert, muss dies erst recht für den grundsätzlich nicht legislativ handelnden Gerichtshof gelten. Der *effet utile* Grundsatz darf daher nicht zu einer Erweiterung der Harmonisierungsmöglichkeiten führen.[496]

5. Stellungnahme

Die Rechtsfortbildung wird nicht nur durch die Struktur der Union als objektivierbarem Grundsatz begrenzt, sondern findet ihre Grenze insbesondere auch dort, wo sie mit allgemeinen Grundsätzen eines Rechtsstaats kollidiert. Indem der EuGH, ebenfalls im Wege der Rechtsfortbildung, viele Rechtsstaatsprinzipien den allgemeinen Verfassungstraditionen der Mitgliedstaaten entnommen und diese in das Unionsrecht integriert hat, hat er sich auf Grundlage von Art. 19 EUV selbst verpflichtet, diese bei der Ausübung weiteren Richterrechts zu berücksichtigen. Denn er hat auch dann das Recht zu wahren. Wie erläutert verdeutlicht Art. 19 EUV nur, was ohnehin auf Unionsebene gilt: Kommissionspraxis und Rechtsprechung müssen sich immer auch am höherrangigen Unionsrecht messen lassen.[497]

Insoweit erscheint es vertretbar, zwischen relativen und absoluten Rechtsgrundsätzen zu differenzieren. Während Verstöße gegen die vertikale Kompetenzverteilung aufgrund des Souveränitäts- und Demokratieprinzips *per se* als unzulässiges Richterrecht einzustufen sind, muss bei der Kollision mit allgemeinen Rechtsgrundsätzen eine Abwägung im Sinne einer praktischen Konkordanz stattfinden. Denn es ist zu berücksichtigen, dass es durch eine Weiterentwicklung des Rechts gerade im dynamischen Unionsrecht durchaus geboten sein kann, Lücken zu schließen. Verletzt das Richterrecht also einen zum Recht im Sinne von Art. 19 EUV gehörenden allgemeinen Rechtsgrundsatz, ist, wie sonst vor allem im Verfassungsrecht üblich, eine Abwägung der widerstreitenden Interessen vorzunehmen, wobei kein betroffenes Interesse vollständig von dem anderen verdrängt werden darf.[498] Als

493 Vgl. *Calliess*, in: Calliess/Ruffert, EUV/AEUV, Art. 5 EUV, Rn. 6; *Calliess*, NJW 2005, 929 (930).

494 Vgl. *Dänzer-Vanotti*, RIW 1992, 733 (735), *Rengeling*, VVDStRL, 1994, 202 (223).

495 *Rengeling*, VVDStRL, 1994, 202 (233).

496 Vgl. *Vogel/Eisele*, in: Grabitz/Hilf/Nettesheim, Das Recht der Europäischen Union, 57. Lfg. (2015), Art. 83 AEUV, Rn. 27.

497 *Dittrich*, Geldbußen im Wettbewerbsrecht der Europäischen Union, 2010, S. 2f.

498 Ohne explizit von einer praktischen Konkordanz zu sprechen, geht auch *Potacs*, EuR 2009, 465 (478) vom Erfordernis einer Abwägung aus sowie *Riesenhuber*, in: Riesenhuber, Europäische Methodenlehre, § 10 Rn. 45, der das Ergebnis bei Anwendung des *effet utile* mit den gegenläufigen Interessen abwägen will. S. auch

gegenläufige Interessen stehen sich auf der einen Seite die zum Recht gehörenden Rechtsgrundsätze und auf der anderen Seite das durch die Rechtsfortbildung verfolgte Ziel gegenüber. Dabei wiegt die Verletzung allgemeiner Rechtsgrundsätze natürlich umso schwerer, wenn durch die Maßnahme gleich in mehrere Grundprinzipien eingegriffen wird.

Die Grenze einer noch zulässigen Rechtsfortbildung ist in diesem Fall daher eine Wertungsgrenze.[499] Das gilt auch, wenn die Rechtsfortbildung mit Effektivitätsgründen begründet wird. Denn es kann keine praktische Wirksamkeit um jeden Preis geben.[500] Vielmehr müssen die widerstreitenden Interessen im Sinne einer praktischen Konkordanz in einen gerechten Ausgleich gebracht werden.[501]

IV. Ergebnis

Neben den objektivierbaren Grundsätzen des Unionsrechts, von denen nur die vertikale Kompetenzverteilung als absolutes Prinzip eingeordnet wurde, ist die Rechtsfortbildung auch *per se* unzulässig, wenn sie sich entweder über bewusst überplanmäßige Regelungslücken des Unionsgesetzgebers hinwegsetzt oder aber rein politisch bzw. zweckmäßig orientiert ist und daher contra legem.

C. Zusammenfassung

Die Praxis der Unionsorgane wurde nach hier vertretener Ansicht als teleologische Rechtsfortbildung eingeordnet. Dabei hat sich gezeigt, dass die von Teilen der Literatur vertretene Zurechnungslösung zwar wünschenswert, aber *de lege lata* nicht möglich ist. Obwohl es sich, vor allem nach deutschem Verständnis, auch nicht um eine systematische oder teleologische Auslegung handelt, wurde herausgearbeitet, dass eine dogmatische Differenzierung zwischen Auslegung und Rechtsfortbildung auf Unionsebene nicht vorgenommen wird. Das Richterrecht wird hier vielmehr als Bestandteil in die Auslegung eingebettet. Damit erklärt sich zum einen, dass Art. 19 EUV entgegen seinem Wortlaut auch die Legitimation des EuGH zur Rechtsfortbildung umfasst; auf den *effet utile* Grundsatz kann daher auch im Rahmen des Richterrechts zurückgegriffen werden. Daraus ergibt sich zum anderen aber positivrechtlich auch, dass dem Gericht im Rahmen seines Auftrags zur Weiterentwicklung bzw. Schöpfung des Rechts dieselben Grenzen gesetzt sind wie bei der Auslegung und Anwendung der Verträge. Allgemein ist dies das Recht

---

Roth, WRP 2013, 257 (261), der ebenfalls davon ausgeht, dass der Auslegungsgrundsatz durch entgegenlaufende Überlegungen eingeschränkt wird.

499 *Kempf/Schilling*, NJW 2012, 1849 (1854).

500 In diesem Sinne auch *Bechtold/Bosch*, ZWeR 2011, 160; *Thomas*, JZ 2011, 485 (495); *Dittrich*, Geldbußen im Wettbewerbsrecht der Europäischen Union, 2010, S. 31; a.A. *Ackermann*, ZWeR 2010, 3 (35f.), nach dem dem Präventionsgedanken auch rechtsstaatliche Bedenken nicht (grundsätzlich) entgegenstehen.

501 In diese Richtung auch *van Vormizeele*, NZKart 2013, 386 (387).

selbst. Als objektivierbare Grundsätze gelten hierzu schon aufgrund der Bindung der Union an das Rechtsstaatsprinzip dessen Grundsätze. Diese hat der EuGH infolge seiner Rechtsfortbildung selbst konkretisiert. Daneben begrenzen die vertikale Kompetenzverteilung, ebenfalls als objektivierbarer Grundsatz, sowie das Verbot des *contra legem* Justizierens den Aufgabenbereich des Gerichts und folglich auch die Rechtsfortbildung.

4. Kapitel: (Un-)Zulässigkeit der Rechtsfortbildung

Entscheidend für die Frage der Zulässigkeit der Rechtsfortbildung ist, ob der Gerichtshof durch sie entweder ein absolutes Prinzip im oben beschriebenen Sinne verletzt, oder einen Eingriff in relative Grundsätze vornimmt, die bei wertender Betrachtung im Ergebnis zur Unvereinbarkeit des Richterrechts mit dem aus Art. 19 EUV folgenden Schutzauftrag führen. Für den weiteren Verlauf dieser Arbeit sollen daher insbesondere die bereits genannten Grundsätze untersucht sowie der Frage nachgegangen werden, ob die Unionsorgane sich durch ihre Praxis, die Konzernmutter für einen Verstoß der Tochtergesellschaft am Umsatz des Konzerns zu sanktionieren, über eine bewusste Regelungslücke des Unionsgesetzgebers hinwegsetzen. In Betracht kommt diesbezüglich vor allem eine Verletzung des explizit im Wortlaut zur Geltung kommenden Schuldprinzips *nulla poena sine culpa*.

A. Verstoß gegen das Prinzip der begrenzten Einzelermächtigung, Art. 5 Abs. 2 EUV

Die der Union durch die Mitgliedstaaten übertragenen Kompetenzen ergeben sich für das hier zu untersuchende Kartellbußgeldrecht aus der VO 1/2003.[502] In diesem Zusammenhang ist der materielle Charakter der Kartellsanktion von Interesse. Er bestimmt nicht nur über die (un-)eingeschränkte Geltung strafrechtlicher Fundamentalgarantien im Bußgeldverfahren, sondern zieht auch der Rechtsfortbildung eine Grenze. Denn gemäß Art. 23 Abs. 2 VO 1/2003 ist die Kommission nur dazu ermächtigt, eine Geldbuße gegen ein Unternehmen zu verhängen. Soweit es sich bei den durch die Kommission verhängten und von den Unionsgerichten bestätigten Sanktionen um Strafen handelt und eine Kompetenz hierfür der Union nicht zusteht, handelt sie nicht nur wider dem Vorbehalt des Gesetzes bzw. des *nulla poena sine lege* Grundsatzes. Sondern der Gerichtshof verletzt auch seinen Rechtsschutzauftrag, der ihn verpflichtet, das Recht und damit auch Art. 5 Abs. 2 EUV zu wahren. Insbesondere wegen der von ihm infolge der Rechtsfortbildung geschaffenen Durchgriffsmöglichkeit auf die Muttergesellschaft und der dadurch erreichten Rekordbußen besteht Anlass, nach der Rechtsnatur der Sanktion und allen damit verbundenen Problemen zu fragen. Dazu gehört neben der Anwendung

502 *Weiß*, in: Loewenheim/Meessen/Riesenkampff/Kersting/Meyer-Lindemann, Kartellrecht, Art. 4 VerfVO, Rn. 2.

strafrechtlicher Fundamentalgarantien auch die Frage nach der Zuständigkeit der Union für den Erlass strafrechtlicher Sanktionen und einer entsprechenden Rechtsgrundlage.[503]

I. Rechtsnatur der „Geldbuße" im Kartellverfahrensrecht

Die Rechtsnatur der Geldbuße im europäischen Kartellrecht hat insbesondere die Literatur beschäftigt, wie u.a. ein Blick auf die hierzu erschienenen Monografien zeigt.[504] Im Vordergrund standen dabei bisher die sich am jeweils nationalen Begriffsverständnis des Wortlauts entwickelten Theorien. Eine genauere Analyse wird indessen zeigen, dass weder der Begriff „Geldbuße" noch die in Abs. 5 getroffene Klassifizierung einen Rückschluss auf den rechtlichen Charakter der Sanktion zulassen. Es verwundert daher wenig, dass er seit je her umstritten ist.[505] Dann aber stellt sich die Frage, wonach sich dieser bestimmt.

1. Wortlaut des Art. 23 VO 1/2003 als Anknüpfungspunkt zur Bestimmung der Rechtsnatur

Art. 23 Abs. 2 VO 1/2003 gestattet es der Kommission, „Geldbußen" gegen Unternehmen für einen Verstoß gegen die Artt. 101, 102 AEUV zu verhängen. Darüber hinaus erklärt Art. 23 Abs. 5 VO 1/2003, dass die von der Kommission getroffenen Entscheidungen[506] keinen strafrechtlichen Charakter haben. Eine inhaltlich identische Aussage traf bereits Art. 15 Abs. 4 VO 17/62. Danach waren Geldbußen „nicht strafrechtlicher Art". Mit Blick auf den Wortlaut von Art. 23 Abs. 2 VO 1/2003 und Art. 23 Abs. 5 VO 1/2003 erscheint es also geradezu überflüssig, die Frage nach der Rechtsnatur der Kartellsanktion zu stellen.

---

503 *Säcker*, WuW 2009, 362 (363) sowie *Schwarze/Weitbrecht*, Grundzüge des europäischen Kartellverfahrensrechts, § 7 Rn. 4; *Möschel*, ECLR 2011, 369 (371).

504 Grundlegend hierzu v.a. *Winkler*, Die Rechtsnatur der Geldbuße im Wettbewerbsrecht der Europäischen Wirtschaftsgemeinschaft, 1971, S. 50ff.; *Siohl*, Die Schuldfeststellung bei Unternehmen oder Unternehmensvereinigungen im Rahmen des Art. 15 VO 17 zum EWG-Vertrag, 1986, S. 26ff.; *Böse*, Strafen und Sanktionen im Europäischen Gemeinschaftsrecht, 1996, S. 139ff.; *Kiegler*, Rechtliche Anforderungen an die Berechnung der Bußgelder im Europäischen Kartellrecht, 2007, S. 52ff. S. auch *Kindhäuser/Meyer*, in: FK-Kartellrecht, 77. Lfg. (2012), Bußgeldrechtliche Folgen Art. 101 AEUV, Rn. 15.

505 *Schneider/Engelsing*, in: MüKo-EuWettbR, Art. 23 VO 1/2003, Rn. 24.

506 Nach h.M. sind mit „Entscheidungen" in erster Linie die Geldbußen gemeint, *Siohl*, S. 25 m.w.N.

a) *Geldbuße*

Aus deutscher Sicht verknüpft man mit dem Begriff der Geldbuße eine Ordnungswidrigkeit.[507] Wen überrascht es da, dass die Vertreter der sog. Ordnungswidrigkeitentheorie vorwiegend aus Deutschland kommen.[508] Das Gros der hiesigen Literatur bezeichnet die im Kartellrecht verhängten Sanktionen aufgrund dieser Vergleichbarkeit[509] deshalb als strafrechtsähnlich[510] oder Strafen im weiteren Sinne[511]. Während wir vom Wortlaut der Norm darauf schließen, dass es sich bei den im Kartellverfahren verhängten Sanktionen um Bußgelder im Sinne des OWiGs handelt, versteht man v.a. in Frankreich und Belgien die Geldbuße in Anlehnung an die „sanction administrative" als durch Verwaltungsakt[512] festgesetzte Verwaltungssanktion.[513] Großbritannien und die Niederlande gehören indessen zu den Verfechtern einer

---

507 *Böse*, S. 141; *Schroth*, wistra 1984, 164 (165), dort Fn. 9; *Oehler*, Internationales Strafrecht, S. 564 Rn. 938, *Fromm*, Der strafrechtliche Schutz der Finanzinteressen der EG, 2004, S. 74 je m.w.N.

508 *Siohl*, S. 31.

509 Schlussanträge des Generalanwalts *Roemer* v. 19.12.1968 – Rs. C-14/68, Slg. 1969, 1 (24) – *Walt Wilhelm/Bundeskartellamt*; *Heine*, ZStrR 2007, 105 (113); *Dannecker/Fischer-Fritsch*, S. 7; *Dannecker/Biermann*, in: Immenga/Mestmäcker, WettbR-EU, Band 1/Teil 2, Art. 23 VO 1/2003, Rn. 334; *Dannecker*, MschrKrim 1991, 268 (269); *Tiedemann*, in: FS Jescheck, 1411 (1417); *Böse*, S. 147f.; *Siohl*, S. 47; *Hildebrandt*, Der Irrtum im Bußgeldrecht der Europäischen Gemeinschaften, S. 18f. m.w.N.; *Winkler*, S. 80 mit zahlreichen Nachweisen.

510 *Schwarze*, EuZW 2003, 261 (268); *Schwarze/Weitbrecht*, Grundzüge des europäischen Kartellverfahrensrechts, § 7 Rn. 19; *Sura*, in: Langen/Bunte, Kartellrecht, Band 2, Art. 23 VO 1/2003, Rn. 6; *Möschel*, DB 2010, 2377 (2378) sowie *Möschel*, ECLR 2011, 369 (371) der die Sanktionen als strafrechtsgleich und nur *zumindest* als strafrechtsähnlich einordnet. Teilweise wird auch der Begriff „quasi-strafrechtlich" oder „para-strafrechtlich" verwendet. S. *Heine*, ZStrR 2007, 105 (112f.) und *Fromm*, S. 72. Nach *Rütsch*, S. 22, weist die Geldbuße „die Charakteristika einer strafrechtlichen Sanktion auf".

511 *Dannecker*, MschrKrim 1991, 268 (269); *Dannecker*, in: Schünemann/González, Bausteine des europäischen Wirtschaftsstrafrechts, 1994, 331 (333); *Dannecker/Biermann*, in: Immenga/Mestmäcker, WettbR-EU, Band 1/Teil 2, Art. 23 VO 1/2003, Rn. 334; *Dannecker/N.Müller*, in: Wabnitz/Janovsky, Handbuch Wirtschafts- und Steuerstrafrecht, Kap. 18 Rn. 217; *Dannecker/Fischer-Fritsch*, S. 7; *Tsolka*, Der allgemeine Teil des europäischen supranationalen Strafrechts i.w.S., S. 48; *Fromm*, S. 74; *Biermann*, ZWeR 2007, 1 (11); *Kiegler*, S. 66; *Schünemann*, in: Schünemann/González, Bausteine des europäischen Wirtschaftsstrafrechts, 1994, 265 (281); *Sünner*, EuZW 2007, 8 (12); *Tiedemann*, in: FS Jescheck, 1411 (1417); *Tiedemann*, NJW 1979, 1849; *Tiedemann*, NJW 1993, 23 (27); *de Bronett*, EWS 2012, 113 (122).

512 *Dannecker/Biermann*, in: Immenga/Mestmäcker, WettbR-EU, Band 1/Teil 2, Art. 23 VO 1/2003, Rn. 332.

513 *Siohl*, S. 26; *Oehler*, Internationales Strafrecht, S. 564 Rn. 938; *Schroth*, wistra 1984, 164 (165), dort Fn. 9.

kriminalstrafrechtlichen Theorie[514]. „Überraschenderweise" wird die Geldbuße („Geldboete" bzw. „fine") hier dem Kriminalstrafrecht zugeordnet.[515] Eine Sonderstellung nimmt *Oehler* ein, der die Sanktion als Strafe *sui generis*[516] einstuft.

b) Auffassungen der Generalanwälte und Generalanwältinnen

Auffallend ist, dass sich die jeweiligen Theorien stark an der Rechtsnatur orientieren, die die Geldbuße in dem jeweiligen Mitgliedstaat hat. Das bestätigt auch ein Blick auf die Auffassungen der verschiedenen Generalanwälte und Generalanwältinnen. Als Ausgangspunkt für die Ordnungswidrigkeitentheorie kann bspw. die Aussage des Generalanwalts *Roemer* bezeichnet werden. Er wies als einer der Ersten, wenn nicht gar als Erster darauf hin, dass die Rechtsnatur der europäischen Kartellsanktion den Sanktionen im deutschen GWB gleiche, bei denen es sich um Ordnungswidrigkeiten handelt.[517] Obwohl die Generalanwältin *Kokott* einst der Auffassung war, das Kartellrecht sei nicht strafrechtlich,[518] bejaht sie heute, dass es sich bei den Bußgeldern um zumindest mit dem Strafrecht verwandte Sanktionen handelt.[519] Das Kartellrecht und mit ihm die kartellrechtlichen Bußgelder seien daher strafrechtsähnlicher Natur.[520] Im Gegensatz dazu trifft das bspw. auf die Äußerungen von Generalanwalt *Vestendorf* nicht zu. Als Däne zeigte er sich unter Berücksichtigung der EGMR-Rechtsprechung überzeugt, dass Kartellsanktionen strafrechtlichen Charakter hätten.[521]

---

514 *Siohl*, S. 26; *Dannecker/Biermann*, in: Immenga/Mestmäcker, WettbR-EU, Band 1/Teil 2, Art. 23 VO 1/2003, Rn. 332; *Fromm*, ZIS 2007, 279 (283); *Fromm*, S. 74 je m.w.N.

515 *Schroth*, wistra 1984, 164 (165), dort Fn. 9; zur Geldboete weiter: *Hildebrandt*, S. 13; *Winkler*, S. 52; *Böse*, S. 141; *Siohl*, S. 28. Zur fine: *Schroth*, Economic Offences in EEC Law, 1983 S. 155, der aber darauf hinweist, dass der administrative Charakter von Sanktionen (fines) im Recht der EEC akzeptiert wird. S. auch *van Bael*, Due Process in EU Competition Proceedings, Ch. 5, S. 325.

516 *Oehler*, Internationales Strafrecht, S. 564 Rn. 939.

517 Schlussanträge des Generalanwalts *Roemer* v. 19.12.1968 – Rs. C-14/68, Slg. 1969, 1 (24) – *Walt Wilhelm/Bundeskartellamt.*

518 Schlussanträge der Generalanwältin *Kokott* v. 8.12.2005 – Rs. C-113/04 P, Slg. 2006, I-8831, Rz. 100 – *Technische Unie/Kommission.*

519 So z.B. Schlussanträge der Generalanwältin *Kokott* v. 23.4.2009 – Rs. C-97/08 P, Slg. 2009, I-8237, Rz. 39 – *Akzo Nobel/Kommission*; Schlussanträge der Generalanwältin *Kokott* v. 3.7.2007 – Rs. C-280/06, Slg. 2007, I-10893, Rz. 71 – *ETI.*

520 Schlussanträge der Generalanwältin *Kokott* v. 28.2.2013 – Rs. C-681/11, Slg. noch nicht veröffentlich, Rz. 40 – *Schenker*; Schlussanträge der Generalanwältin *Kokott* v. 12.1.2012 – verb. Rs. C-628/10 P, Slg. noch nicht veröffentlicht, Rz. 111 – *Alliance One International/Kommission*; Schlussanträge der Generalanwältin *Kokott* v. 8.9.2011 – Rs. C-17/10, Slg. noch nicht veröffentlicht, Rz. 48 – *Toshiba*; *Kokott/Dittert*, WuW 2012, 670 (671).

521 Schlussanträge des Generalanwalts *Vestendorf* v. 10.7.1991 – verb. Rs. T- 1/89, Slg. 1990, 869 (885) – *Rhône – Poulenc/Kommission.* Das gilt auch für die Schlussanträge

Im Ergebnis stimmen sie aber alle darin überein, dass es sich um keine klassische Verwaltungssanktion handelt.

c) *Art. 23 Abs. 5 VO 1/2003*

Dieses Zwischenergebnis hat etwas kurioses, denn es widerspricht der Auffassung der Unionsorgane. Obwohl der EuGH selbst noch nicht explizit zur Rechtsnatur der Kartellsanktion Stellung bezogen hat,[522] stützen er und das EuG ihre Argumentation dafür, dass es sich bei den im Kartellverfahren verhängten Sanktionen nicht um Strafen oder dergleichen handelt, auf Art. 23 Abs. 5 VO 1/2003.[523] Denn die Norm stellt – mutmaßlich – klar, dass „die nach den Absätzen 1 und 2 getroffenen Entscheidungen [...] keinen strafrechtlichen Charakter" haben. Es handelt sich um ein reines Verwaltungsverfahren,[524] in dem zwar auch die strafrechtlichen Garantien gelten, nur nicht notgedrungen in derselben Strenge.[525] Damit ist auch die Frage

---

des Generalanwalts *Bot* v. 26.10.2010 – Rs. C-352/09 P, Slg. 2011, I-2359, Rz. 49 – *ThyssenKrupp/Kommission*, der die Geldbußen „ihrem Wesen und ihrer Bedeutung nach einer Strafe" gleichsetzt. S. auch Schlussanträge des Generalanwalts *Colomer* v. 11.2.2003 – verb. Rs. 204/00 P, Slg. 2004, I-123, Rz. 26 – *Aalborg Portland/Kommission*; Schlussanträge des Generalanwalts *Léger* v. 3.2.1998 – Rs. C-185/95 P, Slg. 1998, I-8417, Rz. 31 – *Baustahlgewerbe/Kommission*; Schlussanträge der Generalanwältin *Sharpston* v. 10.2.2011 – Rs. C-272/09 P, Slg. noch nicht veröffentlicht, Rz. 67 – *KME/Kommission.*

522 *Dannecker/Biermann*, in: Immenga/Mestmäcker, WettbR-EU, Band 1/Teil 2, Art. 23 VO 1/2003, Rn. 330.

523 EuGH v. 18.9.2003 – Rs. C-338/00 P, Slg. 2003, I-9189, Rz. 96f. – *Volkswagen/Kommission*; EuG v. 6.10.1994 – Rs. T-83/91, Slg. 1994, II-762 (855), Rz. 235 – *Tetra Pak/Kommission*; EuG v. 15.3.2000 – verb. Rs. T-25/95, Slg. 2000, II-491, Rz. 717 – *CBR/Kommission*; EuG v. 20.3.2002 – Rs. T-9/99, Slg. 2002, II-1487, Rz. 390 – *HFB/Kommission*; EuG v. 13.7.2011 – Rs. T-138/07, Slg. 2011, II-4819, Rz. 53 – *Schindler Holding/Kommission*; EuG v. 27.3.2014 – Rs. T-56/09 und T-73/09, Rz. 77 – *Saint-Gobain.*

524 EuGH v. 7.1.2004 – verb. Rs. C-204/00 P, Slg. 2004, I-123, Rz. 200 – *Aalborg Portland/Kommission*; EuG v. 8.7.2008 – Rs. T-99/04, Slg. 2008, II-1501, Rz. 113 – *AC-Treuhand/Kommission*; EuG v. 15.3.2000 – verb. Rs. T-25/95, Slg. 2000, II-491, Rz. 718 – *Cimenteries CBR/Kommission.* So auch noch Schlussanträge der Generalanwältin *Kokott* v. 8.12.2005 – Rs. C-113/04 P, Slg. 2006, I-8831, Rz. 100 – *Technische Unie/Kommission*; *de Bronett*, Europäisches Kartellverfahrensrecht, Art. 23, Rn. 6; *Tiedemann*, NJW 1993, 23 (28); *Schwarze/Weitbrecht*, Grundzüge des europäischen Kartellverfahrensrechts, § 7 Rn. 9 m.w.N.

525 EuG v. 8.7.2008 – Rs. T-99/04, Slg. 2008, II-1501, Rz. 113 – *AC-Treuhand/Kommission*; Schlussanträge der Generalanwältin *Kokott* v. 18.4.2013 – Rs. C-501/11 P, Slg. noch nicht veröffentlicht, Rz. 153 – *Schindler/Kommission*; Schlussanträge der Generalanwältin *Sharpston* v. 10.2.2011 – Rs.C-272/09 P, Slg. noch nicht veröffentlicht, Rz. 67 – *KME/Kommission*, die das Verfahren zwar dem strafrechtlichen Bereich der EMRK zuordnet, nicht aber dem Kernbereich des Strafrechts und

nach der Kompetenz und einem Verstoß gegen das Prinzip der begrenzten Einzelermächtigung obsolet. Denn zum Erlass von verwaltungsrechtlichen Bußgeldern ist die Kommission unstreitig ermächtigt.

Die Zulässigkeit einer solchen Einschränkung ist aber nicht nur äußerst fragwürdig[526], sondern auch missverständlich[527]. Entgegen den aus der Norm gezogenen Schlussfolgerungen kann sich hieraus daher lediglich ein Indiz ergeben.[528] Denn durch eine solche „Nomenklatur-akrobatik"[529] kann natürlich nicht der rechtliche Charakter einer Sanktion festgelegt werden, um so die Frage zu umgehen, ob strafrechtliche Fundamentalgarantien Anwendung finden[530], geschweige denn überhaupt eine Kompetenz zum Erlass der Rekordbußen besteht. Das ergibt sich schon aus dem Verbot des Formenmissbrauchs. Danach ist dem Gesetzgeber durch den materiellen Charakter eine Grenze bei der Qualifikation von Sanktionen gesetzt.[531] Diese beurteilt sich einzig und allein nach den objektiven Gesamtumständen.[532]

---

deshalb die Fundamentalgarantien nicht in derselben Strenge anwenden will. In diese Richtung lässt sich auch die Rechtsprechung des EGMR interpretieren. In dem Urteil v. 23.11.2006 – Nr. 73053/1, Rz. 43ff. – *Jussila/Finnland* entschied der EGMR dies für das Erfordernis einer mündlichen Verhandlung in Steuerstreitigkeiten. S. auch *Baudisch*, S. 245.

526 A. A. *Ackermann*, ZWeR 2010, 329 (335), der eine differenzierte Anwendung der Strafgarantien im Kartellordnungswidrigkeitenrecht für erforderlich hält.

527 Darauf weist zu Recht auch *van Bael*, Due Process in EU Competition Proceedings, Ch. 4, S. 99f. hin.

528 *Dannecker/Biermann*, in: Immenga/Mestmäcker, WettbR-EU, Band 1/Teil 2, Art. 23 VO 1/2003, Rn. 329; *Fromm*, ZIS 2007, 279 (283) m.w.N; vgl. *Schwarze*, EuZW 2003, 261 (262); a.A. *Wils*, World Competition 2010, 5 (12). „Art. 23(5) [...] answers the question whether the European Commission's antitrust fines are 'criminal' [...]". So wohl auch *Tiedemann*, in: FS Jescheck, 1411 (1415), der die in Art. 23 Abs. 5 VO 1/2003 (ex. Art. 15 Abs. 4 VO 17/62) genannte Charakterisierung „zweifelsfrei" als beachtlich ansieht.

529 *Schünemann*, in: Schünemann/González, Bausteine des europäischen Wirtschaftsstrafrechts, 1994, 265 (280).

530 *De Bronett*, WuW 2012, 1163 (1165); *Schwarze*, EuZW 2003, 261; *Schwarze/Bechtold/Bosch*, Rechtsstaatliche Defizite im Kartellrecht der Europäischen Gemeinschaft, 2008, S. 22; *Schwarze/Weitbrecht*, Grundzüge des europäischen Kartellverfahrensrechts, § 7 Rn. 19; *Schünemann*, in: Schünemann/González, Bausteine des europäischen Wirtschaftsstrafrechts, 1994, 265 (280); *Möhlenkamp*, in: Schwarze, Instrumente zur Durchsetzung des europäischen Wettbewerbsrechts, 121 (125); *Möschel*, DB 2010, 2377 (2378); *Siohl*, S. 25; *Baudisch*, S. 245 m.w.N.; vgl. *Wolf*, WuW 1962, 645 (659); a.A. wohl *Wils*, World Competition 2010, 5 (12); *Bahnmüller*, S. 120; *Thomas*, in: FS Canenbley, 459 (460f.).

531 *Schwarze*, EuZW 2003, 261 (268). *Schwarze/Weitbrecht*, Grundzüge des europäischen Kartellverfahrensrechts, § 7 Rn. 18; S. auch *Kiegler*, S. 63 m.N.; *Mitsch*, Recht der Ordnungswidrigkeiten, S. 15f. Rn. 6.

532 *Schwarze/Bechtold/Bosch*, Rechtsstaatliche Defizite im Kartellrecht der Europäischen Gemeinschaft, 2008, S. 22; *Schwarze*, EuR 2009, 171 (181); *Möhlenkamp*, in:

Stellt sie sich danach als Strafe dar, kann er sich darüber nicht einfach hinwegsetzen und sie als Verwaltungssanktion deklarieren[533], ohne ermessensmissbräuchlich zu handeln.[534] Entsprechendes muss auch für die Judikative gelten, insbesondere dann, wenn sie als „Quasi-Legislative" rechtsfortbildend tätig wird. Die formelle Klassifizierung einer Sanktion ist daher für die Frage nach ihrem materiell-rechtlichen Charakter unbedeutend. Dies wurde auch durch den damaligen Generalanwalt *Vestendorf* bestätigt.[535] Alles andere würde an Willkür grenzen und wäre sowohl im Hinblick auf die Bedeutung der strafrechtlichen Garantien für den Betroffenen, als auch für das Prinzip der begrenzten Einzelermächtigung auf Unionsebene äußerst fragwürdig. Der Gesetzgeber kann diesen Grundsatz daher nicht durch eine formelle Klarstellung umgehen. Ansonsten wäre er in der Lage, unter dem Deckmantel der Verwaltungssanktion eine faktisch nicht von den Mitgliedstaaten übertragene Kompetenz zu begründen. Die Deklaration hoher Geldbußen als nicht strafrechtlich ist daher nichts anderes als ein Etikettenschwindel.[536] Die Norm kann weder negativ noch positiv die Rechtsnatur der Kartellsanktion festlegen.[537] Sie ist vielmehr unter Berücksichtigung der Historie als Ausdruck der fehlenden Strafsetzungskompetenz der Union[538] zu verstehen. Danach muss Abs. 5 so verstanden werden, dass solche Sanktionen, die sich objektiv als Strafen oder strafrechtsähnliche Sanktionen darstellen, von der Ermächtigungsgrundlage des Art. 23 VO 1/2003 nicht mehr umfasst sind.[539]

Schwarze, Instrumente zur Durchsetzung des europäischen Wettbewerbsrechts, 121 (125) m.N.

533 *Säcker*, WuW 2009, 362.

534 Zum Ermessensmissbrauch vgl. *Stotz*, in: Dauses, EU-Wirtschaftsrecht, 40. Lfg. (2016), P.I., Rn. 204. A. A. ist offensichtlich *Tiedemann*, in: FS Jescheck, 1411 (1415), der Art. 23 Abs. 5 VO 1/2003 (ex. Art. 15 Abs. 4 VO 17/62) für beachtlich und damit noch im Rahmen des Ermessens des Gesetzgebers erklärt.

535 Schlussanträge des Generalanwalts *Vestendorf* v. 10.7.1991 – verb. Rs. T- 1/89, Slg. 1990, II – 869 (885) – *Rhône – Poulenc/Kommission.*

536 *Jescheck*, JZ 1959, 457 (462); s. auch *Möschel*, DB 2010, 2377 (2378): „Wer einer Flasche Schnaps das Etikett Mineralwasser umhängt, verändert nicht den Inhalt der Flasche" und *Möschel*, ECLR 2011, 369 (371). In dieselbe Richtung auch *Säcker*, WuW 2009, 362.

537 *Siohl*, S. 25f; *Dannecker/Fischer-Fritsch*, S. 6. Kritisch dazu auch *Schroth*, S. 156.

538 *Dannecker/Biermann*, in: Immenga/Mestmäcker, WettbR-EU, Band 1/Teil 2, Art. 23 VO 1/2003, Rn. 328; *Dannecker/Fischer-Fritsch*, S. 6; *Schwarze*, EuR 2009, 171 (181); *Schwarze*, EuZW 2003, 261 (268); *Schwarze/Bechtold/Bosch*, Rechtsstaatliche Defizite im Kartellrecht der Europäischen Gemeinschaft, 2008, S. 22; *Schwarze/Weitbrecht*, Grundzüge des europäischen Kartellverfahrensrechts, § 7 Rn. 16; *Möschel*, DB 2010, 2377 (2378); *Biermann*, ZWeR 2007, 1 (10); *Heine*, ZStrR 2007, 105 (112) m.w.N.; *Baudisch*, S. 245 m.w.N. Vgl. *van Bael*, Due Process in EU Competition Proceedings, Ch. 4, S. 99.

539 *Schwarze/Bechtold/Bosch*, Rechtsstaatliche Defizite im Kartellrecht der Europäischen Gemeinschaft, 2008, S. 22.

d) Stellungnahme

Der Wortlaut der Norm ist kein brauchbarer Ansatz, um die Rechtsnatur der Kartellsanktion zu bestimmen.[540] Zum einen wird dem Begriff der Geldbuße in unterschiedlichen Mitgliedstaaten ein unterschiedlicher Rechtscharakter zugeschrieben. Zum anderen darf der vermeintlichen Einordnung der Rechtsnatur in Art. 23 Abs. 5 VO 1/2003 kein aussagekräftiger Wert zugemessen werden. Art. 23 Abs. 5 VO 1/2003 ist daher als Aufforderung des Gesetzgebers zu verstehen, keine Sanktionen zu verhängen, die als Strafe oder strafrechtsähnlich klassifiziert werden könnten, um die damit verbundenen Folgen zu vermeiden.[541] Wie soll der Charakter der Kartellsanktion aber dann ermittelt werden? Der zwischen den Generalanwälten und Generalanwältinnen nunmehr bestehende Konsens, dass es sich bei den Sanktionen zumindest um strafrechtsähnliche Maßnahmen handelt, könnte dafürsprechen, sie dem Strafrecht zuzuordnen. Steht der strafrechtliche Charakter aber schon deshalb außer Frage?[542] Dabei muss berücksichtigt werden, dass die Einordnung als strafrechtsähnlich vorwiegend aus Deutschland stammt und deshalb wieder zur Ordnungswidrigkeit zurückführt. Die Ordnungswidrigkeit aber rechtlich präzise zuzuordnen, d.h. vom Strafrecht abzugrenzen, ist alles andere als leicht.

Die Ordnungswidrigkeit stellt keine Straftat im Sinne des Kriminalstrafrechts dar.[543] Sie wird aber aufgrund ihrer unverkennbaren Nähe zum Strafrecht grob als Strafe im weiteren Sinne,[544] deren Merkmal die repressive Ahndung eines rechtswidrigen Verhaltens innerhalb eines besonderen Verfahrens ist, beschrieben.[545] Während sie rechtssystematisch zum Verwaltungsrecht gehört, ordnet man sie genetisch dem Strafrecht zu.[546] Die Kompetenz zum Erlass von Ordnungswidrigkeiten folgt aus der allgemeinen Strafsetzungskompetenz.[547] Selbst das Verfahren ist stark an das Strafverfahren angelehnt.[548] Zwischen Ordnungswidrigkeit und

---

540 *Hildebrandt*, S. 13; *Tsolka*, S. 43; *Böse*, S. 142. Grundsätzlich: *Larenz/Canaris*, Methodenlehre, S. 141f.

541 Vgl. *de Bronett*, Europäisches Kartellverfahrensrecht, Art. 23, Rn. 6; *Baudisch*, S. 247.

542 So wohl *Thomas*, JoECLaP 2011, 1 (5).

543 BGHSt 28, 93 = BGH, NJW 1978, 2518.

544 *Mitsch*, Recht der Ordnungswidrigkeiten, S. 4 Rn. 2; *Mitsch*, JA 2008, 241; *Schwarze/Weitbrecht*, Grundzüge des europäischen Kartellverfahrensrechts, § 7 Rn. 8 m.w.N.

545 *Schwarze/Weitbrecht*, Grundzüge des europäischen Kartellverfahrensrechts, § 7 Rn. 21 m.w.N.

546 *Mitsch*, JA 2008, 241. Insoweit wird auch von „materieller Verwandtschaft" gesprochen, *Böse*, S. 148. S. auch Schlussanträge der Generalanwältin *Kokott* v. 3.7.2007 – Rs. C-280/06, Slg. 2007, I-10893, Rz. 71 – *ETI*; Schlussanträge der Generalanwältin *Kokott* v. 23.4.2009 – Rs. C-97/08 P, Slg. 2009, I-8237, Rz. 39 – *Akzo Nobel/Kommission*.

547 Grundlegend BVerfGE 27, 18 = NJW 1969, 1619; *Weber*, ZStW 92 (1980), 313 (315); *Mitsch*, Recht der Ordnungswidrigkeiten, S. 5 Rn. 6; *Mitsch*, JA 2008, 214 m.w.N.

548 *Oehler*, Internationales Strafrecht, S. 564 Rn. 938; *Weber*, ZStW 92 (1980), 313 (315).

Strafe besteht folglich nicht nur eine materielle Verwandtschaft, sondern auch eine formelle. Obwohl der Ordnungswidrigkeit folglich eine Art Zwitterstellung zukommt, ist sie der (Kriminal-)Strafe näher als dem Verwaltungsrecht.[549] Aufgrund ihrer Vergleichbarkeit mit der Kartellsanktion muss Entsprechendes auch für die Kartellsanktion gelten, so dass diese als Strafe einzuordnen ist. Daraus folgt zugleich die Ablehnung der Theorie von den „sanction administrative". Der Ausschluss des einen führt im Umkehrschluss zur Qualifikation des anderen.

Auch wenn man mit den Auffassungen der deutschen Generalanwälte und Generalanwältinnen davon ausgeht, dass die Geldbuße „nur" strafrechtsähnlich im Sinne einer Ordnungswidrigkeit ist, löst man die Frage nach der Kompetenz für eine solche Sanktion nicht. Denn in Anlehnung an das Obige müsste auch für strafrechtsähnliche Sanktionen eine Strafkompetenz auf Unionsebene bestehen, die im Gegensatz zu reinen Verwaltungssanktionen auch Ordnungswidrigkeiten miteinschließt.[550]

Daran anknüpfend erscheint es sinnvoll, auf die der Ordnungswidrigkeitentheorie entlehnte Bezeichnung der Sanktion als strafrechtsähnlich oder Strafe im weiteren Sinne ganz zu verzichten.[551] Richtig ist zwar, dass sowohl das Ordnungswidrigkeitenverfahren als auch das Bußgeldverfahren verwaltungsrechtlich geprägt sind[552], während letztlich die Sanktion dem Strafrecht zu zuordnen ist[553], beide also gewisse Parallelen aufzeigen. Trotzdem integriert die Unterscheidung zwischen Ordnungswidrigkeit und Kriminalstrafe auf Unionsebene einen Sankionstypus, der in den übrigen Mitgliedstaaten unbekannt ist und daher für Verwirrung sorgt.[554] Wie auch bei den Rechtsordnungen der meisten Mitgliedstaaten ist deshalb ebenfalls auf Unionsebene davon auszugehen, dass dieser ein zweigliedriger Sanktionsbegriff zu Grunde liegt,[555] dem eine Differenzierung zwischen Strafen im engeren und solchen im weiteren Sinne fremd ist. Eine entsprechende Unterscheidung ist daher als Auslegungshilfe nicht vorzugswürdig.[556]

---

549 *Böse*, S. 148.

550 So zu Recht schon *Oehler*, in: FS Jescheck, 1399 (1406).

551 Auch *Oehler*, Internationales Strafrecht, S. 564 Rn. 939 lehnt u.a. diese Theorie ab, allerdings mit der Begründung, dass sie nicht den Charakter der Kartellsanktion widerspiegelt, weshalb es sich um eine Strafe *sui generis* handeln soll. Die Frage, ob der Union eine Kompetenz für entsprechende Strafen eigener Art zukommt, beantwortet aber auch er nicht.

552 A. A. Schlussanträge des Generalanwalts *Colomer* v. 11.2.2003 – verb. Rs. 204/00 P, Slg. 2004, I-123, Rz. 26 – *Aalborg Portland/Kommission.*

553 Schlussanträge des Generalanwalts *Bot* v. 26.10.2010 – Rs. C-352/09 P, Slg. 2011, I-2359, Rz. 49 – *ThyssenKrupp/Kommission.*

554 *Johannes*, EuR 1968, 63 (66), dort Fn. 3 m.N.; *Siohl*, S. 31f.; s. auch *Tiedemann*, in: FS Jescheck, S. 1414 (1416) und *Oehler*, in: FS Jescheck, 1399 (1406); a.A *Böse*, S. 143.

555 *Schwarze/Weitbrecht*, Grundzüge des europäischen Kartellverfahrensrechts, § 7 Rn. 5.

556 Zustimmend *Schroth*, wistra 1984, 164 (165), dort Fn. 9.

Letztlich gibt die Unterscheidung zwischen Strafen im weiteren und engeren Sinne bzw. strafrechtsähnlichen und strafrechtlichen Maßnahmen nur eine Antwort auf die Frage, ob die strafrechtlichen Fundamentalgarantien Anwendung finden.[557] Im Hinblick auf die Kompetenzfrage der Union in Strafsachen ist sie ungeeignet, da sie nur neue Fragen aufwirft. In einem so grundrechtssensiblen Bereich wie den Kartellsanktionen darf eine wie im Rahmen der Abgrenzung zwischen Ordnungswidrigkeit und (Kriminal-)Strafe bestehende Rechtsunsicherheit nicht bestehen.[558] Auch, wenn die Einstufung als Ordnungswidrigkeit aus kompetenzrechtlicher Sicht zunächst unproblematischer für die Unionsorgane erscheint, kann die Terminologie über eine so essentielle Frage wie die einer Strafsetzungskompetenz der Union nicht entscheiden. Die Einstufung als „nur" strafrechtsähnlich scheint viel eher als Kompromiss auf der einen Seite dafür Sorge zu tragen, im Bußgeldverfahren auch strafrechtliche Fundamentalgarantien zu berücksichtigten, auf der anderen Seite aber eine Diskussion über die Frage zu vermeiden, ob der Union und damit auch der Kommission überhaupt eine entsprechende Kompetenz zum Erlass der Rekordsanktionen zusteht. Schließlich könnte unter Berücksichtigung des *nulla poena sine lege* Grundsatzes die Verneinung dieser Frage schwerwiegende Folgen haben.[559] Die „Effektivität des Wettbewerbsrechts [wäre] ernsthaft gefährdet", um es mit den Worten des EuGH in diesem Zusammenhang zu sagen.[560]

e) Ergebnis

Weder aus dem Begriff „Geldbuße" noch aus Art. 23 Abs. 5 VO 1/2003 kann ein Rückschluss auf die Rechtsnatur der im Kartellverfahren verhängten Sanktionen gezogen werden. Die Stellungnahmen der Generalanwälte und Generalanwältinnen lassen allerdings vermuten, dass es sich zumindest aus deren Perspektive keinesfalls um eine reine Verwaltungssanktion handelt. Die vorgenommene Differenzierung zwischen strafrechtsähnlichen Sanktionen bzw. Strafen im weiteren Sinne und Strafe kann nach hier vertretener Auffassung auf Unionsebene nicht vorgenommen werden. Legt man dieses Verständnis zu Grunde, handelt es sich bei den Kartellsanktionen um Strafen, für die die Union eine Strafkompetenz besitzen müsste. Wohl auch um der Frage auszuweichen, ob eine solche heute auf Unionsebene existiert, beharren EuGH und EuG darauf, dass es sich beim Kartellbußgeldverfahren um ein

557 Für die Ordnungswidrigkeit als Strafe im weiteren Sinne finden die Garantien uneingeschränkt Anwendung, BVerfGE 38, 348 (371f.) = NJW 1975, 727 (730); BVerfGE 42, 261 (263) = NJW 1976, 1883; BVerfGE 71, 108 (114) = NJW 1986, 1671. Vgl. auch *Tiedemann*, NJW 1993, 23 (27f.); *Dannecker/N.Müller*, in: Wabnitz/Janovsky, Handbuch Wirtschafts- und Steuerstrafrecht, Kap. 18 Rn. 217; *Bahnmüller*, S. 122; *Schroth*, wistra 1984, 164 (167).

558 *Oehler*, in: FS Jescheck, 1399 (1406).

559 Vgl. *Baudisch*, S. 244.

560 EuGH v. 18.9.2003 – Rs. C-338/00 P, Slg. 2003, I-9189, Rz. 97 – *Volkswagen/Kommission.*

rein verwaltungsrechtliches Verfahren handelt. Dabei können sich die Gerichte aber weder auf die dem französischen Recht entstammenden „sanction administrative" berufen, deren Adressaten natürliche Personen sind,[561] während im europäischen Kartellrecht ausschließlich Unternehmen belangt werden, noch wie gesehen auf Art. 23 Abs. 5 VO 1/2003.

2. *Unionsautonome Bestimmung der Rechtsnatur einer Kartellsanktion*

Während der Wortlaut der Norm bisher im Grunde nur gezeigt hat, dass auf ihn jedenfalls nicht die Charakterisierung der Kartellsanktion als verwaltungsrechtlich gestützt werden kann, hat der EGMR in seinem Urteil *Engel gegen Niederlande*[562] ausführlich zu den inhaltlichen Kriterien der Strafe Stellung genommen. Danach beurteilt sich die Zuordnung als Strafe nach drei Punkten, die gegeneinander abzuwägen sind: 1) Ordnet der Text, der die Zuwiderhandlung definiert, diese dem Strafrecht zu? Dabei handelt es sich aber nur um einen Ausgangspunkt. 2) Welcher Art ist die Zuwiderhandlung? 3) Welchen Schwere Grat hat die Sanktion?[563] Eine Untersuchung anhand entsprechender Kriterien wird auch unabhängig von der Rechtsprechung des EGMR im Hinblick auf die Frage nach der Geltung von Strafgarantien gefordert.[564] Insoweit könnten die sog. Engelkriterien auch dazu herangezogen werden, ein abschließendes Urteil darüber zu fällen, ob den Unionsgerichten mit ihrer Theorie von der Verwaltungssanktion der Vorzug zu geben ist, oder im Ergebnis doch der hier angedeuteten Tendenz, dass es sich um eine „echte" Strafe handelt, für die die Union eine entsprechende Kompetenz besitzen müsste.

a) *Rechtsprechung des EGMR als Auslegungshilfe für das Unionsrecht*

Den EuGH wird dies dagegen kaum sonderlich beeindrucken. Denn im Verhältnis zum EGMR behält er sich – unabhängig vom *status quo* der Beitrittsverhandlungen der Union zur EMRK – die „Argumentationspriorität"[565] vor bzw. wird den Grundrechtsschutz auf Unionsebene auch weiterhin als gewahrt ansehen. Solange[566] dies der Fall ist, wird ein Rückgriff auf den EGMR aus seiner Sicht nicht von Nöten sein und deshalb auch nicht in Betracht kommen. Der EuGH beachtet die Rechtsprechung

---

561 *Dannecker/Biermann*, in: Immenga/Mestmäcker, WettbR-EU, Band 1/Teil 2, Art. 23 VO 1/2003, Rn. 332; s. auch *Dannecker/Fischer-Fritsch*, S. 6; *Oehler*, Internationales Strafrecht, S. 564 Rn. 938.

562 EGMR v. 8.6.1976 – Nr. 5100/71 – *Engel/Niederlande*.

563 EGMR v. 8.6.1976 – Nr. 5100/71, Rz. 82 – *Engel/Niederlande*.

564 *Schwarze*, EuZW 2003, 261 (265).

565 *Reich*, EuZW 2010, 641; s. auch *Weiß*, ÖZK, 2010, 12 (13). Kritisch dazu etwa *Bechtold*, NZKart 2015, 161 (162).

566 *Lavranos*, EuR 2006, 78 (81), der das Verhältnis zwischen EGMR und EuGH nicht als ein hierarchisches beschreibt, sondern es mit dem Verhältnis zwischen BVerfG und EuGH vergleicht, das auf dem „So-Lange-Prinzip" beruht.

des EGMR zwar, wobei sie ihn nach seiner Auffassung nicht bindet.[567] Die EMRK ist aufgrund des (noch) nicht erfolgten Beitritts der Union (noch) nicht verbindlich. Und selbst im Falle des Beitritts, käme ihr kein primärrechtlicher Rang zu; sie würde zwischen GRCh und Sekundärrecht stehen.[568]

Aufgrund von Art. 216 Abs. 2 AEUV besteht zwischen ihm und dem EGMR aber eine Pflicht zur loyalen Kooperation. Im Rahmen der Auslegung unionsrechtlicher Grundrechte sollte sich das Gericht daher an die Vorgehensweise des EGMR halten.[569] Aufgrund von Art. 6 Abs. 2 EUV fungiert sie in jedem Fall als Rechtserkenntnisquelle. Aus dem Kooperationsverhältnis folgt daher, dass der EuGH die Rechtsprechung des EGMR im Rahmen seines Schutzauftrags als „wertvolle Leitlinien" und „besondere Auslegungshilfe" zu berücksichtigen hat.[570] Rechtsprechung des EGMR und EMRK dienen folglich zumindest als „Inspirationsquellen".[571] Praktisch tut er dies bereits bei der Anwendung des Grundsatzes der angemessenen Verfahrensdauer, indem er seine Rechtsprechung an der zu Art. 6 EMRK ergangenen Rechtsprechung des EGMR orientiert[572] und der EMRK dadurch nach eigener Aussage insbesondere für den Bereich der Grundrechte „besondere Bedeutung" zukommt[573]. Dies gilt auch für die Bestimmung des Strafbegriffs, da es sich bei den mit diesem verbundenen Fundamentalgarantien um solche Grundrechte handelt.[574] Um auch zukünftig einen einheitlichen Grundrechtsschutz zu gewährleisten, hat sich der Gerichtshof folglich zumindest am Strafbegriff des EGMR zu orientieren.[575] Praktisch spiegelt sich dies bereits in verschiedenen Stellungnahmen unterschiedlicher Generalanwälte.[576]

---

567 *Dannecker/Biermann*, in: Immenga/Mestmäcker, WettbR-EU, Band 1/Teil 2, Vor Art. 23 VO 1/2003, Rn. 38 m.w.N; *Bechtold*, NZKart 2015, 161.

568 *Pache/Rösch*, EuR 2009, 769 (785).

569 *Hatje*, in: Schwarze, EU-Kommentar, Art. 6 EUV, Rn. 14.

570 Rede von *Iglesias*, zusammengefasst in EuGRZ 2002, 206 (207); *Schwarze/Weitbrecht*, Grundzüge des europäischen Kartellverfahrensrechts, § 7 Rn. 7. S. auch EuGH v. 15.5.1986 – Rs. C-222/84, Slg. 1968, 1651 (1682), Rz. 18 – *Johnston/Chief Constable of the Royal Ulster Constabulary.*

571 *Weiß*, ÖZK 2010, 12.

572 Schlussanträge der Generalanwältin *Kokott* v. 8.12.2005 – Rs. C-113/04 P, Slg. 2006, I-8831, Rz. 100 – *Technische Unie/Kommission*; EuGH v. 15.5.1986 – Rs. C-222/84, Slg. 1968, 1651 (1682), Rz. 18 – *Johnston/Chief Constable of the Royal Ulster Constabulary.*

573 EuGH v. 28.3.2000 – Rs. C-7/98, Slg. 2000, I-1935, Rz. 25 – *Krombach*; EuGH v. 29.5.1997 – Rs. C-299/95, Slg. 1997, I-2629 (2645), Rz. 14 – *Kremzow/Republik Österreich*; Rede von *Iglesias*, zusammengefasst in EuGRZ 2002, 206 (207).

574 Vgl. Schlussanträge des Generalanwalts *Bot* v. 26.10.2010 – Rs. C-352/09 P, Slg. 2011, I-2359, Rz. 49 – *ThyssenKrupp/Kommission.*

575 *Baudisch*, S. 248; vgl. *Hilf/Hörmann*, NJW 2003, 1 (9).

576 Schlussanträge des Generalanwalts *Léger* v. 3.2.1998 – Rs. C-185/95 P, Slg. 1998, I-8417, Rz. 31 – *Baustahlgewerbe/Kommission*; Schlussanträge des Generalanwalts *Vestendorf* v. 10.7.1991 – verb. Rs. T- 1/89, Slg. 1990, II-869 (885) – *Rhône – Poulenc/*

Derselbe Rückschluss lässt sich ebenfalls aus der in Art. 52 Abs. 3 S. 1 GRCh enthaltenen Homogenitätsklausel ziehen. Danach haben die Rechte der Charta, die den Menschenrechten und Grundfreiheiten der EMRK entsprechen, die gleiche Bedeutung und Tragweite. Im Grunde hat über die Klausel bereits eine materielle Inkorporation der EMRK stattgefunden, so dass sie für den EuGH eine Bindungswirkung entfaltet.[577] Ihr Schutzgehalt orientiert sich folglich an der EMRK. Geht es also u.a. um die Frage der Strafe, folgt die Antwort, da es keinen unionsrechtlichen Strafbegriff gibt, die GRCh diesen aber voraussetzt, aus dem Recht der EMRK.[578] In der Substanz müsste der EuGH folglich zu einem Ergebnis gelangen, das dem nach der EMRK entspricht.[579] Die hier vorgeschlagene unionsrechtliche Begriffsbestimmung des Strafcharakters muss sich mangels anderer Anhaltspunkte, wie dem Wortlaut des Art. 23 Abs. 2 VO 1/2003, folglich in erster Linie an den vom EGMR aufgestellten Kriterien beurteilen lassen.

b) Legislatorische Klarstellung

Dass sich aus der legislatorischen Feststellung in Art. 23 Abs. 5 VO 1/2003 für die rechtliche Charakterisierung als Strafe kein Anhaltspunkt ergibt, wurde bereits oben deutlich gemacht.

Anders verhält es sich mit dem in der Norm zum Ausdruck gebrachten Schuldprinzip, wonach das Unternehmen als Adressat der Sanktion vorsätzlich oder fahrlässig gegen das Wettbewerbsrecht verstoßen haben muss. Im Gegensatz zu Sanktionen, die nur einen Ausgleich herstellen wollen, kommt es hier auf eine persönliche Verantwortlichkeit des Täters an.[580] Es handelt sich folglich um ein dem Strafrecht immanentes Grundprinzip. Im Gegensatz zum Zwangsgeld, das ausschließlich präventiven Zielen dient, folgt aus dem Erfordernis von Vorsatz oder Fahrlässigkeit die repressive Gesinnung des „Bußgeldes".[581] Gleichzeitig schließt das Vorsatz-Fahrlässigkeitserfordernis die Einordnung als Verwaltungssanktion aus.[582] Das muss auch im Hinblick auf die Anwendbarkeit der Strafrechtsgarantien im Kartellrecht gelten, wobei sich diese nicht explizit aus der Norm ergeben und folglich nicht als legislative Entscheidung gewertet werden können. Das

---

Kommission; Schlussanträge des Generalanwalts *Bot* v. 26.10.2010 – Rs. C-352/09 P, Slg. 2011, I-2359, Rz. 49 – *ThyssenKrupp/Kommission*; Schlussanträge der Generalanwältin *Sharpston* v. 10.2.2011 – Rs. C-272/09 P, Slg. noch nicht veröffentlicht, Rz. 67 – *KME/Kommission.*

577 *Weiß*, ÖZK 2010, 12 (12f.); Zwischenbericht des Bundeskartellamtes zum Expertenkreis Kartellsanktionenrecht, NZKart 2015, 2 (4).

578 Vgl. *de Bronett*, WuW 2012, 1163 (1165).

579 Vgl. Rede von *Iglesias*, zusammengefasst in EuGRZ 2002, 206 (207).

580 Vgl. EuGH v. 18.11.1987 – Rs. C-137/85, Slg. 1987, 4603 (4607, 4608), Rz. 13, 19 – *Maizena/BALM.*

581 *Dannecker/Fischer-Fritsch*, S. 6; *Dannecker/Biermann*, in: Immenga/Mestmäcker, WettbR-EU, Band 1/Teil 2, Art. 23 VO 1/2003, Rn. 335.

582 S. nur *Winkler*, S. 77f. m.w.N.

Verschuldenserfordernis stellt mithin im Gegensatz zu Art. 23 Abs. 5 VO 1/2003 ein starkes Indiz für die Einordnung als Strafe dar.[583]

Nicht unbeachtlich könnte hingegen die verwaltungsrechtliche Prägung des Kartellverfahrens sein. Die Kommission agiert als Verwaltungsbehörde bei Verstößen gegen das Kartellrecht.[584] Die Gerichte handeln im Rahmen der Überprüfung von Bußgeldentscheidungen als Verwaltungsgerichte.[585] Deshalb wird immer wieder darauf verwiesen, dass im Fall der Einstufung als Kriminalstrafe die Kommission als Behörde eine Strafe verhängen würde, was mit den mitgliedstaatlichen Vorstellungen nicht zu vereinbaren sei.[586] Gemäß Art. 92 GG obliegt die Verhängung von Strafen der rechtsprechenden Gewalt, weshalb es dazu anders als im Rahmen des kartellrechtlichen Bußgeldverfahrens eines Urteils bedarf. Das stellt Art. 104 Abs. 2 GG für Freiheitsstrafen positiv fest. Entsprechendes muss aber auch für die Geldstrafe gelten.[587] Darüber hinaus verfügen die Unionsgerichte im Rahmen der Überprüfung erlassener Kommissionsentscheidungen über die Möglichkeit, die Sanktion nicht nur herabzusetzen, sondern auch zu erhöhen. Dies kommt einer im Strafrecht unzulässigen *reformatio in peius* gleich.[588] Das Verfahren hat daher unbestreitbar verwaltungsrechtliche Züge.

Genauso unbestreitbar hat es aufgrund der anwendbaren strafrechtlichen Fundamentalgarantien aber auch strafrechtlichen Charakter.[589] Man könnte also durchaus bereits hier ansetzen, um gegen die Zulässigkeit entsprechender Sanktionen zu argumentieren, indem man das Argument in sein Gegenteil verkehrt. Denn eine durch eine Verwaltungsbehörde verhängte Strafe ist eben nicht zulässig.[590] Darüber hinaus folgt der Charakter der Sanktion nicht aus dem sich daran anschließenden Verfahren.[591] Eine Strafe bleibt eine Strafe, auch wenn sie nicht von einem Strafgericht verhängt wird.[592] Die Prägung des Verfahrens ist auch nicht Ausfluss des legislatorischen Textes, der die Zuwiderhandlung anordnet. Es

583 *Dannecker/Biermann*, in: Immenga/Mestmäcker, WettbR-EU, Band 1/Teil 2, Art. 23 VO 1/2003, Rn. 335; *Baudisch*, S. 249.

584 *Winkler*, S. 57; *Siohl*, S. 46; *Tsolka*, S. 43.

585 *Winkler*, S. 58; *Tsolka*, S. 43 m.w.N.

586 *Dannecker/Fischer-Fritsch*, S. 7; *Dannecker/Biermann*, in: Immenga/Mestmäcker, WettbR-EU, Band 1/Teil 2, Art. 23 VO 1/2003, Rn. 337; *Tiedemann*, in: FS Jescheck, 1414 (1416) m.w.N.; *Baudisch*, S. 249; *Böse*, S. 141; *Fromm*, ZIS 2007, 279 (283).

587 BVerfGE 22, 49 (80) = NJW 1967, 1219.

588 *Winkler*, S. 59; *Siohl*, S. 46; *Baudisch*, S. 249.

589 Für das deutsche Recht s. *Oehler*, Internationales Strafrecht, S. 564 Rn. 938.

590 *Kindhäuser/Meyer*, in: FK-Kartellrecht, 77. Lfg. (2012), Bußgeldrechtliche Folgen Art. 101 AEUV, Rn. 18.

591 In diese Richtung auch *Schroth*, S. 186, der darauf verweist, dass sich die Rechtsnatur einer Sanktion aus ihrer Funktion ergibt und nicht aufgrund des Verfahrens. S. auch *Jescheck*, JZ 1959, 457 (459). A.A *Winkler*, S. 62, der die verwaltungsrechtlichen Elemente des Verfahrens als „Kennzeichen einer Wesensverschiedenheit, die die Zurechnung der Geldbuße zum Kriminalstrafrecht ausschließt“, bezeichnet.

592 *Schroth*, S. 186.

muss folglich im Rahmen der Beurteilung der auf Art. 23 VO 1/2003 gestützten Sanktionen außer Betracht bleiben. Zum Teil werden die gegen die Zuordnung zum Strafrecht vorgebrachten Argumente auch als „widersinnig" abgetan.[593] Letztlich überzeugt auch der Einwand nicht, die Einschätzung der Sanktion als Strafe würde dazu führen, dass eine Behörde zuständig für die Strafverhängung ist, was mit den Vorstellungen der Mitgliedstaaten nicht zu vereinbaren wäre. In der Tat würde ein Konflikt mit Art. 92 GG heraufbeschworen.[594] Allerdings muss im Hinblick auf den Charakter der Ordnungswidrigkeit die Frage erlaubt sein, ob ein solcher *de lege lata* nicht bereits besteht. Schließlich handelt es bei der Verhängung von Ordnungswidrigkeiten um dem Strafrecht zuzuordnende Sanktionen, die sich letztlich nur quantitativ von der Kriminalstrafe unterscheiden. Die Tatsache, dass auch die strafrechtlichen Fundamentalgarantien auf Ordnungswidrigkeiten Anwendung finden, verschleiert die Grenze zwischen behördlicher Sanktion und gerichtlich verhängter Kriminalstrafe noch zusätzlich. Da die Union ohnehin keinen großen Wert darauf legt, die Vorstellungen der Mitgliedstaaten von einem rechtsstaatlichen Strafverfahren einzuhalten – insofern wird vielmehr moniert, dass die Kommission Ankläger und sanktionierende Institution zu gleich ist[595] und das Kartellverfahrensrecht damit Züge eines Inquisitionsprozesses aufweist – erscheint es zudem widersprüchlich, den Strafcharakter damit zu verneinen, dass eine Verhängung durch eine Behörde mit dem Vorstellungsbild der Mitgliedstaaten nicht zu vereinbaren ist.

c) Rechtsnatur der Sanktion

Ein wesentlicheres Merkmal für den rechtlichen Charakter der Sanktion ergibt sich aus dem Zweck, den sie verfolgt. Grundsätzlich können Sanktionen restitutive, präventive oder repressive Ziele verfolgen.[596] Rein restitutive Maßnahmen besitzen keinen Strafrechtscharakter und sind in erster Linie dem Zivilrecht zu zuordnen,[597] während Prävention und Repression typischerweise beide als klassische Merkmale

---

593 *Möschel*, ECLR 2011, 369 (371).

594 Darauf weisen zu Recht *Dannecker/Fischer-Fritsch*, S. 7, dort Fn. 17 hin; *Winkler*, S. 58.

595 Kritisch hierzu *Möschel*, ECLR 2011, 369; *Kindhäuser/Meyer*, in: FK-Kartellrecht, 77. Lfg. (2012), Bußgeldrechtliche Folgen Art. 101 AEUV, Rn. 18; *Schwarze/Bechtold/Bosch*, Rechtsstaatliche Defizite im Kartellrecht der Europäischen Gemeinschaft, 2008, S. 75f. mit zahlreichen w.N.

596 *Ackermann*, ZWeR 2010, 329 (332); *Schwarze*, EuZW 2003, 261 (265); *Schwarze/Weitbrecht*, Grundzüge des europäischen Kartellverfahrensrechts, § 7 Rn. 11.

597 *Ackermann*, ZWeR 2010, 329 (332); *Schwarze*, EuZW 2003, 261 (265); *Schwarze/Weitbrecht*, Grundzüge des europäischen Kartellverfahrensrechts, § 7 Rn. 12.

der Strafe assoziiert werden[598]. Die Repression ist dabei Ausgangspunkt der Strafe,[599] während sich der Präventionsgedanke auch außerhalb des Strafrechts (im engeren Sinn) vor allem im Privat- und Verwaltungsrecht wiederfinden kann.[600] Der vorbeugende Charakter einer Sanktion spricht daher nicht automatisch für seinen strafrechtlichen Charakter, wie viele „Nicht-Strafrechtler" annehmen könnten.[601] Sie kann strafrechtlich sein, inhärent ist die Prävention der Strafe aber nicht.[602] Der Repression kommt daher für die Einordnung einer Maßnahme zum Strafrecht besondere Aussagekraft zu.

Für den strafrechtlichen Charakter reicht es aber aus, wenn die Sanktion sowohl ahndet als auch vorbeugt, denn das repressive Element überlagert in gewisser Weise das präventive, da die Ahndung im Ergebnis erst die Abschreckung bewirkt, letztlich also kausal für die Vorbeugung ist und nicht umgekehrt.[603] Da Kommission und Unionsgerichte selbst davon ausgehen, dass den Bußgeldern sowohl repressive wie auch präventive Wirkung zukommt,[604] wobei die Präventionswirkung im Vordergrund der Praxis steht,[605] müssten die Unionsorgane folglich ebenfalls davon

598 *Calliess R.*, NJW 1989, 1338 (1339); *Schwarze*, EuZW 2003, 261 (265); *Schwarze/Weitbrecht*, Grundzüge des europäischen Kartellverfahrensrechts, § 7 Rn. 13 je mit w.N.

599 *Dannecker/Biermann*, in: Immenga/Mestmäcker, WettbR-EU, Band 1/Teil 2, Vor. Art. 23 VO 1/2003, Rn. 24; *Ackermann*, ZWeR 2010, 329 (332).

600 *Wagner*, AcP 206 (2006), 353 (360ff.); *Ackermann*, ZWeR 2010, 329 (332f.).

601 So *Ackermann*, ZWeR 2010, 329 (333f.).

602 BVerfGE 22, 125 (132) = NJW 1967, 1748 (1749); *Wagner*, AcP 206 (2006), 353 (361f.).

603 *Schwarze*, EuZW 2003, 261 (265); *Schwarze/Weitbrecht*, Grundzüge des europäischen Kartellverfahrensrechts, § 7 Rn. 13; vgl. auch EGMR v. 21.2.1984 – Nr. 9/1982/55/84, Rz. 53 – *Öztürk/Deutschland*.

604 EuGH v. 15.7.1970 – Rs. C-41/69, Slg. 1970, 661 (703), Rz. 172/176 – *Chemiefarma/Kommission*; *Soltész/Steinle/Bielesz*, EuZW 2003, 202 (206); *Schwarze*, EuZW 2003, 261 (267); *Rivizi*, AJP 2010, 452 (455); *Dannecker/Fischer-Fritsch*, S. 6; *Sura*, in: Langen/Bunte, Kartellrecht, Band 2, Art. 23 VO 1/2003, Rn. 6; *Dannecker*, MschrKrim 1991, 268 (279); *Dannecker/Biermann*, in: Immenga/Mestmäcker, WettbR-EU, Band 1/Teil 2, Vor. Art. 23 VO 1/2003, Rn. 23; *Kindhäuser/Meyer*, in: FK-Kartellrecht, 77. Lfg. (2012), Bußgeldrechtliche Folgen Art. 101 AEUV, Rn. 12; *Nowak*, in: Loewenheim/Meessen/Riesenkampff/Kersting/Meyer-Lindemann, Kartellrecht, Art. 23 VerfVO, Rn. 3f.; 13. Bericht der Kommission der Europäischen Gemeinschaften über die Wettbewerbspolitik, 1983, S. 57 Rn. 62; *Schwarze/Weitbrecht*, Grundzüge des europäischen Kartellverfahrensrechts, § 7 Rn. 17 m.w.N.

605 Vgl. EuGH v. 7.6.1983 – verb. Rs. C-100-103/80, Slg. 1983, 1825 (1906), Rz. 106 – *Musique Diffusion Française/Kommission*; *Nowak*, in: Loewenheim/Meessen/Riesenkampff/Kersting/Meyer-Lindemann, Kartellrecht, Art. 23 VerfVO, Rn. 4; *Kindhäuser/Meyer*, in: FK-Kartellrecht, 77. Lfg. (2012), Bußgeldrechtliche Folgen Art. 101 AEUV, Rn. 12; *Dannecker/Biermann*, in: Immenga/Mestmäcker, WettbR-EU, Band 1/Teil 2, Vor. Art. 23 VO 1/2003, Rn. 25 je mit w.N. S. auch *Roth*, WRP 2013, 257 (260); *van Bael*, Due Process in EU Competition Proceedings, Ch. 5, S. 247f.; *Schwarze*, EuR 2009, 171 (175); *Heinichen*, S. 138 m.w.N.

ausgehen, dass die Sanktion Strafcharakter hat.[606] Dies tun sie wie beschrieben nicht. Vielmehr kommt dem Präventionsgedanken im europäischen Kartellrecht die maßgebliche Bedeutung zu.

Das kann kaum überzeugen. Denn an einer Prävention fehlt es schon begriffsnotwendig. Prävention meint Abschreckung. Die Bußgeldpraxis der Kommission hat aber nicht dazu geführt, dass die Anzahl von Kartellrechtsverstößen zurückgegangen ist. Im besten Fall stagniert diese. Die general-präventive Wirkung ist schon deshalb in Frage zu stellen.[607] Hohe Geldbußen allein erzeugen keine Präventivwirkung.[608] Prävention setzt aus ökonomischer Sicht voraus, dass sich ein Kartellrechtsverstoß nicht lohnt. *Ergo* wird sich der potentielle Kartellrechtstäter gegen die Begehung der Tat entscheiden, wenn er davon ausgehen muss, dass sein aus dem Kartellrechtsverstoß resultierender Gewinn letztlich geringer ist als die Kosten, die entstehen, wenn er entdeckt wird.[609] Für die sich absprechenden Unternehmen darf daher nicht kalkulierbar sein, wie hoch das Bußgeld letztlich ausfällt.[610] Das Manko der optimalen Prävention ist, dass, würde man sich tatsächlich an das obige Credo halten, ca. 50% der Bußgelder die Insolvenz des sanktionierten Unternehmens zur Folge hätten.[611] Da die Unionsorgane soweit nun auch wieder nicht gehen (können), bleibt die Prävention, sozusagen zu Gunsten einer noch verhältnismäßigen Sanktion, auf der Strecke.

Darüber hinaus ist nicht ersichtlich, worin die präventive Wirkung nach der momentanen Bußgeldpraxis liegen soll. Denn wenn es nicht einmal darauf ankommt, dass die Konzernmutter von einem Verstoß wusste, geschweige denn diesen auch dann nicht verhindern konnte, wenn sie sprichwörtlich alles in ihrer Macht Stehende getan hat, um einem solchen Verhalten ihrer Tochter vorzubeugen,[612] muss sich die Kommission die Frage gefallen lassen, wovon die Unternehmen exakt abgeschreckt werden sollen.[613] Abschreckung setzt zumindest das Bewusstsein voraus, dass man sich im Begriff befindet, gegen etwas zu verstoßen. Wenn die Abschreckung aber auf die dem Konzern immanente Struktur abzielt – die Inanspruchnahme der Mutter beruht auf der Tatsache, dass diese (nahezu) 100% an ihrer Tochter hält –, kann sie ihr Ziel folglich nicht erreichen.

---

606 *Schwarze*, EuZW 2003, 261 (267).

607 *Zimmer*, in: Sanktionen im Kartellrecht, 1 (2). Zum deutschen Recht s. *Schünemann*, in: Schünemann/González, Bausteine des europäischen Wirtschaftsstrafrechts, 1994, 265 (288f.)

608 *Schünemann*, in: Schünemann/González, Bausteine des europäischen Wirtschaftsstrafrechts, 1994, 265 (289).

609 *Werden*, ECJ 2009, 19 (28); kritisch hierzu *Biermann*, ZWeR 2007, 1 (13).

610 *Schwarze/Weitbrecht*, Grundzüge des europäischen Kartellverfahrensrechts, § 7 Rn. 16.

611 So jedenfalls, wenn man mit *Biermann*, ZWeR 2007, 1 (14), das Weißbuch des britischen Department of Trade and Industry, Punkt 7.15 heranzieht.

612 EuG v. 13.7.2011 – Rs. T-138/07, Slg. 2011, II-4819, Rz. 88 – *Schindler/Kommission.*

613 *Thomas*, JoECLaP 2011, 1 (7).

Die Wirkung der Sanktion hat daher entgegen der Auffassung der Unionsgerichte vornehmlich repressive Wirkung, was ihre strafrechtliche Natur unterstreicht.[614] Sie ist daher ihrer Natur nach „offensichtlich“ dem Strafrecht gleichzustellen.[615] Die von der Kommission in den Vordergrund gerückte Prävention dient lediglich dazu, die in Wahrheit stattfindende Vergeltung von begangenem Unrecht zu verschleiern.

Im Ergebnis reicht es für die Zuordnung zum Strafrecht aber ohnehin aus, dass die Sanktion sowohl repressiv als auch präventiv wirkt, wenn man sich an der Rechtsprechung des EGMR orientiert.[616] Ihrer Natur nach handelt es sich daher bei den Kartellsanktionen in jedem Fall um Strafen im Sinne der EMRK und folglich auch um Strafen im Sinne der GRCh und damit dem primären Unionsrecht.

d) Schwere Grat

Die Schwere der Sanktion beurteilt sich nach ihrer Intensität für den Beschuldigten. Je gravierender diese für ihn ist, desto eher ist davon auszugehen, dass sie Strafcharakter hat.[617] Erster Anknüpfungspunkt und wirklich relevantes Kriterium für die Beurteilung der Schwere ist bei Geldbußen naheliegender Weise ihre Höhe.[618] Denn hohe Geldbußen sind schon ihrer Natur nach dem Strafrecht zuzuordnen.[619] Liegt die Sanktion folglich über einer Bagatellgrenze und verfolgt sie einen repressiven Zweck, handelt es sich um eine Strafe.[620]

Da die Repression im Rahmen der im Kartellrecht verhängten Geldbußen wie gezeigt im Vordergrund steht, stellt sich die Frage nach der Bagatellgrenze. Diese

---

614 Zustimmend *Möschel*, DB 2010, 2377 (2378); s. auch *Bünder*, FAZ v. 25.1.2014, Nr. 21, S. 14.

615 Schlussanträge des Generalanwalts *Bot* v. 2.4.2009 – verb. Rs. C-322/07 P, Slg. 2009, I-7191, Rz. 132 – *Papierfabrik August Koehler/Kommission.*

616 EGMR v. 21.2.1984 – Nr. 9/1982/55/84, Rz. 53 – *Öztürk/Deutschland*; EGMR v. 23.11.2006 – Nr. 73053/01, Rz. 38 – *Jussila/Finnland.*

617 Vgl. *Grabenwarter/Papel*, Europäische Menschenrechtskonvention, § 24 Rn. 22. Vgl. auch BVerfGE 27, 18 (29) = NJW 1969, 1619.

618 *Schünemann*, in: Schünemann/González, Bausteine des europäischen Wirtschaftsstrafrechts, 1994, 265 (281); *Schwarze*, EuZW 2003, 261 (267); *Schwarze/Weitbrecht*, Grundzüge des europäischen Kartellverfahrensrechts, § 7 Rn. 18; *Biermann*, ZWeR 2007, 1 (28); vgl. *Wolf*, WuW 1962, 645 (659); *Thomas*, in: FS Canenbley, 459 (460); vgl. *Rütsch*, S. 21; *Wagner-von Papp*, WuW 2010, 268 (270); *van Bael*, Due Process in EU Competition Proceedings, Ch. 5, S. 325; a.A. *Ackermann*, ZWeR 2010, 329 (334) und *Dittrich*, Geldbußen im Wettbewerbsrecht der Europäischen Union, S. 2.

619 *Jescheck*, JZ 1959, 457 (462); *Möhlenkamp*, in: Schwarze, Instrumente zur Durchsetzung des europäischen Wettbewerbsrechts, S. 125; vgl. *Möschel*, DB 2010, 2377 (2378), *Rütsch*, S. 21, *Böse*, S. 140, *Wagner-von Papp*, WuW 2010, 268 (270) m.w.N. Zum deutschen Recht s. *Biermann*, ZWeR 2007, 1 (19, 28).

620 *Schünemann*, in: Schünemann/González, Bausteine des europäischen Wirtschaftsstrafrechts, 1994, 265 (281).

exakt zu benennen bereitet Schwierigkeiten, da es grundsätzlich keinen festen Punkt gibt, an dem sich eine Verwaltungssanktion zur Strafe wandelt.[621] Einen Anhaltspunkt gibt aber auch hier die Rechtsprechung des EGMR. Maßgeblich ist danach nicht die letztlich verhängte Sanktion, sondern die von vorneherein Mögliche.[622] Unter Berücksichtigung der Unionspraxis sowie der in Art. 23 Abs. 2 S. 2 VO 1/2003 verankerten Kappungsgrenze spricht die potentiell mögliche Höhe klar für einen Schwere Grat, der die Einstufung als Strafe nahelegt. Alles andere wäre wohl „Euphemismus".[623]

Dem wird entgegengehalten, dass sowohl die maximale Bußgeldhöhe als auch die absolute Höhe der verhängten Sanktionen wenig darüber aussagen, ob sie für den Adressaten wirklich eine solche Schwere begründen, dass sie als Strafe eingeordnet werden können.[624] Das ist nachvollziehbar, denn eine niedrige Geldbuße kann genauso eine Strafe für den Betroffenen darstellen, wie ein hoher Geldbetrag für den Adressaten u.U. keine gravierenden Konsequenzen hat. Es ist daher richtig, dass die Frage der Intensität relativ zu den Verhältnissen des Betroffenen gesehen werden muss – die Höhe bemisst sich am individuellen Umsatz des Täterunternehmens – und sich der Strafcharakter erst im Einzelfall zeigt.[625] Dies macht es schwierig, eine genaue Einordnung zu treffen, wann es sich um eine Strafe und wann nur um eine Verwaltungssanktion handelt.[626]

Eine solche Ambivalenz[627] ist weder aus Praktikabilitätsgründen, noch aus rechtsstaatlicher Sicht[628] erstrebenswert. Die Gerichte würden jedes Mal mit der Frage belastet, ob es sich noch um eine Verwaltungssanktion oder schon um eine Strafe handelt. Damit verbunden wäre immer die Frage, ob strafrechtliche Verfahrensgarantien im konkreten Fall Anwendung fänden oder nicht. Das würde erhebliche Rechtsunsicherheit für den Betroffenen in einem grundrechtssensiblen Bereich bedeuten. Folglich muss eine Grenze schon aufgrund der fundamentalen Bedeutung der Entscheidung für die Rechte des Betroffenen gezogen werden.[629] Sie verbieten gleichzeitig eine „Ausrichtung an den Zielen der Zweckmäßigkeit

621 *Schwarze/Weitbrecht*, Grundzüge des europäischen Kartellverfahrensrechts, § 7 Rn. 14; s. auch *Grabenwarter/Papel*, Europäische Menschenrechtskonvention, § 24 Rn. 22.

622 EGMR v. 11.6.2009 – Nr. 5242/04, Rz. 37 – *Dubus/Frankreich*.

623 *Wolf*, WuW 1962, 645 (659).

624 *Baudisch*, S. 251; vgl. auch *Wils*, World Competition 2010, 5 (10).

625 Vgl. *Jescheck*, JZ 1959, 457 (460), *Winkler*, S. 61.

626 *Schwarze*, EuZW 2003, 261 (267).

627 Auf dieses Merkmal der Sanktion weist auch *Schwarze*, EuZW 2003, 261 (267) hin. S. auch *Jescheck*, JZ 1959, 457 (460), der von „Mischtatbeständen" spricht.

628 In diese Richtung argumentiert auch *Jescheck*, JZ 1959, 457 (460).

629 In dieselbe Richtung auch *Schwarze*, EuZW 2003, 261 (266); *Schwarze/Weitbrecht*, Grundzüge des europäischen Kartellverfahrensrechts, § 7 Rn. 15.

und der Effizienz“[630]. Dass dies u.U. schwierig ist, darf nicht als Argument dafür herangezogen werden, die Augen vor dem Problem zu verschließen und ggf. von einem nicht strafrechtlichen Charakter auszugehen.[631] Um Klarheit zu schaffen, sollte dem Vorschlag gefolgt werden, ab einer bestimmten Größenordnung pauschal vom Strafcharakter auszugehen.[632] Da es an einer entsprechenden Regelung fehlt, bleibt nicht viel anderes übrig, als auf die absolute Höhe als quantitatives Merkmal zur Abgrenzung zwischen Strafe und Verwaltungssanktion abzustellen, da sie den Charakter maßgeblich mitbestimmt.[633]

Der Schwere der Sanktion im Einzelfall kommt daher nur eine untergeordnete Bedeutung zu. Sie spricht für das Vorliegen einer Strafe, im Einzelfall aber nicht dagegen.[634] Dies liegt auch nahe, da es ausgeschlossen erscheint, dass der Geldbuße nach der momentanen Bußgeldpraxis der Kommission tatsächlich eine solche Zwitterstellung zukommt. Denn sie verfolgt ja gerade eine exzessive Bußgeldpolitik, ganz nach dem Motto, „wer nicht hören will, muss fühlen“: „Companies must learn the hard way“, wie bereits eingangs zitiert. Selbst wenn es also für die Beurteilung des Schwere Grats auf die Sicht des Adressaten ankommt, ist es nahezu ausgeschlossen, dass die Kommission ihn als Kartellanten mit Samthandschuhen anfasst. Sie verhängt bewusst Sanktionen, die dem Kartellrechtstäter wirtschaftlich wehtun. Das bestätigt auch ein Blick auf die Statistiken und die Entwicklung der Bußgeldpraxis der Kommission: Im Rahmen der Ahndung von Wettbewerbsverstößen verhängt sie keine „kleinen“ Bußgelder (mehr).[635] Es handelt sich nicht um Beträge, die die betroffenen Unternehmen „aus der Portokasse“ zahlen. Teilweise wirkt die Buße sogar existenzbedrohend.[636] Wird ein Kartell aufgedeckt, müssen die betroffenen Unternehmen regelmäßig Rückstellungen bilden, die mehrere hundert Millionen Euro betragen.[637] Zeichnet sich ein Bußgeldverfahren ab, kommt dies einer „Zeitbombe mit enormen Zerstörungspotential“[638] gleich. Schneidet das

---

630 *Schwarze/Weitbrecht*, Grundzüge des europäischen Kartellverfahrensrechts, § 7 Rn. 15.

631 *Schwarze*, EuZW 2003, 261 (265, 267); *Schwarze/Weitbrecht*, Grundzüge des europäischen Kartellverfahrensrechts, § 7 Rn. 14.

632 *Schwarze*, EuZW 2003, 261 (267).

633 *Jescheck*, JZ 1959, 457 (460).

634 Vgl. EGMR v. 21.2.1984 – Nr. 9/1982/55/84, Rz. 53 – *Öztürk/Deutschland.*

635 *Schünemann*, in: Schünemann/González, Bausteine des europäischen Wirtschaftsstrafrechts, 1994, 265 (281), der darauf hinweist, dass Bußgelder „im EWG-Bereich durchweg in die Millionen gehen [und] deshalb jedenfalls von der Verhängung einer Strafe im weiteren Sinne gesprochen werden [muss]“; vgl. auch *Tiedemann*, in: FS Jescheck, 1411 (1425).

636 *Möhlenkamp*, in: Schwarze, Instrumente zur Durchsetzung des europäischen Wettbewerbsrechts, S. 121 (127); *Klusmann*, WuW 2001, 820 (824).

637 S. nur FAZ v. 9.1.2014, Nr. 7, S. 9; FAZ v. 20.4.2013, Nr. 92, S. 18.

638 FAZ v. 17.4.2013, Nr. 89, S. 16.

Unternehmen deshalb mit Verlusten ab,[639] trifft dies im Zweifel die Angestellten und Aktionäre, da Bonuszahlungen und Dividenden gestrichen werden bzw. sich schon die Ankündigung eines Verfahrens negativ auf den Aktienkurs auswirken kann. Auf diese Weise haben Unternehmen unter Umständen über Jahre mit den Folgen eines Verfahrens zu kämpfen. Die exorbitante Entwicklung der Kartellsanktionen spricht daher für einen erkennbar strafrechtlichen Charakter.[640]

Verschlimmert wird dies noch durch die Praxis, für die Bemessung der Sanktionshöhe nicht auf den Umsatz des „echten" Täters abzustellen, sondern auf den weltweiten Umsatz des Konzerns. Infolge dieser Praxis spiegelt die Geldbuße letztlich nicht mehr die wirtschaftliche Leistungsfähigkeit des Bußgeldadressaten, sondern die des gesamten Unternehmensverbunds wider. Das Kriterium der wirtschaftlichen Leistungsfähigkeit wird verzerrt.[641]

Plastisch macht dies die Entscheidung *Rohtabak Spanien*: Während eigentlich auf den Umsatz eines regional tätigen, spanischen Rohtabakverarbeiters abzustellen war, wurde die Geldbuße letztlich anhand des weltweiten Umsatzes eines multinational agierenden, US-amerikanischen Zigarettenherstellers berechnet.[642] Gleichzeitig relativiert dieser Umstand die Höhe der tatsächlich verhängten Sanktionen. Denn die Kommission schöpft den Bußgeldrahmen in solchen Fällen nicht aus. In der Rechtssache. *Akzo Nobel* bspw. verhängte sie ein gesamtschuldnerisches Bußgeld in Höhe von € 20,99 Millionen, obwohl theoretisch eine Sanktion in Höhe von € 1,3 Milliarden möglich gewesen wäre.[643] Nichtsdestotrotz ist davon auszugehen, dass die Geldbußen regelmäßig mehr als 10% des eigentlich relevanten Umsatzes der gegen das Kartellrecht verstoßenden Tochtergesellschaft ausmachen. Von einer Relativierung der absoluten Bußgeldhöhe kann daher wohl kaum die Rede sein.[644] Vielmehr ist das Gegenteil der Fall: Die wirtschaftliche Leistungsfähigkeit als Kriterium der Angemessenheit tritt im Rahmen der Bußgeldverhängung zurück.

Im Grundsatz ist daher davon auszugehen, dass es sich bei dem Kriterium des Schwere Grats zwar um ein subjektives handelt, das jeweils für den konkreten

---

639 So bei der Behr GmbH & Co.KG, FAZ v. 20.4.2013, Nr. 92, S. 18.

640 So im Ergebnis auch *Schwarze*, EuZW 2003, 261 (268); vgl. *Schünemann*, in: Schünemann/González, Bausteine des europäischen Wirtschaftsstrafrechts, 1994, 265 (281).

641 Das erkennt nunmehr auch der EuGH an, EuGH v. 18.7.2013 – Rs. C-501/11 P, Slg. noch nicht veröffentlicht, Rz. 169 – *Schindler/Kommission.*

642 KOMM v. 20.10.2004, COMP/C.38.238/B.2, ABl. 2007 Nr. L 102/14 – *Rohtabak-Spanien*; EuGH v. 19.7.2012 – verb. Rs. C-628/10 P, Slg. noch nicht veröffentlicht, Rz. 5, 14ff. – *Alliance One International/Kommission.* Das Urteil besprechen ausführlich *Bauer/Anweiler*, ÖZK 2011, 71. In KOMM v. 7.6.2000, COMP/36.545/F3, ABl. 2001 Nr. L 152/68, Rz. 445 – *Arminosäuren* überstieg die Geldbuße von € 47, 3 Mio. für Archer Daniels Midland Company, den EEA-weiten Umsatz von $ 41 Mio, *Klusmann*, WuW 2001, 820 (824), dort Fn. 26.

643 EuG v. 12.12.2007 – Rs. T-112/05, Slg. 2007, II-5049, Rz. 17ff. – *Akzo Nobel/Kommission.*

644 So aber *Baudisch*, S. 252.

Einzelfall objektiv bestimmt werden muss. Da es aber nicht alleine auf das subjektive Empfinden des Betroffenen ankommen kann, und sich zudem aus der allgemeinen Bußgeldpraxis und ihrer Entwicklung der Schluss ziehen lässt, dass die von der Kommission verhängten Sanktionen in der Regel weitreichende Konsequenzen für die betroffenen Unternehmen haben, ist die Absolutheit der Sanktionshöhen vielleicht kein eindeutiger Beleg für den Strafcharakter, aber ein sehr starkes Indiz.[645]

e) Abwägung der „Engel-Kriterien" im Hinblick auf die Kartellsanktion

Aus dem Wortlaut der Norm lassen sich Rückschlüsse dahingehend bilden, dass es sich bei den verhängten Sanktionen nicht um solche des Verwaltungsrechts handeln kann. Eindeutiges Indiz hierfür ist die Verankerung des Schuldgrundsatzes, der bei Verwaltungssanktionen nicht gefordert wird.

Für die Einstufung als Strafrecht und gegen die Einordnung als Verwaltungsrecht spricht auch die Wirkweise der Kartellsanktion, die überwiegend repressiv ist. Von einer im Vordergrund stehenden Präventionswirkung kann keine Rede (mehr) sein. Letztlich genügt es nach der Rechtsprechung des EGMR für die Einordnung der Sanktion als strafrechtlich aber, wenn sie sowohl vorbeugen als auch ahnden will.[646] Diese Tatsache kann auch als Argument für die hier vertretene Auffassung angesehen werden, dass auch aus der Charakterisierung der Rechtsnatur als Strafe im weiten Sinne bzw. strafrechtsähnlich die Zugehörigkeit der Sanktion zum Strafrecht folgt. Eine Verwaltungssanktion, die präventiv-repressiv wirkt, gibt es nach diesem Verständnis im Unionsrecht nicht.

Unter Berücksichtigung des vorwiegend repressiven Charakters gewinnt auch die Höhe der Bußgelder an Bedeutung. Sie ist als starkes Indiz für die Einordnung als Strafe zu sehen. Auch wenn sich die Intensität der Sanktion grundsätzlich nur im jeweiligen Einzelfall bestimmen lässt, so kann doch nicht abgestritten werden, dass den im Kartellrecht verhängten Maßnahmen ein generell eingriffsintensiver Charakter zugestanden werden muss, der der Strafe näherkommt als einer rein restitutiven Maßnahme. Sie soll die Unternehmen wirtschaftlich hart treffen.

Reduziert man also die Frage nach den Strafkriterien wie von *Schünemann* gefordert auf die Repression und die Höhe der Sanktion oberhalb einer bestimmten Bagatellgrenze,[647] ist die Kartellsanktion eindeutig als solche einzuordnen. Obwohl der EGMR bisher noch nicht die Gelegenheit hatte, über den strafrechtlichen Charakter einer durch die Kommission verhängten Kartellsanktion zu entscheiden,[648] ist davon

---

645 Im Ergebnis zustimmend *Baudisch*, S. 252.

646 EGMR v. 21.2.1984 – Nr. 9/1982/55/84, Rz. 53 – *Öztürk/Deutschland*; EGMR v. 23.11.2006 – Nr. 73053/01, Rz. 38 – *Jussila/Finnland.*

647 *Schünemann*, in: Schünemann/González, Bausteine des europäischen Wirtschaftsstrafrechts, 1994, 265 (281).

648 *Wils*, World Competition 2010, 5 (14).

auszugehen, dass eine Abwägung der dargestellten Ergebnisse zu einer Subsumtion der Kartellsanktion unter den Strafbegriff im Sinne von Artt. 6, 7 EMRK führt.[649]

3. *Vergleich mit den nach Sec. 1 Sherman Act verhängten Strafen*

Während im europäischen Recht durch die Kommission verhängte Bußgelder klar im Vordergrund stehen, ist dies im US-amerikanischen Recht die private Durchsetzung von Schadensersatzansprüchen aufgrund eines Kartellrechtsverstoßes. Mit Beginn der 70er Jahre (1970–1973) betrug der Anteil privater Schadensersatzklagen etwa 93,8%.[650] Dieser Trend hat sich bestätigt. Nach aktuelleren Schätzungen beläuft sich das Verhältnis immer noch auf ca. 90% zu 10%.[651] Zusätzlich fallen auch die im Einzelnen verhängten Sanktionen im Privatklageverfahren deutlich höher aus. Beispielsweise sprach eine Jury im Jahr 2002 einer Partei Schadensersatz in Höhe von $ 1,05 Milliarden[652] zu. Im Gegensatz dazu stellte die im Jahr 1999 im Vitamine-Kartell verhängte Strafe gegen *F.Hoffmann-La Roche* in Höhe von $ 500 Millionen für lange Zeit ein Unikat dar.[653] In der Tat betrugen die in den folgenden Jahren insgesamt verhängten Strafen des *Department of Justice* im Jahr 2000 nur $ 152 Millionen, 2001 $ 280 Millionen, im Jahr 2002 wiederum „nur" $ 75 Millionen[654], 2003 $ 107 Millionen und im Jahr 2004 $ 350 Millionen[655]; addiert also $ 964 Millionen.

---

649 *Wils*, World Competition 2010, 5 (13), *Hirsbrunner/Werner*, jusletter 20, September 2010, Rz. 8 je mit w.N.; *Slater/Thomas/Waelbroeck*, GCLC Working Paper 04/08, S. 15, 22, gehen davon aus, dass dies sogar „unzweifelhaft" der Fall ist. S. auch Schlussanträge des Generalanwalts *Léger* v. 3.2.1998 – Rs. C-185/95 P, Slg. 1998, I-8417, Rz. 31 – *Baustahlgewerbe/Kommission*; Schlussanträge des Generalanwalts *Vestendorf* v. 10.7.1991 – verb. Rs. T- 1/89, Slg. 1990, II-869 (885) – *Rhône – Poulenc/Kommission*; Schlussanträge des Generalanwalts *Bot* v. 26.10.2010 – Rs. C-352/09 P, Slg. 2011, I-2359, Rz. 49 – *ThyssenKrupp/Kommission*; Schlussanträge der Generalanwältin *Sharpston* v. 10.2.2011 – Rs.C-272/09 P, Slg. noch nicht veröffentlicht, Rz. 67 – *KME/Kommission.*

650 Die Prozentzahl ergibt sich aus den bei *Shughart II*, Cato Review of Business & Government, 1990, 53 (54) genannten Zahlen. Mit leicht anderen Zahlen auf Seiten der staatlich verfolgten Kartelle s. auch *Salop/White*, Georgetown Law Journal, 1986 (Vol. 74), 1001 (1002).

651 *Berrisch/Jordan/Roldan*, JILB 2004 (Vol. 24), 585 (591); *Woods/Sinclair/Ashton*, Competition Policy Newsletter 2004 (No. 2), 31 (37).

652 *Berrisch/Jordan/Roldan*, JILB 2004 (Vol. 24), 585 (591).

653 Sherman Act Violations Yielding a Corporate Fine of $ 10 Million or More, abrufbar unter: http://www.justice.gov/atr/public/criminal/sherman10.html, zuletzt abgerufen am 21.3.2014

654 *Hammond*, The Evolution of Criminal Antitrust Enforcement Over the Last Two Decades, 2010, S. 6, abrufbar unter: http://www.justice.gov/atr/public/speeches/255515.pdf, zuletzt abgerufen am 21.3.2014.

655 Criminal Enforcement, Fine and Jail Charts Through Fiscal Year 2012, abrufbar unter: http://www.justice.gov/atr/public/criminal/264101.html, zuletzt abgerufen am 21.3.2014.

Dem stehen auf europäischer Ebene Sanktionen in Höhe von gut € 3,15 Milliarden für den Zeitraum 2000–2004 gegenüber, von denen alleine im Jahr 2001 € 462 Millionen auf das ebenfalls durch die Kommission sanktionierte Unternehmen *F.Hoffmann-La Roche* entfielen.[656] Selbst ohne diese Rekordsanktion waren die in der Union verhängten „Geldbußen“ mit immer noch mehr als € 2,69 Milliarden fast dreimal so hoch wie in den USA; den Wechselkurs außer Betracht gelassen. Während die vom *Department of Justice* gegen *F.Hoffmann-La Roche* verhängte Höhe bis heute jedenfalls nicht übertroffen wurde[657], erließ die Kommission bereits im Jahr 2008 gegen Saint-Gobain ein erneutes Rekordbußgeld in Höhe von € 880 Millionen. Diese Praxis setzt sie seitdem unvermindert fort.[658]

Das europäische Kartellrecht hat damit wohl endgültig die (Kriminal-)Strafen des US-amerikanischen Antitrustrechts hinter sich gelassen[659], so dass der Vergleich ein weiteres Indiz für die Charakterisierung der Kartellsanktion als Strafe ist.

4. Stellungnahme

Folgt man der hier vertretenen Auffassung, dass sich die Rechtsnatur der Kartellsanktion unionsautonom unter Berücksichtigung der vom EGMR zu Artt. 6, 7 EMRK entwickelten Kriterien beurteilt, kommt man zu dem Ergebnis, dass die Kartellsanktion eine Strafe im Sinne des Strafrechts darstellt. Die Meinung der Unionsgerichte, es handele sich um eine Verwaltungssanktion, ist nach allem grundsätzlich nicht haltbar. Allerdings hat der EGMR in seinem Urteil *Jussila/Finnland* selbst festgestellt, dass die Anwendung der Engel-Kriterien u.a. dazu führt, dass Bereiche wie das Wettbewerbsrecht, die grundsätzlich nicht zum traditionellen Kern des Strafrechts gehören, hierunter subsumiert werden. Obwohl die für einen Verstoß gegen das Wettbewerbsrecht verhängten Geldbußen also nach den zum Strafbegriff entwickelten Kriterien zum Strafrecht gezählt werden müssten, hat dies auch nach Auffassung des EGMR sowie der Literatur[660] „nur“ zur Folge, dass die strafrechtlichen

---

656 Zu den Daten s. Statistiken der Europäischen Kommission (Stand 19.3.2014), abrufbar unter: http://ec.europa.eu/competition/cartels/statistics/statistics.pdf, zuletzt abgerufen am 21.3.2014.

657 Im Jahr 2012 wurde gegen AU Optronics Corporation of Taiwan ebenfalls eine Strafe in Höhe von $ 500 Millionen verhängt, Sherman Act Violations Yielding a Corporate Fine of $ 10 Million or More, abrufbar unter: http://www.justice.gov/atr/public/criminal/sherman10.html, zuletzt abgerufen am 21.3.2014.

658 S. dazu die Ausführungen in der Einleitung.

659 *Ginsburg/Wright*, CPI 2010 (Vol.6), 3 (11).

660 *Rütsch*, S. 22; *Tiedemann*, NJW 1993, 23 (27f.); *Tiedemann*, in: FS Jescheck, 1411 (1417f.); *Jarass*, NStZ 2012, 611 (612); *Dannecker/Biermann*, in: Immenga/Mestmäcker, WettbR-EU, Band 1/Teil 2, Art. 23 VO 1/2003, Rn. 334; *Dannecker/N.Müller*, in: Wabnitz/Janovsky, Handbuch Wirtschafts- und Steuerstrafrecht, Kap. 18 Rn. 217; *Dannecker/Fischer-Fritsch*, S. 6; *Schwarze*, EuZW 2003, 261 (268) m.w.N. Differenzierend *Wegner*, WuW 2001, 469 (476), der die strafrechtlichen Garantien unabhängig von der Rechtsnatur der Kartellsanktion anwenden will.

Fundamentalgarantien zwar Anwendung finden, allerdings nicht notwendigerweise in derselben Strenge.[661] Die Rechtsprechung des EGMR liegt damit diesbezüglich mit der des EuGH auf einer Linie.

5. *„Harter Kern" eines Zweiklassenstrafrechts?*

Böse Zungen könnten meinen, der EGMR werfe hier dem EuGH den „rettenden Kompetenz-Anker" zu. Natürlich hat er sich zu diesem Problem nicht geäußert. Die Tatsache, dass das Wettbewerbsrecht nicht zum Kernbereich des Strafrechts gehören soll, ist für die Praxis der Unionsgerichte, die den strafrechtlichen Charakter strikt ablehnt, aber Gold wert. So sieht sich bspw. *Kokott*, die die Kartellsanktion zwar als mit dem Strafrecht durchaus verwandt ansieht, ihm aber keinen strafrechtsgleichen Charakter zuspricht, mit Verweis auf den EGMR nur in ihrer Auffassung bestätigt.[662] Kompetenzproblem? Fehlanzeige.

Dabei hat der EGMR lediglich die Position vertreten, es müsse berücksichtigt werden, dass nach den Engel-Kriterien auch Rechtsbereiche unter den Begriff des Strafrechts fallen können, die hier naturgemäß nicht hingehören. Diese Tatsache berücksichtigt das Gericht, indem es die Strafgarantien in unterschiedlicher Strenge anwenden will. Wird eine Sanktion aber unter den Strafbegriff subsumiert, bleibt es dabei, dass es sich um eine Strafe handelt. Auf die Frage nach der Kompetenz zum Erlass von Strafen wirkt sich die Äußerung folglich nicht aus. Anders als im Rahmen der Abgrenzung zwischen Ordnungswidrigkeit und Kriminalstrafe, mit dem die Unterscheidung in ein „hartes" und „weiches" Strafrecht durchaus Ähnlichkeit hat, kann hier mit Sicherheit gesagt werden, dass die Kartellsanktion zum Strafrecht gehört. Die Generalanwältin darf sich daher nicht vollends bestätigt sehen.

Streng genommen könnte sogar das Gegenteil der Fall sein. Denn es ist sowohl die Auffassung des EGMR und mit ihr auch die des EuGH zu hinterfragen, dass die Reichweite und Anwendbarkeit der fundamentalen Strafgarantien vom materiellen Unwertgehalt der begangenen Straftat abhängt. Es ist dabei nicht nur fragwürdig, ob es eine solche Differenzierung im Hinblick auf ein dann bestehendes „Zweiklassenstrafrecht" überhaupt geben kann. Denn auch der EMGR integriert dadurch einen Sanktionstypus im Sinne eines „weichen" Strafrechts, der in den Rechtsordnungen der Mitgliedstaaten nicht vorkommt. Es stellt sich vielmehr auch die Frage, ob es sich bei den Kartellsanktionen entgegen der Auffassung des EGMR nicht ohnehin um den „harten Kern" des (Kriminal-)Strafrechts handelt.[663] Aus der Tatsache, dass die Kartellsanktion überwiegend „nur" als Strafe im weiteren Sinne definiert wird, ergibt sich deshalb auch nicht notgedrungen der Schluss, dass sie nicht auch dem Kernbereich des Strafrechts zugeordnet werden könnte.[664]

661 EGMR v. 23.11.2006 – Nr. 73053/01, Rz. 43 – *Jussila/Finnland.*

662 Schlussanträge der Generalanwältin *Kokott* v. 28.2.2013 – Rs. C-681/11, Slg. noch nicht veröffentlicht, Rz. 40, dort Fn. 18 – *Schenker.*

663 Zustimmend *Hirsbrunner/Werner*, jusletter 20, September 2010, Rz. 8.

664 Vgl. *Bechtold/Bosch*, ZWeR 2011, 160 (163).

a) *Kein Zweiklassenstrafrecht*

Ein Zweiklassenstrafrecht kann und darf es nicht geben. Eine entsprechende Differenzierung ergibt sich weder aus der EMRK[665] noch aus dem Primärrecht, weshalb sie praktisch nicht durchsetzbar ist und ausschließlich der Willkür der Gerichte obläge.[666] Zudem ist sie schon aus Gründen eines effektiven Rechtsschutzes und der Rechtssicherheit für den Betroffenen abzulehnen. Geht es um die Frage, ob fundamentale Garantien Anwendung finden, ist kein Platz für einen Ermessensspielraum. Es gilt das „alles oder nichts" Prinzip. Daran ändern auch die verwaltungsrechtlichen Bezüge des Kartellverfahrens nichts.

Hinsichtlich der Ausführungen des EGMR im Urteil *Jussila gegen Finnland* muss ohnehin bezweifelt werden, dass diese „eins zu eins" auf den Bereich der Kartellsanktion übertragbar sind. Während es im Kartellbußgeldrecht um Millionen, teilweise Milliarden geht, lag dem EGMR Urteil ein Strafzuschlag in Höhe von € 308 zu Grunde.[667] Zudem handelte es sich dort um eine Steuerstreitigkeit, die die Engel-Kriterien nur alternativ erfüllte und nicht wie die Kartellsanktion kumulativ.[668]

Es ist daher entgegen dem EuGH und dem EGMR davon auszugehen, dass die strafrechtlichen Fundamentalgarantien im Kartellverfahren uneingeschränkte Anwendung finden. Ein „Strafrecht zweiter Klasse" kann es nicht geben.

b) *Kriminalstrafrechtlicher Charakter des „Bußgeldes"*

Der EGMR begründet seine Auffassung hinsichtlich der Strafrechtsgarantien damit, dass bestimmte Bereiche zum Strafrecht im klassischen Sinn gehören. Die Frage, wie er zwischen dem traditionellen Bereich des Strafrechts als „hartem Kern" und einem im Gegensatz dazu unterstellten „weichen Kern" unterscheiden will, beantwortet er nicht. Da gewisse Parallelen zwischen der EGMR Praxis und der Unterscheidung von Ordnungswidrigkeiten und Kriminalstrafen bestehen, bietet es sich an, in Übertragung dieser Grundsätze festzustellen, ob die Kartellsanktion zum „harten Kern" des Strafrechts gehört.[669]

aa) Sozial-ethischer Unwertgehalt des Kartellrechtsverstoßes

Anknüpfungspunkt für die Unterscheidung der Kriminalstrafe von der Ordnungswidrigkeit ist, dass ersterer eine sozial-ethische Missbilligung zukommt, sie also

---

665 *Hirsbrunner/Werner*, jusletter 20, September 2010, Rz. 7; *Bechtold/Bosch*, ZWeR 2011, 160 (163).

666 *Slater/Thomas/Waelbroeck*, GCLC Working Paper 04/08, S. 22; *Hirsbrunner/Werner*, jusletter 20, September 2010, Rz. 7.

667 *Hirsbrunner/Werner*, jusletter 20, September 2010, Rz. 6.

668 *Hirsbrunner/Werner*, jusletter 20, September 2010, Rz. 9; *Bechtold/Bosch*, ZWeR 2011, 160 (164).

669 Vgl. *Hirsbrunner/Werner*, jusletter 20, September 2010, Rz. 9 mit Verweis auf *Bouquet*, in: Merola/Waelbroeck, Towards an optimal enforcement of competition rules in Europe, 2.2.1.2.

in besonderer Weise verwerflich ist, während die Ordnungswidrigkeit nur eine „nachdrückliche Pflichtenmahnung" darstellt.[670] Ein entsprechendes Verständnis liegt auch dem zweigliedrigen Sanktionsbegriff zu Grunde. Dieser geht einerseits davon aus, dass es nur Verwaltungs- und Strafsanktionen gibt. Andererseits davon, dass letzterer eine sozial-ethische Missbilligung inhärent ist, während dies bei Verwaltungssanktionen nicht der Fall ist.[671]

Im Umkehrschluss zum Erfordernis eines sozial-ethischen Unwerturteils zeichnen sich Verwaltungssanktion, nicht zum Kernbereich des Strafrechts gehörende Sanktion und strafrechtsähnliche Sanktionen bzw. Strafe im weiteren Sinne durch ein wertneutral(er)es Verhalten aus.[672] Eine entsprechend strenge Abgrenzung anhand qualitativer Merkmale spiegelt indessen nicht die Realität wider und wird auch praktisch kaum einzuhalten sein.[673] Zum einen finden sich im Ordnungswidrigkeitenrecht Tatbestände, die einem kriminalstrafrechtlichen Unrechtsgehalt entsprechen, genauso wieder, wie umgekehrt im Kriminalstrafrecht Tatbestände, die aufgrund ihrer Wertneutralität nur dem Recht der Ordnungswidrigkeiten zuzurechnen wären.[674] Da zwischen den Sanktionstypen nicht anhand ihrer präventiven oder repressiven Wirkweise abgegrenzt werden kann – beide erfüllen diese Merkmale[675] – und beide dem Schutz von Rechtsgütern dienen,[676] erscheint der maßgebliche Unterschied zwischen ihnen daher nicht qualitativer Natur – also wesensmäßig – zu sein, sondern quantitativer Natur – also wertungsmäßig.[677] Die Ordnungswidrigkeit ist zwar nicht wertneutral, sie besitzt lediglich einen geringeren Unrechts- und Verwerflichkeitsgrat, weshalb ihre „Ahndungswürdigkeit" nicht

---

670 BVerfGE 27, 18 (33) = NJW 1969, 1619; 45, 272 (288f.) = NJW 1977, 1629; BGHSt 11, 263 (264) = NJW 1958, 109; *Jescheck*, JZ 1959, 457 (459f.); *Dannecker/Biermann*, in: Immenga/Mestmäcker, WettbR-EU, Band 1/Teil 2, Art. 23 VO 1/2003, Rn. 337; *Böse*, S. 36ff. je m.w.N. Kritisch zu dieser Abgrenzung *Schünemann*, in: Schünemann/González, Bausteine des europäischen Wirtschaftsstrafrechts, 1994, 265 (281), der als relevante Kriterien nur auf Höhe und Repression abstellen will. S. auch *Bahnmüller*, S. 79f. m.N.

671 *Schwarze/Weitbrecht*, Grundzüge des europäischen Kartellverfahrensrechts, § 7 Rn. 5.

672 Vgl. *Jescheck*, JZ 1959, 457 (461); *Tiedemann*, in: FS Jescheck, 1411 (1415); *Siohl*, S. 34f.; BVerfGE 45, 272 (289) = NJW 1977, 1629.

673 So das BVerfG, in BVerfGE 45, 272 (289) = NJW 1977, 1629.

674 *Siohl*, S. 37f.

675 *Bahnmüller*, S. 79; *Weber*, ZStW 92 (1980), 313 (315).

676 Auch das Strafrecht i.w.S. schützt Rechtsgüter, *Weber*, ZStW 92 (1980), 313 (315); *Böse*, S. 39; *Mitsch*, JA 2008, 241.

677 *Dannecker/Biermann*, in: Immenga/Mestmäcker, WettbR-EU, Band 1/Teil 2, Art. 23 VO 1/2003, Rn. 337; *Dannecker/Fischer-Fritsch*, S. 7, dort Fn. 16; *Schünemann*, in: Schünemann/González, Bausteine des europäischen Wirtschaftsstrafrechts, 1994, 265 (280); *Mitsch*, JA 2008, 241; *Weber*, ZStW 92 (1980), 313 (316); *Zieschang*, in: FS Tiedemann, 1303 (1309); *Oehler*, in: FS Jescheck, 1399 (1406).

der einer Kriminalstrafe entspricht.[678] Ist das maßgebliche Abgrenzungsmerkmal aber der quantitative Unrechtsgehalt, kann die Qualität des Rechtsguts, das durch die Sanktion geschützt wird, also der durch die Sanktion verfolgte Schutzzweck, nicht völlig außen vor bleiben.[679] Schließlich spiegelt er auch den Grat des kriminellen Unwertgehalts, der mit einem Verstoß gegen das Rechtsgut verbunden ist, wider.[680] Eine rein quantitative Abgrenzung kann es daher nicht geben, weshalb in Anlehnung an die Rechtsprechung des BVerfG[681] von einer gemischt qualitativ-quantitativen Abgrenzung ausgegangen wird.[682] Die Grenze zwischen Ordnungswidrigkeit und Kriminalstrafe ist fließend.[683] Dass die Kriminalstrafe dem Schutz elementarer Rechtsgüter dient, während die Ordnungswidrigkeit vor allem der Sanktion bloßen Nichtgehorsams vorbehalten ist, ist daher lediglich ein Indiz dafür, dass in die Beurteilung des Unrechts Grats miteinfließt: Je schutzwürdiger das Gut, desto verwerflicher seine Verletzung.

Die gemischt qualitativ-quantitative Abgrenzung hat zur Folge, dass der Einordnung als Kriminalstrafe nicht das rein praktische Argument entgegengehalten werden kann, sie hätte zur Folge, dass die Kommission als Behörde zuständig für die Verhängung von Strafen wäre[684], was mit der Auffassung in den Mitgliedstaaten nicht zu vereinbaren ist. Denn es handelt sich um ein strukturelles Problem, das gelöst werden muss, aber auch lösbar ist.[685] Die Struktur des Verfahrens muss sich nach der Rechtsnatur der Sanktion richten und nicht umgekehrt.[686] Auf die Qualität und Quantität der Sanktion hat es keinen Einfluss.

Im Folgenden sind daher sowohl die Bedeutung des Schutzguts, als auch die sich daraus ergebende Ahndungswürdigkeit zu thematisieren.

(1) Erhalt der Wettbewerbsordnung als elementares Gemeinschaftsrechtsgut

Ausgehend vom Schutzzweck geht es im Kartellbußgeldrecht um nichts Geringeres als den Erhalt der Wirtschaftsordnung durch den Schutz des Wettbewerbs als Institution.[687] Der Kartellsanktion kommt die Aufgabe zu, dafür zu sorgen, dass die Wettbewerbsordnung eingehalten wird. Folglich geht es nicht mehr darum sicherzustellen, dass die Verwaltung funktioniert, sondern um die dem Wirtschaftsstrafrecht

678 *Mitsch*, JA 2008, 214; *Bahnmüller*, S. 74f.
679 Vgl. *Jescheck*, JZ 1959, 457 (459).
680 Vgl. *Weber*, ZStW 92 (1980), 313 (316); *Böse*, S. 38 m.w.N.
681 BVerfGE 22, 49 (80) = NJW 1967, 1219; 27, 18 (29/33) = NJW 1969, 1619; 45, 272 (288f.) = NJW 1977, 1629.
682 *Böse*, S. 39.
683 *Weber*, ZStW 92 (1980), 313 (316); s. auch *Mitsch*, JA 2008, 241.
684 *Böse* m.w.N.
685 Vgl. *Wagner-von Papp*, WuW 2010, 268 (278).
686 Vgl. *Jescheck*, JZ 1959, 457 (461).
687 Vgl. Europäische Kommission, XXXI. Bericht über die Wettbewerbspolitik 2001, S. 4.

immanente Erhaltung der Wirtschaftsordnung.[688] Wirtschaftsstrafrecht und Kartellrecht verfolgen daher entsprechende Ziele. Die besondere Bedeutung des Schutzgutes rechtfertigt nicht nur einen strafrechtlichen Schutz[689], sondern erfordert diesen aufgrund der aufgezeigten Präventionsdefizite sogar. Wer das Schutzgut Wirtschaftsordnung verletzt, begeht eine Straftat, denn es ist nicht nachvollziehbar, weshalb ein solches Verhalten wertneutral sein soll.[690] Wenn die Verletzung des Wettbewerbs, dessen Sicherung immerhin ein Hauptziel[691] des europäischen Binnenmarktes darstellt, sowie die damit einhergehende Schädigung der europäischen Wirtschaft und seiner Verbraucher keine „verwerfliche Verletzung von Gemeinschaftsbelangen" ist[692], stellt sich die Frage, was dann diese Voraussetzungen erfüllt.

Der Grund für diese Einschätzung könnte damit zusammenhängen, dass es der Öffentlichkeit an einem entsprechenden Empfinden bezüglich des Unwertgehalts von Kartellrechtsverstößen fehlt.[693] Das mag verschiedene Ursachen haben. Zum einen werden Kartelle als „opferlose Delikte"[694] umschrieben. Die letztlich geschädigten Verbraucher werden sich oft gar nicht bewusst sein, dass sie Opfer eines Kartells geworden sind. Auch wird der Schaden des Einzelnen regelmäßig „nicht der Rede wert" sein. Zum anderen wurden Kartelle vor gar nicht allzu langer Zeit als volkswirtschaftliche Notwendigkeit nicht nur geduldet, sondern waren sogar erwünscht.[695] Es sprach wenig dafür, sie als ethisch verwerflich einzuordnen. Dieser

---

688 *Jescheck*, JZ 1959, 457 (459); vgl. auch *Schroth*, S. 186.

689 *Biermann*, ZWeR 2007, 1 (28f.).

690 *Jescheck*, JZ 1959, 457 (460f.); *Biermann*, ZWeR 2007, 1 (19).

691 Obwohl in Art. 2 EUV anders als noch in Art. 2 EG das „System unverfälschten Wettbewerbs" nicht mehr erwähnt wird, handelt es sich weiterhin um ein primärrechtliches Ziel. Das ergibt sich einerseits aus den Wettbewerbsvorschriften selbst, andererseits aus der Aufnahme in ein „Protokoll über den Binnenmarkt und den Wettbewerb", das den Charakter von Primärrecht hat. Der Schutz des Wettbewerbs hat folglich nicht an Bedeutung verloren. S. dazu *Behrens*, EuZW 2008, 193. Zur Bedeutung der Wirtschaftsordnung im Kontext des Unionsrechts s. ausführlich *Biermann*, ZWeR 2007, 1 (28ff.).

692 So aber bspw. *Baudisch*, S. 250.

693 *Wagner-von Papp*, WuW 2010, 268 (274); *Bahnmüller*, S. 80; vgl. *Bulst*, in: Möschel/Bien, Kartellrechtsdurchsetzung durch private Schadenersatzklagen?, 225 (226).

694 *Wagner-von Papp*, WuW 2010, 268 (274). In diese Richtung auch *Bulst*, in: Möschel/Bien, Kartellrechtsdurchsetzung durch private Schadenersatzklagen?, 225 (226f.).

695 *Schröter*, Journal of European Economic History, 1996 (Vol. 25, No. 1), 129 (129, 133), *Metzner*, in: Internationales Handbuch der Kartellpolitik, S. 91; s. *Barnikel*, in: Theorie und Praxis der Kartelle, S. 36, *Biermann*, ZWeR 2007, 1 (5); *von Götz*, WRP 2007, 741 (742). Selbst das Reichsgericht entschied bereits 1897 im Fall des Sächsischen Holzstoff-Fabrikanten-Verbandes, dass Kartellverträge nicht im Widerspruch zur Gewerbefreiheit stünden und daher im Rahmen der allgemeinen Vertragsfreiheit wirksam seien, soweit sie nicht zu einer wucherischen Ausbeutung der Konsomenten oder einem Monopol führten, RGZ 38, 155ff. – *Sächsisches Holzstoffkartell*.

Umstand beruhte maßgeblich auf den Errungenschaften des 19. Jahrhunderts. Die Rede ist von der Industriellen Revolution und der mit ihr verbundenen Möglichkeit, günstiger mehr zu produzieren. Gleichzeitig bedeutete das auch mehr Konkurrenz und mehr Konkurrenz wiederum einen wirtschaftlichen Selektionsprozess. Um diesem zu entgehen und sich vor dem sicheren Ruin zu schützen, gingen Unternehmen dazu über, sich abzusprechen.[696] Kartelle fungierten als existenzieller „Fall-Schirm" oder „Kinder in Not"[697] und waren als „naturnotwendige unvermeidliche Entwicklungsstufe des Wirtschaftslebens"[698] etabliert. Es verwundert daher nicht, dass sich die Zahl der Kartelle in Deutschland im Zeitraum von 1865–1930 von 4 auf schätzungsweise 3000 erhöhte[699] und sich ein vergleichbares Bild auch in vielen anderen europäischen Ländern wiederfand[700]. Trotz größer werdender Bedenken betonte eine in den Jahren 1902/1906 eingesetzte Kartellenquête immer wieder die Notwendigkeit von Kartellen für die Wirtschaft.[701] Selbst die Einführung der „Verordnung gegen Missbrauch wirtschaftlicher Machtstellungen" vom 2.11.1923[702] blieb trotz der Möglichkeit, Verstöße gegen die KVO gemäß § 17 in unbeschränkter Höhe zu bestrafen, ein stumpfes Schwert.[703] Sogar das am 27.7.1957[704] verkündete und am 1.1.1958 in Kraft getretene Gesetz gegen Wettbewerbsbeschränkungen – als Nachfolger der sog. Dekartellisierungs- oder auch Antitrustgesetze[705] – durch das „das unsere Marktwirtschaft leitende Prinzip seine gesetzliche Verankerung"[706] fand, spiegelte noch teilweise die grundsätzlich positive Einstellung gegenüber

---

696 *Liefmann*, in: Theorie und Praxis der Kartelle, S. 72f., *Isay*, Die Geschichte der Kartellgesetzgebungen, S. 31; *von Götz*, WRP 2007, 741 (742).

697 *Friedländer*, Die Rechtspraxis der Kartelle und Konzerne in Europa, S. 57.

698 *Barnikel*, in: Theorie und Praxis der Kartelle, S. 36.

699 *Wagenführ*, Kartelle in Deutschland, S. XIII; *Berghahn*, The Americanisation of West German Industry 1945–1973, S. 21 m.w.N.

700 *Metzner*, in: Internationales Handbuch der Kartellpolitik, S. 91; eine (kurze) Übersicht über die Entwicklung verschiedener europäischer Länder findet sich auch bei *Schröter*, a.a.O., S. 129 (138ff.), der diese ihrem „KartellierungsGrat" nach letztlich in vier Gruppen einteilt. Sowohl Deutschland als auch Frankreich und Belgien gehörten demnach zu den „durchkartelliertesten" Nationen.

701 *Barnikel*, in: Theorie und Praxis der Kartelle, S. 36 zitiert *Schmoller* mit dem Satz: „[...] es sei jedenfalls mehr eine Enquête für als gegen Kartelle geworden". S. auch *Isay*, Die Geschichte der Kartellgesetzgebungen, S. 32.

702 RGBl. I (1923), S. 1067.

703 Vgl. *Barnikel*, in: Theorie und Praxis der Kartelle, S. 42f.; *Schmidt/Haucap*, Wettbewerbspolitik und Kartellrecht, S. 211; *Kronstein* bezeichnete die KVO sogar als „a complete failure", siehe dazu *Günther*, in: Kartelle und Monopole im modernen Recht, Band 1, S. 79 (81). Nach 1923 nahm die Anzahl der Kartelle sogar noch zu, *Kühne*, in: Ebke/Elsing/Großfeld/Kühne, Das deutsche Wirtschaftsrecht unter dem Einfluss des US-amerikanischen Rechts, S. 49 (52).

704 BGBl. I v. 9.8.1957, Nr. 41, S. 1081.

705 So die wohl am häufigsten verbreitete Überschrift in der Presse, BB 1947, 76.

706 *Günther*, WuW 1957, 677.

Kartellen wider. So führt die Begründung zum Regierungsentwurf des GWB noch aus, dass „weder in der deutschen Öffentlichkeit noch in den beteiligten Wirtschaftskreisen [...] bisher ein lebendiges Gefühl dafür verbreitet [ist], daß wettbewerbsbeschränkende Verträge und Geschäftspraktiken unerlaubt und ethisch verwerflich seien. [...] Spätere Zeiten, denen der Gedanke des freien Wettbewerbs lebendiger und werterfüllter scheinen wird, als das heute schon der Fall ist, mögen davon abgehen und die Ordnungswidrigkeiten zu echten Straftaten verschärfen."[707] Nichtsdestotrotz entschied man sich, nicht nur Geldbußen, sondern „Geldbußen in beträchtlicher Höhe"[708] einzuführen, die in ihrer Intensität echten Strafen durchaus gleichzustellen sind.

Dieses Vorstellungsbild hat sich heute gewandelt.[709] In der amtlichen Begründung zur 4. GWB-Novelle wurden Kartellrechtsverstöße bereits als „gravierend", „keine Kavaliersdelikte" und „schwerwiegende Störung der öffentlichen Ordnung" bezeichnet.[710] Dies hat die Monopolkommission in ihrem 72. Sondergutachten dazu veranlasst, „Empfehlungen für konkrete Straftatbestände" zu machen.[711] Die Kommission scheint dies ganz ähnlich zu sehen. So bezeichnete das ehemals für Wettbewerbspolitik zuständige Kommissionsmitglied *Mario Monti* Kartellpraktiken als „Krebsgeschwür" für eine offene und moderne Marktwirtschaft.[712] Hinzu treten die verstärkten Bemühungen in den Mitgliedstaaten, das Kartellrecht zu kriminalisieren,[713] was einerseits als Indiz für die sozial-ethische Verwerflichkeit von Kartellrechtsverstößen anzusehen ist[714] und andererseits auch das teilweise gegen die Kriminalstrafe vorgebrachte Argument widerlegt, es fehle der Kartellsanktion an kriminaltypischen Merkmalen wie bspw. der Eintragung ins Strafregister;[715] abgesehen davon, dass nicht alle Straftaten auch dort eingetragen werden.

---

707 BT-Drucks. 2/1158 v. 22.1.1955, B II, S. 27f.

708 Entwurf eines Gesetzes gegen Wettbewerbsbeschränkungen, BT-Drucks. 3462 v. 13.6.1952, B.II., S. 22.

709 In diese Richtung auch Monopolkommission, Sondergutachten 72 (2015), Rn. 200; a.A. *Wagner-von Papp*, WuW 2010, 268 (274).

710 BT-Drucks. 8/2136 v. 27.9.1978, S. 27.

711 Monopolkommission, Sondergutachten 72 (2015), Rn. 200.

712 Europäische Kommission, XXXI. Bericht über die Wettbewerbspolitik 2001, S. 4.

713 Vgl. zu den Bemühungen in Großbritannien bspw. *Joshua*, ECLR 2002, 231ff., *Werden*, ECJ 2009, 19 (25); s. hierzu auch *Möschel*, DB 2010, 2377 (2379); *Wagner-von Papp*, WuW 2010, 268 (269) m.N. In Deutschland hat die Justizministerkonferenz im Juni 2015 ihren Strafrechtsausschuss damit beauftragt die Möglichkeiten für eine Fortentwicklung des Sanktionsrechts bei Kartellabsprachen auszuloten, 86. Konferenz der Justizministerinnen und Justizminister am 17./18. Juni 2015. Zur Einführung eines allgemeinen Verbandsstrafrechts in den Mitlgiedstaaten s. *Dannecker*, GA 2001, 101. *Kindhäuser/Meyer*, in: FK-Kartellrecht, 77. Lfg. (2012), Bußgeldrechtliche Folgen Art. 101 AEUV, Rn. 20 m.w.N.

714 Vgl. *Biermann*, ZWeR 2007, 1 (18, 27), *Siohl*, S. 28; *Böse*, S. 140.

715 *Böse*, S. 144 m.w.N.

Auch im Hinblick auf das Problem der dezentralen Schäden der Verbraucher kommt das Rad (wieder) ins Rollen. Trotz der *Courage*[716] Entscheidung des EuGH aus dem Jahr 2001 und der damit verbundenen Euphorie[717] kam und kommt der Materie des „private enforcement" auf europäischer Ebene nur eine verhältnismäßig[718] geringe Bedeutung zu.[719] Nachdem die Bemühungen der Kommission[720] mehr oder weniger im Sande verliefen und die entflammte Begeisterung für das Thema sich wieder gelegt hatte[721], hat die Kommission mit dem am 11.6.2013 veröffentlichten Richtlinienvorschlag „über bestimmte Vorschriften für Schadensersatzklagen nach einzelstaatlichem Recht wegen Zuwiderhandlungen gegen wettbewerbsrechtliche Bestimmungen der Mitgliedstaaten und der Europäischen Union"[722] einen weiteren Anlauf gestartet. Ob dieser gelungen ist, mag zu hinterfragen sein.[723] In jedem Fall stellt er aber einen wichtigen Schritt dar, die Verbraucher für die ihnen durch Kartellabsprachen entstandenen Schäden zu sensibilisieren. Damit werden sie zugleich damit konfrontiert, dass sie Opfer der sich absprechenden oder missbräuchlich handelnden Unternehmen geworden sind.

Dass der kriminalstrafrechtliche Charakter einer Sanktion dynamisch ist, zeigte bereits die Begründung zum Regierungsentwurf des GWB. Er wird vom jeweils aktuellen Gesellschaftsdenken mitbestimmt.[724] Kartellrechtsverstöße werden heute allgemein als sozialschädlich empfunden,[725] so dass sich daraus auf das Vorstellungsbild der Öffentlichkeit schließen lässt und somit auch der Vorwurf der sittlich-ethischen Missbilligung begründet erscheint. Sozialschädlich bedeutet zwar nicht unbedingt auch ethisch vorwerfbar.[726] In Abgrenzung zur Strafe im weiteren Sinne handelt es sich aber keinesfalls um ein wertneutrales Verhalten, so dass der Charakter der Kriminalstrafe schon deshalb begründet werden könnte.

---

716 EuGH v. 20.9.2001 – Rs. C-453/99, Slg. 2001, I-6297 – *Courage.*

717 *Mäsch*, WuW 2013, 687. Die Gründe dafür nennt *Zimmer*, in: Sanktionen im Kartellrecht, 1 (2).

718 In den USA beläuft sich der Anteil privat geführter Klagen auf ca. 90%, s. dazu bereits oben, S.96.

719 *Geradin/Henry*, ECJ 2005, 401; *Mäsch*, EuR 2003, 825 (828); vgl. *Connor M.*, Journal of Industry, Competition and Trade, 2004, 239 (249).

720 Zum Vorschlag s. *Wagner/Kleine/Liebach*, EWS 2008, 305; zum späteren Richtlinienentwurf der Kommission *Wagner-von Papp*, EWS 2009, 445.

721 Von der einstigen „Aufbruchsstimmung ist heute nichts mehr zu spüren", *Mäsch*, WuW 2013, 687.

722 KOM(2013) 404 final. S. dazu auch FAZ v. 12.6.2013, Nr. 133, S. 10.

723 Kritisch zum Richtlinienentwurf bspw. *Mäsch*, WuW 2013, 687.

724 *Slater/Thomas/Waelbroeck*, GCLC Working Paper 04/08, S. 21.

725 *Dannecker/Biermann*, in: Immenga/Mestmäcker, Vor. § 81, Rn. 23; *Wagner-von Papp*, WuW 2010, 268 (270) m.w.N. Zum Ausmaß der Sozialschädlichkeit s. *Werden*, ECJ 2009, 19 (27f.); *Biermann*, ZWeR 2007, 1 (13f.) je mit w.N.

726 Vgl. *Heine*, ZStrR 2007, 105 (113).

(2) Sittlich-ethische Missbilligung durch ein Unternehmen

Geht es um das Merkmal der ethischen Vorwerfbarkeit, muss man zum einen berücksichtigen, dass es sich vorliegend um Wirtschaftsstrafrecht handelt. Die ethische Vorwerfbarkeit muss ihren Anknüpfungspunkt folglich in einer Missachtung der Wirtschaftsverfassung haben, welche versucht, den Wettbewerb und die damit verbundenen Verbraucherinteressen zu gewährleisten und zu schützen. Für das die Kriminalstrafe charakterisierende Merkmal kommt es folglich im Unternehmensstrafrecht auf ein sozial-normatives Begriffsverständnis an, wie es den existierenden Unternehmensstrafrechten der Mitgliedstaaten zu Grunde liegt.[727] In diesem Kontext mündet die Sozialschädlichkeit in einem ethisch verwerflichen Verhalten. Denn geht es auf Unionsebene um die Frage der Strafwürdigkeit eines Verhaltens, folgt diese aus der Sozialschädlichkeit desselben.[728] Im Wirtschafts(straf)recht sind Sozialschädlichkeit und ethische Verwerflichkeit daher kongruent.

Zum anderen ist zu berücksichtigen, dass die Kartellsanktion gegen Unternehmen verhängt wird. Im Vordergrund steht daher nicht das bei der Kriminalstrafe im Vordergrund stehende höchstpersönliche und ehrenrührige, autoritative Unwerturteil, sondern die wirtschaftliche Sanktionswirkung für das Unternehmen.[729] Soll sich das Unternehmen folglich moralisch oder ethisch verwerflich verhalten können, sind die grundsätzlich auf menschliches Verhalten ausgerichteten strafrechtlichen Grundkategorien entsprechend anzupassen.[730] Die Adressatenstellung und Handlungsfähigkeit des Unternehmens im Wettbewerbsrecht der Union ist unstreitig. Die Wettbewerbsnormen sind echte Sonderdelikte[731]; Adressaten ausschließlich Unternehmen. Interessanter ist die Frage, ob das Unternehmen auch schuldhaft handeln kann, oder sich dieser Vorwurf von vorneherein ohnehin nur an natürliche Personen richtet. Während dies im nationalen Recht umstritten war und als Argument gegen die Straf- und Schuldfähigkeit von Unternehmen angeführt wurde,[732] ist diese Frage für das Unionsrecht verhältnismäßig leicht zu beantworten. Bereits der Wortlaut des Art. 23 Abs. 2 VO 1/2003 setzt die Schuld des Unternehmens als dem Täter des Wettbewerbsverstoßes voraus. Unternehmen sind nach unionsrechtlichem Verständnis folglich ohne weiteres schuldfähig.[733] Daraus folgt,

---

727 *Heine*, ÖJZ 1996, 211 (213f.).

728 *Biermann*, ZWeR 2007, 1 (27).

729 BVerfG, Entsch. v. 16.7.1969, BvL 2/69, BVerfGE 27, 18, Rn. 42.

730 *Dannecker*, GA 2001, 101 (107f.).

731 *Tiedemann*, in: FS Jescheck, 1411 (1419).

732 Da die Schuldfähigkeit von Unternehmen im nationalen Recht umstritten ist und Strafe nur auf Schuld folgt, wird dies von Teilen der Literatur herangezogen, um den kriminalstrafrechtlichen Charakter der Sanktion abzulehnen. So *Oehler*, Internationales Strafrecht, S. 563 Rn. 937; *Dannecker/Fischer-Fritsch*, S. 7; *Dannecker/Biermann*, in: Immenga/Mestmäcker, WettbR-EU, Band 1/Teil 2, Art. 23 VO 1/2003, Rn. 337; *Dannecker*, GA 2001, 101 (114) m.w.N., der sich aber selbst für die Straffähigkeit von Verbänden ausspricht.

733 *Dannecker/Fischer-Fritsch*, S. 289.

wer schuldfähig ist, kann sich auch ehrenrührig verhalten und folglich Täter einer Kriminalstrafe sein. Dies deckt sich auch mit der Auffassung, die die Schuld nicht an eine persönliche, individuelle, sittliche Fehlleistung eines Menschen und damit die Fähigkeit des Andershandelns knüpft[734], die der Verband nicht treffen kann[735], sondern an einen an sozialen und rechtlichen Aspekten orientierten Schuldbegriff, der es ermöglicht, auch eine Schuld des Verbands selbst zu begründen.[736] Unternehmensstrafe setzt also keinen individualethischen Vorwurf voraus, so dass auch ein Unternehmen getadelt werden kann, das sich in sozial-ethisch missbilligender Weise verhalten hat, wenn denn der Vorwurf berechtigt ist.[737] Insoweit widerspricht diese Vorgehensweise noch nicht einmal den Auffassungen in den Mitgliedstaaten. Denn auch hier wird „der Satz >>societas deinquere non potest<< [...] heute nicht mehr allgemein anerkannt"[738] bzw. ist im Begriff völlig abgeschafft zu werden.[739]

Folgt man diesem an die wirtschaftlichen Gegebenheiten angepassten Verständnis, ist Anknüpfungspunkt der ethischen Vorwerfbarkeit, die selbst in dem Verstoß gegen das Kartellrecht zu sehen ist, das wettbewerbsrelevante Verhalten der Konzernmutter. Nach dem Unionsrecht macht es keinen Unterschied, ob eine natürliche, juristische oder gar eine nicht rechtsfähige wirtschaftliche Einheit gegen das Wettbewerbsrecht verstößt. Nimmt man letztere für den Kartellrechtsverstoß in Anspruch, erscheint es nur konsequent, die moralische Verwerflichkeit auch an ihr Handeln zu knüpfen, zumal diesbezüglich auf Unionsebene keine Wertungsprobleme bestehen.[740] Ob man die wettbewerbsrelevante Handlung letztlich in einer Aufsichtspflichtverletzung[741], der Verletzung einer wettbewerbsrechtlichen Verkehrssicherungspflicht oder generell in einem Unterlassen erblickt, kann dahinstehen, solange das Verhalten nur in kausalem Zusammenhang mit dem als sozialethisch vorwerfbaren Wettbewerbsverstoß steht.

Der ethischen Verwerflichkeit, respektive Sozialschädlichkeit steht es dabei nicht entgegen, dass es sich bei Kartellrechtsverstößen um die beschriebenen vermeintlich

---

734 BGHSt 2, 194 (200) = NJW 1952, 593 (594); s. auch *Schünemann*, in: Schünemann/González, Bausteine des europäischen Wirtschaftsstrafrechts, 1994, 265 (282f.).

735 *Dannecker*, GA 2001, 101 (112).

736 Zusammenfassend und kritisch zugleich *Schünemann*, in: Schünemann/González, Bausteine des europäischen Wirtschaftsstrafrechts, 1994, 265 (283f.).

737 *Dannecker*, GA 2001, 101 (113).

738 *Dannecker*, GA 2001, 101.

739 „Die Justizminister haben sich [...] mit dem Vorstoß angefreundet, ein eigenes Strafrecht für Unternehmen einzuführen. [...] Ziel der Gesetzesinitiative ist es, dass Staatsanwälte nicht mehr nur Manager vor Gericht anklagen können, sondern auch die Unternehmen selbst. Als Sanktionen sind spürbare Geldstrafen vorgesehen [...]", FAZ v. 20.11.2013, Nr. 270, S. 19.

740 A.A *Dannecker/Biermann*, in: Immenga/Mestmäcker, WettbR-EU, Band 1/Teil 2, Art. 23 VO 1/2003, Rn. 337.

741 *Schünemann*, in: Schünemann/González, Bausteine des europäischen Wirtschaftsstrafrechts, 1994, 265 (284).

opferlosen Delikte handelt. Denn dieser Punkt könnte genauso dafürsprechen, den Wettbewerbsverstoß als ethisch-verwerflich einzustufen. Schließlich ist eine solch verdeckte Schädigung der Verbraucher, bei der diese aufgrund des geringen Schadens für den Einzelnen gar nicht merken, dass sie Opfer eines Kartells – u.U. schon seit Jahren – sind, noch mehr zu missbilligen und dem Kartellrecht im Übrigen immanent. Kein Unternehmen wird eine Preisabsprache vornehmen, die sich für die Verkehrskreise als offensichtlich darstellt. Dann kann der Vorwurf des scheinbar opferlosen Delikts aber auch nicht als Argument gegen die ethische Verwerflichkeit angeführt werden.

Fakt ist aber, dass trotz des medialen Interesses, auf das die Rekordbußen treffen, die Dezentralisierung der Schäden dazu führt, dass Verstöße gegen die Wirtschaftsordnung nicht in einem solchen Maße im Fokus der Öffentlichkeit stehen, wie es ihnen gemäß ihrer Sozialschädlichkeit eigentlich gebühren sollte. Um die Sozialschädlichkeit mehr in das Bewusstsein der Öffentlichkeit zu rücken, ist daher dem Aufruf zu folgen, Wettbewerbsverstöße als Kriminalstraftaten einzustufen, damit sich als Folge dessen auch der Eindruck von der ethischen Verwerflichkeit manifestiert.[742] Denn, salopp gesagt, handelt es sich bei Kartellrechtsverstößen die zu einer Preiserhöhung führen, um nichts anderes als einen ökonomisch modifizierten Diebstahl und Betrug an Verbrauchern und sonstigen Marktteilnehmern.[743]

(3) Höhe als quantitatives Abgrenzungsmerkmal

Folgt man der Auffassung, dass sich ein Unternehmen nicht sittlich-ethisch verwerflich verhalten kann, bleibt als Abgrenzungskriterium nur noch, auf die Höhe der Geldbuße als quantitatives Merkmal abzustellen.[744] Ein anderes Ergebnis ergibt sich demnach auch dann nicht, wenn man bspw. mit *Schünemann* ausschließlich auf Höhe und Repression als ausschlaggebende Merkmale für die Einordnung als Kriminalstrafe abstellen will.[745] Die Höhe der Sanktionen spricht eindeutig für die Einordnung als Kriminalstrafrecht und gegen die Annahme, es läge nur eine Bagatelle vor. Sie bringt nur das sozial-ethische Unwerturteil der Kriminalstrafe zum Ausdruck.

(4) Stellungnahme

Warum die Tatsache, dass Diebstahl und Betrug ohnehin und Kartellrechtsverstöße zumindest größtenteils auf nationaler Ebene bereits wertungsmäßig Kriminalstrafen darstellen, dies aber augenscheinlich noch nicht zur Unionsebene durchgedrungen ist, erschließt sich – die Kompetenzfrage einmal außen vorgelassen – nicht.

---

742 *Wagner-von Papp*, WuW 2010, 268 (274f.).

743 Vgl. *Werden*, ECJ 2009, 19 (23), *Biermann*, ZWeR 2007, 1 (8) mit Hinweis auf die Rheinausbau-Entscheidungen des BGH, in denen dieser § 263 StGB auf Submissionsabsprachen für anwendbar erklärte.

744 So geht bspw. *Bahnmüller*, S. 80f. vor.

745 *Schünemann*, in: Schünemann/González, Bausteine des europäischen Wirtschaftsstrafrechts, 1994, 265 (281).

Letztlich bedeutet ein Kartellrechtsverstoß nichts anderes als einen Betrug oder einen Diebstahl am Verbraucher und den sonstigen Marktteilnehmern. Diesen entstehen durch die unlauteren Geschäftspraktiken einiger Unternehmen nach Schätzungen der Europäischen Kommission Schäden in Milliardenhöhe.[746] Dadurch wird die auf Unionsebene proklamierte „gemeinsame Wettbewerbskultur"[747] verletzt und gefährdet.[748] Die sozial-normative Verwerflichkeit von Kartellrechtsverstößen sollte daher selbstverständlich sein.[749] Die im Rahmen des Kartellrechts verhängte Sanktion dient daher auch als Stigma dieses Vorwurfs.[750] Es scheint daher heute mehr denn je angebracht, die Kartellsanktion als Kriminalstrafrecht einzuordnen.[751]

bb) Wertungsprärogative des Gesetzgebers über die sozial-ethische Verwerflichkeit

Obwohl die Klassifizierung als Kriminalstrafe nach dem oben Gesagten bejaht werden muss,[752] wird nichtsdestotrotz weitestgehend davon ausgegangen, dass es sich bei Kartellsanktionen nicht um (Kriminal-)Strafen handelt.[753]

Für eine solche Auffassung spricht allen Argumenten zum Trotz, dass die Entscheidung über die ethische Verwerflichkeit, also die Wertungsprärogative, letztlich dem ermächtigten Gesetzgeber obliegt. Es liegt grundsätzlich in seinem Ermessen,

---

746 *Wagner/Kleine/Liebach*, EWS 2008, 305; s. auch *Bünder*, FAZ v. 25.1.2014, Nr. 21, S. 14.

747 *Mario Monti*, The New Shape of European Competition Policy, S. 6, abrufbar unter: https://www.jftc.go.jp/cprc/koukai/sympo/2003symposium/2003agenda.files/agenda25.pdf; zuletzt abgerufen am 21.3.2014.

748 *Werden*, ECJ 2009, 19 (24).

749 *Kindhäuser/Meyer*, in: FK-Kartellrecht, 77. Lfg. (2012), Bußgeldrechtliche Folgen Art. 101 AEUV, Rn. 18, der Verstößen „gegen die materiellen Wettbewerbsregeln in der Sache durchaus einen Grat an Sozialschädlichkeit [...]" einräumt.

750 *Hirsbrunner/Werner*, jusletter 20, September 2010, Rz. 9.

751 Zustimmend *Thomas*, in: FS Canenbley, 459 (461); s. auch *Werden*, ECJ 2009, 19; *Schroth*, wistra 1984, 164 (165), dort Fn. 9. A. A. *Kindhäuser/Meyer*, in: FK-Kartellrecht, 77. Lfg. (2012), Bußgeldrechtliche Folgen Art. 101 AEUV, Rn. 12, 18.

752 Zustimmend *Möschel*, DB 2010, 2377 (2378), der die Sanktionen als strafrechts*gleich* einstuft; *Biermann*, ZWeR 2007, 1 (19) m.w.N., der die Einstufung von Kartellsanktionen im deutschen Recht als Ordnungswidrigkeiten als verfehlt ansieht; *Thomas*, in: FS Canenbley, 459 (461) m.w.N.; vgl. auch *van Bael*, Due Process in EU Competition Proceedings, Ch. 5, S. 325; sowie bereits *Wolf*, WuW 1962, 645 (659).

753 *Oehler*, Internationales Strafrecht, S. 563f. Rn. 937f.; vgl. *Dannecker/Biermann*, in: Immenga/Mestmäcker, WettbR-EU, Band 1/Teil 2, Art. 23 VO 1/2003, Rn. 338; *Tiedemann*, NJW 1979, 1849; *Bahnmüller*, S. 121; *Böse*, S. 145; *Dannecker/Fischer-Fritsch*, S. 7; *Kiegler*, S. 56 je mit weiteren, zahlreichen Nachweisen. S. aber auch *Biermann*, ZWeR 2007, 1 (11), der die Einstufung der Kartellsanktionen im europäischen Recht nicht dem Kriminalstrafrecht zuordnet, obwohl diese deutlich höher sind als im deutschen Recht und er hier eine Zuordnung zum Kriminalstrafrecht bejaht.

ob er die Strafe als Kriminalstrafe oder Ordnungswidrigkeit bzw. Verwaltungsunrecht einordnet, da das Unrecht seiner Auffassung nach noch nicht sittlich-ethisch zu missbilligen ist, oder es diesen Vorwurf bereits erfüllt.[754] Die Sanktion bestimmt folglich das Unrecht und nicht das Unrecht die Sanktion.[755] Art. 23 Abs. 5 VO 1/2003 ist dann so zu interpretieren, dass den im Kartellrecht verhängten Sanktionen keine entehrende oder stigmatisierende Wirkung zukommt,[756] die Entscheidungen der Kommission folglich nicht kriminal-strafrechtlicher Natur sind.[757]

cc) Stellungnahme

Die Einordnung der Kartellsanktion als „harte" Strafe kann nach hier vertretener Auffassung weder der fehlende sozial-ethische Unwertgehalt bzw. die Problematik, dass Unternehmen nicht entsprechend handeln können, entgegengehalten werden, noch die Systematik des Verfahrens. Die im Europäischen Kartellrecht verhängten Sanktionen erfüllen nicht nur die unionsautonomen Voraussetzungen der Strafe, sondern sind trotz ihrer Zuordnung zum Wettbewerbsrecht als strafrechtlich einzustufen. Bei objektiver Betrachtung müsste man zu dem Ergebnis kommen, dass ein Kartellrechtsverstoß unter sozial-normativer Betrachtungsweise ethisch zu missbilligen ist und selbst die Einstufung als Strafe im weiteren Sinne zumindest aus deutscher Sicht nicht (mehr) interessen- und sachgerecht ist.[758] Nach diesem Verständnis werden nicht nur die Fundamentalgarantien uneingeschränkt angewendet, sondern es stellt sich zudem die Frage nach der Strafsetzungskompetenz der Union. Im Gegensatz dazu hat die Lösung, die die Kartellsanktionen den Ordnungswidrigkeiten gleichstellt bzw. diese als strafrechtsähnlich oder Strafen im weiteren Sinne bezeichnet, den Charakter eines „Kuhhandels". Die Kartellsanktion wird in den Bereich des Strafrechts gerückt, um zumindest dafür Sorge zu tragen, dass dessen Garantien Anwendung finden. Gleichzeitig muss man sich vermeintlich keine Gedanken über die Existenz einer Strafsetzungskompetenz machen, da die Ordnungswidrigkeit rechtstechnisch zum Verwaltungsrecht gehört. Auf den ersten Blick erscheint es daher aus praktischer Sicht – nicht aus rechtlicher – weniger problematisch, die Kartellsanktionen „bloß" als Strafen im weiten Sinne, respektive Ordnungswidrigkeiten im Sinne des deutschen Rechts anzusehen.[759] Und es scheint

---

754 *Jescheck*, JZ 1959, 457 (461); *Tiedemann*, in: FS Jescheck, 1411 (1415); vgl. *Dannecker/Biermann*, in: Immenga/Mestmäcker, GWB, Vor. § 81, Rn. 43; *Dannecker/Fischer-Fritsch*, S. 7, dort Fn. 16; *Biermann*, ZWeR 2007, 1 (19); *Bahnmüller*, S. 72; *Winkler*, S. 77; *Böse*, S. 37 m.w.N. S. auch BVerfGE 51, 60 (74) = NJW 1979, 1877.

755 *Tiedemann*, in: FS Jescheck, 1411 (1415); *Biermann*, ZWeR 2007, 1 (19).

756 A. A. *Hirsbrunner/Werner*, jusletter 20, September 2010, Rz. 9.

757 *Winkler*, S. 77; *Siohl*, S. 48; *Hildebrandt*, S. 18; vgl. *Tiedemann*, NJW 1983, 2727 (2730).

758 *Biermann*, ZWeR 2007, 1 (19) m.w.N.

759 *Biermann*, ZWeR 2007, 1 (38) mit Verweis auf *Gauer*, in: Ehlermann/Atanasiu, European Competition Law Annual 2002, 2004, S. 187, 200.

auch das gute Recht des Gesetzgebers zu sein, so zu entscheiden. Denn auch wenn das Ergebnis letztlich einen rein praktischen und rechtspolitischen Hintergrund hat, erfolgt doch die Differenzierung zwischen Strafen im weiteren und engeren Sinne grundsätzlich nicht aufgrund objektiver Kriterien, sondern kraft gesetzlicher Anordnung. Aufgrund der Wertungsprärogative des Unionsgesetzgebers lässt sich das Ergebnis augenscheinlich nur kritisieren, nicht jedoch angreifen.

Diese Annahme trügt. Die Möglichkeit des Gesetzgebers, von seiner Wertungsprärogative Gebrauch zu machen, bedingt, dass er überhaupt zum Erlass von Ordnungswidrigkeiten – wenn man diesen Begriff übernehmen möchte – ermächtigt ist und er analog zum Grundsatz des Formenmissbrauchs in seinem Ermessen nicht gebunden ist.

c) Ermessensreduktion auf „Null"

Dem Gesetzgeber sind im Rahmen seiner Ermessensausübung Grenzen gesetzt. Er kann nur im Rahmen seines Ermessens über die Zwecksetzung von Strafrecht bestimmen.[760] Die Entscheidung über das Unrecht darf daher nicht willkürlich sein. Der Grundsatz des Formenmissbrauchs gilt auch im Rahmen der Abgrenzung zwischen Kriminalstrafe und Ordnungswidrigkeit; im Zweifel analog. Ist demnach ein gewisses Maß an sozial-ethischer Missbilligung erreicht, folgt daraus die Bindung des Gesetzgebers an die „richtige" Entscheidung.[761] Sein Ermessen ist in diesen Fällen folglich auf „Null" reduziert, so dass es sich nicht mehr um eine Ermessens-, sondern analog zum Grundsatz des Formenmissbrauchs um eine gebundene Entscheidung handelt. Die Aussage, dass die Sanktion das Unrecht bestimmt, ist also mit Vorsicht zu genießen. Sie gilt nur, solange dem Gesetzgeber diesbezüglich auch noch ein Ermessensspielraum zusteht.

Da es nach hier vertretener Auffassung wohl nie gerechtfertigter erschien, die Kartellsanktion dem Kriminalstrafrecht zuzuordnen, ist von einer entsprechenden Ermessensreduktion auszugehen. Soweit dem Unionsgesetzgeber überhaupt ein entsprechendes Ermessen zusteht, kann er es nur ermessensfehlerfrei ausüben, indem er die Sanktion dem Kriminalstrafrecht zuordnet.

d) Akzessorietät zwischen Wertungsprärogative und Strafsetzungskompetenz

Bereits die Frage, ob dem Unionsgesetzgeber überhaupt ein Ermessen im Hinblick auf die Ausübung seiner Wertungsprärogative zukommt, ist fraglich. Zwischen Strafen im weiteren Sinne oder Ordnungswidrigkeiten und reinen Verwaltungssanktionen, von denen der EuGH ausgeht, besteht nicht nur ein materieller Unterschied, sondern auch ein formeller, während zwischen Strafen im weiteren Sinne

760 *Tiedemann*, in: FS Jescheck, 1411 (1415).
761 In diese Richtung auch *Böse*, S. 40; *Mitsch*, Recht der Ordnungswidrigkeiten, S. 15f. Rn. 6.

und Strafen im engeren Sinne eine materielle und formelle Verwandtschaft[762] besteht, die sich nur quantitativ unterscheidet. Sie stehen sich damit bspw. deutlich näher als das verwaltungsrechtliche Bußgeld des französischen Rechts und die Strafe im weiteren Sinne.[763] Zwar ist die Ordnungswidrigkeit einem eigenen Rechtsbereich abseits der Kriminalstrafe zu zuordnen.[764] Formell entstammt sie in Anlehnung an das deutsche Recht aber dem Strafrecht. Die Kompetenz zum Erlass von Ordnungswidrigkeiten folgt hieraus der Kompetenz zum Erlass von Strafen allgemein; sie kann nur einheitlich bestehen.[765] Die Wurzel der Ordnungswidrigkeit ist im wahrsten Sinne die des Strafrechts. Genetisch entstammt sie dem Straf- und nicht dem Verwaltungsrecht. Die Ordnungswidrigkeit ist zwar keine Straftat, aber dennoch Bestandteil des Strafrechts (im weiteren Sinne) und wird letztlich nur aufgrund der Systematik des Verfahrens dem Verwaltungsrecht zugeschrieben. Geht es um die Kompetenz zum Erlass von Strafrecht, fallen sowohl das Kriminalstrafrecht wie auch Ordnungswidrigkeitenrecht unter den Begriff des Strafrechts[766]. Nicht nur die Kompetenz zum Erlass von Ordnungswidrigkeiten folgt daher aus der Strafkompetenz, sondern es liegt auch nahe, die Ermessensentscheidung des Unionsgesetzgebers davon abhängig zu machen, ob er zum Erlass von Strafen insgesamt ermächtigt ist. Besitzt er eine solche Kompetenz nicht, steht die Entscheidung über die Wertung des Unrechts auch nicht in seinem Ermessen,[767] mit der Folge, dass sich der Strafcharakter objektiv nach den beschriebenen Kriterien beurteilt. Die Wertungsprärogative des Gesetzgebers, die aus der objektiven Kriminalstrafe eine Ordnungswidrigkeit macht, ist damit akzessorisch zur Strafsetzungskompetenz.

Ein anderes Ergebnis erschiene auch sinnfrei. Denn der Unionsgesetzgeber könnte so kraft seines Ermessens Kriminalstrafen zu „Strafen“ im weiteren Sinne machen, um so das Prinzip der begrenzten Einzelermächtigung zu umgehen. Die Versuchung der Behörde wäre groß, und mit ihr die Missbrauchsgefahr, unabhängig von ihrem Ermessen den Sanktionscharakter zugunsten ihrer Zuständigkeit auszulegen.[768] Das ist aber weder mit dem Sinn und Zweck des Prinzips der begrenzten Einzelermächtigung, noch mit dem Demokratie- und Souveränitätsgedanken der Mitgliedstaaten zu vereinbaren.

e) Ergebnis

Ein Zweiklassenstrafrecht gibt es nicht. Ohnehin ist die Geldbuße im europäischen Kartellrecht dem Strafrecht zuzuschreiben, obwohl es sich traditionell

762 Vgl. Schlussanträge der Generalanwältin *Kokott* v. 23.4.2009 – Rs. C-97/08 P, Slg. 2009, I-8237, Rz. 39 – *Akzo Nobel/Kommission.*

763 Zustimmend *Böse*, S. 148.

764 *Böse*, S. 40 m.w.N.

765 So auch *Oehler*, in: FS Jescheck, 1399 (1406).

766 Vgl. *Siohl*, S. 27.

767 Vgl. *Bahnmüller*, S. 118.

768 *Tiedemann*, NJW 1990, 2226 (2229).

beim Wettbewerbsrecht nicht um einen Bereich des Strafrechts handelt. Sie erfüllt nicht nur die Engel-Kriterien kumulativ, sondern ist auch Ausdruck der sittlich ethischen Verwerflichkeit von Kartellrechtsverstößen, die die Sanktion auf eine Ebene mit dem (nationalen) Kriminalstrafrecht bzw. harten Kern des Strafrechts heben. Obwohl es grundsätzlich Sache des Gesetzgebers ist, über den Unrechtsgehalt von Wettbewerbsverstößen zu urteilen, kann er eine solche Entscheidung nur treffen, wenn sein ihm diesbezüglich zustehendes Ermessen nicht auf null reduziert ist und er dazu überhaupt ermächtigt ist. Beides wurde hier in Frage gestellt und letztlich verneint.

6. Zusammenfassung

Der Wortlaut der Norm lässt keinen Rückschluss auf die Rechtsnatur der Kartellsanktion zu. Geht man davon aus, dass nur eine unionsautonome Auslegung geeignet ist, über den Charakter des Bußgelds Auskunft zu geben, kommt man zu dem Ergebnis, dass es sich bei den Geldbußen um Geldstrafen handelt. Daran ändert auch der Versuch des EGMR nichts, das durch Anwendung seiner Kriterien gefundene Ergebnis nachträglich zu korrigieren, indem er das Strafrecht mit dem deutschen Recht vergleichbar in einen „weichen“ und „harten“ Kern aufspaltet. Zum einen kann es ein solches Zweiklassenstrafrecht nicht geben, zum anderen würden die Kartellsanktionen heute ihrer Tradition zum Trotz nach hier vertretener Auffassung zum harten Kern des Kriminalstrafrechts gezählt. Das gilt, obwohl die Entscheidung über die Wertung des Unrechts letztlich beim Gesetzgeber liegt, zumindest deshalb, weil aufgrund der objektiven Kriterien, die für eine Charakterisierung als Kriminalstrafrecht sprechen, das grundsätzlich dem Gesetzgeber zustehende Ermessen auf null reduziert ist. In jedem Fall fehlt es an einer solchen Wertungsprärogative aber, wenn eine entsprechende Einordnung schon gar nicht möglich ist, weil es an der dafür erforderlichen Strafsetzungskompetenz fehlt. Die Frage nach der Strafsetzungskompetenz und einem damit verbundenen Verstoß gegen das Prinzip der begrenzten Einzelermächtigung stellt sich daher in jedem Fall.[769]

II. Strafsetzungskompetenz im Unionsrecht

Hinsichtlich der Frage, ob der Europäischen Gemeinschaft bzw. der Europäischen Union eine originäre Kompetenz zum Erlass strafrechtlicher Normen zusteht, besteht wohl insoweit Einigkeit, als dass eine solche nicht flächendeckend existiert.[770]

---

769 Für diesen Fall zustimmend auch *Säcker*, WuW 2009, 362 (363).

770 *Dannecker*, JURA 2006, 95 (96f.); *Dannecker*, JZ 1996, 869; *Stiebig*, EuR 2005, 466 (467); *Joshua*, ECLR 2002, 231 (237, 245); *Sieber*, ZStW 103 (1991), 957 (969); *Tiedemann*, NJW 1990, 2226 (2231); *Tiedemann*, NJW 1993, 23; *Zuleeg*, JZ 1992, 761; *Kathrein*, ÖJZ 1994, 785 (792f.); *Oehler*, in: FS Baumann, 561; *Oehler*, in: FS Jescheck, 1399 (1403ff.); *Oehler*, Internationales Strafrecht, S. 563 Rn. 937; *Holch*, EuR 1967, 217 (226); *Griese*, EuR 1998, 462 (476); *Siohl*, S. 46; *Lackner/Kühl*, StGB, Vor § 1,

Zwar könnten die zum Teil sehr weit gefassten Normen des AEUV durchaus den Erlass strafrechtlicher Maßnahmen umfassen.[771] Allerdings hat der EuGH klargestellt, dass das Straf- und Strafprozessrecht nicht in die Zuständigkeit der Union fällt.[772] Das deckt sich mit dem Gros der Literatur, die eine solche Kompetenz der Union vor allem mit dem dort herrschenden Demokratiedefizit ablehnen[773] und das Strafrecht als so elementaren Bestandteil der nationalen Souveränität ansehen, dass eine stillschweigende Kompetenzübertragung auf die Union nicht angenommen werden kann[774].

Genauso wenig umstritten sind heute die äußeren Einflüsse des Unionsrechts auf das Recht der Mitgliedstaaten.[775] Der EuGH hat dies schon früh festgestellt[776] und der Union später für den Bereich des Umweltrechts sogar eine Richtlinienkompetenz

---

Rn. 19; *Thomas*, NJW 1991, 2233 (2234); *Schneider/Engelsing*, in: MüKo-EuWettbR, Art. 23 VO 1/2003, Rn. 21; *Schwarze*, EuZW 2003, 261 m.w.N; *Fromm*, ZIS 2007, 279 (284) m.w.N; *Baudisch*, S. 246 m.w.N; *Biermann*, ZWeR 2007, 1 (36) m.w.N.; *Cuerda*, in: Schünemann/González, Bausteine des europäischen Wirtschaftsstrafrechts, 1994, 367 (368ff.), der ein *ius puniendi* der Union nur auf Ebene der nationalen Rechtsordnungen anerkennt.

771 *Sieber*, ZStW 103 (1991), 957 (969); *Satzger*, Internationales und Europäisches Strafrecht, § 8, S. 118, 121, Rn. 19, 27; *Dannecker*, in: Rengeling/Middeke/Gellermann, Handbuch des Rechtsschutzes in der EU, 2. Aufl. (2003), § 38, Rn. 4.

772 EuGH v. 14.7.1977 – Rs. C-8/77, Slg. 1977, 1495, Rz. 4 – *Sagulo*; EuGH v. 11.11.1981 – Rs. C-203/80, Slg. 1981, 2595, Rz. 27 – *Casati*; EuGH v. 2.2.1989 – Rs. C-186/87, Slg. 1989, 195, Rz. 19 – *Cowan/Trésor public*; EuGH v. 16.6.1998 – Rs. C-226/97, Slg. 1998, I-3711, Rz. 19 – *Lemmens*; EuGH v. 13.9.2005 – Rs. C-176/03, Slg. 2005, I-7879, Rz. 47 – *Kommission/Rat*; EuGH v. 23.10.2007 – Rs. C-440/05, Slg. 2007, I-9097, Rz. 66 – *Kommission/Rat*. Diese Auffassung deckt sich mit der des Bundesgerichtshofes, Urt. V. 6.6.1973 – 1 StR 82/72, BGHSt 25, 190 (193f.) = NJW 1973, 1562 (1564).

773 *Fromm*, S. 271; *Fromm*, ZIS 2007, 279 (284); *Moll*, Europäisches Strafrecht durch nationale Blankettstrafgesetzgebung? S. 270; *Sieber*, ZStW 103 (1991), 957 (971); *Dannecker*, in: Rengeling/Middeke/Gellermann, Handbuch des Rechtsschutzes in der EU, 2. Aufl. (2003), § 38, Rn. 4; vgl. *Böse*, S. 90 m.w.N; kritisch z.T. *Pache*, Der Schutz der finanziellen Interessen der Europäischen Gemeinschaften, S. 341.

774 *Dannecker*, in: Rengeling/Middeke/Gellermann, Handbuch des Rechtsschutzes in der EU, 2. Aufl. (2003), § 38, Rn. 4; *Dannecker*, in: Schünemann/González, Bausteine des europäischen Wirtschaftsstrafrechts, 1994, 331; *Zöller*, in: Bergmann, Handlexikon der Europäischen Union, Strafrecht, Europäisches, S. 898; *Oehler*, in: FS Baumann, 561; *Weigend*, ZStW 105 (1993), 774 (775) m.w.N; *Zuleeg*, JZ 1993, 461 (462); *Dannecker*, JURA 2006, 95 m.w.N.; vgl. auch *Tiedemann*, NJW 1993, 23 m.w.N., *Böse*, S. 80ff. m.w.N; kritisch z.T. *Pache*, S. 339 und nunmehr auch *Oppermann/Classen/Nettesheim*, Europarecht, § 37, S. 613, Rn. 1.

775 *Lackner/Kühl*, StGB, Vor § 1, Rn. 19; *Stiebig*, EuR 2005, 466 (467f.) *Renzikowski*, in: MüKo-StGB, Vorbem. §§ 174ff., Rn. 105.

776 EuGH v. 2.2.1989 – Rs. C-186/87, Slg. 1989, 195, Rz. 19 – *Cowan/Trésor public*; EuGH v. 16.6.1998 – Rs. C-226/97, Slg. 1998, I-3711, Rz. 19 – *Lemmens*; EuGH v. 11.11.1981 – Rs. C-203/80, Slg. 1981, 2595, Rz. 27 – *Casati*.

eingeräumt[777]. Mit Art. 83 AEUV findet sich eine solche nunmehr auch im Vertrag wieder. Der Begriff „Europäisches Strafrecht“ ist daher unzutreffend. Korrekt müsste von einer „Europäisierung der nationalen Strafrechtsordnungen gesprochen werden“[778].

1. Art. 103 AEUV als bereichsspezifische Ausnahme

Nichtsdestotrotz wird in der Literatur weiter die Frage gestellt, ob der Union für spezifische Bereiche nicht doch die Kompetenz zusteht, unmittelbar in den Mitgliedstaaten zur Anwendung gelangendes Strafrecht zu erlassen. Tatsächlich wird für Kartellbußgelder eine originäre Strafrechtssetzungskompetenz von Teilen der Literatur als „seit langer Zeit [bestehende] Normalität“[779] angenommen. Das wird vor allem aus der in Art. 103 AEUV enthaltenen Ermächtigung geschlussfolgert, zweckdienliche Verordnungen zur Verwirklichung der in den Artt. 101, 102 AEUV niedergelegten Grundsätze zu beschließen. Obwohl der Wortlaut der Norm eindeutig von „Geldbußen“ spricht, hat der Unionsgesetzgeber deutlich gemacht, dass die Handlungsmöglichkeiten in Art. 103 AEUV nicht abschließend aufgezählt sind – „insbesondere“. Daraus wird geschlussfolgert, der Unionsgesetzgeber könne alle zur Einhaltung der Artt. 101, 102 AEUV zweckdienlichen Maßnahmen treffen, wozu folglich auch Strafsanktionen gehören (könnten).[780] Unter Berücksichtigung der einer flächendeckenden Strafsetzungskompetenz entgegengebrachten Kritik, kann eine solch bereichsspezifische Kompetenz, wenn überhaupt, nur angenommen werden, soweit ihre Übertragung sich ausdrücklich und unmissverständlich aus dem Vertrag ergibt.[781]

---

777 EuGH v. 13.9.2005 – Rs. C-176/03, Slg. 2005, I-7879, Rz. 48 – *Kommission/Rat*; s. auch EuGH v. 23.10.2007 – Rs. C-440/05, Slg. 2007, I-9097, Rz. 66 – *Kommission/Rat*.

778 *Zöller*, in: Bergmann, Handlexikon der Europäischen Union, Strafrecht, Europäisches, S. 898; s. auch *Satzger*, Internationales und Europäisches Strafrecht, § 7, S. 98; Rn. 3; *Dannecker/Müller*, in: Rengeling/Middeke/Gellermann, Handbuch des Rechtsschutzes in der Europäischen Union, 3. Aufl. (2014), § 39, Rn. 2.

779 *Zieschang*, in: FS Tiedemann, 1303 (1309).

780 *Böse*, S. 62; in eine ähnliche Richtung argumentiert auch *Pache*, S. 312, wenn er Art. 103 AEUV (ex. Art. 87 EWGV) „eine umfassende, inhaltlich nicht beschränkte Sanktionsbefugnis“ zuspricht, aufgrund welcher der Rat „die Kompetenz zum Erlaß von Sanktionsvorschriften aller Art“ hat; vgl. *Zieschang*, in: FS Tiedemann, 1303 (1309); ähnlich *Holch*, EuR 1967, 217 (226); nun wohl auch *Satzger*, Internationales und Europäisches Strafrecht, § 8, S. 118, Rn. 19; *Biermann*, ZWeR 2007, 1 (37) m.w.N.

781 *Holch*, EuR 1967, 217 (226); vgl. *Dannecker*, in: Rengeling/Middeke/Gellermann, Handbuch des Rechtsschutzes in der EU, 2. Aufl. (2003), § 38, Rn. 4; *Zöller*, in: Bergmann, Handlexikon der Europäischen Union, Strafrecht, Europäisches, S. 898; *Griese*, EuR 1998, 462 (476).

a) *Wortlaut „Geldbuße"*

Dass Art. 103 AEUV oder Art. 23 Abs. 2 VO 1/2003 von Geldbußen spricht, kann je nach Interpretation dieses Begriffes in den Mitgliedstaaten für oder gegen die Annahme einer Kriminalstrafe sprechen. Genauso wenig wie sich aufgrund der divergierenden Sprachfassungen aus dem Begriff ein Rückschluss auf die Rechtsnatur der Sanktion schlussfolgern lässt, kann man hier von ihm auf eine Strafsetzungskompetenz schließen. Der Wortlaut ist zur Beantwortung dieser Fragen ungeeignet.[782] Aus ihm kann folglich auch nicht der Schluss gezogen werden, die Union sei zum Erlass von Geldbußen im Sinne strafrechtsähnlicher Sanktionen nach deutschem Vorstellungsbild ermächtigt.[783]

b) *Systematischer Zusammenhang mit Art. 23 Abs. 5 VO 1/2003*

Dieses Ergebnis wird durch Art. 23 Abs. 5 VO 1/2003 bestätigt. Die Norm kann den Charakter der Sanktion nicht legislativ bestimmen. Daran ändert auch die Annahme nichts, Art. 23 Abs. 5 VO 1/2003 müsse aufgrund der Verwirrung stiftenden Ordnungswidrigkeitentheorie so verstanden werden, dass es sich bei den Sanktionen nicht um *kriminalstrafrechtliche* handele.[784] Da die Differenzierung zwischen Strafen im engeren Sinne und solchen im weiteren Sinne u.a. eine Besonderheit dieser (deutschen) Theorie ist[785], ist es nur nachvollziehbar, dass ihre Anhänger für eine solche Lesart plädieren. Während in anderen Mitgliedstaaten bereits durch die Formulierung, die Geldbußen hätten keinen strafrechtlichen Charakter, die Zugehörigkeit zum Strafrecht ausgeschlossen ist, könnte man nach deutschem Verständnis geneigt sein, davon auszugehen, dass es sich bei Ordnungswidrigkeiten zwar nicht um Kriminalstrafen, wohl aber um Sanktionen mit strafrechtlichem Charakter handelt, den die Geldbußen gemäß Art. 23 Abs. 5 VO 1/2003 gerade nicht haben sollen. Folgt man der Theorie von den Ordnungswidrigkeiten, ist eine solch klarstellende Auslegung daher sinnvoll. Das Argument, die Norm sei Ausdruck der fehlenden Strafsetzungskompetenz, wird dadurch aber nicht entkräftet.

Überhaupt spricht nicht viel dafür, Art. 23 Abs. 5 VO 1/2003 entsprechend zu verstehen. Denn der deutschen Systematik folgend, wäre die Norm als Ausdruck der ausgeübten Wertungsprärogative des Gesetzgebers zu Lasten der Kriminalstrafe zu verstehen. Dann müsste dem Unionsgesetzgeber aber wie erläutert zunächst einmal die Kompetenz zum Erlass von Strafen zu stehen. Da der Norm diesbezüglich keine Aussagekraft zukommt, sie sogar für das Gegenteil spricht, ist für die Frage nach der Kompetenz auf andere Faktoren abzustellen.

---

782 *Hildebrandt*, S. 13; *Tsolka*, S. 43; vgl. auch *Bahnmüller*, S. 120.

783 *Oehler*, in: FS Jescheck, 1399 (1406); a.A. *Tiedemann*, NJW 1983, 2727 (2730), der der „Gemeinschaft eine Kompetenz zur Schaffung von Ordnungswidrigkeiten" zuspricht.

784 *Winkler*, S. 77; *Siohl*, S. 48; *Hildebrandt*, S. 18; vgl. *Tiedemann*, NJW 1983, 2727 (2730).

785 *Siohl*, S. 48.

c) *Erst-Recht-Schluss aus Art. 325 Abs. 4 AEUV*

Abseits von Art. 103 AEUV wird die Frage nach einer originären Strafkompetenz der Union vor allem im Zusammenhang mit Art. 325 Abs. 4 AEUV (ex. Art. 280 Abs. 4 EGV) kontrovers diskutiert.[786] Während der überwiegende Teil der Literatur eine solche ablehnt(e)[787], versuchen andere[788] seit je her eine Kompetenz – vor allem anhand des Wortlauts der Norm – zu begründen. Da es vorliegend nicht um die Frage geht, ob zum Schutz der finanziellen Interessen der Union eine bereichsspezifische Kompetenz besteht, soll auf den um Art. 325 Abs. 4 AEUV kursierenden Streit nicht weiter eingegangen werden. Allerdings können gewisse Parallelen zum Kartellbußgeldrecht gezogen werden, so dass es sich anbietet, die Argumentationsstränge im Folgenden zu übertragen.

Argumentationsschwerpunkt derjenigen, die eine Kompetenz bejahen, ist der Wortlaut der Norm. Denn die Norm spricht von „erforderlichen Maßnahmen zur Verhütung und Bekämpfung von Betrügereien, die sich gegen die finanziellen Interessen der Union richten“. Da die Norm von Verhütung und Bekämpfung spricht, kommt den Maßnahmen zumindest auch eine repressive Funktion zu.[789] Die Maßnahme ähnelt damit der Rechtsnatur der kartellrechtlichen Sanktion, der neben der präventiven ebenfalls eine repressive Funktion zukommt. Wer dazu tendiert, in Art. 325 Abs. 4 AEUV eine Strafkompetenz zu sehen, wird wohl auch dazu neigen, eine solche aus Art. 103 AEUV zu ziehen.[790] Anders als Art. 325 Abs. 4 AEUV fehlt es in Art. 103 AEUV aber an entsprechenden Merkmalen. Insbesondere fehlt es an dem historischen Argument des nunmehr gestrichenen strafrechtlichen Vorbehalts zugunsten der Mitgliedstaaten. Dieser wurde ursprünglich als gewichtiges Argument gegen die Annahme einer unionsrechtlichen Strafsetzungskompetenz

---

786 *Dannecker*, JURA 2006, 95 (96f.); *Fromm*, S. 93ff.; *Stiebig*, EuR 2005, 466 (482ff.); *Zieschang*, in: FS Tiedemann, 1303 (1306).

787 *Musil*, NStZ 2000, 68 (68f.); *Zöller*, in: Bergmann, Handlexikon der Europäischen Union, Strafrecht, Europäisches, S. 899; vgl. *Dannecker*, in: Rengeling/Middeke/Gellermann, Handbuch des Rechtsschutzes in der EU, 2. Aufl. (2003), § 38, Rn. 4; *Schwarzburg/Hamdorf*, NStZ 2002, 617 (620); *Rosenau*, ZIS 2008, 9 (14); *Griese*, EuR 1998, 462 (476) m.w.N; *Satzger*, ZRP 2001, 552f. m.w.N.

788 *Zieschang*, in: FS Tiedemann, 1303 (1307f.); *Zieschang*, ZStW 113 (2001), 255 (257, 260f., 270); *Tiedemann*, ZStW 116 (2004), 945 (955); *Fromm*, S. 271; *Pache*, S. 336, 351; *Wolffgang/Ulrich*, EuR 1998, 616 (644); *Berg/Karpenstein*, EWS 1998, 77 (81); vgl. auch *Satzger*, ZRP 2001, 552 m.w.N; jetzt auch *Satzger*, Internationales und Europäisches Strafrecht, § 8, S. 119f.; Rn. 24., der seitdem Vertrag von Lissabon eine Strafsetzungskompetenz für Teilbereiche des Unionsrechts annimmt.

789 *Zieschang*, in: FS Tiedemann, 1303 (1307).

790 *Böse*, S. 62; wohl auch *Pache*, S. 312, 336, 351 und *Zieschang*, in: FS Tiedemann, 1303 (1309).

angeführt und wird nunmehr, da er im Rahmen des Vertrags von Amsterdam gestrichen wurde, als Argument für eine solche Kompetenz genutzt.[791]

Art. 103 AEUV ermächtigt zum Erlass zweckdienlicher Verordnungen, um die Ziele der Artt. 101, 102 AEUV zu verwirklichen, d.h. zu realisieren bzw. umzusetzen. Er ist also wesentlich neutraler gefasst. Eine so „explizite" – die überwiegende Ansicht in der Literatur verneint die Strafsetzungskompetenz nichtsdestotrotz – Einstufung wie Art. 325 Abs. 4 AEUV lässt sich Art. 103 AEUV nicht entnehmen. Letztlich bestimmt sich der kompetenzrechtliche Rahmen von Art. 103 AEUV danach, was der Unionsgesetzgeber für zweckdienlich hält.[792] Die Frage, ob die Norm eine Strafsetzungskompetenz enthält, hinge folglich von einer (weiten) Ermessensentscheidung des Unionsgesetzgebers ab. Die Übertragung einer so elementaren Materie wie der des Strafrechts bedarf aber nach dem oben Gesagten einer ausdrücklichen Ermächtigung. Sie in das Ermessen des Unionsgesetzgebers zu stellen, widerspricht nicht nur der Souveränität der Mitgliedstaaten und dem Demokratieprinzip, sondern auch dem Prinzip der begrenzten Einzelermächtigung.

Obwohl das Unionsrecht naturgemäß weite Ermächtigungsgrundlagen enthält, spricht die Weite einer Norm hier gegen die Annahme einer Strafsetzungskompetenz. Die Formulierung des Art. 103 AEUV ist daher als Indiz dagegen zu bewerten, eine Strafsetzungskompetenz einzuräumen. Da schon die Annahme einer aus Art. 325 Abs. 4 AEUV folgenden Ermächtigung mit der überwiegenden Meinung sehr fragwürdig ist, muss das erst recht für den noch weiter gefassten Art. 103 AEUV gelten. Hätte der Unionsgesetzgeber eine entsprechende Kompetenz dort verankern wollen, hätte er die einschneidenderen Folgen des Strafrechts geregelt und nicht wie in Art. 103 Abs. 2 a) AEUV die unwesentlicheren Geldbußen und Zwangsgelder.[793] Anders als im Rahmen von Art. 325 Abs. 4 AEUV existiert bei Art. 103 AEUV folglich kein Spielraum für entsprechende Argumentationsversuche, was gleichzeitig gegen die Annahme einer Strafkompetenz für den Bereich des Wettbewerbsrechts spricht.

d) *Bewusste Entscheidung des Gemeinschaftsgesetzgebers* gegen *Strafen bei Verabschiedung der VO 17/62*

Die fehlende Trennschärfe zwischen Bußgeld und Strafe, die letztlich nur quantitativer Natur ist, könnte als Argument für eine Strafsetzungskompetenz herangezogen werden. Da die Grenze zwischen Bußgeld und Strafe praktisch nicht zu ziehen ist, könnte sich aus der Legitimation zum Erlass von Bußgeldern ebenfalls eine solche zur Verhängung von Strafen ergeben.

Schon systematisch erscheint eine solche Annahme aber mehr als fragwürdig. Im Zweifel wäre davon auszugehen, dass die Kompetenz zum Erlass von Strafen

---

791 So bspw. *Satzger*, Internationales und Europäisches Strafrecht, § 8 , S. 119f.., Rn. 24f. m.w.N.

792 *Böse*, S. 62.

793 Vgl. auch *Zöller*, in: Bergmann, Handlexikon der Europäischen Union, Strafrecht, Europäisches, S. 898.

erst recht auch zum Erlass von in der Regel weniger eingriffsintensiven Bußgeldern ermächtigt, nicht aber umgekehrt. Nicht zuletzt beruht die in Art. 23 Abs. 5 VO 1/2003 – unabhängig von seiner Lesart – zum Ausdruck kommende fehlendende Strafsetzungskompetenz auf einer historischen Entscheidung des Gemeinschaftsgesetzgebers gegen Kriminalstrafen, die verkannt würde, wenn man unter den Begriff des Bußgeldes auch den Begriff der Strafe subsumierte. Denn der historische Gemeinschaftsgesetzgeber hat sich bewusst gegen die Möglichkeit entschieden, Wettbewerbsverstöße mit Strafen zu ahnden.[794] Das ergibt sich einerseits daraus, dass er sich im Vertrag zur Europäischen Verteidigungsgemeinschaft (EVG) für die Möglichkeit supranationaler Strafgewalt entschied, während er hierauf im EGKSV, EWGV und EAGV verzichtete.[795] Andererseits lässt sich dies aus der Entstehungsgeschichte der VO 17/62 ableiten. Denn einen klarstellenden Hinweis, dass als Sanktionsmittel nur die Verhängung von Buß- und Zwangsgeldern in der VO 17/62 enthalten sein sollten, sah die europäische Regelung zunächst nicht vor. Hierauf wurde erst im *Memorandum der Kommission über den Entwurf einer Verordnung gemäß Art. 87*, vom 10.10.1960 hingewiesen und eine Änderung vorgeschlagen.[796] Der Wirtschafts- und Sozialausschuss sprach in seiner Stellungnahme zur *„Ersten Durchführungsverordnung zu den Artikeln 85 und 86 des Vertrages"* vom 28.03.1961 sogar selbst noch von „Strafen".[797] Dem zum Trotz entschied man sich letztlich bewusst – wohl auch wegen des Insistierens Deutschlands[798] – dafür, einen Verstoß gegen das europäische Wettbewerbsrecht nicht mit einer Strafe zu sanktionieren, sondern „nur" mit einem Bußgeld. Bereits dieser Schritt kann als revolutionär bezeichnet werden,[799] so dass sich daraus ein Umkehrschlussargument gegen die Annahme ableiten lässt, die Union sei heute, ohne dass sich Art. 103 AEUV inhaltlich sehr geändert hätte, zum Erlass von Strafen ermächtigt. Ersteres sollte ein Privileg der Mitgliedstaaten bleiben.[800]

Da eine solche Kompetenzübertragung auch später nicht – insbesondere durch den Vertrag von Amsterdam – im Hinblick auf das Wettbewerbsrecht[801] erfolgte,

794 Vgl. auch *Oehler*, in: FS Baumann, 561.

795 *Oehler*, in: FS Jescheck, 1399 (1404); *Dieblich*, Der strafrechtliche Schutz der Rechtsgüter der Europäischen Gemeinschaften, S. 240; vgl. auch *Böse*, S. 84.

796 *Memorandum der Kommission über den Entwurf einer Verordnung gemäß Art. 87*, vom 10.10.1960, abgedruckt bei *Schulze/Hoeren*, Dokumente zum Europäischen Recht, Bd. 3 S. 327.

797 *Stellungnahme des Wirtschafts- und Sozialausschusses zu der „Ersten Durchführungsverordnung zu den Artikeln 85 und 86 des Vertrages"*, vom 28.03.1961, abgedruckt bei *Schulze/Hoeren*, Dokumente des Europäischen Recht Bd. 3, S. 368 (373).

798 Vgl. *Oehler*, in: FS Baumann, 561 (570).

799 *Biermann*, ZWeR 2007, 1 (37).

800 Vgl. *Dieblich*, S. 240; *Oehler*, in: FS Baumann, 561; vgl. *Oehler*, in: FS Jescheck, 1399 (1404).

801 Die um Art. 325 Abs. 4 AEUV (ex. 280 Abs. 4 EGV) geführte Diskussion wurde durch den Vertrag von Lissabon für Teile der Literatur obsolet und hat „den

würde die Auslegung des Art. 103 AEUV schlichtweg die ursprüngliche Entscheidung gegen die Einführung einer Kartellrechtsstrafe ignorieren und damit – auch heute noch – eine Missachtung des Willens der vertragsschließenden Mitgliedstaaten bedeuten.[802] Entsprechenden Kompetenzzuweisungen durch die „Hintertür" hat das BVerfG zu Recht in seiner *Maastricht*-Entscheidung[803] einen Riegel vorgeschoben, so dass die Annahme einer in Art. 103 AEUV stillschweigend enthaltenen Strafsetzungskompetenz auch auf Kollisionskurs mit den durch das BVerfG gesetzten Grenzen gerät.

e) Strafrechtliche Richtlinienkompetenz der Union

Dass der EuGH den Mitgliedstaaten für das Strafrecht keinen (absoluten) Souveränitätsvorbehalt[804] zugesprochen hat, hat er in mehreren Entscheidungen verdeutlicht.[805] Wie oben bereits erwähnt, ist es infolge dessen auch nicht in Frage zu stellen, dass das Unionsrecht in vielfältiger Art und Weise das Strafrecht der Mitgliedstaaten beeinflusst.[806] Voraussetzung ist indessen, dass dies erforderlich ist, „um die volle Wirksamkeit der von ihm zum Schutz (bestimmter Werte) erlassenen Rechtsnormen zu gewährleisten"[807]. Nicht erfasst sind „die Bestimmung von Art und Maß der anzuwendenden strafrechtlichen Sanktion"[808]. Darin ist zwar insgesamt eine Ausnahme von dem bis dato geltenden Grundsatz zu sehen, dass das Straf- und Strafprozessrecht nicht in die Zuständigkeit der Union fällt. Allerdings bezieht sich der EuGH gerade nicht auf eine Strafsetzungskompetenz zum Erlass unmittelbar geltenden Strafrechts, sondern „nur" auf eine strafrechtliche Richtlinienkompetenz. Der EuGH hat sich folglich bewusst gegen eine Befugnis zur supranationalen Strafgesetzgebung entschieden. Ohnehin sind die Entscheidungen heute in gewisser Weise Makulatur, denn infolge der Neufassung der Verträge wurde eine Richtlinienkompetenz in Art. 83 AEUV normiert. Nach Art. 83

Durchbruch für ein Europäisches Strafrecht im engeren Sinne mit sich gebracht", *Satzger*, Internationales und Europäisches Strafrecht, § 8, S. 121, Rn. 27 m.w.N. Zumindest gewann die Diskussion durch Art. 280 Abs. 4 EGV an Bedeutung, *Fromm*, ZIS 2007, 279 (283).

802 In diesem Sinne auch *Sieber*, ZStW 103 (1991), 957 (969).

803 BVerfGE 89, 155 = NJW 1993, 3047.

804 *Zuleeg*, JZ 1992, 761; *Fromm*, S. 271.

805 EuGH v. 11.11.1981 – Rs. C-203/80, Slg. 1981, 2595, Rz. 27 – *Casati*; EuGH v. 2.2.1989 – Rs. C-186/87, Slg. 1989, 195, Rz. 19 – *Cowan/Trésor public*; EuGH v. 16.6.1998 – Rs. C-226/97, Slg. 1998, I-3711, Rz. 19 – *Lemmens*; EuGH v. 13.9.2005 – Rs. C-176/03, Slg. 2005, I-7879, Rz. 48 – *Kommission/Rat*; EuGH v. 23.10.2007 – Rs. C-440/05, Slg. 2007, I-9097, Rz. 66 – *Kommission/Rat.*

806 S. dazu *Beukelmann*, NJW 2010, 2081ff.

807 EuGH v. 13.9.2005 – Rs. C-176/03, Slg. 2005, I-7879, Rz. 48 – *Kommission/Rat*; s. auch EuGH v. 23.10.2007 – Rs. C-440/05, Slg. 2007, I-9097, Rz. 66 – *Kommission/Rat.*

808 EuGH v. 23.10.2007 – Rs. C-440/05, Slg. 2007, I-9097, Rz. 70 – *Kommission/Rat.*

Abs. 1 AEUV können „das Europäische Parlament und der Rat [...] gemäß dem ordentlichen Gesetzgebungsverfahren durch Richtlinien Mindestvorschriften zur Festlegung von Straftaten und Strafen in Bereichen besonders schwerer Kriminalität festlegen, die aufgrund der Art oder der Auswirkungen der Straftaten oder aufgrund einer besonderen Notwendigkeit, sie auf einer gemeinsamen Grundlage zu bekämpfen, eine grenzüberschreitende Dimension haben." Zu diesen zählt der Verstoß gegen das europäische Wettbewerbsrecht nicht, wie sich aus dem Kontext der sich anschließenden – abschließenden[809] – Aufzählung ergibt. Selbst wenn das Kartellrecht hierunter zu subsumieren wäre, so ergäbe sich aus der Norm lediglich die Kompetenz, das Strafrecht über eine Richtlinie zu beeinflussen, nicht aber wie aktuell durch eine unmittelbar geltende Verordnung.

Spätestens mit Einführung des Art. 83 AEUV hätte der Unionsgesetzgeber die Möglichkeit gehabt, auch im Rahmen des Wettbewerbsrechts für Klarheit zu sorgen. Da er untätig geblieben ist, ist davon auszugehen, dass sich aus Art. 103 AEUV trotz der allgemein anerkannten Einstufung der Kartellbußen als zumindest strafrechtsähnlich keine Kompetenz zum Erlass unmittelbar geltender Strafnormen ergeben kann. *A minore ad maius* ergibt sich aus der heutigen strafrechtlichen Richtlinienkompetenz folglich, dass eine unionsrechtliche Kompetenz zur Setzung unmittelbar geltenden Strafrechts fehlt,[810] insbesondere im Bereich des Wettbewerbsrechts.

f) Stellungnahme

Die vorausgegangene Auseinandersetzung hat gezeigt, dass, unabhängig von der Diskussion um Art. 325 AEUV, keine Strafsetzungskompetenz im Rahmen des Wettbewerbsrechts existiert.[811] Sowohl in seinem Urteil vom 13.9.2005 – Rs. C-176/03 – *Kommission/Rat*, als auch infolge der Einführung einer strafrechtlichen Richtlinienkompetenz, hat der EuGH seine bis dato vertretene Auffassung wiederholend klargestellt, dass das Unionsrecht das Strafrecht der Mitgliedstaaten im Zweifel beeinflussen kann, die originäre Strafsetzungskompetenz für unmittelbar geltendes Straf- und Strafprozessrecht aber weiterhin nicht in die Zuständigkeit der Union fällt, sondern bei den Mitgliedstaaten verbleibt. Damit wird sowohl den Auffassungen Rechnung getragen, die gerade das Strafrecht als elementaren Bestandteil der nationalen Souveränität ansehen, als auch denen, die die Übertragung strafrechtlicher Kompetenzen vor allem wegen des auf Unionsebene herrschenden Demokratiedefizits abgelehnt haben. Soll der Unionsgesetzgeber zum Erlass von Strafen ermächtigt werden, bedarf es einer ausdrücklichen Ermächtigung. Hierzu

---

809 *Vogel/Eisele*, in: Grabitz/Hilf/Nettesheim, Das Recht der Europäischen Union, 57. Lfg. (2015), Art. 83 AEUV, Rn. 48; vgl. *Suhr*, in: Calliess/Ruffert, EUV/AEUV, Art. 83 AEUV, Rn. 1.

810 *Zöller*, in: Bergmann, Handlexikon der Europäischen Union, Strafrecht, Europäisches, S. 898.

811 *Stadler*, in: Langen/Bunte, Kartellrecht, Band. 2, Art. 102, Rn. 22; *Jung*, in: Calliess/Ruffert, EUV/AEUV, Art. 103 AEUV, Rn. 23.

bot spätestens der Vertrag von Lissabon die Chance. Da nur eine Richtlinienkompetenz eingeführt wurde, wurde lediglich der bisherigen Rechtsprechung des EuGH entsprochen und zugleich einer originären Strafsetzungskompetenz widersprochen. Selbst diejenigen, die in Folge des Vertrags von Lissabon nunmehr eine Kompetenz zur Setzung unmittelbar wirkenden Strafrechts in Teilbereichen wie dem Schutz finanzieller Interessen anerkennen, sehen eine solche im Bereich von Kartellsanktionen nicht.[812]

2. Ergebnis

Auf Unionsebene existiert weder eine allgemeine, noch eine wettbewerbsspezifische Strafsetzungskompetenz. Der Versuch, eine originäre Strafsetzungskompetenz aus Art. 103 AEUV ableiten zu wollen, widerspricht daher jeglichen Auslegungsregeln.[813]

Da es sich nach hier vertretener Auffassung um eine (Kriminal-)Strafe handelt, kommt es auf die Frage, ob die Union zum Erlass von Ordnungswidrigkeiten als Strafen im weiteren Sinne ermächtigt ist, nicht an.

III. Endergebnis

Folgt man der Einschätzung, dass es sich bei den Kartellsanktionen um Strafen handelt, fehlt dem Unionsgesetzgeber die Kompetenz zu deren Erlass. Damit liegt es auch nicht in seinem Ermessen, trotz des objektiven Vorliegens einer (Kriminal-) Strafe einen Kartellrechtsverstoß nicht mehr dem harten Kern des Strafrechts bzw. der Strafe im weiteren Sinne zuzuordnen. Selbst wenn man die hier vertretene Auffassung nicht teilt, dass es solche Differenzierungen auf Unionsebene nicht bzw. grundsätzlich nicht gibt, handelt es sich bei den für einen Wettbewerbsverstoß verhängten Sanktionen um Geldstrafen. Die „Bußgeldpraxis“ der Kommission verstößt mithin gegen den Vorbehalt des Gesetzes und den strafrechtlichen Grundsatz *nulla poena sine lege*. Indem der EuGH diese Praxis legitimiert, begründet er nicht nur eine richterrechtliche (Straf-)Kompetenz. Er verstößt auch gegen den in Art. 5 Abs. 2 EUV verankerten Grundsatz vom Prinzip der begrenzten Einzelermächtigung, da die Mitgliedstaaten, insbesondere für den Bereich des Wettbewerbsrechts, keine entsprechende Kompetenz auf die Union übertragen haben. Er verletzt also seinen aus Art. 19 EUV folgenden Schutzauftrag, der ihn verpflichtet, das Recht (auch im Rahmen der Rechtsfortbildung) zu wahren.

Gleichzeitig folgt aus der Einordnung als (Kriminal-)Strafe die uneingeschränkte Geltung strafrechtlicher Fundamentalgarantien wie dem strafrechtlichen Bestimmtheitsgrundsatz, dem Schuldprinzip oder dem Analogieverbot.

812 Unklar *Satzger*, Internationales und Europäisches Strafrecht, § 8, S. 118, 121f.., Rn. 19, 29ff., da das Kartellrecht in dieser Aufzählung nicht auftaucht, er jedoch im Hinblick auf Art. 103 II a) AEUV den Erlass kriminalstrafrechtlicher Sanktionen zur Bewehrung wettbewerbsrechtlicher Verstöße für denkbar hält.

813 So schon *Oehler*, in: FS Jescheck, 1399 (1404).

B. Analogieverbot

Das Analogieverbot gilt zunächst auch für die hier angenommene teleologische Extension als Methode der Rechtsfortbildung.[814] Wird vorliegend gegen ein solches verstoßen, begründet es die Unzulässigkeit der Rechtsfortbildung.

I. Grundsatz

Ein Analogieverbot muss im Grundsatz dort in Erwägung gezogen werden, wo die gesetzliche Regelung erschöpfend sein will.[815] Dies ist vorliegend schon aufgrund der Unbestimmtheit und damit Ausfüllungsbedürftigkeit des Unternehmensbegriffs nicht der Fall. Der Analogieschluss ist demnach prinzipiell zulässig. Das Gericht bildet anstelle des Gesetzgebers das Recht in seinem Sinne fort.

1. Analogieschluss zu Lasten des Kartellanten

Die Einordnung der Bußgelder als Strafe wirft auf dieses Ergebnis indessen ein anderes Licht. Denn als allgemeiner Grundsatz[816] einerseits, sowie aufgrund des mit den Unionsverträgen nach Art. 6 Abs. 1 EUV gleichgestellten Art. 49 GRCh andererseits, findet das strafrechtliche Analogieverbot[817] – zwar nicht explizit, aber zumindest als Ausprägung des sich unstreitig aus der Norm ergebenden Bestimmtheitsgrundsatzes[818] – als im Rahmen des Art. 19 EUV zu berücksichtigendes Recht – Beachtung.[819] Dies gilt aufgrund der Abstammung vom Bestimmtheitsgrundsatz selbst dann, wenn man mit dem EuGH davon ausgeht, dass es sich nicht um strafrechtliche Sanktionen handelt, sondern um Verwaltungsunrecht. Denn der EuGH wendet den Bestimmtheitsgrundsatz und damit auch die aus ihm folgenden Prinzipien grundsätzlich auf Art. 23 Abs. 2 VO 1/2003 an.[820] Das strafrechtliche

---

814 *Larenz*, Methodenlehre, S. 386; *Larenz/Canaris*, Methodenlehre, S. 218.

815 *Larenz*, Methodenlehre, S. 378; *Dannecker/Fischer-Fritsch*, S. 265.

816 EuGH v. 12.12.1996 – Rs. C-74/95, Slg. 1996, I-6609, Rz. 25 – *X*.

817 *Eser*, in: Meyer, EU-GRCh Kommentar, Art. 49, Rn. 10; *Blanke*, in: Calliess/Ruffert, EUV/AEUV, Art. 49 GRCh, Rn. 5; *van Vormizeele*, in: Schwarze, EU-Kommentar, Art. 49 GRCh, Rn. 5; *Jarass*, EU-GRCh Kommentar, Art. 49, Rn. 12.

818 *Eser*, in: Meyer, EU-GRCh Kommentar, Art. 49, Rn. 23; *Blanke*, in: Calliess/Ruffert, EUV/AEUV, Art. 49 GRCh, Rn. 5; *Jarass*, EU-GRCh Kommentar, Art. 49, Rn. 11; vgl. EuGH v. 12.12.1996 – Rs. C-74/95, Slg. 1996, I-6609, Rz. 25 – *X*; vgl. auch *Tiedemann*, in: FS Jescheck, 1411 (1425).

819 *Rütsch*, S. 22; vgl. auch *Dannecker/Biermann*, in: Immenga/Mestmäcker, WettbR-EU, Band 1/Teil 2, Vor. Art. 23 VO 1/2003, Rn. 56 m.w.N.

820 Vgl. EuGH v. 25.9.1984 – Rs. C-117/83, Slg. 1984, 3291 (3302), Rz.11 – *Könecke/Balm*; EuGH v. 12.12.1990 – Rs. C-172/89, Slg. 1990, I-4677, Rz. 9 – *Vandemoortele/Kommission*; EuGH v. 29.3.2011 – Rs. C-352/09, Slg. 2011, I-02359, Rz. 80 – *Thyssen-Krupp/Kommission*. S. auch *Dannecker/N.Müller*, in: Wabnitz/Janovsky, Handbuch Wirtschafts- u. Steuerstrafrechts, Kap. 18 Rn. 217.

Analogieverbot gilt dementsprechend unstreitig auf unionsrechtlicher Ebene, insbesondere im europäischen Kartellrecht[821], wobei dessen praktische Relevanz als gering eingestuft wird.[822]

Danach ist eine Rechtsfortbildung zu Lasten, d.h. strafbegründend oder strafschärfend[823], des Täters nicht zulässig.[824] Da die Aufspaltung des Unternehmensbegriffs dazu führt, dass die Konzernmutter in die Haftung des als Täter ausgemachten Konzerns hineingezogen wird, handelt es sich um eine strafbegründende Extension, die folglich gegen das Extensionsverbot verstößt.[825]

Das Gleiche würde im Übrigen dann gelten, wenn man – anders als hier vertreten – die Mutter zwar als Täterin identifizierte, sie aber gemessen am Umsatz des Konzerns haften ließe. Denn in diesem Fall würde es sich aufgrund des erhöhten Strafrahmens um eine ebenfalls unzulässige straferweiternde Analogie bzw. Extension handeln, die die Rechtsfortbildung begrenzt.

2. *Analogieverbot zu Lasten des Täters auch bei „nur" extensiver Auslegung*

Der Annahme eines Verstoßes könnte man entgegenhalten, dass sich die Unzulässigkeit der Kommissionspraxis ausschließlich aus der methodischen Einordnung der Unternehmensaufspaltung als Rechtsfortbildung ergäbe, da das Analogieverbot im Falle einer (extensiven) Auslegung nicht angewendet werden kann. Genau dieser schmale Grat wurde vorher durch den Autor kritisiert und eine präzise Abgrenzung als fast unmöglich beschrieben. Die Rechtsprechung nutzt dies aber zuweilen, um einen Verstoß gegen das Analogieverbot zu verneinen[826].

Um genau diesen Problemen vorzubeugen, ist daher auch schon die extensive Auslegung dem Analogieverbot zu unterwerfen.[827] Genau wie im Rahmen der

---

821 *Dannecker/Biermann*, in: Immenga/Mestmäcker, WettbR-EU, Band 1/Teil 2, Vor. Art. 23 VO 1/2003, Rn. 56; *Papakiriakou*, S. 22f.; vgl. *Nowak*, in: Loewenheim/Meessen/Riesenkampff/Kersting/Meyer-Lindemann, Kartellrecht, Art. 23 VerfVO, Rn. 51 und *Tiedemann*, in: FS Jescheck, 1411 (1427).

822 *Dannecker/N.Müller*, in: Wabnitz/Janovsky, Handbuch Wirtschafts- u. Steuerstrafrechts, Kap. 18 Rn. 217.

823 *Eser*, in: Meyer, EU-GRCh Kommentar, Art. 49, Rn. 23; *van Vormizeele*, in: Schwarze, EU-Kommentar, Art. 49 GRCh, Rn. 8.

824 *Kindhäuser/Meyer*, in: FK-Kartellrecht, 77. Lfg. (2012), Bußgeldrechtliche Folgen Art. 101 AEUV, Rn. 37 m.w.N.

825 Kritisch auch *Fromm*, ZIS 2007, 279 (285); a.A. wohl auch *Dannecker/Fischer-Fritsch*, S. 258; *Dannecker*, in: Schünemann/González, Bausteine des europäischen Wirtschaftsstrafrechts, 1994, 331 (335).

826 S. nur *Möhring*, GRUR 1968, 541 (542) m.w.N.

827 Vgl. *Jarass*, NStZ 2012, 611 (615); *Jarass*, EU-GRCh Kommentar, Art. 49, Rn. 12; *Möhring*, GRUR 1968, 541 (542); reservierter *Eser*, in: Meyer, EU-GRCh Kommentar, Art. 49, Rn. 25, der darauf hinweist, dass „dies nicht den Umschlag zu einer 'engen Auslegung' zu bedeuten" hat.

Grenzen von Auslegung und Rechtsfortbildung darf die zwischen beiden fließende Grenze der Methodik nicht zu einer alles-oder-nichts Lösung führen. In Anlehnung an den EGMR[828], dessen Rechtsprechung für den EuGH wie oben dargelegt durch die materielle Inkorporation mehr als nur eine Inspirationsquelle ist, ist deshalb davon auszugehen, dass auch eine außerordentlich extensive Auslegung vom Verbot des Analogieschlusses umfasst ist. Ohnehin spricht selbst der EuGH davon, dass auch die Auslegung nicht dazu führen darf, dass eine strafrechtliche Verantwortlichkeit begründet oder verschärft wird.[829] Ein Strafgesetz darf generell nicht zum Nachteil des Betroffenen extensiv angewandt werden. Das folgt bereits aus dem Bestimmtheitsgrundsatz.[830] Damit legt er die Ausweitung des Analogieverbotes auf die Auslegung selbst fest, was im Hinblick auf sein Methodenverständnis nur schlüssig ist.

II. Ergebnis

Ob es sich deshalb vorliegend um eine Rechtsfortbildung durch teleologische Extension oder noch um eine teleologisch extensive Auslegung[831] handelt, die selbst von solchen Teilen der Literatur vertreten wird, die eine Analogie aufgrund des damit einhergehenden Verbots ablehnen[832], kann folglich nicht nur in methodischer, sondern auch in praktischer Hinsicht dahinstehen.

Die Aufspaltung des Unternehmensbegriffs verstößt gegen das strafrechtliche Analogieverbot.

C. Wesentlichkeitsgrundsatz

Den Grundsatz, dass der Unionsgesetzgeber die wesentlichen Fragen eines bestimmten Sachverhalts selbst regeln muss – hier die Frage, ob die Konzernmutter für einen Kartellrechtsverstoß ihrer Tochter in Anspruch genommen werden kann, obwohl sie daran selbst nicht beteiligt war – hat der EuGH in unterschiedlichen Konstellationen bereits bestätigt.[833] Darüber hinaus ergibt sich der Grundsatz klar und deutlich auch aus Art. 290 Abs. 1 S. 2 AEUV. Die Norm stellt klar, dass eine Befugnis-Übertragung hinsichtlich der wesentlichen Aspekte einer zu regelnden Materie ausgeschlossen ist.

---

828 EGMR v. 22.3.2001 – Nr. 34044/96, Rz. 50 – *Streletz/Deutschland.*

829 EuGH v. 12.12.1996 – Rs. C-74/95, Slg. 1996, I-6609, Rz. 24 – *X.*

830 Vgl. EuGH v. 12.12.1996 – Rs. C-74/95, Slg. 1996, I-6609, Rz. 25 – *X.*

831 *Dannecker/Fischer-Fritsch,* S. 265; *Hackel,* S. 153.

832 *Dannecker/Fischer-Fritsch,* S. 265.

833 *Schwarze,* EuR 2009, 171 (177); *Schwarze/Bechtold/Bosch,* Rechtsstaatliche Defizite im Kartellrecht der Europäischen Gemeinschaft, 2008, S. 18 m.w.N.

I. Wesentlichkeitsgrundsatz als Kompetenzbeschränkung der Judikative

Zu Recht wurde im Verfahren *Schindler* von der Generalanwältin *Kokott* in ihren Schlussanträgen darauf hingewiesen, dass die Norm nur den Fall der delegierten Rechtssetzung durch die Kommission regelt.[834] Die Norm bestimmt also in erster Linie das Verhältnis zwischen Legislative und Exekutive.[835] Nichtsdestotrotz lässt sich der Grundgedanke des Art. 290 Abs. 1 S. 2 AEUV zu einem allgemeinen Wesentlichkeitsvorbehalt verallgemeinern.[836] Dafür spricht schon, dass der Wesentlichkeitsgrundsatz auf Unionsebene grundsätzlich durch den EuGH anerkannt wird. Danach gilt auch dort ganz allgemein, dass der Gesetzgeber die wesentlichen Fragen einer Materie selbst regeln muss.[837] Art. 290 Abs. 1 S. 2 AEUV begrenzt daher die Delegationskompetenz, der allgemeine Grundsatz der Wesentlichkeit seinerseits den Rechtsschutzauftrag der Unionsgerichte. Danach fallen so wesentliche Fragen, die nur vom (Unions-)Gesetzgeber selbst beantwortet werden können, nicht mehr unter die Rechtsfortbildungskompetenz des EuGH.

Der Wesentlichkeitsvorbehalt setzt folglich nicht nur der Kommission, sondern auch der Rechtsfortbildung insoweit eine Grenze, als dass die Präzisierungsaufgabe der Rechtsprechung dort endet, wo es sich um eine so wesentliche Frage handelt, dass diese vom Unionsgesetzgeber hätte entschieden werden müssen bzw. noch zu entscheiden ist.[838] Diese Kompetenzbegrenzung wird unter Berücksichtigung der in Art. 290 Abs. 1 S. 2 AEUV enthaltenen Wertung, dass entsprechende Befugnisse nicht übertragen werden können, sei es auf die Exekutive, sei es auf die Judikative, noch deutlicher. Man könnte also sagen, dass Art. 290 Abs. 1 S. 2 AEUV eine Präzisierung des allgemeinen Wesentlichkeitsgrundsatzes ist. Für die Rechtsfortbildung bedeutet das, dass sie zwar herangezogen werden kann, um den vom Gesetzgeber vorgegebenen gesetzlichen Rahmen auszufüllen und zu konkretisieren. Sie entlastet ihn aber nicht von seiner originären Aufgabe, das Wesentliche selbst zu regeln und begrenzt folglich so das Richterrecht.[839]

---

834 Schlussanträge der Generalanwältin *Kokott* v. 18.4.2013 – Rs. C-501/11 P, Slg. noch nicht veröffentlicht, Rz. 81 – *Schindler/Kommission*; so auch *Kindhäuser/Meyer*, in: FK-Kartellrecht, 77. Lfg. (2012), Bußgeldrechtliche Folgen Art. 101 AEUV, Rn. 49.

835 *Schoo*, in: Schwarze, EU-Kommentar, Art. 290 AEUV, Rn. 1.

836 Vgl. *Schwarze*, EuR 2009, 171 (177f.); *Schwarze/Bechtold/Bosch*, Rechtsstaatliche Defizite im Kartellrecht der Europäischen Gemeinschaft, 2008, S. 18f.; a.A. wohl *Möllers/v. Achenbach*, EuR 2011, 39 (49).

837 Vgl. EuGH v. 17.12.1970 – Rs. C-25/70, Slg. 1970, 1161, Rz. 6 – *Einfuhr- und Vorratsstelle für Getreide und Futtermittel/Köster*, EuGH v. 16.6.1987 – Rs. C-46/86, Slg. 1987, 2671, Rz. 16 – *Romkes/Officier van Justitie*; EuGH v. 13.7.1995 – Rs. C-156/93, Slg. 1995, I-2019, Rz. 18 m.w.N. – *Parlament/Kommission*; s. auch *Schmahl*, in: Schulze/Zuleeg/Kadelbach, Europarecht, § 6 Rn. 19 m.w.N.

838 Vgl. *Bechtold/Bosch*, ZWeR 2011, 160 (165); *Kempf/Schilling*, NJW 2012, 1849 (1851).

839 So auch *Bechtold/Bosch*, ZWeR 2011, 160 (165); *Larenz*, Methodenlehre, S. 418.

II. Haftung der Konzernmutter als wesentliche Materie

Die Entscheidung, ob der Wesentlichkeitsgrundsatz hier der Rechtsfortbildung des Unternehmensbegriffs und der Kommissionspraxis eine Grenze setzt, hängt von der Frage ab, ob die Haftung der Konzernmutter in den beschriebenen Fällen sich als so wesentliche Materie darstellt, dass ihre Regelung nur vom Gesetzgeber vorgenommen werden kann. Dabei sind insbesondere die Grundrechtsrelevanz, die Größe des Adressatenkreises sowie gravierende finanzielle Auswirkungen zu Gunsten der Wesentlichkeit zu berücksichtigen, während vor allem die Flexibilität und Zukunftsoffenheit ein Argument dagegen darstellen.[840]

1. Unternehmensbegriff als originärer Anknüpfungspunkt der Haftung

Geht es nach den Unionsvertretern, so besteht ein solcher Konflikt mit dem Wesentlichkeitsgrundsatz nicht. Die Inanspruchnahme der Konzernmutter sei schließlich durch den Unternehmensbegriff in den Verträgen selbst verankert. Da sich daraus auch die Möglichkeit ergibt, die Muttergesellschaft als einzelne juristische Person der wirtschaftlichen Einheit haften zu lassen, ist sie als originäre Festlegung des Unionsgesetzgebers zu qualifizieren.[841]

2. Stellungnahme

Das überzeugt nach hier vertretener Auffassung keinesfalls. Richtig ist, dass sich der Unternehmensbegriff originär aus den Verträgen ergibt und sich aus diesem auch die Möglichkeit ableiten lässt, als Unternehmen nicht nur eine juristische Person zu erfassen, sondern unter bestimmten Voraussetzungen auch mehrere. Das fordert schon die Flexibilität des Unionsrechts. Der Unternehmensverbund, der von den Unionsorganen als wirtschaftliche Einheit bezeichnet wird, ist, wie *Kokott* selber feststellt, Täter und Bußgeldadressat.[842] Die Möglichkeit, daneben das Bußgeld auch bzw. alleine gegen die Konzernmutter zu verhängen, ergibt sich daraus aber nicht. Vielmehr begründen Kommission und Rechtsprechung diese Möglichkeit erst, ohne dass sie sich hierfür auf eine Rechtsgrundlage stützen können. Da die Inanspruchnahme mit teils empfindlichen, teils existenzbedrohenden Strafen verbunden sein kann, stellt die Frage, ob und unter welchen Umständen eine solche Durchgriffshaftung rechtmäßig ist, eine so wesentliche dar, dass sie nur vom Gesetzgeber selbst getroffen werden kann.

---

840 Vgl. für den nationalen Wesentlichkeitsgrundsatz *Grzeszick*, in: Maunz/Dürig, GG-Kommentar, 57. Lfg. (2010), Art. 20, Rn. 107.

841 Schlussanträge der Generalanwältin *Kokott* v. 18.4.2013 – Rs. C-501/11 P, Slg. noch nicht veröffentlich, Rz. 83ff. – *Schindler/Kommission.*

842 Schlussanträge der Generalanwältin *Kokott* v. 18.4.2013 – Rs. C-501/11 P, Slg. noch nicht veröffentlich, Rz. 83 – *Schindler/Kommission.*

Damit verbunden ist auch eine hohe Grundrechtsrelevanz. Denn nicht zuletzt aufgrund der Inkorporation der GRCh in Art. 6 Abs. 1 EUV ist das Grundrecht der verhältnismäßigen Strafe genauso tangiert wie die sonstigen in Art. 49 GRCh garantierten Rechte. Hinzu kommt das auch im Rahmen der Entscheidung *Schindler* diskutierte Eigentumsrecht der betroffenen Unternehmen.[843]

Letztlich erweitern die Unionsorgane auch den Adressatenkreis auf eine von vornherein nicht erkennbare Anzahl potentieller Schuldner. Denn der Kommissionspraxis folgend ist es – hypothetisch – möglich, jede juristische Person des Konzerns, respektive der wirtschaftlichen Einheit in Anspruch zu nehmen. Damit sind die maßgeblichen Kriterien für die Bejahung einer wesentlichen Materie erfüllt. Das Erfordernis eines effektiven und bewusst zukunftsoffenen Kartellbußgelds muss – soweit es durch die wirtschaftliche Interpretation des Unternehmensbegriffs nicht ohnehin schon erfüllt ist – dahinter zurücktreten. Denn zum einen ist wieder darauf zu verweisen, dass der Zweck nicht jedes Mittel heiligen kann. Zum anderen ist der Unionsgesetzgeber nicht daran gehindert, entsprechende Fragen selbst zu regeln. Im konkreten Fall wäre er aufgrund der besonderen Bedeutung für die Rechte der Unternehmen sogar dazu verpflichtet gewesen.

Dem steht auch nicht entgegen, dass eine durch Richterrecht entwickelte Durchgriffshaftung durchaus legitim und nicht in Konflikt mit dem Grundsatz der Wesentlichkeit stehen kann. Zu denken ist hier vor allem an die noch zu besprechenden Ausnahmen im Gesellschaftsrecht. Dort handelt es sich allerdings um Fallgruppen verschiedener Ausnahmesituationen. Hier geht es schon aufgrund der wirtschaftlichen Realität eher um die Regel als die Ausnahme. Die generelle Möglichkeit, in Konzernsachverhalten auf die unbeteiligte Muttergesellschaft zurückzugreifen, muss daher vom Gesetzgeber formell geregelt werden, wenn sie denn ermöglicht werden soll.

III. Ergebnis

Die Frage, ob eine Konzernmutter für Kartellrechtsverstöße ihrer Töchter gemessen am weltweiten Umsatz des Konzerns haften muss, obwohl sie sich selbst nicht beteiligt hat, stellt eine so grundlegende dar, dass sie nur vom Unionsgesetzgeber beantwortet werden kann. Sie fällt daher weder unter das sich aus der Norm ergebende Konkretisierungsermessen der Kommission, noch unter den Rechtsfortbildungsauftrag des EuGH. Der allgemeine Gedanke der Wesentlichkeit begrenzt folglich nicht nur die Kommission in ihrer Praxis, sondern auch die Gerichte im Rahmen ihres Rechtsschutzauftrages. Damit ist klar, dass sie im Rahmen der Auslegung oder Rechtsfortbildung keine Fragen beantworten können, die aufgrund ihrer Materie dem Gesetzgeber vorbehalten sind. Die Inanspruchnahme der Konzernmutter für

---

843 Schlussanträge der Generalanwältin *Kokott* v. 18.4.2013 – Rs. C-501/11 P, Slg. noch nicht veröffentlich, Rz. 202 – *Schindler/Kommission.*

einen Verstoß ihrer Tochter, an dem sie selbst nicht beteiligt war, gehört hierzu und kann folglich von ihnen nicht gelöst werden.

D. Bestimmtheitsgrundsatz

Der Bestimmtheitsgrundsatz ist als allgemeiner Rechtsgrundsatz durch den EuGH anerkannt.[844] Als Ausprägung des Prinzips der Rechtssicherheit[845] muss jeder Rechtsakt eindeutig und die daraus drohenden Konsequenzen für den Betroffenen vorhersehbar sein.[846] Insbesondere eine Sanktion, auch wenn sie keinen strafrechtlichen Charakter hat, muss auf einer klaren und unzweideutigen Rechtsgrundlage beruhen.[847] Das Gebot der Eindeutig- und Vorhersehbarkeit ist im Zusammenhang mit finanziell belastenden Maßnahmen deshalb nach seiner Rechtsprechung besonders zu berücksichtigen.[848] Es ist von essenzieller Bedeutung.[849]

---

844 *Wegener*, in: Calliess/Ruffert, EUV/AEUV, Art. 19 EUV, Rn. 38; *Schwarze*, in: Schwarze, EU-Kommentar, Art. 19 EUV, Rn. 25; *Dannecker/N.Müller*, in: Wabnitz/Janovsky, Handbuch Wirtschafts- u. Steuerstrafrechts, Kap. 18 Rn. 217; *Soltész/Steinle/Bielesz*, EuZW 2003, 202 (204); *von Danwitz*, in: Dauses, EU-Wirtschaftsrecht, 40. Lfg. (2016), B.II., Rn. 27; vgl. *Blanke*, in: Calliess/Ruffert, EUV/AEUV, Art. 49 GRCh, Rn. 3; *Satzger*, JuS 2004, 943 (947); EuGH v. 12.12.1996 – Rs. C-74/95, Slg. 1996, I-6609, Rz. 25 – *X*.

845 EuGH v. 12.12.1996 – Rs. C-74/95, Slg. 1996, I-6609, Rz. 25 – *X*; *Wegener*, in: Calliess/Ruffert, EUV/AEUV, Art. 19 EUV, Rn. 38; *Mayer*, in: Grabitz/Hilf/Nettesheim, Das Recht der Europäischen Union, 41. Lfg. (2010), Grundrechtsschutz und rechtsstaatliche Grundsätze, EUV nach Art. 6, Rn. 394; *Schilling*, EuGRZ 2000, 3 (19); *Soltész/Steinle/Bielesz*, EuZW 2003, 202 (204).

846 Vgl. EuGH v. 22.2.1984 – Rs. C-70/83, Slg. 1984, 1075, Rz. 11 – *Kloppenburg*, ohne dabei explizit den Grundsatz der Bestimmtheit zu nennen. Vgl. in diesem Sinne auch EuGH v. 3.5.2007 – Rs. C-303/05, Slg. 2007, I-3633, Rz. 48 – *Advocaten voor de Wereld*.

847 EuGH v. 25.9.1984 – Rs. C-117/83, Slg. 1984, 3291, Rz. 11 – *Könecke/Balm*; EuGH v. 12.12.1990 – Rs. C-172/89, Slg. 1990, I-4677, Rz. 9 – *Vandemoortele/Kommission*; EuGH v. 18.11.1987 – Rs. C-137/85, Slg. 1987, 4587, Rz. 15 – *Maizena/BALM*; s. auch EuGH v. 12.12.1996 – Rs. C-74/95, Slg. 1996, I-6609, Rz. 25 – *X*; vgl. EuGH v. 29.3.2011 – Rs. C-352/09 P, Slg. 2011, I-2359, Rz. 80 – *ThyssenKrupp/Kommission*; EuG v. 8.10.2008 – Rs. T-69/04, Slg. 2008, II-2567, Rz. 29 – *Schunk und Schunk/Kommission*.

848 EuGH v. 13.3.1990 – Rs. C-30/89, Slg. 1990, I-691, Rz. 23 m.w.N. – *Kommission/Frankreich*; EuG v. 27.9.2006 – Rs. T-43/02, Slg. 2006, II-3435, Rz. 42 – *Jungbunzlauer/Kommission*.

849 EuG v. 27.9.2006 – Rs. T-43/02, Slg. 2006, II-3435, Rz. 43 m.w.N. – *Jungbunzlauer/Kommission*. EuG v. 8.10.2008 – Rs. T-69/04, Slg. 2008, II-2567, Rz. 43 m.w.N. – *Schunk und Schunk/Kommission*.

Daneben[850] ist auch der strafrechtliche Bestimmtheitsgrundsatz als Ausfluss des Grundsatzes der Gesetzmäßigkeit[851] als allgemeiner Rechtsgrundsatz auf Unionsebene anerkannt.[852] Mit der Inkorporation der GRCh leitet er sich darüber hinaus aus dem in Art. 49 Abs. 1 GRCh verankerten Gesetzmäßigkeitsgrundsatz ab (*nulla poena sine lege; nulla poena sine lege certa*).[853] Dabei ist aufgrund des Homogenitätsgebots auch die zu Art. 7 Abs. 1 EMRK ergangene Rechtsprechung zu berücksichtigen, Art. 52 Abs. 3 S. 1 GRCh.[854]

I. Bestimmtheit der Norm

Neben den Tatbestandsmerkmalen der Straf- bzw. strafrechtsähnlichen Tat muss auch ihre Folge, also die zu erwartende Höhe der Sanktion, klar definiert sein.[855] Für erstere bedeutet dies, dass der dem Recht Unterworfene anhand des Wortlauts

---

850 Vgl. EuGH v. 22.5.2008 – Rs. C-266/06 P, Slg. 2008, I-81, Rz. 43 – *Degussa/Kommission und Rat*; EuG v. 5.4.2006 – Rs. T-279/02, Slg. 2006, II-897; Rz. 66 – *Degussa/Kommission*; EuG v. 8.10.2008 – Rs. T-69/04, Slg. 2008, II-2567, Rz. 27 – *Schunk und Schunk/Kommission.*

851 EuGH v. 22.5.2008 – Rs. C-266/06 P, Slg. 2008, I-81, Rz. 38 – *Degussa/Kommission und Rat*; EuG v. 12.12.2012 – Rs. T-400/09, Slg. noch nicht veröffentlicht, Rz. 25 – *Ecka Granulate/Kommission*; Schlussanträge der Generalanwältin *Kokott* v. 18.4.2013 – Rs. C-501/11 P, Slg. noch nicht veröffentlicht, Rz. 136 – *Schindler/Kommission.*

852 Aus EuGH v. 12.12.1996 – Rs. C-74/95, Slg. 1996, I-6609, Rz. 25 – *X* lässt sich schließen, dass der EuGH nicht nur den allgemeinen Bestimmtheitsgrundsatz als ungeschriebenen Rechtsgrundsatz anerkennt, sondern auch den strafrechtlichen Bestimmtheitsgrundsatz den Verfassungstraditionen der Mitgliedstaaten entnimmt. Explizit wird der strafrechtliche Bestimmtheitsgrundsatz als allgemeines Prinzip in EuGH v. 3.5.2007 – Rs. C-303/05, Slg. 2007, I-3633, Rz. 49 – *Advocaten voor de Wereld* genannt; EuG v. 8.7.2008 – Rs. T-99/04,Slg. 2008, II-1501, Rz. 113 – *AC-Treuhand/Kommission*; s. auch *Dannecker/Fischer-Fritsch*, S. 302; *Böse*, S. 129f.

853 *Eser*, in: Meyer, EU-GRCh Kommentar, Art. 49, Rn. 10; vgl. *Blanke*, in: Calliess/Ruffert, EUV/AEUV, Art. 49 GRCh, Rn. 1. In EuGH v. 12.12.1996 – Rs. C-74/95, Slg. 1996, I-6609, Rz. 25 – *X* leitet der EuGH das strafrechtliche Bestimmtheitsgebot aus Art. 7 EMRK als völkerrechtlichem Vertrag ab, der wortgleich mit dem heutigen Art. 49 GRCh ist.

854 Aus Art. 7 Abs. 1 EMRK wird der Grundsatz abgeleitet, dass die Strafe bestimmt sein muss, *Dittrich*, Geldbußen im Wettbewerbsrecht der Europäischen Union, 2010, S. 10.

855 *Eser*, in: Meyer, EU-GRCh Kommentar, Art. 49, Rn. 20; *Jarass*, NStZ 2012, 611 (615); *Schwarze*, EuR 2009, 171 (184); *Schwarze/Bechtold/Bosch*, Rechtsstaatliche Defizite im Kartellrecht der Europäischen Gemeinschaft, 2008, S. 40; *Soltész/Steinle/Bielesz*, EuZW 2003, 202 (205); *Vogel/Eisele*, in: Grabitz/Hilf/Nettesheim, Das Recht der Europäischen Union, 57. Lfg. (2015), Art. 83 AEUV, Rn. 35ff.; *Soltész*, WuW 2012, 141 (142); *Schwarze*, WuW 2009, 6 (8); EuGH v. 3.5.2007 – Rs. C-303/05, Slg. 2007, I-3633, Rz. 50 – *Advocaten voor de Wereld*; EuGH v. 22.5.2008 – Rs. C-266/06 P, Slg. 2008, I-81, Rz. 39 – *Degussa/Kommission und* Rat; EuGH v. 29.3.2011 – Rs. C-352/09

im Zweifel durch Auslegung die Umstände erkennen können muss, die seine strafrechtliche Verantwortlichkeit begründen.[856] Im Hinblick auf die Rechtsfolge ist der Begriff der Bestimmtheit konturloser;[857] es genügt schon ein weiter Geldstrafenrahmen, der den Umfang der Sanktion erkennen lässt.[858] Letztlich genügt es, wenn die Norm einen vollständigen Tatbestand, objektiv wie subjektiv, und einen weiten Sanktionsrahmen enthält.[859]

II. Gleichlauf der Bestimmtheitsgrundsätze bei strafrechtsähnlichen Sanktionen

Allgemeiner und strafrechtlicher Bestimmtheitsgrundsatz sind unabhängig voneinander im Rahmen der „Auslegung" als Bestandteile des Rechts zu wahren; sie koexistieren. Dabei ist der strafrechtliche Bestimmtheitsgrundsatz grundsätzlich schutzintensiver.[860] Eine Strafe stellt immer die ultima ratio[861] dar, so dass nach der „Je-Mehr-Desto"[862] Formel der Bestimmtheitsgrundsatz immer in einer strengeren Form Anwendung findet.[863] Dieses Grundprinzip gilt auch auf Unionsebene.[864] Das gilt vor allem für Kartellbußen, auf die als zumindest strafrechtsähnliche Sanktion der strafrechtliche Bestimmtheitsgrundsatz Anwendung findet.[865]

P; Slg. 2011, I-2359, Rz. 80 – *ThyssenKrupp/Kommission*; EuG v. 12.12.2012 – Rs. T-400/09, Slg. noch nicht veröffentlicht, Rz. 25 – *Ecka Granulate/Kommission.*

856 EuGH v. 3.5.2007 – Rs. C-303/05, Slg. 2007, I-3633, Rz. 50 – *Advocaten voor de Wereld*; EuGH v. 22.5.2008 – Rs. C-266/06 P, Slg. 2008, I-81, Rz. 39 – *Degussa/Kommission und Rat*; *Eser*, in: Meyer, EU-GRCh Kommentar, Art. 49, Rn. 21; *Jarass*, NStZ 2012, 611 (615).

857 Vgl. *Eser*, in: Meyer, EU-GRCh Kommentar, Art. 49, Rn. 21.

858 EuGH v. 29.3.2011 – Rs. C-352/09 P; Slg. 2011, I-2359, Rz. 80 – *ThyssenKrupp/Kommission.*

859 *Eser*, in: Meyer, EU-GRCh Kommentar, Art. 49, Rn. 22; s. auch *Vogel/Eisele*, in: Grabitz/Hilf/Nettesheim, 57. Lfg. (2015), Art. 83 AEUV, Rn. 35.

860 *Soltész/Steinle/Bielesz*, EuZW 2003, 202 (204); *Kiegler*, S. 278.

861 *Biermann*, ZWeR 2007, 1 (25) m.w.N. Kritisch dazu vgl. *Zimmermann*, ZRP 2009, 74 (75).

862 *Thomas*, JZ 2011, 485 (489); *Bechtold/Bosch*, ZWeR 2011, 160 (165); *Haus*, NZKart 2013, 183 (184); für das deutsche Recht BVerfGE 86, 288 (311) m.w.N.

863 *Böse*, S. 128; *Haus*, NZKart 2013, 183 (184). Bei Strafen im engeren Sinne sind indessen noch höhere Anforderungen an den Grat der Bestimmtheit zu stellen.

864 *Biermann*, ZWeR 2007, 1 (25).

865 *Dannecker/N.Müller*, in: Wabnitz/Janovsky, Handbuch Wirtschafts- u. Steuerstrafrechts, Kap. 18. Rn. 217; *Nowak*, in: Loewenheim/Meessen/Riesenkampff/Kersting/Meyer-Lindemann, Kartellrecht, Art. 23 VerfVO, Rn. 5; *Kindhäuser/Meyer*, in: FK-Kartellrecht, 77. Lfg. (2012), Bußgeldrechtliche Folgen Art. 101 AEUV, Rn. 42; vgl. *Jarass*, EU-GRCh Kommentar, Art. 49, Rn. 7; *Jarass*, NStZ 2012, 611 (612); *Soltész/Steinle/Bielesz*, EuZW 2003, 202 (205); EGMR v. 21.2.1984 – Nr. 9/1982/55/84, Rz. 56 – *Öztürk/Deutschland.*

Aber selbst wenn man die Kartellbußen nicht als Strafe oder strafrechtsähnlich qualifiziert, wären aufgrund ihrer Eingriffsintensität hohe Anforderungen an den Grad der Bestimmtheit zu stellen.[866] „Auf einem Gebiet, auf dem jede Unsicherheit [...] zur Anwendung besonders empfindlicher Sanktion führen kann"[867], muss Rechtssicherheit herrschen. Um den Betroffenen bei Sanktionen nicht schutzlos zu stellen, gewährt der EuGH ihm in diesem Bereich den gleichen Schutz wie im Falle von Strafen.[868]

Im Rahmen von Sanktionen soll es folglich grundsätzlich auf eine rechtliche Qualifikation der Sanktion für die Beurteilung des Bestimmheitsmaßstabes nicht ankommen, so dass auch von einem Gleichlauf der Bestimmtheitsgrundsätze gesprochen werden kann. Das zeigt sich auch darin, dass das eigentlich dem Strafrecht vorbehaltene Analogieverbot als Ausfluss des Bestimmtheitsgrundsatzes auch auf strafrechtsähnliche Sanktionen angewendet wird.

III. Relativierung des Bestimmtheitsgrundsatzes als Widerspruch zur Rechtsprechung des EuGH

Gerade im Unionsrecht mit seinen unbestimmten Rechtsbegriffen darf nicht vorschnell von einem Verstoß gegen den Bestimmtheitsgrundsatz ausgegangen werden.[869] Auf der einen Seite verlangt der EuGH, das Gebot der Klarheit gerade bei Sanktionen besonders zu wahren, auf der anderen Seite können schon aufgrund der Dynamik des Unionsrechts keine zu hohen Anforderungen an die Eindeutigkeit einer Norm gestellt werden. Ansonsten stünde das Unionsrecht in einem ständigen Konflikt mit dem Bestimmtheitsgrundsatz.[870]

1. Restriktion durch Auslegung

Das führt u.a. dazu, dass die Strafnorm nicht eindeutig sein muss, sondern es genügt, wenn sich die Folgen für den Betroffenen noch durch Auslegung ergeben.[871] Verstößt

866 *Soltész/Steinle/Bielesz*, EuZW 2003, 202 (206).

867 EuGH v. 10.7.1980 – Rs. C-32/79, Slg. 1980, 2403, Rz. 46 – *Kommission/Vereinigtes Königreich*.

868 Vgl. EuGH v. 18.11.1987 – Rs. C-137/85, Slg. 1987, 4587, Rz. 15 – *Maizena/BALM*.

869 Vgl. EuG v. 27.9.2006 – Rs. T-43/02, Slg. 2006, II-3435, Rz. 84 – *Jungbunzlauer/Kommission*; vgl. *Vogel/Eisele*, in: Grabitz/Hilf/Nettesheim, Das Recht der Europäischen Union, 57. Lfg. (2015), Art. 83 AEUV, Rn. 33; *Schwarze/Bechtold/Bosch*, Rechtsstaatliche Defizite im Kartellrecht der Europäischen Gemeinschaft, 2008, S. 17; *Schwarze*, EuR 2009, 171 (176).

870 Vgl. *Vogel/Eisele*, in: Grabitz/Hilf/Nettesheim, Das Recht der Europäischen Union, 57. Lfg. (2015), Art. 83 AEUV, Rn. 33; vgl. *Dannecker*, in: Schünemann/González, Bausteine des europäischen Wirtschaftsstrafrechts, 1994, 331 (345).

871 *Eser*, in: Meyer, EU-GRCh Kommentar, Art. 49, Rn. 21; *Jarass*, NStZ 2012, 611 (615) m.w.N.; vgl. *Schilling*, EuGRZ 2000, 3 (19); EuGH v. 22.5.2008 – Rs. C-266/06 P, Slg. 2008, I-81, Rz. 44 – *Degussa/Kommission und Rat*; EuG v. 27.9.2006 – Rs.

eine Norm faktisch gegen den Grundsatz der Bestimmtheit, greifen die Unionsgerichte eher auf Auslegungsmethoden wie die teleologische zurück, als die Norm für mit dem Unionsrecht unvereinbar zu erklären.[872] Das ist natürlich auch Zweck der Auslegung, wobei die durch den EuGH propagierte besondere Bedeutung des Bestimmtheitsgrundsatzes so nahezu völlig nivelliert wird und dem Grundsatz im Rahmen monetärer Sanktionen so weitestgehend die Zähne gezogen werden.[873] Allerdings ist das keine unionsrechtliche Besonderheit, sondern gilt bspw. für das deutsche Recht entsprechend.[874] Sie führt aber dazu, dass dem Bestimmtheitsgrundsatz trotz seiner rechtsstaatlichen Bedeutung praktisch kaum Relevanz zukommt.[875] Es handelt sich um eine substanzlose Hülle des Rechtsstaatsprinzips.[876]

2. Restriktion des strafrechtlichen Bestimmtheitsgrundsatzes bei strafrechtsähnlichen Sanktionen

Die praktisch ohnehin schon geringe Bedeutung des Bestimmtheitsgrundsatzes wird im Rahmen des Kartellbußgeldrechts unter Bezugnahme auf die Rechtsprechung des EGMR[877] noch mehr geschmälert. Denn der allgemeine Bestimmtheitsgrundsatz soll hier nicht in derselben Strenge gelten wie im Falle „echter" Strafen.[878] Dahinter verbirgt sich die Wertung der Unionsgerichte, die das Bußgeldverfahren als reines Verwaltungsverfahren ansieht.[879] Die Bezugnahme auf die Rechtsprechung des EGMR hat zu Recht Kritik erfahren, denn sie ist nicht verallgemeinerungsfähig und

---

T-43/02, Slg. 2006, II-3435, Rz. 84 – *Jungbunzlauer/Kommission*; EuG v. 5.4.2006 – Rs. T-279/02, Slg. 2006, II-897, Rz. 71 – *Degussa/Kommission*; EuG v. 8.10.2008 – Rs. T-69/04, Slg. 2008, II-2567, Rz. 33 – *Schunk und Schunk/Kommission.*

872 *Schilling*, EuGRZ 2000, 3 (20) m.w.N.

873 Vgl. *Schilling*, EuGRZ 2000, 3 (20).

874 *Calliess R.*, NJW 1989, 1338; *Schmid-Aßmann*, in: Maunz/Dürig, GG-Kommentar, 30. Lfg. (1992), Art. 103, Rn. 185.

875 *Dannecker*, in: Schünemann/González, Bausteine des europäischen Wirtschaftsstrafrechts, 1994, 331 (345).

876 *Calliess R.*, NJW 1989, 1338.

877 EGMR v. 23.11.2006 – Nr. 73053/01 – *Jussila/Finnland.*

878 Schlussanträge der Generalanwältin *Kokott* v. 18.4.2013 – Rs. C-501/11 P, Slg. noch nicht veröffentlicht, Rz. 153 – *Schindler/Kommission*; vgl. auch Schlussanträge der Generalanwältin *Sharpston* v. 10.2.2011 – Rs. C-272/09 P, Slg. noch nicht veröffentlicht, Rz. 67 – *KME/Kommission*; *Lenaerts*, NZKart 2013, 175 (176); auch EuG v. 8.7.2004 – Rs. T-99/04, Slg. 2008, II-1501, Rz. 113 – *AC-Treuhand/Kommission.*

879 EuGH v. 7.1.2004 – verb. Rs. C-204/00 P, Slg. 2004, I-123, Rz. 200 – *Aalborg Portland/Kommission*; EuG v. 8.7.2008 – Rs. T-99/04, Slg. 2008, II-1501, Rz. 113 – *AC-Treuhand/Kommission.* So auch noch Schlussanträge der Generalanwältin *Kokott* v. 8.12.2005 – Rs. C-113/04 P, Slg. 2006, I-8831, Rz. 100 – *Technische Unie/Kommission*; *de Bronett*, Europäisches Kartellverfahrensrecht, Art. 23, Rn. 6; *Schwarze/Weitbrecht*, Grundzüge des europäischen Kartellverfahrensrechts, § 7 Rn. 9 m.w.N.

inhaltlich nicht auf das Kartellrecht übertragbar.[880] Darüber hinaus widersprechen sowohl das Urteil des EuG als auch die Stellungnahme der Generalanwältin *Kokott* zum einen der durch den EuGH aufgestellten Forderung, dass der Grundsatz der gesetzlichen Bestimmtheit unabhängig von der Einordnung der kartellrechtlichen Sanktion Anwendung findet, zum anderen auch der Aussage, dass ihr im Rahmen finanzieller Belastungen besondere Bedeutung zukommt. Auf eine Differenzierung zwischen echter Strafe, strafrechtsähnlicher Sanktion oder schlichtweg finanzieller Einbuße soll es gerade nicht ankommen.[881] Außerdem wäre eine solche Restriktion auch nicht in Einklang mit dem nunmehr im Rahmen des Rechts zu berücksichtigenden Art. 49 GRCh zu bringen. Denn durch das weite Verständnis des Strafbegriffs finden alle damit verbundenen Grundsätze uneingeschränkte Anwendung auch auf strafrechtsähnliche Maßnahmen[882], so dass die Einschränkung des Bestimmtheitsgrundsatzes widersprüchlich ist. Das gilt auch für das sich aus dem Bestimmtheitsgebot ableitende Analogieverbot.[883] Findet das abgeleitete Prinzip uneingeschränkt auf strafrechtsähnliche Sanktionen Anwendung, muss das erst recht auch für den Grundsatz gelten, aus dem es sich ergibt.

3. Stellungnahme

Nach außen vermittelt der EuGH den Eindruck, beim Grundsatz der Bestimmtheit handele es sich um ein unverzichtbares Gut des Unionsrechts, welchem gerade bei Sanktionen, ganz unabhängig von ihrer rechtlichen Qualifikation, essenzielle Bedeutung zukommt. Die Realität sieht anders aus: EuGH, EuG und Generalanwälte/innen haben auf unterschiedlichen Wegen dafür gesorgt, dass der Grundsatz der Bestimmtheit nunmehr bedeutungslos ist. Auch die generelle Unbestimmtheit des Unionsrechts trägt das ihre dazu bei. Wahrscheinlich ist das Unionsrecht, wie soll es auch anders sein, so unbestimmt, dass eine zu wörtliche Anwendung des Grundsatzes zu fatalen Folgen führen würde. Insbesondere im Bereich der Sanktion wird der Anschein erweckt, als versuchten die Unionsgerichte sich ein „Hintertürchen" offen zu halten, um eine unter uneingeschränkter Anwendung des strafrechtlichen Bestimmtheitsgrundsatzes womöglich unbestimmte Norm in die Bestimmtheit zu retten. Ähnlich wie im nationalen Recht handelt es sich beim Grundsatz der Bestimmtheit nur noch um eine von der Rechtsprechung aufgeblasene, aber letztlich substanzlose Hülle, die aufgrund ihrer Konturlosigkeit jeglichen Schrecken verloren hat.

---

880 *Bechtold/Bosch*, ZWeR 2011, 160 (163f.).

881 *Schwarze*, EuR 2009, 171 (174).

882 *Jarass*, NStZ 2012, 611 (612); *Jarass*, EU-GRCh Kommentar, Art. 49, Rn. 7f.; *Friedmann*, S. 225.

883 *Eser*, in: Meyer, EU-GRCh Kommentar, Art. 49, Rn. 23; *Baudisch*, S. 237; EuGH v. 12.12.1996 – Rs. C-74/95, Slg. 1996, I-6609, Rz. 25 – *X*.

IV. Absolute Grenze des Bestimmtheitsgrundsatzes

Eine klare Grenze verläuft allerdings dort, wo „ein Strafgesetz [...] zum Nachteil des Betroffenen extensiv angewandt“[884] wird. Gemeint ist damit das Analogieverbot zu Lasten des Täters. Da das Analogieverbot aus dem Bestimmtheitsgrundsatz abgeleitet wird und auch auf strafrechtsähnliche Maßnahmen Anwendung findet, verbietet dieses letztlich den Analogieschluss zu Lasten des Täters. Daraus lässt sich die Schlussfolgerung ziehen, dass in jedem Verstoß gegen das Analogieverbot *a minore ad maius* immer automatisch auch ein Verstoß gegen das Bestimmtheitsprinzip liegt. Denn das Analogieverbot korrespondiert mit dem strafrechtlichen Bestimmtheitsgebot.[885] Einzig und allein diese universelle Grenze verleiht dem Grundsatz der Bestimmtheit noch den Hauch einer Struktur.

Folgt man dem, muss in Anlehnung an das oben Gesagte ein Verstoß gegen den Bestimmtheitsgrundsatz angenommen werden.

V. Bestimmtheitsgrundsatz als Grenze der Rechtsfortbildung

In erster Linie richtet sich der Bestimmtheitsgrundsatz an den Gesetzgeber. Bedeutung erlangt das Prinzip aber auch im Rahmen der Auslegung und Rechtsfortbildung.[886] Aus Art. 19 EUV folgt der Auftrag des Gerichtshofs, das Recht bei der Anwendung und „Auslegung“ zu wahren. Da der Bestimmtheitsgrundsatz Bestandteil des Rechts ist, sind die Unionsgerichte im Rahmen der Auslegung oder Rechtsfortbildung an ihn genauso gebunden, wie es die Legislative wäre. Es ist daher nicht widersprüchlich, im Rahmen des Richterrechts den Bestimmtheitsgrundsatz neben dem engeren Analogieverbot zu Lasten des Täters als weitere Grenze bestimmen zu wollen.[887] Denn das Gericht wird im Rahmen der Rechtsfortbildung als „Quasi-Gesetzgeber“ tätig. Entgegen seiner Bestimmung entwickelt es das Recht für und damit im Sinne der Legislative fort. Dann muss das Ergebnis aber auch, genauso wie jeder Akt der Legislative, denselben Anforderungen entsprechen. Ein Gericht kann „neues“ Recht schöpfen, dessen Inhalt eigentlich der Konkretisierung durch den Gesetzgeber bedürfte.[888]

Es ist daher zu prüfen, ob die Unionsgerichte ihren Rechtsschutzauftrag verletzen, indem sie infolge ihrer Rechtsfortbildung unbestimmtes Recht schaffen, anstelle das unbestimmte Unionsrecht auszufüllen, um ihm zu mehr Präzision und Inhalt zu verhelfen.

---

884 EuGH v. 12.12.1996 – Rs. C-74/95, Slg. 1996, I-6609, Rz. 25 – *X*.

885 BVerfGE 126, 170 (194) = NJW 2010, 3209 (3210) Rz. 69 m.w.N.; *Kempf/Schilling*, NJW 2012, 1849 (1851); vgl. *Tiedemann*, in: FS Jescheck, 1411 (1425).

886 *Kindhäuser/Meyer*, in: FK-Kartellrecht, 77. Lfg. (2012), Bußgeldrechtliche Folgen Art. 101 AEUV, Rn. 41f.

887 So auch *Kempf/Schilling*, NJW 2012, 1849 (1851).

888 *Larenz*, Methodenlehre, S. 418.

VI. Vereinbarkeit des Bestimmtheitsgrundsatzes mit der Aufspaltung des Unternehmensbegriffs

Nicht wenige Kartellanten haben bereits versucht, die Einrede der Rechtswidrigkeit, gestützt auf die Unbestimmtheit des Art. 23 VO 1/2003, zu erheben[889] – alle sind gescheitert. Nichtsdestotrotz reißt die Kritik an den rechtsstaatlichen Defiziten, insbesondere der Unbestimmtheit, nicht ab.[890] Dabei ist dieser Vorwurf beileibe kein neuer.[891] Die Dauer der Diskussion, die wachsende Anzahl an Kritikern sowie der Umstand, dass bis heute immer wieder versucht wird, die Unbestimmtheit der Norm zu rügen, gibt Anlass, danach zu fragen, ob die Unionsgerichte möglicherweise ihren Rechtsschutzauftrag verletzen, da sie fortwährend auf der Bestimmtheit der Norm beharren. Da sich insbesondere die ältere Kritik gegen die Bestimmtheit des Bußgeldrahmens wendet, neuerdings aber auch die Stimmen immer lauter werden, die die Inanspruchnahme der tatunbeteiligten Mutter hinterfragen, soll im Folgenden auf beide Punkte eingegangen werden. Erstere wird dabei vorweggestellt, denn aus ihr lassen sich wesentliche Rückschlüsse für die Frage nach der Zulässigkeit der Inanspruchnahme der Konzernmutter für einen Verstoß ihrer Tochter gewinnen. Es soll daher zunächst diskutiert werden, ob Art. 23 Abs. 2, 3 VO 1/2003 unter Berücksichtigung der dargestellten Bestimmtheitsanforderungen und der Rechtsprechung der Unionsgerichte gegen das Gebot der Bestimmtheit verstößt.

---

889 EuGH v. 29.3.2011 – Rs. C-352/09 P, Slg. 2011, I-2359 – *ThyssenKrupp/Kommission*; EuGH v. 22.5.2008 – Rs. C-266/06 P, Slg. 2008, I-81, Rz. 11 – *Degussa/Kommission und Rat*; EuG v 5.4.2006 – Rs. T-279/02, Slg. 2006, II-897, Rz. 34 – *Degussa/Kommission*; EuG v. 8.10.2008 – Rs. T-69/04, Slg. 2008, II-2567, Rz. 27 – *Schunk und Schunk/Kommission*; EuG v. 27.9.2006, Rs. T-43/02, Slg. 2006, II-3435, Rz. 36 – *Jungbunzlauer/Kommission*; EuG v. 12.12.2012 – Rs. T-400/09, Slg. noch nicht veröffentlicht, Rz. 22 – *Ecka Granulate/Kommission*; Schlussanträge der Generalanwältin *Kokott* v. 18.4.2013 – Rs. C-501/11 P, Slg. noch nicht veröffentlicht, Rz. 149 m.w.N. – *Schindler/Kommission.*

890 *Schwarze/Bechtold/Bosch*, Rechtsstaatliche Defizite im Kartellrecht der Europäischen Gemeinschaft, 2008, S. 5, 16; *Bechtold/Bosch*, ZWeR 2011, 160 (164); *Bechtold*, in: 50 Jahre Wettbewerbsgesetz in Deutschland und Europa, S. 61; *Schwarze*, WuW 2009, 6; *Schwarze*, EuR 2009, 171; *Hofstetter*, GCP November 2009, 2 (4); *Soltész/Steinle/Bielesz*, EuZW 2003, 202; *Möhlenkamp*, in: Schwarze, Instrumente zur Durchsetzung des europäischen Wettbewerbsrechts, S. 121 (125ff.). *Soltész*, WuW 2012, 141 (142) m.w.N.; *Dannecker/Biermann*, in: Immenga/Mestmäcker, WettbR-EU, Band. 1/Teil 2, Art. 23 VO 1/2003, Rn. 110 m.w.N.; für das deutsche Recht s. *Brettel/Thomas*, ZWeR 2009, 25 (31ff.); *Buntscheck*, WuW 2008, 941 (942ff.); *Haus*, NZKart 2013, 183 (184ff.).

891 *Wolf*, WuW 1962, 645 (657, 659).

1. Unbestimmtheit der Norm

Gemäß Art. 23 Abs. 2 VO 1/2003 liegt es im Ermessen der Kommission, „ob“[892] sie ein Bußgeld verhängt und falls ja, „wie“ hoch dieses ausfällt. Dabei sind nach Art. 23 Abs. 3 VO 1/2003 sowohl die Schwere als auch die Dauer des Verstoßes zu berücksichtigen. Das Bußgeld darf dabei 10% des Umsatzes eines sich beteiligenden Unternehmens nach Art. 23 Abs. 2 S. 2 VO 1/2003 nicht übersteigen.

a) Vorbringen von Kartellanten und Literatur

Der Norm und der darauf basierenden Kommissionspraxis werden deshalb der Vorwurf gemacht, die Kommission hätte ein unbeschränktes Ermessen bei der Frage des „Ob“ und des „Wie“[893], was einer „willkürlichen Bußgeldfestsetzung Tür und Tor“ öffne.[894] In diesem Zusammenhang wird immer wieder auf die Gefahr einer schier uferlosen[895] Bußgeldhaftung hingewiesen. Schließlich enthalte die Norm keine absolute, fallunabhängige Bußgeldobergrenze.[896] Dazu käme, dass durch die Kriterien der Schwere und Dauer alleine keine Ermessensbeschränkung eintrete.[897] Die zu erwartende Strafe sei deshalb, unabhängig von der rechtlichen Qualifikation der Sanktion, für den Kartellanten nicht vorhersehbar, weshalb sie den vom EuGH im

---

892 Deshalb ist die von der Kommission so geliebte Kronzeugenregelung überhaupt erst möglich, vgl. *Soltész/Steinle/Bielesz*, EuZW 2003, 202 (207).

893 EuG v. 5.4.2006 – Rs. T-279/02, Slg. 2006, II-897, Rz. 34 – *Degussa/Kommission*; EuG v. 27.9.2006 – Rs. T-43/02, Slg. 2006, II-3435, Rz. 37 – *Jungbunzlauer/Kommission*; EuG v. 8.10.2008 – Rs. T-69/04, Slg. 2008, II-2567, Rz. 27 – *Schunk und Schunk/Kommission*; EuG v. 12.12.2012 – Rs. T-400/09, Slg. noch nicht veröffentlicht, Rz. 23 – *Ecka Granulate/Kommission*; *Schwarze*, WuW 2009, 6 (8); *Schwarze*, EuR 2009, 171 (175); *Schwarze/Bechtold/Bosch*, Rechtsstaatliche Defizite im Kartellrecht der Europäischen Gemeinschaft, 2008, S. 16; *Soltész/Steinle/Bielesz*, EuZW 2003, 202 (208); *Dannecker/Biermann*, in: Immenga/Mestmäcker, WettbR-EU, Band. 1/Teil 2, Art. 23 VO 1/2003, Rn. 110.

894 *Soltész/Steinle/Bielesz*, EuZW 2003, 202 (207); EuG v. 27.9.2006 – Rs. T-43/02, Slg. 2006, II-3435, Rz. 54 – *Jungbunzlauer/Kommission*; vgl. auch *van Bael*, ECLR 1995, 237 (238f.) sowie *Barbier/Winckler*, JoECLaP 2010, 327 (328).

895 *Soltész/Steinle/Bielesz*, EuZW 2003, 202 (204, 206, 207); *Bechtold*, in: 50 Jahre Wettbewerbsgesetz in Deutschland und Europa, S. 63, der von „null bis unendlich“ spricht; *Kiegler*, S. 279.

896 EuGH v. 22.5.2008 – Rs. C-266/06 P, Slg. 2008, I-81, Rz. 15 – *Degussa/Kommission und Rat*; EuG v. 5.4.2006 – Rs. T-279/02, Slg. 2006, II-897, Rz. 44 – *Degussa/Kommission*; *Soltész/Steinle/Bielesz*, EuZW 2003, 202 (207, 209); *Bechtold*, in: 50 Jahre Wettbewerbsgesetz in Deutschland und Europa, S. 63; *Kiegler*, S. 281; für das deutsche Recht s. *Achenbach*, WuW 2002, 1154 (1158).

897 *Soltész/Steinle/Bielesz*, EuZW 2003, 202 (208); *Schwarze/Bechtold/Bosch*, Rechtsstaatliche Defizite im Kartellrecht der Europäischen Gemeinschaft, 2008, S. 41; *Kiegler*, S. 283.

Zusammenhang mit Sanktionen aufgestellten Bestimmtheitsanforderungen widerspreche, zumindest aber erhebliche Zweifel daran aufkommen lasse.[898]

b) Vorbringen der Unionsgerichte

Dem ist neben den Unionsgerichten nunmehr auf nationaler Ebene auch der BGH[899] entgegengetreten. Zwar streiten sie die Weite des Kommissionsermessens nicht ab[900], weisen aber gleichzeitig in rechtfertigender Manier auf die essentielle Bedeutung der Bußgelder für eine effektive Kartellrechtsdurchsetzung hin.[901] Diese scheint gefährdet, wenn der Kartellrechtstäter die exakte Summe eines Kartellrechtsverstoßes vorhersagen könnte, u.a., weil sich dies auf die der Kartellsanktion immanente Abschreckungswirkung auswirken würde.[902] Die Unberechenbarkeit der zu erwartenden Sanktion schadet deshalb nicht.[903] Es gilt das Credo: „We want to be transparent, but not predictable"[904].

---

898 *Schwarze*, EuR 2009, 171 (174, 177); *Soltész/Steinle/Bielesz*, EuZW 2003, 202 (208); *Soltész*, EuZW 2011, 230 (235); *Soltész*, WuW 2012, 141 (142); *Schwarze/Bechtold/Bosch*, Rechtsstaatliche Defizite im Kartellrecht der Europäischen Gemeinschaft, 2008, S. 16f., 40; *Rittner/Dreher*, Europäisches und deutsches Wirtschaftsrecht, § 23 Rn. 113; *Rittner/Kulka*, Wettbewerbs- und Kartellrecht, § 14 Rn. 108; *Rizvi*, AJP 2010, 452 (459); *Friedmann*, S. 232; *Kiegler*, S. 282, 285f. Dies ist von den Unionsgerichten aber gerade so beabsichtigt, s. nur EuG v. 27.3.2014 – Rs. T-56/09 und T-73/09, Rz. 451 – *Saint-Gobain.*

899 BGH, Beschluss vom 26. 2. 2013 – KRB 20/12, = NJW 2013, 1972 – *Grauzementkartell.*

900 EuGH v. 22.5.2008 – Rs. C-266/06 P, Slg. 2008, I-81, Rz. 50 – *Degussa/Kommission und Rat*; EuG v. 8.10.2008 – Rs. T-69/04, Slg. 2008, II-2567, Rz. 37 – *Schunk und Schunk/Kommission*; EuG v. 5.4.2006 – Rs. T-279/02, Slg. 2006, II-897, Rz. 76, 86 – *Degussa/Kommission*; EuG v. 12.12.2012 – Rs. T-400/09, Slg. noch nicht veröffentlicht, Rz. 29 – *Ecka Granulate/Kommission.*

901 EuG v. 27.9.2006 – Rs. T-43/02, Slg. 2006, II-3435, Rz. 83 – *Jungbunzlauer/Kommission;* EuG v. 8.10.2008 – Rs. T-69/04, Slg. 2008, II-2567, Rz. 39 – *Schunk und Schunk/Kommission.*

902 EuG v. 27.9.2006 – Rs. T-43/02, Slg. 2006, II-3435, Rz. 84 – *Jungbunzlauer/Kommission*; Schlussanträge der Generalanwältin *Kokott* v. 18.4.2013 – Rs. C-501/11 P, Slg. noch nicht veröffentlicht, Rz. 155 – *Schindler/Kommission;* vgl. *Klusmann,* WuW 2001, 820 (823); *Soltész/Steinle/Bielesz*, EuZW 2003, 202 (208); *Bechtold*, in: 50 Jahre Wettbewerbsgesetz in Deutschland und Europa, S. 64; *Schwarze*, EuZW 2003, 261 (267); *Kiegler*, S. 284.

903 EuG v 5.4.2006 – Rs. T-279/02, Slg. 2006, II-897, Rz. 84 – *Degussa/Kommission*; EuG v. 8.10.2008 – Rs. T-69/04, Slg. 2008, II-2567, Rz. 46 – *Schunk und Schunk/Kommission*; EuG v. 27.9.2006 – Rs. T-43/02, Slg. 2006, II-3435, Rz. 91 – *Jungbunzlauer/Kommission*; EuG v. 12.12.2012 – Rs. T-400/09, Slg. noch nicht veröffentlicht, Rz. 33 – *Ecka Granulate/Kommission*; *Lenaerts*, NZKart 2013, 175 (180).

904 *Klusmann*, WuW 2001, 820 (823); *Möhlenkamp*, in: Schwarze, Instrumente zur Durchsetzung des europäischen Wettbewerbsrechts, S. 121 (128).

Andererseits verlangt der Bestimmtheitsgrundsatz, unabhängig von der rechtlichen Einordnung der Sanktion, dass diese klar definiert ist und es dem Verpflichteten möglich ist, den Umfang seiner Verpflichtung zu erkennen, so dass er sich darauf einstellen kann. Da Art. 23 Abs. 2, 3 VO 1/2003 keine anderen Bemessungskriterien als Umsatz, Schwere und Dauer enthält, ist die Frage auch unter Berücksichtigung des Bundesverfassungsgerichtsurteils zur Vermögensstrafe[905] durchaus angebracht, ob die Norm auf Unionsebene noch den Bestimmtheitsanforderungen genügt.[906] Effektivitätsgedanke und Bestimmtheitsanforderungen kollidieren und müssen in einen interessengerechten Ausgleich gebracht werden.[907]

aa) Individuelle (absolute) Obergrenze

Gebetsmühlenartig wiederholen die Unionsgerichte diesbezüglich, dass das Ermessen nicht uneingeschränkt gilt[908], da auch die Kommission bereits durch die allgemeinen Rechtsgrundsätze gebunden sei[909] und es bei den Bemessungskriterien der Norm um objektive gehe, die das Ermessen beschränken.[910] So handele es sich bei der Beschränkung auf 10% des Umsatzes eines sich beteiligenden Unternehmens zwar um keine allgemeine, aber um eine im Einzelfall bestimmbare, absolute Obergrenze.[911] Denn jeder Kartellant kann sich ausrechnen, wie hoch ein gegen ihn verhängtes Bußgeld max. ausfallen kann, ohne dass er dessen genaue Höhe beziffern

---

905 BVerfGE 105, 135 = NJW 2002, 1779; s. dazu auch *Achenbach*, WuW 2002, 1154.

906 So auch *Barbier/Winckler*, JoECLaP 2010, 327 (329).

907 So auch *Friedmann*, S. 228; vgl. *Dittrich*, Geldbußen im Wettbewerbsrecht der Europäischen Union, 2010, S. 31, *Schwarze*, EuZW 2003, 261 (267).

908 EuGH v. 22.5.2008 – Rs. C-266/06 P, Slg. 2008, I-81, Rz 50 – *Degussa/Kommission und Rat*; EuG v. 27.9.2006 – Rs. T-43/02, Slg. 2006, II-3435, Rz. 85 – *Jungbunzlauer/Kommission;* EuG v. 5.4.2006 – Rs. T-279/02, Slg. 2006, II-897, Rz. 74 – *Degussa/Kommission*; EuG v. 8.10.2008 – Rs. T-69/04, Slg. 2008, II-2567, Rz. 35 – *Schunk und Schunk/Kommission*; EuG v. 12.12.2012 – Rs. T-400/09, Slg. noch nicht veröffentlicht, Rz. 28 – *Ecka Granulate/Kommission.*

909 EuGH v. 22.5.2008 – Rs. C-266/06 P, Slg. 2008, I-81, Rz 51 – *Degussa/Kommission und Rat*; EuG v 5.4.2006 – Rs. T-279/02, Slg. 2006, II-897, Rz. 77 – *Degussa/Kommission*; vgl. EuG v. 8.10.2008 – Rs. T-69/04, Slg. 2008, II-2567, Rz. 42 – *Schunk und Schunk/Kommission*; EuG v. 27.9.2006 – Rs. T-43/02, Slg. 2006, II-3435, Rz. 87 – *Jungbunzlauer/Kommission*; EuG v. 12.12.2012 – Rs. T-400/09, Slg. noch nicht veröffentlicht, Rz. 30 – *Ecka Granulate/Kommission.*

910 EuGH v. 22.5.2008 – Rs. C-266/06 P, Slg. 2008, I-81, Rz 50 – *Degussa*; EuG v 5.4.2006 – Rs. T-279/02, Slg. 2006, II-897, Rz. 75, 86 – *Degussa*; EuG v. 12.12.2012 – Rs. T-400/09, Slg. noch nicht veröffentlicht, Rz. 28 – *Ecka Granulate/Kommission.*

911 EuGH v. 22.5.2008 – Rs. C-266/06 P, Slg. 2008, I-81, Rz 50 – *Degussa/Kommission und Rat*; EuG v. 5.4.2006 – Rs. T-279/02, Slg. 2006, II-897, Rz. 74f. – *Degussa/Kommission;* EuG v. 8.10.2008 – Rs. T-69/04, Slg. 2008, II-2567, Rz. 35f. – *Schunk und Schunk/Kommission*; EuG v. 27.9.2006 – Rs. T-43/02, Slg. 2006, II-3435, Rz. 86 – *Jungbunzlauer/Kommission;* EuG v. 12.12.2012 – Rs. T-400/09, Slg. noch nicht veröffentlicht, Rz. 28 – *Ecka Granulate/Kommission.*

könnte.[912] Klarheit im obigen Sinne bedeutet gerade nicht Eindeutigkeit, so dass das Erfordernis der Bestimmtheit zur bloßen Bestimmbarkeit relativiert wird.[913] Diesem Ergebnis hat sich auf nationaler Ebene nunmehr auch der BGH angeschlossen. Als das die wirtschaftliche Realität wiedergebende Merkmal sei der Umsatz eines Unternehmens unweigerlich im Rahmen der Bußgeldbemessung zu berücksichtigen.[914]

Diese Argumentation lässt sich auch auf Art. 23 Abs. 2 S. 2 VO 1/2003 übertragen. Darüber hinaus scheint es im Kartellbußgeldrecht sogar angebracht, auf eine fallunabhängige Sanktionsgrenze zu verzichten. Denn eine solche würde letztlich die internationalen Konzerne privilegieren. Um dies wiederum zu verhindern, müsste der Bußgeldrahmen extrem weit gefasst werden, was *de facto* keinen Unterschied zur jetzigen Handhabe begründen würde. Es ist daher Augenwischerei, die Unbestimmtheit der Norm damit zu begründen, dass der Umfang der Sanktion nicht vorhersehbar sei. Jedes Unternehmen kennt seinen Umsatz[915] und weiß daher, welches max. Bußgeld es treffen könnte. Die Norm entspricht folglich den vom EuGH aufgestellten Bestimmtheitsanforderungen, spiegelt aber auch die Entwertung des allgemeinen Rechtsgrundsatzes der Bestimmtheit, ohne sich dabei in Widerspruch zum Recht der Mitgliedstaaten zu setzen.

bb) Leitlinien der Kommission

Hinzutreten könnte die Tatsache, dass sich die Kommission durch den Erlass der Bußgeldleitlinien selbst Verhaltensregeln auferlegt hat, von denen sie nicht abweichen darf, so dass insbesondere den Kriterien der „Schwere" und „Dauer" zu mehr Transparenz und Kontur und damit mehr Rechtssicherheit verholfen wurde.[916] Viele halten die Leitlinien indessen für ungeeignet, die Unbestimmtheit der

---

912 EuGH v. 22.5.2008 – Rs. C-266/06 P, Slg. 2008, I-81, Rz 50 – *Degussa/Kommission und Rat*; EuG v. 5.4.2006 – Rs. T-279/02, Slg. 2006, II-897, Rz. 75 – *Degussa/Kommission*; EuG v. 8.10.2008 – Rs. T-69/04, Slg. 2008, II-2567, Rz. 36 – *Schunk und Schunk/Kommission*; EuG v. 12.12.2012 – Rs. T-400/09, Slg. noch nicht veröffentlicht, Rz. 28 – *Ecka Granulate/Kommission*; Schlussanträge der Generalanwältin *Kokott* v. 18.4.2013 – Rs. C-501/11 P, Slg. noch nicht veröffentlicht, Rz. 154 – *Schindler/Kommission.*

913 *Kempf/Schilling*, NJW 2012, 1849 (1852); vgl. *Thomas*, KSzW 2011, 10 (13), der von einer *Bestimmbarkeit ex ante* spricht.

914 Vgl. BGH, Beschl. v. 26.2.2013, KRB 20/12, Rz. 62 = NJW 2013, 1972 – *Grauzementkartell.* Kritisch in diesem Zusammenhang *Möhlenkamp*, in: Schwarze, Instrumente zur Durchsetzung des europäischen Wettbewerbsrechts, S. 121 (126).

915 So auch Schlussanträge der Generalanwältin *Kokott* v. 18.4.2013 – Rs. C-501/11 P, Slg. noch nicht veröffentlicht, Rz. 154 – *Schindler/Kommission*; a.A. *Kiegler*, S. 281.

916 EuGH v. 22.5.2008 – Rs. C-266/06 P, Slg. 2008, I-81, Rz 53 – *Degussa/Kommission und Rat;* EuG v 5.4.2006 – Rs. T-279/02, Slg. 2006, II-897, Rz. 82 – *Degussa/Kommission*; EuG v. 27.9.2006 – Rs. T-43/02, Slg. 2006, II-3435, Rz. 89 – *Jungbunzlauer/Kommission*; EuG v. 8.10.2008 – Rs. T-69/04, Slg. 2008, II-2567, Rz. 44 – *Schunk und Schunk/Kommission*; *Hellmann*, WuW 2002, 944; *Nowak*, in: Loewenheim/Meessen/

Bußgeldnorm zu konkretisieren. Einerseits fehle es der Kommission schon an der grundsätzlichen Bereitschaft, für mehr Klarheit zu sorgen, andererseits seien die Leitlinien auch mit höherrangigem Recht nicht vereinbar, so dass ihnen ohnehin keine Konkretisierungsfunktion zukommen könnte.[917] Im Gegensatz dazu hat der EuGH die Leitlinien von 1998 als mit höherrangigem Recht vereinbar erklärt[918], was auch auf die Konformität der aktuellen Bußgeldleitlinien – nach Auffassung des Gerichts – schließen lässt[919]. Unabhängig davon erscheint es fragwürdig, ob die Kommission überhaupt die Kompetenz besitzen kann, durch den Erlass von Leitlinien die Unbestimmtheit einer sekundärrechtlichen Norm zu „heilen".[920] Befeuert wird diese Annahme noch dadurch, dass der EuGH in der Entscheidung *Pfleiderer* in anderem Kontext vergleichbaren Regelungen die unionsrechtliche Verbindlichkeit für die Mitgliedstaaten abgesprochen hat.[921]

cc) Uneingeschränktes Nachprüfungsrecht

Die gleichen Zweifel gelten ferner für das von den Unionsgerichten vorgebrachte Argument, die Unbestimmtheit scheitere auch an der Tatsache, dass die Entscheidungen der Kommission voll nachprüfbar seien[922] und die Unionsgerichte befugt seien, das Ermessen der Kommission durch ihr eigenes zu ersetzen[923]. Dadurch wird zwar eine vollständige Ermessenskontrolle scheinbar garantiert[924], was einen

---

Riesenkampff/ Kersting/Meyer-Lindemann, Kartellrecht, Art. 23 VerfVO, Rn. 29; ausführlich *Barbier/Winckler*, JoECLaP 2010, 327 (330); kritisch dazu *Sünner*, EuZW 2007, 8 (13); *Klusmann*, WuW 2001, 820 (823); *Korthals/Bangard*, BB 1998, 1013 (1015); *Weitbrecht*, EuZW 1998, 677; *Soltész/Steinle/Bielesz*, EuZW 2003, 202 (209f.).

917 *Soltész/Steinle/Bielesz*, EuZW 2003, 202 (209f.); *Soltész*, WuW 2012, 141 (144); *Schwarze*, WuW 2009, 6 (9); *Schwarze/Bechtold/Bosch*, Rechtsstaatliche Defizite im Kartellrecht der Europäischen Gemeinschaft, 2008, S. 41; *Sünner*, EuZW 2007, 8 (13); *Friedmann*, S. 231; *Kiegler*, S. 287, 290; vgl. *Schwarze*, EuR 2009, 171 (174f.).

918 EuGH v. 28.6.2005 – verb. Rs. C-189/02, Slg. 2005, I-5425 – *Dank Rørindustri/Kommission.*

919 *Schneider/Engelsing*, in: MüKo-EuWettbR, Art. 23 VO 1/2003, Rn. 116.

920 *Hellmann*, WuW 2002, 944 (947); *Schwarze/Bechtold/Bosch*, Rechtsstaatliche Defizite im Kartellrecht der Europäischen Gemeinschaft, 2008, S. 41; vgl. *Schwarze*, EuR 2009, 171 (175, 184); *Bechtold*, in: 50 Jahre Wettbewerbsgesetz in Deutschland und Europa, S. 63; *Bechtold/Bosch*, ZWeR 2011, 160 (165); *Soltész*, WuW 2012, 141 (143), der die Leitlinien für nicht mit dem in Art. 290 Abs. 1 verankerten Wesentlichkeitsvorbehalt vereinbar hält.

921 EuGH v. 14.6.2011 – Rs. C-360/09, Slg. 2011, I-5161, Rz. 21 – *Pfleiderer*; *Soltész*, WuW 2012, 141 (143); kritisch auch *Weiß*, EWS 2010, 257ff.

922 EuGH v. 22.5.2008 – Rs. C-266/06 P, Slg. 2008, I-81, Rz 54 – *Degussa/Kommission und Rat;* EuG v 5.4.2006 – Rs. T-279/02, Slg. 2006, II-897, Rz. 79 – *Degussa/Kommission*; EuG v. 8.10.2008 – Rs. T-69/04, Slg. 2008, II-2567, Rz. 41 – *Schunk und Schunk/ Kommission.*

923 EuG v. 27.3.2014 – Rs. T-56/09 und T-73/09, Rz. 86 – *Saint-Gobain.*

924 Vgl. *Wolf*, WuW 1962, 645 (660).

effektiven Rechtsschutz gewährleistet. Dieser Aspekt ist aber nicht geeignet, einen Konflikt mit dem Bestimmtheitsgrundsatz aufzulösen. Der Grundsatz der Bestimmtheit richtet sich primär an den Gesetzgeber, was folglich auch hinsichtlich der Leitlinien gilt.[925] Hinzutritt, dass die Unionsgerichte ihr Recht, die Sanktion auf ihre Rechtmäßigkeit hin zu überprüfen, zum Teil sehr restriktiv auslegen[926], was auch den Bestimmtheitsgrundsatz stark relativiert. Wie soll jemals ein Verstoß gegen den Grundsatz der Bestimmtheit festgestellt werden, wenn sich die Gerichte außerstande sehen zu überprüfen, ob die Kommission die Kriterien der Dauer und Schwere richtig angewendet hat?[927] Weder diese noch eine vollumfängliche Nachprüfung können das Defizit daher beseitigen.

c) Stellungnahme

Zu Recht weisen die Unionsgerichte darauf hin, dass es in den Mitgliedstaaten durchaus üblich ist, auf – vermeintlich – unbestimmte Begriffe wie „Dauer" und „Schwere" abzustellen.[928] Alleine ein Blick in das UWG bestätigt dies. Dort wird, um bloße Bagatellen vom Anwendungsbereich des Gesetzes auszuschließen, gemäß § 3 Abs. 1 gefordert, dass die unlautere geschäftliche Handlung geeignet ist, die Interessen *spürbar* zu beeinträchtigen. Bei der Frage, wann eine solche Handlung diese Voraussetzung erfüllt, wird in Folge des Verhältnismäßigkeitsgrundsatzes insbesondere auf die Schwere des Verstoßes abgestellt.[929] Dem mag entgegengehalten werden, dass es vorliegend um Strafen oder strafrechtsähnliche Sanktionen geht, so dass ein höherer Grat an Bestimmtheit erforderlich ist als im Rahmen der Beurteilung einer unlauteren Handlung. Dem ist wiederum die allgemeine Relativierung des Bestimmtheitsgrundsatzes zur Bestimmbarkeit entgegenzuhalten. Selbst im Bereich des Kriminalstrafrechts ist die Verwendung unbestimmter Rechtsbegriffe nicht ungewöhnlich.[930] Unter Berücksichtigung der oben geführten Diskussion sowie der durch die Unionsgerichte infolge ihrer Rechtsprechung vorgenommenen Präzisierung der bewusst unbestimmt gefassten Kriterien in Art. 23 Abs. 2, 3 VO 1/2003[931] ist von einem sorgfältigen, umsichtigen Bußgeldadressaten eine detaillierte

---

925 *Schwarze*, EuR 2009, 171 (186); *Schwarze/Bechtold/Bosch*, Rechtsstaatliche Defizite im Kartellrecht der Europäischen Gemeinschaft, 2008, S. 26f., 41; *Soltész/Steinle/Bielesz*, EuZW 2003, 202 (208); *Bechtold*, in: 50 Jahre Wettbewerbsgesetz in Deutschland und Europa, S. 63; *Kiegler*, S. 285; *Tiedemann*, in: FS Jescheck, 1411 (1424).

926 *Barbier/Winckler*, JoECLaP 2010, 327 (345); vgl. auch *Wolf*, WuW 1962, 645 (659f.).

927 Vgl. *Barbier/Winckler*, JoECLaP 2010, 327 (345).

928 EuG v. 8.10.2008 – Rs. T-69/04, Slg. 2008, II-2567, Rz. 37 – *Schunk und Schunk/Kommission*; EuG v. 12.12.2012 – Rs. T-400/09, Slg. noch nicht veröffentlicht, Rz. 29 – *Ecka Granulate/Kommission*; vgl. auch *Barbier/Winckler*, JoECLaP 2010, 327 (344).

929 *Lettl*, Wettbewerbsrecht, § 2 Rn. 19f.

930 *Kokott/Dittert*, WuW 2012, 670 (676).

931 EuGH v. 22.5.2008 – Rs. C-266/06 P, Slg. 2008, I-81, Rz 46, 57f. – *Degussa/Kommission und Rat;* EuG v 5.4.2006 – Rs. T-279/02, Slg. 2006, II-897, Rz. 80 – *Degussa/*

Auseinandersetzung mit dem Wettbewerbsrecht zu erwarten. Im Falle eines Kartellrechtsverstoßes ist das drohende Bußgeld für ihn zwar nicht exakt vorhersehbar, aber in jedem Fall bestimmbar und damit mit den Anforderungen des Bestimmtheitsgrundsatzes zu vereinbaren.[932]

d) Ergebnis

Die Annahme, die Norm sei zu unbestimmt, da sie undefinierte Begriffe wie „Dauer" und „Schwere" verwendet, überinterpretiert die heutigen Anforderungen an den Grundsatz der Bestimmtheit. Daneben würde sich ein solches Verständnis nicht nur in Widerspruch zur Rechtspraxis in den Mitgliedstaaten setzen, sondern auch die Besonderheit des Unionsrechts verkennen, das bewusst zukunftsoffen und damit unbestimmt formuliert ist. Zumindest die durch die Rechtsprechung vorgenommene Präzisierung dieser Begriffe muss daher berücksichtigt werden, und spielt in Sachen Unbestimmtheit im Zweifel das bekannte „Zünglein an der Waage". Die umfassende Begründungspflicht der Kommission lässt ihre Praxis auch nicht willkürlich erscheinen. Sie kommt damit den an den jeweiligen Einzelfall zu stellenden Anforderungen nach[933], ohne dass bestimmte Unternehmen privilegiert würden. Auch wenn die umfassende Prüfkompetenz der Unionsgerichte wie auch die Leitlinien der Kommission nicht zu einem höheren Maß an Bestimmtheit beitragen, so verdeutlichen sie doch, dass weder Kommission noch Unionsgerichte wahllos

---

Kommission; EuG v. 8.10.2008 – Rs. T-69/04, Slg. 2008, II-2567, Rz. 42 – *Schunk und Schunk/Kommission*; EuG v. 27.9.2006 – Rs. T-43/02, Slg. 2006, II-3435, Rz. 88 – *Jungbunzlauer/Kommission*; EuG v. 12.12.2012 – Rs. T-400/09, Slg. noch nicht veröffentlicht, Rz. 31 – *Ecka Granulate/Kommission*; zustimmend *Ackermann*, ZWeR 2010, 329 (341); a.A. *Schwarze*, EuR 2009, 171 (187); *Schwarze/Bechtold/Bosch*, Rechtsstaatliche Defizite im Kartellrecht der Europäischen Gemeinschaft, 2008, S. 27; *Bechtold/Bosch*, ZWeR 2011, 160 (165).

932 EuGH v. 22.5.2008 – Rs. C-266/06 P, Slg. 2008, I-81, Rz 55 – *Degussa/Kommission und Rat;* EuG v 5.4.2006 – Rs. T-279/02, Slg. 2006, II-897, Rz. 83 – *Degussa/Kommission*; EuG v. 8.10.2008 – Rs. T-69/04, Slg. 2008, II-2567, Rz. 45 – *Schunk und Schunk/Kommission*; EuG v. 27.9.2006 – Rs. T-43/02, Slg. 2006, II-3435, Rz. 90 – *Jungbunzlauer/Kommission*; EuG v. 12.12.2012 – Rs. T-400/09, Slg. noch nicht veröffentlicht, Rz. 32 – *Ecka Granulate/Kommission*; *Dannecker*, in: Schünemann/González, Bausteine des europäischen Wirtschaftsstrafrechts, 1994, 331 (345); *Heine*, ZStrR 2007, 105 (130); *Lenaerts*, NZKart 2013, 175 (180); kritisch dazu *Schwarze*, EuR 2009, 171 (184), der darauf hinweist, dass auch erfahrene Berater die zu erwartende Geldbuße nicht vorhersagen können. So auch *Schwarze/Bechtold/Bosch*, Rechtsstaatliche Defizite im Kartellrecht der Europäischen Gemeinschaft, 2008, S. 25; S. s. auch *Klusmann*, WuW 2001, 820 (823, 825), der darauf verweist, dass Expertenschätzungen im europäischen Recht teils um mehrere 100% divergieren, wobei Strafen nach den US „sentencing guidelines" präzise errechnet werden können. Andererseits ist gerade dies von den Unionsgerichten auch so beabsichtigt, s. nur EuG v. 27.3.2014 – Rs. T-56/09 und T-73/09, Rz. 451 – *Saint-Gobain*.

933 Vgl. *van Bael*, ECLR 1995, 237 (238).

Bußgelder festsetzen können, sondern sich immer anhand objektiver Kriterien orientieren und erklären müssen. Die Norm ist daher *per se* nicht zu unbestimmt.

2. *Unbestimmtheit der Unternehmensaufspaltung*

Kritik im Hinblick auf die Unbestimmtheit der Norm findet sich auch immer wieder hinsichtlich des Unternehmensbegriffs. Sie zielt dabei auf die Möglichkeit ab, die Konzernmutter auf Grundlage der wirtschaftlichen Einheit für einen Kartellrechtsverstoß ihrer Tochtergesellschaft in Anspruch zu nehmen und entspricht daher dem Untersuchungsgegenstand.[934] *Kokott* hat diesbezüglich erst kürzlich festgestellt, dass „kein Rechtsunterworfener [...] sich [...] ernsthaft auf den Standpunkt stellen [könne], dass der Unternehmensbegriff als Grundlage für die Verhängung kartellrechtlicher Sanktionen zu wenig konkret sei“[935]. Das Gericht scheint hier bewusst die Augen vor der eigentlichen Problematik zu verschließen. Denn dass unter einem Unternehmen „jede eine wirtschaftliche Tätigkeit ausübende Einheit, unabhängig von ihrer Rechtsform und der Art ihrer Finanzierung“ zu verstehen ist, und somit auch der Konzern darunterfällt, soll nicht bezweifelt werden. Vielmehr wurde auch in der Literatur bereits ausführlich untersucht und anerkannt, dass ein solches Verständnis des Unternehmensbegriffs mit den allgemeinen Auslegungsgrundsätzen zu vereinbaren ist[936]. Die Inanspruchnahme der Muttergesellschaft für einen Verstoß ihrer Tochter, an dem sie selbst nicht beteiligt war, lässt sich daraus nach hier vertretener Auffassung aber nicht mehr entnehmen. Das wird auch von den Autoren, die für die Konformität des Unternehmensbegriffs streiten, so gesehen.[937] So klar wie das Gericht die Sache sieht, ist sie folglich nicht. Das zeigt nicht zuletzt auch die anhaltende Kritik.

a) *Unbestimmtheit per definitionem*

Die Inanspruchnahme der Muttergesellschaft stellt einen Akt der Rechtsfortbildung dar. Schon allein aufgrund dieser Tatsache könnte man zum dem Schluss gelangen, dass ein Verstoß gegen den Bestimmtheitsgrundsatz vorliegt. Denn überträgt man

---

934 Zuletzt Schlussanträge der Generalanwältin *Kokott* v. 18.4.2013 – Rs. C-501/11 P, Slg. noch nicht veröffentlicht, Rz. 2 – *Schindler/Kommission*. Vgl. auch EuG v. 8.7.2008 – Rs. T-99/04, Slg. 2008, II-1501, Rz. 80 – *AC-Treuhand/Kommission*, in dem die Klägerin sich auf einen Verstoß des Grundsatzes der Gesetzlichkeit und damit mittelbar auf einen Verstoß gegen den Bestimmtheitsgrundsatz gestützt hat, weil sie für ein Kartellvergehen belangt wurde, an dem sie nicht beteiligt war; s. auch *Thomas*, KSzW 2011, 10 (13) der den Bestimmtheitsgrundsatz im Hinblick auf die wirtschaftliche Einheit als verletzt ansieht, über die die Inanspruchnahme der Mutter seiner Meinung nach begründet wird; *Steinle*, EWS 2004, 118 (122).

935 Schlussanträge der Generalanwältin *Kokott* v. 18.4.2013 – Rs. C-501/11 P, Slg. noch nicht veröffentlicht, Rz. 146 – *Schindler/Kommission*.

936 S. die Untersuchung bei *Heinichen*, S. 45ff.

937 Vgl. *Heinichen*, S. 102.

die oben dargestellten Grundsätze, ist der Bestimmtheitsgrundsatz nur gewahrt, wenn sich die Möglichkeit, die Konzernmutter für ihre Tochter haften zu lassen, entweder aus dem Wortlaut ergibt oder im Zweifel auch durch Auslegung. Letzteres würde eine restriktive Handhabung erfordern.[938] Beides ist nach hiesiger Auffassung nicht der Fall.

Das Abstellen auf den Begriff der Auslegung darf indessen im Hinblick auf die unionsrechtliche Terminologie auch nicht überbewertet werden und stellt folglich kein sehr aussagekräftiges Argument dar.

b) Fehlende Vorhersehbarkeit für den Kartellanten

Unabhängig davon stützen die Unionsvertreter die Bestimmtheit auf die aus der ständigen Rechtsprechung folgende Konkretisierung des Unternehmensbegriffs, wonach die Inanspruchnahme der Konzernmutter für Kartellrechtsverstöße ihrer Töchter gängige Praxis ist.[939] Niemand könne sich im Hinblick auf die Jahrzehnte lange Praxis der Unionsgerichte auf die Unbestimmtheit des Unternehmensbegriffs berufen.[940] Die Argumentation ist damit dieselbe wie im Rahmen der Bußgeldhöhe – je länger die Rechtsprechung, desto präziser der Begriff. Für den sorgfältigen und umsichtigen Kartellanten ist daher nicht nur die Bußgeldhöhe erkennbar, sondern auch, ob er für Verbindlichkeiten seiner Konzerntöchter haften muss oder nicht. Immer wenn eine wirtschaftliche Einheit vorliegt, so könnte man geneigt sein zu argumentieren, könnten die betroffenen Muttergesellschaften auch davon ausgehen, für ihre Töchter einstehen zu müssen. Der Unternehmensbegriff wird in diesen Fällen entsprechend ausgelegt.

Dabei verkennen die Gerichte und Unionsvertreter aber zwei wesentliche Unterschiede zwischen a. der Frage, ob der Bestimmtheitsgrundsatz verletzt ist, weil der Kommission ein zu weites Ermessen bei der Entscheidung zusteht, wie hoch das Bußgeld auszufallen hat, und b. derjenigen, ob die Muttergesellschaft für einen Verstoß ihrer Tochter haftet.

aa) Haftung der Konzernmutter als Rechtsprechungswandel

Richtig ist zwar, dass der Unternehmensbegriff schon seit Jahrzehnten gleich ausgelegt wird. Dabei verschweigen die Unionsvertreter aber, dass die Möglichkeit, die Konzernmutter auf Grundlage der wirtschaftlichen Einheit für einen fremden Kartellrechtsverstoß haften zu lassen, eine Entwicklung der jüngeren Rechtspraxis ist. In Wirklichkeit handelt es sich dabei sogar um eine völlig neue

---

938 *Tiedemann*, in: FS Jescheck, 1411 (1424).

939 Schlussanträge der Generalanwältin *Kokott* v. 18.4.2013 – Rs. C-501/11 P, Slg. noch nicht veröffentlicht, Rz. 143ff. – *Schindler/Kommission*; so bereits schon *Kokott/Dittert*, WuW 2012, 670 (676).

940 Schlussanträge der Generalanwältin *Kokott* v. 18.4.2013 – Rs. C-501/11 P, Slg. noch nicht veröffentlicht, Rz. 143, 146 – *Schindler/Kommission*.

Rechtsprechungsänderung.[941] Insoweit geht bereits der Einwand fehl, kein Kartellant könne sich im Hinblick auf die Jahrzehnte lange Rechtsprechung auf die Unbestimmtheit des Unternehmensbegriffs berufen.

bb) Fehlen objektiver Kriterien

Nichtsdestotrotz kann nicht abgestritten werden, dass die Unionsgerichte auch ihre Rechtsprechung zur Haftung der Konzernmütter, insbesondere nach dem *Akzo Nobel*-Urteil, immer wieder wiederholt haben. Obgleich das Unionsrecht nicht über ein wie in den Common Law Staaten übliches Case Law verfügt,[942] könnte insoweit ebenfalls von einer ständigen Rechtsprechung die Rede sein. Dabei ist es selbstverständlich Aufgabe der Rechtsprechung, unbestimmten Rechtsbegriffen Kontur zu verschaffen, und daher auch nichts Ungewöhnliches.[943] Als „Hausgut der Dritten Gewalt" ist sie nicht hinwegzudenken.[944] Das Bundesverfassungsgericht spricht deshalb auch von einem „Präzisierungsgebot"[945], das aber nur im Rahmen bereits in der Norm angelegter Bestimmungen gelten kann[946] und im Umkehrschluss nicht dazu führen darf, dass der ausfüllungsbedürftige Begriff an Kontur verliert. Soweit also schon streitig ist, ob das Gericht überhaupt die Kompetenz dazu hat, eine unbestimmte Norm im Wege der Rechtsfortbildung zu heilen[947], muss das folglich erst recht gelten, wenn eine durch Auslegung an und für sich ausgefüllte Norm[948] durch Rechtsfortbildung an den Rand der Unbestimmtheit getrieben wird, wie es durch die Extensivierung des Unternehmensbegriffs durch die *Akzo Nobel*-Rechtsprechung geschehen sein könnte. Denn einziger Anknüpfungspunkt, Transparenz für die vermeintlichen Kartellrechtssünder im Rahmen der Haftung für fremde Verstöße zu schafften, ist vorliegend die Praxis der Unionsorgane. Objektive, von der Legislative ins Gesetz gegossene Kriterien, wie sie die 10% (Kappungs-) Grenze, Dauer und Schwere sowie auch die in Form der Leitlinien selbst vorgegebenen Verhaltensregeln darstellen, existieren im Rahmen der Bußgeldverhängung nicht. Der EuGH bezieht sich stattdessen auf die von ihm entworfenen Kriterien zum Autonomiedefizit, sprich der Beteiligungshöhe der Muttergesellschaft an ihren Töchtern. Im Falle einer (fast) 100%igen Beteiligungsquote sei klar, dass auch die Mutter für den Verstoß der beherrschten Tochter zur Verantwortung gezogen werden

941 *De Bronett*, EWS 2012, 113 (120, 122).
942 *Kempf/Schilling*, NJW 2012, 1849 (1852).
943 So zu Recht *Kokott/Dittert*, WuW 2012, 670 (676); s. auch *Ackermann*, ZWeR 2010, 329 (341).
944 *Hirsch*, JZ 2007, 853 (856).
945 BVerfGE 126, 170 (198) = NJW 2010, 3209 (3211).
946 Vgl. *Satzger*, JuS 2004, 943 (944).
947 Diese Fragen werfen *Kempf/Schilling*, NJW 2012, 1849 (1852) zu Recht auf.
948 Der Inhalt des Unternehmensbegriffs war infolge der Rechtsprechung verfestigt, *de Bronett*, EWS 2012, 113 (122).

könne.[949] Immer wenn die Voraussetzungen der wirtschaftlichen Einheit gegeben sind, Mutter und Tochter also ein Unternehmen bilden, wäre der Unternehmensbegriff danach so auszulegen, dass die Konzernmutter für Kartellrechtsverstöße ihrer Tochtergesellschaften einzustehen hat. Letztlich knüpft die Rechtsprechung die Inanspruchnahme an das Konzept der wirtschaftlichen Einheit. Dabei handelt es sich aber selbst um einen unbestimmten Typus.[950] Die wirtschaftliche Einheit ist weder ein juristischer Begriff, noch wird er, im Gegensatz zu den Bezügen im Rahmen des Bußgeldrahmens, im nationalen Recht angewendet. Die Unionsorgane ziehen aus dem ausfüllungsbedürftigen Unternehmensbegriff den wiederum ausfüllungsbedürftigen Typus der wirtschaftlichen Einheit. Liegt dieser vor, kann von einer Rückgriffsmöglichkeit auf ein nicht am Verstoß beteiligtes Unternehmen geschlossen werden. Es erscheint schon sehr fragwürdig, ob dies noch mit den oben aufgeführten Kriterien der Bestimmtheit in Einklang zu bringen ist. Klarheit im Sinne von Vorhersehbarkeit wurde dadurch richtigerweise nicht geschaffen, sondern „die Folgen der Unbestimmtheit *in dubio contra reum*“ auf die betroffenen Unternehmen“[951] nur abgewälzt.

Darüber hinaus versagt die Vorhersehbarkeit für alle Fälle, in denen keine nahezu 100%ige Beteiligungsquote besteht, die Mutter aber trotzdem in Anspruch genommen wird. Denn in diesen Fällen muss es auf eine Regelung im Sinne einer Beteiligungsquote zuzüglich weiterer Faktoren ankommen.[952] Der EuGH hat selbst festgestellt, dass in diesen Fällen alle Kriterien im Zusammenhang mit der Muttergesellschaft berücksichtigt werden, die im Einzelfall variieren und deshalb nicht abschließend aufgezählt werden können. Wie aber kann es dem Bestimmtheitsgrundsatz genügen, wenn die Voraussetzungen einer Haftung noch nicht einmal aufgezählt werden können?

Gar nicht, muss die Antwort lauten. Denn hier kann weder das Unternehmen noch irgendein Rechtsberater vorhersehen, ob eine Haftung droht oder nicht. Das Unternehmen ist ausschließlich den Ermessenskapriolen der Kommission und später der Gerichte ausgesetzt, so dass der Unternehmensbegriff durch seine Rechtsfortbildung nicht an Präzision gewinnt, sondern das Gegenteil bewirkt wird. Der Unternehmensbegriff enthält keine Antwort auf die Frage, ob auch die Konzernmutter bei einem Kartellrechtsverstoß ihrer Tochter haften muss, so dass seine Auslegung in dieser Weise mit dem Bestimmtheitsgrundsatz nicht zu vereinbaren ist.

---

949 EuGH v. 18.7.2013 – Rs. C-501/11 P, Slg. noch nicht veröffentlicht, Rz. 145 – *Schindler/Kommission.*

950 *Thomas*, KSzW 2011, 10 (13).

951 *Thomas*, KSzW 2011, 10 (13).

952 Vgl. *Hackel*, S. 164f.; KOMM v. 14.12.1972, IV/26.911, ABl. 1972, L 299/54 – *Zoja/CSC-ICI.*

c) *Unbestimmtheit durch Verstoß gegen das Analogieverbot zu Lasten des Täters*

Soweit man dem widerspricht, oder die Inanspruchnahme jedenfalls in den Fällen einer (fast) 100%igen Teilhaberschaft für zulässig hält, ist dem zu entgegnen, dass sich die Unbestimmtheit auch schon aus dem Verstoß gegen das Analogieverbot ergibt. Wie bereits beschrieben gilt dieses als universelle Grenze der Bestimmtheit. Die Inanspruchnahme der Konzernmutter durch extensive Auslegung oder Rechtsfortbildung stellt eine Analogie zu Lasten des Täters dar. *A minori ad maius* folgt daraus nach hier vertretener Auffassung immer auch ein Verstoß gegen das Bestimmtheitsgebot.

d) *Stellungnahme*

Der strafrechtliche Bestimmtheitsgrundsatz verlangt, dass die Tat klar definiert ist und nur im Zweifel auf die Auslegung zurückgegriffen werden darf. Hierin spiegelt sich das restriktive Verständnis strafrechtlicher Normen wider. Dennoch wird der Kommission zum einen ein unbeschränktes Ermessen bei der Frage eingeräumt, ob sie die Muttergesellschaft ebenfalls in Anspruch nehmen kann. Das erscheint schon alleine aufgrund der verfolgten Bußgeldpolitik äußerst bedenklich. Denn allem Anschein nach giert die Kommission nach einer immer weiteren Anhebung der Strafen, so dass auch der Minderheitsgesellschafter nicht davor geschützt ist, sukzessiv zur Kasse gebeten zu werden. Sie wird dabei aber zum anderen von den Unionsgerichten bestärkt, indem diese über den eigentlichen Wortsinn des Unternehmensbegriffs hinaus durch Richterrecht die Inanspruchnahme der Konzernmutter rechtfertigen. Dass diese grundsätzlich in der Lage sein können, einem vor allem im Strafrecht nicht hinwegzudenkenden unbestimmten Begriff auszufüllen, ist nicht zu bestreiten.[953] Bereits die extensive Überdehnung des Wortlauts widerspricht aber dem grundsätzlichen Erfordernis restriktiver Auslegung strafrechtlicher Normen. Allerdings darf, wie gesehen, im Rahmen des Grundsatzes der Bestimmtheit auch kein allzu strenger Maßstab im Unionsrecht angelegt werden. Wie beschrieben herrscht bei den Fällen außerhalb einer nahezu 100%igen Beteiligung aber so große Rechtsunsicherheit, dass es nicht möglich ist, einen einheitlichen Maßstab zu finden. Dazu gesellt sich die ohnehin bestehende Frage nach der Bestimmtheit der wirtschaftlichen Einheit. Die betroffenen Unternehmen können gerade nicht voraussehen, wann sie für einen Verstoß ihrer Tochter in Anspruch genommen werden. Hinzukommt, dass es anders als im Rahmen der Bußgeldbemessung an objektiven Kriterien fehlt. Maßstab für die Frage, wann die Konzernmutter für ihre Tochter einzustehen hat, sind einzig und allein die vorwiegend wirtschaftlichen Erwägungen der Unionsorgane. Der 1995 von *van Bael* geprägte Titel: „Fining á la Carte: The Lottery of EU Competition Law“[954] findet daher auf die Inanspruchnahme

953 *Kokott/Dittert*, WuW 2012, 670 (676); für das deutsche Recht s. BVerfGE 26, 41 (42f.) m.w.N = NJW 1969, 1759.

954 *Van Bael*, ECLR 1995, 237.

der Mutter heute noch immer entsprechende Anwendung, wobei die Geltung für den ursprünglichen Kontext in Frage gestellt werden darf[955].

Insoweit kann die Rechtsprechung nicht als so präzisiert angesehen werden, dass sie geeignet wäre, die Bedenken gegen die Unbestimmtheit aus dem Weg zu räumen. Im Übrigen verstößt sie aufgrund der Verletzung des Analogieverbots zu Lasten des Täters ohnehin in nicht zu rechtfertigender Weise gegen das Gebot der Bestimmtheit.

e) Ergebnis

Indem der EuGH die Praxis aufrechterhält, verletzt er seinen aus Art. 19 EUV folgenden Schutzauftrag. Die daraus folgende Konsequenz ist, dass die Fortbildung des Unternehmensbegriffs zur Haftungsbegründung der Konzernmutter nicht mehr in seinem Kompetenzbereich liegen kann. Er setzt sich sogar in Widerspruch zu seiner eigenen Rechtsprechung. Denn er selbst wollte den *effet utile* Grundsatz nur unter Berücksichtigung des Grundsatzes der Rechtssicherheit anwenden.[956] Die auf diesen Grundsatz gestützte Fortbildung des Unternehmensbegriffs findet folglich auch seiner Auffassung nach ihre Grenze in der Bestimmtheit des Auslegungsergebnisses.

3. Endergebnis

Während die Kritik am unbeschränkten Ermessen hinsichtlich des Bußgeldrahmens zurückgewiesen werden muss, ist dem oben zitierten Satz des EuGH nach aktueller Rechtslage ein „nicht“ hinzuzufügen: „Kein Rechtsunterworfener kann sich [...] ernsthaft [*nicht*] auf den Standpunkt stellen, dass der Unternehmensbegriff als Grundlage für die Verhängung kartellrechtlicher Sanktionen zu wenig konkret sei“, soweit sich dies auf die Haftung der Muttergesellschaft für einen Verstoß ihrer Tochter bezieht, an dem sie selbst nicht mitgewirkt hat.

E. Konzernrechtlicher Trennungsgrundsatz

Ein fundamentaler Leitgedanke[957] des (Konzern-)Gesellschaftsrechts ist die Selbstständigkeit juristischer Personen[958]. In der Literatur wird dieser Grundsatz allgemein als (konzernrechtlicher) Trennungsgrundsatz umschrieben.[959] Aus ihm

955 *Barbier/Winckler*, JoECLaP 2010, 327 (327f.).

956 *Roth*, WRP 2013, 257 (265).

957 *Möslein*, NZG 2011, 174 mit Verweis auf *K. Lehmann*, Das Recht der Aktiengesellschaften, Bd. 1, 1898, S. 219, der den Grundsatz der Haftungsbeschränkung als „magna charta“ des Aktienrechts bezeichnet; *Hofstetter*, GCP 2009 (2), 2 (7); *Lev*, Journal of Transnational Law & Policy, 1993, 199 (200); *Miller/Sandrock*, GCP 2009 (1), 2.

958 *Blumberg*, in: Lutter, Konzernrecht im Ausland, 264 (265); *Mansdörfer/Timmerbeil*, WM 2004, 362; *Lev*, Journal of Transnational Law & Policy, 1993, 199 (200); vgl. *Coing*, NJW 1977, 1793.

959 *K. Schmidt*, Gesellschaftsrecht, §9 I, S. 218; § 9 II, S. 222 m.w.N.

resultiert das allen Industrieländern[960] gemeine gesellschaftsrechtliche Prinzip der beschränkten Haftung: Gesellschafter bzw. Aktionäre werden durch die Haftungsbeschränkung auf das Gesellschaftsvermögen privilegiert.[961] Die Gesellschaft – und nicht ihre Anteilseigner – sind Träger von Rechten und Pflichten.[962] Für eine gegen die juristische Person gerichtete Verbindlichkeit haftet folglich nur die betroffene Gesellschaft.[963] Ein Haftungsdurchgriff von der juristischen Person auf ihre Anteilseigner, unabhängig davon, ob es sich dabei um natürliche oder ebenfalls juristische Personen handelt[964], ist danach grundsätzlich nicht möglich.[965] Erfolgt er doch, wird das Trennungsprinzip durchbrochen[966], indem die Selbstständigkeit der Gesellschaft hinwegfingiert wird.[967]

I. Durchbrechung des Trennungsgrundsatzes durch die Unionspraxis

Die Haftung der Konzernmutter als selbstständige juristische Person für eine Verbindlichkeit ihrer ebenfalls selbstständigen Tochtergesellschaft durchbricht den Trennungsgrundsatz; daran ist nicht zu zweifeln.[968] Dieser Umstand wird von den der Unionspraxis – zu Recht – ohnehin kritisch gegenüberstehenden Literaturstimmen als weiterer Kritikpunkt aufgegriffen.[969] Denn sie erkennen darin ein sich Hinwegsetzen über verbindliche Grundsätze der nationalen Gesellschaftsrechtsordnungen bzw. erachten den Unternehmensbegriff nicht als ausreichend, um eine Verantwortlichkeit der juristischen Person zu begründen.

---

960 *Vagts*, ZGR 1994, 227; *Hofstetter*, Sachgerechte Haftungsregeln für Multinationale Konzerne, S. 77; *van Vormizeele*, WuW 2010, 1008 (1015); *van Vormizeele*, NZKart 2013, 386 (392); *Lev*, Journal of Transnational Law & Policy, 1993, 199 (201); Schlussanträge der Generalanwältin *Trstenjak* v. 2.6.2010 – Rs. C-81/09, Slg. 2010, I-10161, Rz. 34 mit Verweis auf Fn. 15 – *Idryma Typou*; a.A. *Blumberg*, in: Lutter, Konzernrecht im Ausland, 264 (266) für das U.S.-amerikanische Recht.

961 *Lev*, Journal of Transnational Law & Policy, 1993, 199 (200); *von Arnim*, NZG 2000, 1001 (1002).

962 *Paschke*, in: Schwerdtfeger, Gesellschaftsrecht, § 1 AktG, Rn. 3; *Buß*, in: Schwerdtfeger, a.a.O., § 13 GmbHG, Rn. 2; *Schneidtmann*, WRP 2010, 499 (501); vgl. *Rehbinder*, S. 107.

963 BGH, NZG 2004, 38 (40); *Hofstetter/Ludescher*, in: FS Büren, 485 (494).

964 *Bakst*, ICLR 1996, 323 (323f.); *Lev*, Journal of Transnational Law & Policy, 1993, 199 (200).

965 *Bosch*, ZWeR 2012, 368 (374f.) m.w.N.

966 *Rehbinder*, S. 107; *Coing*, NJW 1977, 1793 (1796); *Bork*, ZGR 1994, 237 (256).

967 *K. Schmidt*, Gesellschaftsrecht, § 9 I, S. 217.

968 A. A. aber *Kersting*, WuW 2014, 1156 (1160).

969 *Thomas*, KSzW 2011, 10 (12); *Bosch*, ZWeR 2012, 368 (375); *van Vormizeele*, WuW 2010, 1008 (1014); *Gehring/Kasten/Mäger*, CCZ 2013, 1 (4f.); *Hofstetter*, GCP 2009 (November), 2 (7); in diese Richtung auch *Kling*, WRP 2010, 506 (518); *Hofstetter/Ludescher*, in: FS Büren, 485 (494).

Obwohl nach richtiger Auffassung nicht bestritten werden kann, dass der Selbstständigkeitsgrundsatz durchbrochen wird, lehnt der EuGH jede Kritik hiergegen als „offensichtlich unbegründet“ ab und verweist auf seine „ständige Rechtsprechung“.[970] Auch, wenn es sich das Gericht in diesem Punkt sehr einfach macht und erst gar nicht wirklich auf den Vorwurf eingeht, könnte ihm im Ergebnis sogar zuzustimmen sein. Denn die Kritik an der Unionspraxis unterstellt, dass die Unionsgerichte verpflichtet sind, Grundsätze der nationalen Gesellschaftsrechte im Rahmen des europäischen Kartellrechts zu beachten. Die Frage, ob der konzernrechtliche Trennungsgrundsatz auf europäischer Ebene, noch dazu im Rahmen der vom Gesellschaftsrecht verschiedenen Fragestellung nach der kartellrechtlichen Verantwortung eines Unternehmens, überhaupt Beachtung findet[971], bleibt dabei genauso außer Betracht wie die Tatsache, dass auch die nationalen und internationalen Rechtsordnungen die Selbstständigkeit des Rechtsträgers nicht uneingeschränkt gewährleisten,[972] sondern als Kehrseite derselben auch Durchbrechungen möglich sind[973].

Im Vordergrund der weiteren Untersuchung steht daher zunächst die Frage, ob die Unionsgerichte die im (nationalen) Gesellschaftsrecht vorherrschenden Trennungsgrundsätze überhaupt beachten müssen. Sofern dies nicht der Fall sein sollte, ist der Frage nachzugehen, wie es sich mit einem möglicherweise existierenden europäischen Trennungsgrundsatz verhält, den die Unionsorgane auch im Rahmen des Kartellrechts zu beachten haben, und, sollte dem so sein, ob dieser zugunsten des europäischen Wettbewerbsrechts in Anlehnung an das Recht vor allem der Mitgliedstaaten durchbrochen werden kann.

II. Selbstständigkeit des Rechtsträgers als ungeschriebener allgemeiner Rechtsgrundsatz

Kann aus der Tatsache, dass der Grundsatz der beschränkten Haftung in allen Industrienationen anerkannt ist, bereits der Schluss gezogen werden, dass auch die Unionsorgane die Selbstständigkeit einer juristischen Person zu respektieren haben? Es erscheint zumindest naheliegend. Denn es widerspricht dem Grundgedanken der Union, wenn sich ihre Organe gegen ein in allen Mitgliedstaaten

---

970 EuGH v. 8.5.2013 – Rs. C-508/11 P, Slg. noch nicht veröffentlicht, Rz. 81f. – *Eni/Kommission.*

971 Mit dieser Argumentation verneint der EuGH einen Verstoß gegen das im Gesellschaftsrecht vorherrschende Trennungsprinzip, Schlussanträge der Generalanwältin *Kokott* v. 18.4.2013 – Rs. C-501/11 P, Slg. noch nicht veröffentlicht, Rz. 66ff. – *Schindler/Kommission.*

972 *Bronckers/Vallery*, World Competition, 535 (550); s. auch *Bosch*, ZWeR 2012, 368 (374f.).

973 *Hofstetter*, S. 158.

existierendes Fundamentalprinzip stellen.[974] Allerdings hat der Gerichtshof gemäß Art. 19 EUV nur das „Recht" im Rahmen der Auslegung und Rechtsfortbildung, um die es hier geht, zu wahren. Hierzu zählen, wie beschrieben, zwar auch allgemeine Rechtsgrundsätze, die aus den Mitgliedstaaten abgeleitet werden und fortan als ungeschriebenes Recht den Gerichtshof im Rahmen seiner Tätigkeit binden. Allerdings zieht der EuGH diese Grundsätze u.a. aus den Verfassungstraditionen der Mitgliedstaaten[975] und nicht aus einzelnen Rechtsgebieten wie dem Gesellschaftsrecht. Es kann sich folglich nicht um einen ungeschriebenen Grundsatz des Primärrechts handeln, der aus den Mitgliedstaaten abgeleitet wird. Das hat der EuGH auch in der Entscheidung *Idryma Typou*, entgegen der Auffassung der Generalanwältin *Trstenjak*, festgestellt.[976]

III. Gesellschaftsrechtlicher Trennungsgrundsatz als unionsrechtlicher Grundsatz

Folgt daraus die Unbeachtlichkeit der Maxime, so dass die von der Literatur geäußerte Kritik leerläuft? Soweit man auf den nationalen Grundsatz der Mitgliedstaaten abstellt, ja. Etwas Anderes gilt aber dann, wenn ein entsprechender Grundsatz auch auf Unionsebene existiert, den der Gerichtshof im Rahmen der Auslegung und Rechtsfortbildung zu beachten hätte.

Tatsächlich finden sich im Unionsrecht diverse Anknüpfungspunkte, die das Trennungsprinzip widerspiegeln. So enthalten sowohl Art. 1 Abs. 2 S. 2 SE-VO[977] (*Societas Europea*), wie auch Art. 3 Abs. 1 b) des Vorschlags für eine Verordnung über das Statut der Europäischen Privatgesellschaft[978] (*Societas Privata Europea*) und die Richtlinie zur Einpersonengesellschaft[979] explizit das allen Industriestaaten immanente Trennungsprinzip.[980] Der Grundsatz der Selbstständigkeit ist folglich auch Leitmotiv des Unionsgesetzgebers.[981]

---

974 Vgl. Schlussanträge der Generalanwältin *Trstenjak* v. 2.6.2010 – Rs. C-81/09, Slg. 2010, I-10161, Rz. 34 – *Idryma Typou*.

975 *Schwarze*, in: Schwarze, EU-Kommentar, Art. 19 EUV, Rn. 25.

976 EuGH v. 21.10.2010 – Rs. C-81/09, Slg. 2010, I-10161, Rz. 42f. – *Idryma Typou*; s. auch *Möslein*, NZG 2011, 174; für einen solchen Grundsatz hatte sich die Generalanwältin *Trstenjak* in ihren Schlussanträgen v. 2.6.2010 – Rs. C-81/09, Slg. 2010, I-10161, Rz. 34 – *Idryma Typou* ausgesprochen.

977 Verordnung (EG) Nr. 2157/2001 v. 8.10.2001 über das Statut der Europäischen Gesellschaft, ABl. 2001, Nr. L 294/3.

978 Vorschlag für eine Verordnung des Rates über das Statut der Europäischen Privatgesellschaft v. 25.6.2008, KOM(2008) 396 endg. S. 17.

979 Richtlinie 2009/102/EG v. 16.9.2009 auf dem Gebiet des Gesellschaftsrechts betreffend Gesellschaften mit beschränkter Haftung mit einem einzigen Gesellschafter, ABl. EG 2009 Nr. L 258/20.

980 *Van Vormizeele*, WuW 2010, 1008 (1015); *Casper*, in: Spindler/Stilz, Aktiengesetz, Art. 1 SE-VO, Rn. 5; *Bosch*, ZWeR 2012, 368 (375); *Möslein*, NZG 2011, 174.

981 *Bosch*, ZWeR 2012, 368 (375); *Gehring/Kasten/Mäger*, CCZ 2013, 1 (6).

1. *Rs. Idryma Typou*

Wie aber verhält sich das *Idryma Typou*-Urteil[982] hierzu? Das Gericht stellte darin fest, dass aufgrund der Tatsache, dass es in den Mitgliedstaaten eine beschränkte Haftung gibt, nicht der Schluss gezogen werden könne, „dass es sich um einen allgemeinen Grundsatz des Gesellschaftsrechts handelt, der unter allen Umständen und ohne Ausnahme gilt“[983]. Damit hat das Gericht zwei Dinge zum Ausdruck gebracht: 1) Kann eine Herleitung des Trennungsprinzips auf Unionsebene nicht auf dessen Existenz in den Mitgliedstaaten gestützt werden. Das entspricht soweit den obigen Aussagen. 2) Negiert es den Grundsatz der Trennung nicht *per se*, sondern schließt lediglich aus, dass dieser „unter allen Umständen und ohne Ausnahme“ gilt. Diese Äußerung macht aber nur Sinn, wenn man die Selbstständigkeit der Gesellschaft im Grundsatz anerkennt, wovon auch der Unionsgesetzgeber in Art. 1 Abs. 2 S. 2 SE-VO, Art. 3 Abs. 1 b) des Vorschlags für eine Verordnung über das Statut der Europäischen Privatgesellschaft sowie der Richtlinie zur Einpersonengesellschaft augenscheinlich ausgegangen ist. Das Bild erhellt sich weiter, wenn man zum einen berücksichtigt, dass der EuGH in *Idryma Typou* über die erste gesellschaftsrechtliche Richtlinie[984] zu urteilen hatte und nicht über die SE-VO und andere, die er mit keinem Wort erwähnte.[985] Dem Urteil kann folglich im Hinblick auf die Frage nach einem unionsrechtlichen Trennungsgrundsatz keine verallgemeinerungsfähige Aussage entnommen werden. Zum anderen muss auch die hinter dem Urteil stehende Intention berücksichtigt werden. Der EuGH hat zum Schutz des Unternehmertums eine Durchgriffshaftung für den Fall verneint, dass eine Einflussnahme ausgeschlossen ist.[986] Schon alleine das zeigt, dass der EuGH das Trennungsprinzip im Grundsatz anerkennt.

2. *„Europäisches Gesellschaftsrecht“ als Spiegelbild nationaler Grundsätze*

Selbst wenn man das Urteil des EuGH anders verstehen würde, würde sich daraus für die Frage nach einem unionsrechtlichen Trennungsgrundsatz nichts Anderes ergeben. Denn der EuGH käme dann wohl in Erklärungsnöte. Schließlich ist die Einführung der SE, wie auch diejenige von anderen Vorhaben im Rahmen des Europäischen Gesellschaftsrechts, als Spiegelbild des nationalen Gesellschaftsrechts zu

982 EuGH v. 21.10.2010 – Rs. C-81/09, Slg. 2010, I-10161 – *Idryma Typou.*
983 EuGH v. 21.10.2010 – Rs. C-81/09, Slg. 2010, I-10161, Rz. 42 – *Idryma Typou.*
984 Erste Richtlinie des Rates vom 9.3.1968, 68/151/EWG, zur Koordinierung der Schutzbestimmungen, die in den Mitgliedstaaten den Gesellschaften im Sinne des Art. 58 Abs. 2 des Vertrages im Interesse der Gesellschafter sowie Dritter vorgeschrieben sind, um diese Bestimmungen gleichwertig zu gestalten, ABl. 1968 Nr. L 65/8.
985 S. auch *Möslein,* NZG 2011, 174.
986 Dazu *Möslein,* NZG 2011, 174 (175).

sehen und damit als Ausdruck der Harmonisierung. Würde der den nationalen Gesellschaftsformen immanente Grundsatz der Trennung, der seinen Zweck bewusst darin hat, Anreize für das Unternehmertum zu setzen[987], auf europäischer Ebene fehlen, liefe der Harmonisierungsgedanke leer, da der Sinn und Zweck der Gesellschaftsform vor allem in der Haftungsprivilegierung liegt.

3. *Keine unbeschränkte Außenhaftung der SE*

Verdeutlicht wird diese Aussage noch, wenn man den Entwicklungsprozess der SE-VO berücksichtigt. Tatsächlich war dort zu Beginn eine unbeschränkte Außenhaftung im Gespräch.[988] Sie konnte sich indessen nicht durchsetzen.[989] Daraus darf der Schluss gezogen werden, dass auch auf Unionsebene die rechtliche Selbstständigkeit der SE und damit der Trennungsgrundsatz gewahrt werden soll. Eine andere Deutung würde diese bewusste Entscheidung gegen eine unbeschränkte Außenhaftung missachten.

4. *Rs. Tomkins und Schindler*

Dass der EuGH das Trennungsprinzip auf Unionsebene anerkennt, lässt sich auch aus den Rechtssachen *Tomkins* und *Schindler* schließen. In Ersterer berief sich die Kommission auf „die Trennung der Haftung rechtlich eigenständiger Einheiten innerhalb eines Konzerns“[990]. Die Kommission erkennt das Trennungsprinzip folglich explizit an. Obwohl der EuGH den Einwand der Kommission ablehnte, äußerte er sich nicht ablehnend gegenüber der Berufung auf das Trennungsprinzip. Er wies die Kommission deshalb zurück, weil sie den erforderlichen Beweis, dass überhaupt eine Einheit des Konzerns gegen das Wettbewerbsrecht verstoßen hatte, nicht erbringen konnte.[991]

Ebenso hatte die Generalanwältin *Kokott* erst kürzlich Gelegenheit dazu, sich zum Trennungsprinzip zu äußern. Denn in der Rechtssache *Schindler* rügte das bebußte Unternehmen einen Verstoß gegen das im Gesellschaftsrecht vorherrschende

---

987 So sieht das der EuGH in der Entscheidung *Idryma Typou* offenbar selbst, *Möslein*, NZG 2011, 174 (175); *Gehring/Kasten/Mäger*, CCZ 2013, 1 (5) m.w.N.

988 *Meyer*, Haftungsbeschränkung im Recht der Handelsgesellschaften, 2000, F IX, S. 925; *van Vormizeele*, WuW 2010, 1008 (1016) je mit Verweis auf *Sanders*, Begründung zu Art. VII-3-7 des Vorschlags für eine Verordnung über das Statut der Europäischen Gesellschaft (SE) 1970, ABl. v. 10.10.1970, Nr. C 124/1; *Hofstetter*, S. 140f.

989 *Van Vormizeele*, WuW 2010, 1008 (1016).

990 EuGH v. 22.1.2013 – Rs. C-286/11 P, Slg. noch nicht veröffentlicht, Rz. 36 – *Kommission/Tomkins*.

991 EuGH v. 22.1.2013 – Rs. C-286/11 P, Slg. noch nicht veröffentlicht, Rz. 37 – *Kommission/Tomkins*.

Trennungsprinzip.[992] Anstelle dessen Geltung auf Unionsebene zu verneinen, argumentierte sie aber, dass es im Kartellrecht auf wirtschaftliche Realitäten ankomme und nicht auf das Bestehen eines „corporate veil".[993]

5. *EWIV-VO*

Ein weiteres Indiz für die Existenz des Trennungsgrundsatzes ergibt sich aus Art. 24 EWIV-VO. Dort ist die subsidiäre Rückgriffsmöglichkeit auf die Mitglieder der Europäischen wirtschaftlichen Interessenvereinigung normiert. Einer solch expliziten Klarstellung bedürfte es indessen nicht, wenn der Trennungsgrundsatz auf Unionsebene ohnehin keine Anwendung fände.

6. *Stellungnahme*

Die Annahme, es existiere kein gesellschaftsrechtlicher Trennungsgrundsatz aufgrund des *Idryma Typou*-Urteils, würde den Willen des Unionsgesetzgebers missachten und nicht nur mit dem im Bereich des (unionsrechtlichen) Gesellschaftsrechts vorangetriebenen Harmonisierungsgedanken in Widerspruch stehen, sondern darüber hinaus auch mit der Rechtsprechung des Internationalen Gerichtshofs (IGH). Letzterer hat in seiner Entscheidung *Barcelona Traction* die Selbstständigkeit von Gesellschaften ebenfalls anerkannt[994], so dass sich das Gericht nicht nur dem Grundgedanken der Harmonisierung auf europäischer Ebene entgegenstellen würde, sondern auch einem internationalen Trend. Es ist daher davon auszugehen, dass ein unionsrechtliches Trennungsprinzip existiert.[995] Nach diesem Verständnis befindet sich der Gerichtshof damit im Grundsatz auf einer Linie mit den Rechtsordnungen der Mitgliedstaaten. Er erkennt den gesellschaftlichen Leitgedanken der rechtlichen Trennung an, betont aber, dass dieser weder generell, noch in jeder Konsequenz gewährleistet wird.

7. *Ergebnis*

Folgt man dieser Interpretation, kommt es auf die nationalen Prinzipien nicht an. Die Kritik der Literatur ist insoweit unberechtigt. Widerlegt wäre sie, wenn auch nach den nationalen Rechtsordnungen zu akzeptieren wäre, dass der konzernrechtliche Trennungsgrundsatz in Folge der Inanspruchnahme der Konzernmutter

---

992 Schlussanträge der Generalanwältin *Kokott* v. 18.4.2013 – Rs. C-501/11 P, Slg. noch nicht veröffentlicht, Rz. 64 – *Schindler/Kommission.*

993 Schlussanträge der Generalanwältin *Kokott* v. 18.4.2013 – Rs. C-501/11 P, Slg. noch nicht veröffentlicht, Rz. 66 – *Schindler/Kommission.*

994 IGH v. 5.2.1970 – ICJ Rep. 1970, 3 (34f.) – *Barcelona Traction*; *Bakst*, ICLR 1996, 323 (339); *Lev*, Journal of Transnational Law & Policy 1993, 199 (201).

995 Zustimmend *Bosch*, ZHR 177 (2013), 454 (461); vgl. auch *van Vormizeele*, WuW 2010, 1008 (1016); *Gehring/Kasten/Mäger*, CCZ 2013, 1 (5).

durchbrochen wird. Da der EuGH nur festgestellt hat, dass Ausnahmen möglich sind, nicht aber unter welchen Voraussetzungen, bietet sich ein Vergleich mit den o.g. Ländern ohnehin an.

IV. Erstreckung des unionsrechtlichen Trennungsgrundsatzes auf das Kartellrecht

Generalanwältin *Kokott* hat in der Rechtssache *Schindler* Folgendes klar zum Ausdruck gebracht: Gesellschaftsrechtliche Grundsätze haben im Kartellrecht nichts verloren.[996] Dies scheint in dieselbe Richtung zu gehen, die auch der EuGH in der Entscheidung *Idryma Typou* angesteuert hat: Trennungsprinzip grundsätzlich ja, aber nicht überall und grenzenlos. Ist der Grundsatz deshalb im Rahmen der Frage nach der kartellrechtlichen Verantwortlichkeit nicht zu beachten?

1. Einheit der Rechtsordnung

Richtig ist zwar, dass das Gesellschaftsrecht und das Kartellrecht zwei voneinander verschiedene Rechtsgebiete sind, deren Begriffe sich autonom entwickeln. Es ist daher durchaus vorstellbar, dass sich im Kartellrecht von gesellschaftsrechtlichen Grundsätzen abweichende Prinzipien entwickeln können.[997] Daraus kann aber nicht *per se* die Unbeachtlichkeit gesellschaftsrechtlicher Grundsätze für das Kartellrecht oder umgekehrt geschlossen werden.[998]

Bereits die Einheit der Rechtsordnung spricht gegen eine „endemische Entwicklung“ kartellrechtlicher Haftungsgrundsätze, die im Widerspruch zu den konzernrechtlichen stehen.[999] Da das Trennungsprinzip im Gesellschaftsrecht, wie auch im Kartellrecht, über die Frage der Haftung im Innen- und Außenverhältnis entscheidet, wird es im gleichen systematischen Kontext verwendet. Es dient auch der gleichen Interessenlage, nämlich derjenigen, die Folgen der Verbindung für die Gesellschafter im Innenverhältnis und die Gläubiger im Außenverhältnis angemessen zu regeln.[1000] Die Bedeutung des konzernrechtlichen Trennungsgebots im Rahmen der kartellrechtlichen Verantwortlichkeit kann deshalb unter systematischen und

---

996 Vgl. Schlussanträge der Generalanwältin *Kokott* v. 18.4.2013 – Rs. C-501/11 P, Slg. noch nicht veröffentlicht, Rz. 66 – *Schindler/Kommission.* In diesem Sinne interpretiert auch *Ost*, NZKart 2013, 173 die Rechtsprechung des BGH zu seinem am 26.2.2013 ergangenen *Grauzement*-Urteil, BGH, Beschluss vom 26. 2. 2013 – KRB 20/12 = NJW 2013, 1972.

997 *Menz*, Wirtschaftliche Einheit und Kartellverbot, 2004, S. 49f.; *Ost*, NZKart 2013, 173.

998 So auch *Pohlmann*, S. 43; *Menz*, S. 50; vgl. *Bechtold/Bosch*, ZWeR 2011, 160 (167); a.A. *Ackermann*, ZWeR 2010, 329 (347).

999 Vgl. *Paschke*, in: Karsten Schmidt, Vielfalt des Rechts – Einheit der Rechtsordnung?, 147 (151); a.A. *Würdinger*, WuW 1967, 83 (84).

1000 *Thomas*, S. 137.

teleologischen Gesichtspunkten nicht geleugnet werden.[1001] Zudem erscheint es widersprüchlich und damit dem Ziel einer einheitlichen Rechtsordnung nicht gerecht werdend, wenn das Kartellrecht zwar bspw. im Rahmen der *de minimis*-Bekanntmachung oder der FKVO explizit auf das Konzernrecht abstellt[1002] und auf die wirtschaftlichen Realitäten im Konzern zur Haftungsbegründung verweist, umgekehrt der konzernrechtliche Trennungsgrundsatz im Kartell(bußgeld)recht aber ignoriert wird. Da die Kartellierung das Konzernrecht in seiner Entwicklung maßgeblich beeinflusst hat,[1003] verdeutlicht sich die Verstrickung und Untrennbarkeit beider Rechtsgebiete im Rahmen einer Rechtsordnung nur, auch wenn die entsprechenden Beispiele in keinem unmittelbaren Zusammenhang mit der Frage der kartellrechtlichen Verantwortlichkeit stehen[1004]. In jedem Fall kann über den Einwand, dass das europäische Kartellrecht gegen den Grundsatz der Trennung verstößt, nicht einfach mit dem Verweis hinweggegangen werden, es handele sich um zwei voneinander emanzipierte Rechtsgebiete[1005].

2. Unionsrechtlicher Trennungsgrundsatz als Bestandteil des „Rechts" im Sinne von Art. 19 EUV

Noch deutlicher ergibt sich die Beachtlichkeit des gesellschaftlichen Trennungsgrundsatzes für den hier vorliegenden Untersuchungsgegenstand aus Art. 19 EUV. Denn danach ist der Gerichtshof verpflichtet, das Recht im Rahmen der Auslegung und Rechtsfortbildung zu wahren. Wie bereits beschrieben, umfasst das „Recht" nicht nur das primäre Unionsrecht, sondern auch das sekundäre. Der Gerichtshof ist folglich dazu verpflichtet, den im sekundären Recht verankerten Grundsatz der Selbstständigkeit zu beachten, wenn er im Rahmen der Auslegung oder Rechtsfortbildung über die Frage der Haftung der Konzernmutter entscheidet.

3. Konzern als Bestandteil der „wirtschaftlichen Realität"

Hinzu tritt, dass *Kokott* zwei wesentliche Dinge verkennt, wenn sie vorträgt, es könne nicht darauf ankommen, dass ein „*corporate veil*" zwischen Mutter- und Tochtergesellschaft besteht, sondern vielmehr auf die wirtschaftliche Realität, der im Wettbewerbsrecht besondere Bedeutung zukommt[1006]. Zum einen ist auch die Konzernstruktur Teil der wirtschaftlichen Realität. Als Reaktion darauf ist die

---

1001 A. A. wohl *Thomas*, S. 137.

1002 *Emmerich/Habersack*, Konzernrecht, § 1 Rn. 4; *Thomas*, S. 136f.

1003 Emmerich/*Habersack*, Aktien- und GmbH-Konzernrecht, Einleitung, Rn. 16; *Emmerich/Habersack*, Konzernrecht, § 1 Rn. 4.

1004 *Thomas*, S. 136f.

1005 Vgl. *Ost*, NZKart 2013, 173; *Ackermann*, ZWeR 2010, 329 (347); so auch *Bälz*, AG 1992, 277 (308); vgl. *Würdinger*, WuW 1967, 83 (84).

1006 Schlussanträge der Generalanwältin *Kokott* v. 18.4.2013 – Rs. C-501/11 P, Slg. noch nicht veröffentlicht, Rz. 66 – *Schindler/Kommission*.

Kommission zu ihrer exzessiven Bußgeldpraxis übergegangen. Auch greift sie im Rahmen des Kartellrechts wie gesehen auf das Konzernrecht zurück. Es ist also unweigerlich Teil seiner Gegenwart. Zum anderen wird dieser Aspekt auch im Rahmen der Verantwortlichkeit berücksichtigt. Es muss nämlich auch auf Unionsebene die Frage gestellt werden, wann von der Rechtsordnung geduldet, wenn nicht gar gefordert wird, dass das Trennungsprinzip durchbrochen wird. Im Zuge dessen ist u.a. die wirtschaftliche Realität zu berücksichtigen. Diese wird, entgegen den Befürchtungen der Generalanwältin, auf einer anderen Ebene in die Abwägung[1007] zwischen dem Interesse der Unionsorgane, den Schleier der beschränkten Haftung zur effektiven Durchsetzung des europäischen Kartellrechts zu lüften, und dem Interesse der Unternehmen, an ihrer Selbstständigkeit festzuhalten, eingebunden. Denn um nichts Anderes geht es den Unionsorganen letztlich. Dabei darf aber auch das als „*magna carta*“[1008] des Gesellschaftsrechts bezeichnete Trennungsprinzip nicht gänzlich unbeachtet bleiben; selbst wenn es sich vorliegend um Kartellrecht handelt.

V. „Piercing the corporate veil“ – Durchbrechung des unionsrechtlichen Trennungsgrundsatzes im Kartellrecht

Nachdem der Grundsatz der Selbstständigkeit und mit ihm folglich auch das Prinzip der beschränkten Haftung auf Unionsebene für existent und auch im Rahmen des Kartellrechts für anwendbar erklärt wurde, stellt sich die Frage, unter welchen Voraussetzungen eine Durchbrechung dieses Grundsatzes erfolgen kann. Dass eine Durchbrechung möglich ist, steht dabei außer Frage, wie der EuGH selbst betont hat.[1009] Das deckt sich mit dem Grundgedanken, dass jedes Prinzip zu Gunsten anderer Werte beschränkbar sein muss, folglich jeder Grundsatz auch eine oder mehrere Ausnahmen zu akzeptieren hat.[1010]

An die Kritik in der Literatur anknüpfend muss aber geklärt werden, ob im Falle der Durchgriffshaftung auf die Konzernmutter eine solche Ausnahme vorliegt. Dazu ist zu klären, unter welchen Voraussetzungen dies geschehen kann. Da der EuGH selbst nur klargestellt hat, dass der Trennungsgrundsatz nicht absolut gelten kann, lohnt diesbezüglich ein Blick in das (Konzern-)Recht der Mitgliedstaaten wie auch in dasjenige der USA, die dem europäischen Kartellrecht immer wieder als „rechtlicher Spender“[1011] gedient haben.[1012]

1007 Vgl. *K. Schmidt*, ZIP 1994, 837, *Rehbinder*, S. 96; *van Vormizeele*, WuW 2010, 1008 (1018).

1008 S. dazu Fn. 957.

1009 EuGH v. 21.10.2010 – Rs. C-81/09, Slg. 2010, I-10161, Rz. 42 – *Idryma Typou.*

1010 *Coing*, NJW 1970, 1793 (1794).

1011 *Fleischer/Körber*, WuW 2001, 6; *Kühne*, in: Ebke/Elsing/Großfeld/Kühne, Das deutsche Wirtschaftsrecht unter dem Einfluss des US-amerikanischen Rechts, 49 (59ff.).

1012 *Becker*, in: Möschel/Bien, Kartellrechtsdurchsetzung durch private Schadenersatzklagen, 37 (39).

1. Deutschland

Neben Portugal und Italien ist Deutschland einziger Mitgliedstaat, der über ein kodifiziertes Konzernrecht verfügt.[1013] Es liegt daher nahe, sich im Rahmen konzernrechtlicher Sachverhalte auf Unionsebene u.a. am deutschen Recht zu orientieren. Ihm kommt in diesem Bereich eine Vorbildfunktion zu,[1014] weshalb ein kurzer Blick auf die Durchgriffsproblematik aufschlussreich sein kann.

a) Grundsatz

Da wie gesagt kein Rechtsprinzip ohne Ausnahme oder wie in diesem Fall ohne Durchbrechung auskommt, ist ein Haftungsdurchgriff dem deutschen Recht im Grundsatz nicht fremd. Es besteht Einigkeit darüber, dass „über die Rechtsform der juristischen Person [...] nicht leichtfertig oder schrankenlos hinweggegangen werden [darf]“[1015], dies aber eben doch möglich und erforderlich sei, „wenn die Wirklichkeiten des Lebens, die wirtschaftlichen Bedürfnisse und die Macht der Tatsachen eine solche Handhabung gebieten“[1016]. Denn „die ausnahmslose Anwendung dieses Prinzips führt [...] zu Ergebnissen, die mit dem Grundsatz der Rechtsstaatlichkeit unvereinbar sind“[1017]. Eine Ausnahme muss daher zumindest dann gelten, „wenn die Anwendung dieses Grundsatzes zu Ergebnissen führen würde, die mit Treu und Glauben nicht in Einklang stehen, und wenn die Ausnutzung der rechtlichen Verschiedenheit zwischen der juristischen Person und den hinter ihr stehenden [...] Personen einen Rechtsmißbrauch bedeutet“.[1018] *K. Schmidt* fasst das so zusammen: „Das als künstlich empfundene >>Trennungsprinzip<< wird übergangen, wo sich das Rechtsgefühl gegen die Anerkennung dieses Prinzips sträubt.“[1019] Ein Durchgriff ist also geboten, wenn das Prinzip der Trennung der Rechtsordnung widerspricht.[1020]

Diese recht unklaren Voraussetzungen deuten bereits darauf hin, dass (bisher) keine klaren Regeln entwickelt wurden, die Durchbrechung der Selbstständigkeit und dem damit verbundenen Haftungsdurchgriff[1021] zu bestimmen. Auf ihrer

---

1013 *Andenas/Wooldridge*, European Comparative Company Law, 2009, S. 451; *van Vormizeele*, WuW 2010, 1008 (1015f.); vgl. auch *Druey*, in: Lutter, Konzernrecht im Ausland, S. 310 (311), der den „ArtikulationsGrat“ des deutschen Rechts hervorhebt.

1014 Vgl. *Hofstetter*, S. 121.

1015 BGHZ 4 ,11; BGHZ 26 (31, 37); BGHZ 54, 222 (224) = NJW 1970, 2015 (2016).

1016 BGHZ 54, 222, (224) = NJW 1970, 2015 (2016).

1017 BGHZ 20, 4, (12) = NJW 1956, 785 (786).

1018 BGHZ 54, 222 (224) = NJW 1970, 2015 (2016); s. auch BGH, NJW 1957, 181 (182).

1019 *K. Schmidt*, Gesellschaftsrecht, § 9 I, S. 219.

1020 BGHZ 20, 4 (14) = NJW 1956, 785 (787); vgl. *Müller-Freienfels*, AcP 156 (1957), 522 (537f.); *Rehbinder*, S. 96.

1021 Der Haftungsdurchgriff ist vom Zurechnungsdurchgriff zu unterscheiden, *K. Schmidt*, (a.a.O), § 9 I, S. 220. Letzterer wurde hier aber mangels Zurechnungsgrund und der fehlenden Subjektsqualität abgelehnt.

Grundlage haben sich aber sowohl bestimmte Theorien als auch konkrete Fallgruppen gebildet, die Rückschlüsse für die Zulässigkeit der Unionspraxis geben könnten.

b) Durchgriffslehren

Die methodischen Begründungsansätze zur Durchgriffshaftung sind vielfältig und können hier nicht vollständig wiedergegeben werden. Zwei Lehren sind indessen erwähnenswert, da sie auch auf den Kontext des europäischen Wettbewerbsrechts übertragbar erscheinen und dazu in anderen Industrienationen Gehör gefunden haben.

aa) Missbrauchslehre

Die vor allem von *Serick* vertretene Missbrauchslehre geht in ihrer Kernaussage davon aus, dass der Trennungsgrundsatz beiseitegeschoben werden darf, wenn die Gesellschaft zu unlauteren Zwecken missbraucht wird.[1022] Nicht ausreichend ist es, wenn allein der objektive Normzweck dies erfordert, vielmehr muss ein subjektiver Missbrauch vorliegen.[1023] Es wäre danach also insbesondere möglich, auf die Konzernmutter zurückzugreifen, sofern diese ihre Tochtergesellschaft dazu missbraucht, gegen das Wettbewerbsrecht zu verstoßen. Eben dieser Aspekt wird von den Unionsorganen immer wieder hervorgehoben. (Praktisches) Manko dieses Ansatzes ist, dass er eine subjektive Vorwerfbarkeit erfordert. Denn Missbrauchsvorsatz und objektiv nicht rechtsordnungsgemäße Einflussnahme der Mutter auf ihre Tochter sind nur schwer zu beweisen.[1024] Das gilt jedenfalls auf nationaler Ebene. Die Unionsorgane helfen sich freilich damit, dass sie, zumindest im Falle eines nahezu 100%igen Anteilsbesitz, diese Voraussetzungen vermuten.

bb) Normzwecklehre

Die *Normzwecklehre*[1025] schränkt die jeweils das Trennungsprinzip beinhaltende Norm ein und füllt diese durch eine andere aus.[1026] Ob durchzugreifen ist, bestimmt sich folglich u.a. danach, „was für einen Sinn und Zweck das konkrete Gesetz in der Rechts- und Wirtschaftsordnung verfolgt, welche höherwertigen Interessen ihm entgegenstehen, [und] welche Interessen es schützt [...]“[1027]. Die Zulässigkeit des Durchgriffs wird also durch Normabwägung festgestellt.[1028]

1022 *Serick*, Rechtsform und Realität Jurisischer Personen, S. 203.
1023 *Serick*, S. 208; *Rehbinder*, S. 95.
1024 *Coing*, NJW 1970, 1793 (1794); *Müller-Freienfels*, AcP 156 (1957), 522 (537); s. auch BGHZ 20, 4 (13) = NJW 1956, 785 (787).
1025 So u.a. *K. Schmidt*, a.a.O., § 9 II, S. 223.
1026 *K. Schmidt*, a.a.O., § 9 II, S. 223.
1027 *Müller-Freienfels*, AcP 156 (1957), 522 (537).
1028 *Rehbinder*, S. 96.

Für das europäische Kartellrecht würde das eine Restriktion von Art. 1 Abs. 2 S. 2 SE-VO bedeuten, wenn diese zum Schutz bestimmter Interessen notwendig wäre. Man müsste konkret fragen: Erfordert das durch das europäische Kartellrecht geschützte Interesse des Wettbewerbs eine Restriktion des Trennungsgrundsatzes, so dass auch hier die zu berücksichtigende Selbstständigkeit der Gesellschaften relativiert wird?[1029] In Anlehnung an die oben gemachten Ausführungen wäre dies unter Berücksichtigung des *effet utile* Grundsatzes eigentlich zu bejahen. Nach diesem Verständnis der Normzwecklehre könnte der Durchgriff auf die Konzernmutter gerechtfertigt werden.

c) Anerkannte Fallgruppen

Als Fallgruppen haben sich in der deutschen Rechtsprechung insbesondere die Sphärenvermischung, die Unterkapitalisierung sowie die Beherrschung der Gesellschaft herausgebildet.[1030] Vergleichbare Fallgruppen existieren auch in diversen anderen Mitgliedstaaten.[1031] Interessant ist hier vor allem die Frage, ob die Beherrschung der Tochtergesellschaft durch die Mutter, insbesondere im Falle einer nahezu 100%igen Beteiligungsquote, ausreicht, um eine Durchbrechung der zwischen ihnen bestehenden Selbstständigkeit zu bejahen.

Dahingehend wird mit der Selbstständigkeit der juristischen Person argumentiert, die im Rechtsverkehr ein Handeln im eigenen Interesse voraussetzt. „Dies ist aber gerade nicht mehr der Fall, sobald sich die juristische Person im Rahmen eines Konzerns dessen Interessen unterordnet."[1032] Damit argumentiert vor allem *Müller* mit den Unionsorganen auf einer Linie. Nichtsdestotrotz wird diese Argumentationslinie sowohl in der deutschen Literatur[1033], als auch von der Rechtsprechung[1034] abgelehnt. „Allein deshalb, weil jemand eine juristische Person beherrscht, kann nicht auf seine Haftung durchgegriffen werden".[1035] Eine Durchbrechung wird folglich selbst dann verneint, „wenn eine sogenannte Organschaft vorliegt, d.h. eine völlige finanzielle, wirtschaftliche und organisatorische Eingliederung"[1036].

1029 *Coing*, NJW 1970, 1793 (1794f.), der ebenfalls nach der Zweckbestimmung einzelner Normen fragt.

1030 *K. Schmidt*, (a.a.O.), § 9 IV, S. 233ff.; *K. Schmidt*, ZIP 1994, 837 (838); *Mansdörfer/Timmerbeil*, WM 2004, 362 (364f.); *von Arnim*, NZG 2000, 1001 (1003f.); *Gehring/Kasten/Mäger*, CCZ 2013, 1 (5); *Bork*, ZGR 1994, 237 (258); *Hofstetter*, S. 131; zu weiteren Fallgruppen s. auch *van Vormizeele*, WuW 2010, 1008 (1016).

1031 Eine Aufzählung findet sich bei *van Vormizeele*, WuW 2010, 1008 (1016f.).

1032 *Müller*, ZGR 1977, 1 (26).

1033 *K. Schmidt*, (a.a.O.), § 9 IV, S. 238; *Mansdörfer/Timmerbeil*, WM 2004, 362 (365); *Gehring/Kasten/Mäger*, CCZ 2013, 1 (6); *van Vormizeele*, WuW 2010, 1008 (1017); *K. Schmidt*, NJW 1977, 1449 (1450f.).

1034 BGHZ 22, 226 (229ff.) = NJW 1957, 181; BGH, WM 1961, 1103 (1104); BGH, NJW 1977, 1449 (1451).

1035 BGH, WM 1961, 1103 (1104).

1036 BGH, NJW 1977, 1449 (1451).

d) Stellungnahme

Der Durchgriff auf die Konzernmutter für einen Verstoß ihrer Tochtergesellschaft ist nach deutschem Recht in der Regel nicht möglich. Ausnahmen können sich aber dort ergeben, wo die Rechtsordnung dies erfordert, entweder weil die Figur der juristischen Person missbräuchlich verwendet wird oder der jeweilige Zweck einer Norm dies voraussetzt. Es handelt sich also mehr oder weniger um eine Ausnahmenbildung aus Billigkeitserwägungen.[1037] Darüber hinaus haben sich konkrete Fallgruppen gebildet, in denen eine Durchbrechung des Trennungsprinzips allgemein angenommen wird. Eine Durchgriffshaftung im Außenverhältnis allein aufgrund der Tatsache, dass die Mutter ihre Tochter beherrscht, sei es im Sinne von § 17 AktG, sei es zu 100%, zählt im deutschen Konzernrecht nicht dazu. Sie existiert, wenn überhaupt nur im Innenverhältnis[1038], was als bewusste Entscheidung gegen die Möglichkeit, auch die Konzernmutter in Anspruch zu nehmen, gewertet werden muss;[1039] möglich ist hier aber allenfalls ein Anspruch der Tochter gegen ihre Mutter[1040]. Diese Sichtweise entspricht auch der dem deutschen Konzernrecht zu Grunde liegenden Ideologie, wonach über die Rechtsform der juristischen Person gerade nicht *leichtfertig* hinweggegangen werden darf. Die Unionspraxis beseitigt den Trennungsgrundsatz aber *de facto*. Denn der Konzern definiert sich gerade durch die Beherrschung einer Gesellschaft durch eine andere. Die Ausnahme wird folgerichtig zur Regel, was vom Gesetzgeber nicht gewollt ist.[1041] Eine Durchbrechung des Trennungsgrundsatzes allein aufgrund einer nahezu 100%igen Beteiligungsquote widerspricht folglich dem deutschen Konzernrecht. Eine andere Sichtweise würde gerade bei Einpersonengesellschaften faktisch immer dazu führen, dass ein Haftungsdurchgriff auf den Gesellschafter möglich wäre. Das würde den Sinn, eine Einpersonengesellschaft zu gründen, konterkarieren, ihr praktisch den wichtigsten Vorteil, die Haftungsbeschränkung, nehmen.

Eine Ausnahme hiervon gilt gemäß § 322 Abs. 1 AktG für eingegliederte Konzerne. Hier sieht die Norm „als Korrelat der Eingliederung“[1042] eine (Gesamtschuldnerische-)Mithaftung der Hauptgesellschaft für Verbindlichkeiten der abhängigen Gesellschaft vor.[1043] Da es sich aber um einen gesetzlich geregelten Sonderfall des kodifizierten deutschen Konzernrechts handelt, der selbst dort praktisch kaum relevant ist[1044] und auch hier die Alleinherrschaft für sich genommen nicht

---

1037 Vgl. *Landwehr*, Die Durchgriffshaftung in konzernverbundenen Gesellschaften, 2002, S. 22; *Mansdörfer/Timmerbeil*, WM 2004, 362 (363).

1038 *K. Schmidt*, (a.a.O.), § 9 IV, S. 239; § 39 III, S. 1232ff.

1039 *Bork*, ZGR 1994, 237 (259).

1040 Der umgekehrte Fall wurde vom BGH geprüft und verneint, BGH, NJW-RR 1990, 738 (739); *K. Schmidt*, (a.a.O.), § 9 IV, S. 246.

1041 *Bork*, ZGR 1994, 237 (259); *Mansdörfer/Timmerbeil*, WM 2004, 362 (363).

1042 *Hofstetter*, S. 122.

1043 Emmerich/*Habersack*, Aktien- und GmbH Konzernrecht, § 322, Rn. 1; *Singhof*, in: Spindler/Stilz, Aktiengesetz, § 322, Rn. 1.

1044 *Hofstetter*, S. 124; *Gehring/Kasten/Mäger*, CCZ 2013, 1 (5).

ausreicht[1045], können daraus keine Rückschlüsse auf die Zulässigkeit der Unionspraxis gezogen werden.

2. *Großbritannien*

Ein kodifiziertes Konzernrecht gibt es in Großbritannien nicht.[1046] Allerdings erklärte bereits der Limited Liability Act von 1855, dass englische Gesellschaften nur beschränkt auf ihr Gesellschaftsvermögen haften. Wegweisend war in diesem Zusammenhang die Entscheidung *Salomon v. Salomon*[1047]. Nichtsdestotrotz durchbrachen englische Gerichte in der Folgezeit regelmäßig den Trennungsgrundsatz.[1048]

a) Status quo ante

Rückblick: Richter *Atkinson* erstellte zur Beantwortung der Frage, ob die Muttergesellschaft für ein Verhalten ihrer Tochter verantwortlich gemacht werden könne, in der Entscheidung *Smith, Stone and Knight v. Birmingham*[1049] einen Fragenkatalog, der vor allem auf den Aspekt der Kontrolle der Mutter über ihre Tochter abstellte. Erwies sie sich als „brain of the trading venture", oder war sie „in effectual and constant control", sprach viel dafür, dass sie für ihre Mutter handelte. Insbesondere *Lord Denning* ging noch einen Schritt weiter. Unter anderem in der Entscheidung *D.H.N. Food Distributors Ltd. v. Tower Hamlets London Borough Council*[1050] relativierte er das in *Salomon v. Salomon* gefällte Urteil, indem er Mutter- und Tochtergesellschaft als ein und dieselbe Gesellschaft betrachtete.[1051] Die englischen Gerichte könnten sehr wohl die Selbständigkeit einer Gesellschaft ignorieren und dies täten sie auch.[1052] Eine Inanspruchnahme der Konzernmutter für Verbindlichkeiten ihrer Tochter wurde daher auch angenommen, wenn diese von ersterer vollständig beherrscht wurde.[1053] Damit wäre die Rechtsprechung zum englischen Gesellschaftsrecht auf einer Linie mit der Unionspraxis gewesen. Auch Teile der englischen Literatur haben sich für eine gesetzlich vermutete Haftung der Muttergesellschaft ausgesprochen, wenn diese ihre Töchter als „agents" einsetze, wobei letzteres widerlegbar vermutet werden sollte[1054]; allerdings ohne Erfolg.[1055]

1045 *Hofstetter*, S. 121.
1046 *Prentice*, in: Lutter, Konzernrecht im Ausland, S. 93.
1047 *Salomon v. Salomon*, [1897] A.C. 22, (HL). S. auch *Cheng*, ICLR 2011, 329 (335).
1048 *Cheng*, ICLR 2011, 329 (335f., 338) jeweils m.w.N.
1049 *Smith, Stone and Knight v. Birmingham*, [1939] 4 All E.R., 116.
1050 *D.H.N. Food Distributors Ltd. v. Tower Hamlets London Borough Council*, [1976], 1 WLR, 852.
1051 *D.H.N. Food Distributors Ltd. v. Tower Hamlets London Borough Council*, [1976], 1 WLR, 852 (860).
1052 *Littlewoods Mail Order Stores v. IRC*, [1969], 1 WLR 1241 (1254).
1053 *Prentice*, in: Lutter, Konzernrecht im Ausland, 93 (104).
1054 *Schmitthoff*, Select Essays on International Trade Law, 1988, 742 (751).
1055 *Hofstetter*, S. 151 mit Verweis auf *Blumberg* II, 614–615.

b) *Status quo*

Diese Rechtsprechung wurde scharf kritisiert.[1056] Das hat dazu geführt, dass eine Durchgriffshaftung derzeitig im englischen Recht die Ausnahme und nur unter besonderen Umständen zulässig ist.[1057] Die Gerichte halten sich diesbezüglich sehr zurück.[1058] Neben einigen gesetzlich normierten Fällen[1059] steht aber auch hier der Gesichtspunkt der Gerechtigkeit im Vordergrund.[1060] Wo das Rechtsgefühl gegen die Anerkennung des Prinzips spricht, kommt daher aller Kritik und Zurückhaltung zum Trotz eine Durchbrechung in Betracht. So, wenn die Gesellschaft eine bloße Fassade darstellt, um die wahren Beweggründe zu verschleiern (*sham, mask*).[1061] Die alleinige Tatsache, dass die Mutter ihre Tochter kontrolliert, begründet einen solchen Umstand indessen nicht (mehr), sondern es müssen weitere Umstände wie ein Missbrauch (*abuse*) der Gesellschaftsform hinzutreten.[1062] Genau wie im deutschen Recht handelt es sich um eine Durchbrechung aus Billigkeitserwägungen (*palm-tree justice*)[1063], die aber noch deutlich restriktiver ist[1064].

3. *Frankreich*

Auch Frankreich achtet grundsätzlich die Selbstständigkeit juristischer Personen. Eine Durchbrechung ist aber ebenfalls im Falle des Missbrauchs (*abuse*) oder Betrugs (*fraud*) möglich.[1065] Es findet sich folglich der gleiche Anknüpfungspunkt, der auch in den übrigen Mitgliedstaaten als Begründung für einen Durchgriff auf die Konzernmutter aufgeführt wird.

1056 *Cheng*, ICLR 2011, 329 (339).

1057 *Woolfson v. Strathclyde RC*, [1978], UKHL 5, 90 (96); *Cheng*, ICLR 2011, 329 (331); *Prentice*, in: Lutter, Konzernrecht im Ausland, 93 (104).

1058 *Cheng*, ICLR 2011, 329 (331f.).

1059 S. bspw. Sec. 213, 214, 425 Insolvency Act 1986.

1060 *Cheng*, ICLR 2011, 329 (331).

1061 *Woolfson v. Strathclyde RC*, [1978], UKHL 5, 90 (96); *Adams v. Cape Industrie plc*, [1990], BCLC, 479 (515); *Jones v. Lipman*, [1962], 1 WLR, 832 (836); *Schmitthoff*, Select Essays on International Trade Law, 1988, 742 (744); *Hofstetter*, S. 151.

1062 *Schmitthoff*, Select Essays on International Trade Law, 1988, 742 (744).

1063 *Gower*, Principles of modern Company Law 138, 4. Aufl. (1979), zit. bei *Farrar*, Fraud, Fairness and Piercing the Corporate Veil, 1990, 16 Can. Bus. L.J. 474, 475 zit. bei *Cheng*, ICLR 2011, 329 (332). S. auch *Hofstetter*, S. 151 sowie dort Fn. 317, 318.

1064 Vgl. *Davies*, Gower and Davies' Principles Of Modern Company Law, 7. Aufl. (2003), Ch. 8, S. 205f.

1065 *Druey*, in: Lutter, Konzernrecht im Ausland, 310 (315); s. auch *Hofstetter*, S. 134.

4. Italien

In Italien ist unter dem Stichwort *superamento della personalità giuridica* eine Inanspruchnahme des Alleingesellschafters im Falle der Insolvenz möglich.[1066] Das Selbstständigkeitspostulat wird durchbrochen. Nicht geklärt ist indessen, ob daraus auch die Haftung der Konzernmutter für entsprechende Verbindlichkeiten ihrer 100%igen Tochter resultiert.[1067]

5. USA

Da die USA das europäische Wettbewerbsrecht immer wieder maßgeblich beeinflusst haben und die Durchgriffsproblematik auch dort in dem zu untersuchenden Kontext Fragen aufwirft, empfiehlt sich neben dem rechtsvergleichenden Blick in die Mitgliedstaaten der Union auch ein solcher in die Vereinigten Staaten von Amerika.[1068]

a) Grundsatz

Auch in den USA ist das Trennungsprinzip das Aushängeschild der Kapitalgesellschaften.[1069] Daraus folgt, dass ein Durchgriff auf das Mutterunternehmen im Grundsatz nicht möglich ist. Wie in den anderen Rechtsordnungen weichen die Gerichte hiervon aber unter Umständen ab[1070]– die Selbstständigkeit der Corporation wird durchbrochen: *piercing the corporate veil*[1071] lautet der Oberbegriff.

An einer klaren Regelung, unter welchen Voraussetzungen das Trennungsprinzip durchbrochen werden kann, fehlt es im U.S.-amerikanischen Recht aber genauso wie im Recht der Mitgliedstaaten der Union.[1072] Genau wie der BGH[1073] betont aber auch die Rechtsprechung hier, dass nicht leichtfertig über das Fundamentalprinzip der Selbstständigkeit hinweggegangen werden darf[1074]. Entsprechend restriktiv handhaben folglich die U.S.-Gerichte die Durchgriffsproblematik.[1075] Der Durchgriff ist

1066 *Druey*, in: Lutter, Konzernrecht im Ausland, 310 (323); *Hofstetter*, S. 151.
1067 *Hofstetter*, S. 151f.
1068 *Hofstetter*, S. 141.
1069 *Miller/Sandrock*, GCP 2009 (1), 2 (2, 3); *Bakst*, ICLR 1996, 323 (323, 326); *Depenbrock*, WiB 1996, 66 (67) m.w.N.; *von Arnim*, NZG 2000, 1001 (1005) m.w.N.
1070 *Thompson*, Vanderbilt Law Review 1994, 1 (9).
1071 *Hofstetter*, S. 141; *Lev*, Journal of Transnational Law & Policy, 1993, 199 (201); vgl. *K. Schmidt*, Gesellschaftsrecht, § 9 I, S. 218; *Blumberg*, in: Lutter, Konzernrecht im Ausland, 264 (272); *Depenbrock*, WiB 1996, 66.
1072 *Depenbrock*, WiB 1996, 66 (67) mit Verweis auf *Lusk/Hewitt/Donnell/Barnes*, Business Law, 1978, S. 453.
1073 So auch *von Arnim*, NZG 2000, 1001 (1006).
1074 *Laya v. Erin Homes, Inc.*, [W. Va. 1986] 352 S.E. 2d. 93 (97).
1075 *Sonora Diamond Corp. v. Superior Court*, [2000] 83 Cal. App. 4th 523 (539); *Miller/Sandrock*, GCP 2009 (1), 2 (3); *Thompson*, Vanderbilt Law Review 1994, 1 (35).

grundsätzlich unzulässig, es sei denn, die Einhaltung des Selbstständigkeitspostulats würde zu Ungerechtigkeiten bzw. unbilligen Ergebnissen und Betrug führen, weil die Rechtsform der Gesellschaft missbraucht wurde und die Anteilsinhaber diese kontrollieren.[1076] Wie im englischen Recht wird davon im Grundsatz ausgegangen, wenn es sich bei der Tochtergesellschaft nur um eine bloße Fassade (*sham*), ein Gerechtigkeitshindernis (*obstacle to justice*) oder ein Mittel zum Betrug (*instrument of fraud*) darstellt.[1077] Die Begründung für die Ausnahme ist damit die gleiche wie in den übrigen Mitgliedstaaten: Sie ist zulässig, wenn Gerechtigkeit und Rechtsordnung es erfordern.[1078] Daraus haben sich insbesondere mit dem deutschen Recht vergleichbare Fallgruppen entwickelt, die allgemein mit dem Oberbegriff *piercing the (corporate) veil* umschrieben werden[1079]: (1) die *alter ego doctrine*, (2) Betrug und (3) Unterkapitalisierung.[1080]

b) Alter ego *Doktrin*

Für den Untersuchungsgegenstand ist vor allem die *alter ego* Doktrin interessant. Danach haftet die Muttergesellschaft, wenn: (1) Der Kläger beweist, dass zwischen den Gesellschaften eine derartige Einheit besteht, dass die Selbstständigkeit der beiden Unternehmen in den Hintergrund tritt, sie also nicht mehr getrennt voneinander existieren. Das ist der Fall, wenn die Tochtergesellschaft in einer Weise von der Hauptgesellschaft kontrolliert wird, dass sie als deren *alter ego*, also als „verändertes Ich" erscheint. Und (2) die Anerkennung der rechtlichen Trennung beider Gesellschaften zu unangemessenen Ergebnissen führen bzw. die Billigung betrügerischer Absichten bedeuten würde.[1081] Kaum davon zu unterscheiden sind die Voraussetzungen der ebenso populären *Instrumentality Doctrine*.[1082]

1076 *Thompson*, Vanderbilt Law Review 1994, 1 (9); *Blumberg*, in: Lutter, Konzernrecht im Ausland, 264 (272); *Depenbrock*, WiB 1996, 66 (68); *Bakst*, ICLR 1996, 323 (324); vgl. *Laya v. Erin Homes, Inc.*, [W. Va. 1986] 352 S.E. 2d. 93 (94, 97); *United States v. Milwaukee Refrigerator Transit Co.*, [C.C.E.D. Wis. 1905] 142 F 247 (255); *von Arnim*, NZG 2000, 1001 (1006).

1077 *Arnold v. Phillips*, [5th Cir. 1941] 117 F.2d 497 (502); *Miller/Sandrock*, GCP 2009 (1), 2 (3).

1078 *Cheng*, ICLR 2011, 329 (353).

1079 *Blumberg*, in: Lutter, Konzernrecht im Ausland, 264 (272); *Miller/Sandrock*, GCP 2009 (1), 2 (3); s. auch *von Arnim*, NZG 2000, 1001 (1007).

1080 *Bakst*, ICLR 1996, 323 (326).

1081 *Miller/Sandrock*, GCP 2009 (1), 2 (3); s. auch *Blumberg*, in: Lutter, Konzernrecht im Ausland, 264 (273), dort Fn. 20; *Hofstetter*, S. 143; *Bakst*, ICLR 1996, 323 (326f.).

1082 S. *Cheng*, ICLR 2011, 329 (379f.); *Blumberg*, in: Lutter, Konzernrecht im Ausland, 264 (272).

c) Moderne Abgrenzungskriterien

An dieser Rechtsprechung wurde kritisiert, sie beruhe auf „Metaphern und Bildern" und biete aufgrund der fehlenden rechtspolitischen Überlegungen keine Rechtssicherheit.[1083] Um besser beurteilen zu können, wann die Eigenständigkeit von Mutter und Tochter durchbrochen wird, werden heute insbesondere die schon von *Frederick J. Powell*[1084] herausgearbeiteten, zumindest mit diesen vergleichbare Indizien[1085] von immer mehr Gerichten herangezogen, um die Entscheidungsfindung im Rahmen der Durchgriffshaftung zu erleichtern und dieser der modernen Wirtschaft anzupassen.[1086] Maßgeblicher Anknüpfungspunkt ist dabei die Kontrolle der Muttergesellschaft über ihre Tochter.[1087] Wie schon nach der *alter ego* Doktrin genügt die Möglichkeit der Kontrolle für sich genommen nicht aus, um die Mutter für eine Verbindlichkeit ihrer Tochter in Anspruch zu nehmen.[1088] Das erscheint nur konsequent, da die amerikanische Durchgriffspraxis immer auch ein Unrechtselement voraussetzt.[1089] Der *Supreme Court* hat deutlich gemacht, dass die bloße Tatsache der Beherrschung, auch wenn die Mutter 100% an der Tochter hält, aufgrund der fundamentalen Bedeutung des Trennungsprinzips für eine Durchgriffshaftung nicht ausreicht.[1090] Die bloße Haftungsbeschränkung durch den Rückgriff auf eine entsprechende Gesellschaftsform stellt einen solchen Missbrauch nicht dar.[1091] Kumulativ müssen demnach weitere Umstände vorliegen, die ein Festhalten an dem Grundsatz als unbillig erscheinen lassen.

Es handelt sich also auch hier um eine auf Billigkeitserwägungen beruhende Rechtsprechung.[1092] Kontrolle ist damit nicht mehr, aber auch nicht weniger, als ein wesentliches Indiz[1093], das für sich genommen einen Durchgriff auf die Konzernmutter nicht begründen kann.[1094]

1083 Vgl. *Blumberg*, in: Lutter, Konzernrecht im Ausland, 264 (273f.).

1084 *Bakst*, ICLR 1996, 323 (333) mit Verweis auf *Frederick J. Powell*, Parent and Subsidiary Corporations, § 6, at 9 (1931); s. auch *Landwehr*, S. 43 mit Verweis auf *Frederick J. Powell*, Parent and Subsidiary Corporations, S. 8–24.

1085 *Cheng*, ICLR 2011, 329 (348); *Bakst*, ICLR 1996, 323 (334). Eine Übersicht geben: *Hofstetter*, S. 145f.; *von Arnim*, NZG 2000, 1001 (1006); *Blumberg*, in: Lutter, Konzernrecht im Ausland, 264 (276f.).

1086 *Blumberg*, in: Lutter, Konzernrecht im Ausland, 264 (278); *Hofstetter*, S. 144f.; *Cheng*, ICLR 2011, 329 (348); *Bakst*, ICLR 1996, 323 (334).

1087 *Depenbrock*, WiB 1996, 66 (68); *Bakst*, ICLR 1996, 323 (324, 333f.).

1088 *Blumberg*, in: Lutter, Konzernrecht im Ausland, 264 (276); *Thompson*, Vanderbilt Law Review 1994, 1 (36); *Bakst*, ICLR 1996, 323 (334); *Landwehr*, S. 77.

1089 *Hofstetter*, S. 144; vgl. *Miller/Sandrock*, GCP 2009 (1), 2 (4).

1090 *United States v. Bestfoods*, [1998] 524 U.S. 51 (61); *Miller/Sandrock*, GCP 2009 (1), 2.

1091 *Thompson*, Vanderbilt Law Review 1994, 1 (36).

1092 So wohl auch *von Arnim*, NZG 2000, 1001 (1006).

1093 *Landwehr*, S. 77; *von Arnim*, NZG 2000, 1001 (1007).

1094 *Landwehr*, S. 77.

Diese Grundsätze haben U.S.-amerikanische Gerichte auch auf das Kartellrecht übertragen, so dass eine Durchgriffshaftung hier ebenfalls nur unter den beschriebenen Voraussetzungen in Betracht gezogen werden kann.[1095] Das darf aber nicht darüber hinwegtäuschen, dass der Trennungsgrundsatz auch im U.S.-amerikanischen Kartellrecht bereits viele Male durchbrochen wurde.[1096]

d) *Copperweld Corp. v. Independence Tube Corp*

Erwähnenswert ist in diesem Zusammenhang die Entscheidung *Copperweld Corp. v. Independence Tube Corp.*[1097] Das Gericht urteilte, dass eine Muttergesellschaft und ihre 100%ige Tochtergesellschaft nicht gegen das Kartellrecht verstoßen könnten, da sie eine wirtschaftliche Einheit bildeten und damit als ein einziges Unternehmen anzusehen wären.[1098] Ein Verstoß gegen Sec. 1 des Sherman Act läge in diesem Fall nicht vor.[1099] Damit erteilte das Gericht der vor allem in der Literatur vertretenen *intracorporate-conspiracy* Doktrin eine Absage, nach der ein Kartellrechtsverstoß in diesen Fällen denkbar war.[1100] Es handelt sich dabei folglich um das Pendant zum unionsrechtlichen Konzernprivileg.[1101] Genau wie dort kann auch hier die Frage gestellt werden, ob dies spiegelbildlich für die Inanspruchnahme der Mutter gelten kann, so dass die Muttergesellschaft in diesen Fällen für Verbindlichkeiten der Tochtergesellschaft verantwortlich gemacht werden kann.

Abgesehen von den auch auf Unionsebene dagegen vorgebrachten Argumenten[1102] spricht gegen eine solche Diskussion auch, dass eine vergleichbare Rechtsprechung im U.S.-Kartellrecht – soweit ersichtlich – fehlt. Zwar wurde der „Schleier" im Kartellrecht bereits gehoben. Daraus darf aber nicht der Schluss gezogen werden, dass dies deshalb generell für das Kartellrecht gilt. Vielmehr ist an den oben beschriebenen Grundsätzen festzuhalten, die eine Haftung der Konzernmutter für Kartellvergehen ihrer Tochter nur in eng umrissenen Ausnahmefällen vorsehen. Während der Supreme Court im Innenverhältnis die fehlende Gefahr beachtet, die von Absprachen zwischen Konzernunternehmen für den Wettbewerb ausgeht[1103], erkennt er im Außenverhältnis das Fundamentalprinzip der Selbstständigkeit an

---

1095 *Sherman v. British Leyland Motors Ltd.*, [9th Cir. 1979] 601 F.2d 429 (441); *Arnold Chevrolet LLC v. Tribune Co.*, [E.D.N.Y. 2006], 418 F. Supp. 2d 172 (178); *Miller/Sandrock*, GCP 2009 (1), 2 (3).

1096 *Timberg*, Northwestern University Law Review, Vol. 48 1953, 411 (417); *Oh*, Texas Law Review, Vol. 89 2010, 81 (84f; 128).

1097 *Copperweld Corp. v. Independence Tube Corp.*, [1984] 467 U.S. 752.

1098 *Copperweld Corp. v. Independence Tube Corp.*, [1984] 467 U.S. 752 (777); s. auch *Menz*, S. 263.

1099 *Copperweld Corp. v. Independence Tube Corp.*, [1984] 467 U.S. 752 (771).

1100 *Menz*, S. 248, 267.

1101 Vgl. *Kling*, WRP 2010, 506 (508), dort Fn. 32.

1102 *Steinle*, EWS 2004, 118 (121); *Hofstetter/Ludescher*, in: FS Büren, 485 (487).

1103 *Copperweld Corp. v. Independence Tube Corp.*, [1984] 467 U.S. 752 (769); *Menz*, S. 394.

und unterscheidet sich damit von der Unionspraxis in eben der Weise, die dort von Teilen der Literatur gefordert wird: Keine Pervertierung des Konzernprivilegs.

6. Stellungnahme

Der Rechtsvergleich hat gezeigt, dass eine Durchgriffshaftung allein aufgrund eines beherrschenden Einflusses der Muttergesellschaft über ihre Tochter nicht existiert.[1104] Kontrolle ist zwar ein wesentliches Kriterium bei der Beurteilung, hinzutreten müssen aber immer noch weitere Umstände, die eine Inanspruchnahme der Muttergesellschaft rechtfertigen würden. Zwar gab es in den untersuchten Rechtsordnungen immer wieder Ansätze, einen Rückgriff mit dem beherrschenden Einfluss zu begründen. In Erinnerung zu rufen ist hier vor allem die von *Lord Denning*[1105] eingeführte Theorie der wirtschaftlichen Einheit oder die von *Müller*[1106] vertretene These, dass eine Inanspruchnahme jedenfalls dann möglich sein müsse, wenn die Tochter aufgrund des beherrschenden Einflusses ihrer Mutter nicht mehr über die die juristische Person kennzeichnende Selbstständigkeit verfügen würde. Auch im U.S.-amerikanischen Recht finden sich vergleichbare Ansätze. Vertreter der *agency* Doktrin halten einen Durchgriff auf die Konzernmutter auch für möglich, ohne dass die Muttergesellschaft ihren herrschenden Einfluss missbräuchlich ausgeübt hat.[1107] Nichtsdestotrotz haben sich all diese Ansätze nicht nachhaltig durchsetzen können.

Soweit man folglich darauf abstellt, dass die Unionspraxis alleine am beherrschenden Einfluss der Konzernmutter über ihre Töchter anknüpft, müsste man zu dem Schluss kommen, dass die Unionspraxis gegen die in den übrigen Staaten vertretenen Ansätze verstößt und die daran geäußerte Kritik berechtigt ist. Die Frage, ob ein Durchgriff zulässig ist, beurteilt sich aber nicht anhand feststehender Fallgruppen, sondern letztlich aufgrund einer Abwägung der widerstreitenden Interessen und der damit verbundenen Frage, ob es zu unbilligen Ergebnissen führt, wenn am Grundsatz der Trennung festgehalten wird;[1108] diese Ideologie ist allen untersuchten Rechtsordnungen gemein. Die Möglichkeit, die Selbstständigkeit einer Gesellschaft zu ignorieren, ist folglich nicht starr, sondern flexibel, ohne auf bestimmte Fallgruppen beschränkt zu sein.[1109]

Auch die Frage, ob im Rahmen des europäischen Wettbewerbsrechts die Konzernmutter für eine Verbindlichkeit ihrer Tochter einzustehen hat, ist daher letztlich eine Frage der Abwägung einerseits zwischen den hinter dem Trennungsgrundsatz stehenden Interessen wie dem vom EuGH betonten Investitionsschutz[1110] und

1104 Hinsichtlich der Mitgliedstaaten zustimmend auch *Bosch*, ZHR 177 (2013), 454 (460).
1105 S. *Cheng*, ICLR 2011, 329 (331f.; 334, 338).
1106 *Müller*, ZGR 1977, 1 (26).
1107 *Hofstetter*, S. 144; vgl. *Landwehr*, S. 42.
1108 In diese Richtung auch *K. Schmidt*, ZIP 1994, 837 (840).
1109 *Cheng*, ICLR 2011, 329 (330f.); *Thompson*, Vanderbilt Law Review 1994, 1 (9).
1110 S. dazu *Möslein*, NZG 2011, 174 (175).

andererseits dem berechtigten Interesse der herrschenden Mutter, ihren Einfluss auch auszuüben,[1111] und dem Interesse der Unionsorgane an der Sicherstellung eines effektiven Kartellrechts. An diesem Punkt setzen auch die schon oben diskutierten und nicht von der Hand zu weisenden Überlegungen der Kommission an. Im Innenverhältnis respektieren die Unionsorgane das Interesse der herrschenden Gesellschaft, ihre Kontrolle auch auszuüben, durch die Anerkennung des Konzernprivilegs. Interne Absprachen werden kartellrechtlich nicht bewertet, da von ihnen keine Gefahr für den Wettbewerb ausgeht. Anders verhält es sich indessen im Außenverhältnis. Es wäre unbillig, dort einen Rückgriff auf die Konzernmutter zu verneinen, da dem Missbrauch so „Tür und Tor" geöffnet würde. Denn Muttergesellschaften könnten Töchter gründen, um Kartellrechtsverstöße zu begehen und sich bei Aufdeckung des Kartells hinter der Selbstständigkeit ihrer Rechtsform zu verstecken.[1112] Die Möglichkeit einer Durchgriffshaftung stünde in einem solchen Fall nach allen Ansätzen außer Frage. Denn neben der Kontrolle läge als weitere Voraussetzung auch ein Unrechtselement vor. Wie die Wahl des Konjunktivs schon zeigt, verhält es sich in der Praxis zum großen Teil anders. Denn die Union vermutet, – praktisch unwiderlegbar[1113] – dass im Falle einer nahezu 100%igen Anteilsinhaberschaft die jeweilige Muttergesellschaft ihren bestimmenden Einfluss missbräuchlich ausgenutzt hat. Auf einen tatsächlichen Missbrauch kommt es folglich nicht an. In diesem Zusammenhang könnte als Rechtfertigung wieder auf die Prämisse der Prävention abgestellt werden.[1114] Um Missbrauch zu vermeiden, muss bereits im Vorfeld ein abschreckender Effekt durch hohe Strafen geschaffen werden. Und das funktioniert nun einmal nur, wenn auch die Mutter mit im „Haftungsboot" sitzt. Wie so oft betont, heiligt der Zweck aber nicht alle Mittel. Es liegt daher nahe, in dieser Vorgehensweise einen Widerspruch zu dem herausgearbeiteten Grundsatz zu sehen, dass eine Durchgriffshaftung nicht alleine auf den Zustand einer nahezu 100%igen Beteiligung gestützt werden darf, da hierdurch das Erfordernis eines Missbrauchs faktisch egalisiert wird. Nun könnte dagegen angeführt werden, dass die Unionsorgane gar nicht auf das erforderliche Unrechtselement verzichten, sondern sie den diesbezüglich zu führenden Beweis lediglich zu Lasten der Konzernmutter aus Gründen eines effektiven Wettbewerbs umkehren. Solange dem betroffenen Unternehmen der Gegenbeweis nicht gelingt, liegt folglich auch ein Missbrauch vor. Die Frage, ob eine solche Vermutung zulässig ist, ist aber nicht hier zu beurteilen, sondern betrifft die aus dem Schuldprinzip resultierende Unschuldsvermutung (*in dubio pro reo*). Insoweit könnte man zu Gunsten einer Durchgriffshaftung argumentieren, dass sich ihre Zulässigkeit aus der besonderen Stellung des Wettbewerbs in

1111 *Bakst*, ICLR 1996, 323 (334).
1112 S. dazu bereits Fn. 56f.
1113 S. dazu S. 200ff.
1114 S. *Ackermann*, ZWeR 2010, 329 (346).

der Union ergibt.[1115] Dieser stellt als weiterhin bestehendes Hauptziel des Vertrags[1116] ein in der Abwägung besonders schützenswertes Interesse dar. Man könnte deshalb geneigt sein, das Interesse der Union am Schutz des Wettbewerbs über das Investitionsrisiko der Anteilseigner und ihr berechtigtes Interesse an der Ausübung ihres Einflusses als höherwertig einzustufen. Letztlich ergäbe sich die Möglichkeit, direkt auf die Konzernmutter durchzugreifen, aus dem Sinn und Zweck von Art. 23 Abs. 2 VO 1/2003. Dieser Argumentationsansatz findet sich sowohl in der Normzwecklehre, als auch in den USA wieder. Hier haben die Rechtsprechung aber auch die Legislative Ausnahmen für Spezialbereiche wie das Umweltrecht[1117], das Steuerrecht[1118] aber auch das Kartellrecht[1119] bereits anerkannt, auch wenn diese nie soweit gingen, wie die Praxis der Union[1120]. Im Ergebnis stünde eine solche Auffassung folglich mit derjenigen überein, die für den Bereich des Wettbewerbsrechts eine Auslegung gesellschaftsrechtlicher Termini nach dem Telos der Wettbewerbsvorschriften annimmt. Allerdings würde dies nicht aus der Selbstständigkeit des Wettbewerbsrechts folgen, sondern aus den auch dort zu berücksichtigenden gesellschaftsrechtlichen Grundätzen. Denn es wäre unbillig, wenn Kommission und Gerichte sich die Rosinen eines jeden Rechtsgebiets herauspicken könnten.

VI. Ergebnis

Den unterschiedlichen Regelungszwecken von Wettbewerbs- und Kartellrecht zum Trotz ist der konzernrechtliche Trennungsgrundsatz auch in ersterem zu berücksichtigen. Es sprechen im Ergebnis aber gute Gründe dafür, im Bereich des europäischen Kartellrechts eine Ausnahme vom Trennungsprinzip zu machen. Eine Durchbrechung ist zum einen möglich, wenn die Muttergesellschaft ihren herrschenden Einfluss missbräuchlich einsetzt. Diese Gefahr sehen jedenfalls die Unionsgerichte. Sie ist auch sicherlich nicht von der Hand zu weisen. Allerdings müssten die Unionsorgane den Beweis hierfür erbringen, was ihnen in aller Regel schwerfallen wird. Dennoch erfordert es gerade der Sinn und Zweck des Art. 23

1115 Vgl. *Hofstetter*, S. 149.

1116 *Behrens*, EuZW 2008, 193.

1117 Am bekanntesten dürfte hier die Richtlinie CERCLA, Comprehensive Environmental Response, Compensation and Liability Act, 42 U.S.C.§§ 9601–9657 sein. In diesem Zusammenhang verneinte der Supreme Court aber die Möglichkeit, die Konzernmutter alleine wegen ihres herrschenden Einflusses haften zu lassen, *United States v. Bestfoods*, [1998] 524 U.S. 51 (61). Überhaupt verhalten sich die Gerichte auch im Rahmen des CERCLA sehr zurückhaltend mit der Inanspruchnahme der Muttergesellschaft, *Thompson*, Vanderbilt Law Review 1994, 1 (35f.). S. zu CERLA insbesondere *Bakst*, ICLR 1996, 323; auch *Hofstetter*, S. 149f; *Depenbrock*, WiB 1996, 66 (68f.).

1118 *Blumberg*, in: Lutter, Konzernrecht im Ausland, 264 (279ff.).

1119 *Timberg*, Northwestern University Law Review, Vol. 48 1953, 411 (417); *Oh*, Texas Law Review, Vol. 89 2010, 81 (84f.; 128).

1120 *Cheng*, ICLR 2011, 329 (397).

Abs. 2 VO 1/2003, dass das Kartellrecht effektiv durchgesetzt werden kann. Insbesondere mit Hilfe des *effet utile* Grundsatzes könnte daher der Durchgriff auf die Konzernmutter gerechtfertigt werden, da zumindest eine konkrete Missbrauchsgefahr besteht und der Normzweck deshalb die Missachtung der Selbstständigkeit erfordert. Es würde sich eben um eine reine Haftung aus Billigkeitserwägungen handeln. Dem steht aber letztlich der klare Wortlaut des Art. 23 Abs. 2 VO 1/2003 entgegen, der eine individuelle Schuld des sanktionierten Unternehmens fordert. Die Entscheidung des Gesetzgebers, dass ein zu bestrafendes Unternehmen den Wettbewerbsverstoß auch verschuldet haben muss, kann nicht aus Billigkeitsgründen einfach umgangen werden, indem eine verschuldensunabhängige Haftung *contra legem* eingeführt wird.[1121] Eine strict liability kann es im europäischen Kartellrecht nicht gegeben.[1122] Bevor auf das Vermögen der Muttergesellschaft zurückgegriffen werden kann, muss daher ihre Verantwortlichkeit für den Kartellrechtsverstoß dargelegt werden. Das Schuldprinzip manifestiert also gewisser Maßen den Grundsatz der Trennung. Verstößt die Unionspraxis folglich gegen das im Wortlaut zum Ausdruck gebrachte Erfordernis einer eigenen Schuld, scheitert damit automatisch auch eine Durchbrechung des Trennungsgrundsatzes zu Lasten der Konzernmutter. Berücksichtigt man das, erscheint es nur schwer möglich, eine Durchbrechung des Trennungsprinzips rechtfertigen zu können.[1123]

F. Verhältnismäßigkeitsgrundsatz

Der Grundsatz der Verhältnismäßigkeit ist einer der zentralsten und vielschichtigsten Grundsätze des Unionsrechts.[1124] Er ist als allgemeiner (ungeschriebener) Grundsatz des Primärrechts im Sinne von Art. 19 EUV[1125] anerkannt[1126], findet sich explizit aber sowohl in Art. 5 EUV[1127] als auch aufgrund der materiellen Inkorporation der

---

1121 In diese Richtung auch *Gehring/Kasten/Mäger*, CCZ 2013, 1 (4); *van Vormizeele*, WuW 2010, 1008 (1014).

1122 *Vogel/Eisele*, in: Grabitz/Hilf/Nettesheim, Das Recht der Europäischen Union, 57. Lfg. (2015), Art. 83 AEUV, Rn. 35.

1123 So im Ergebnis auch *Bosch*, ZHR 177 (2013), 454 (461).

1124 *Trstenjak/Beysen*, EuR 2012, 265.

1125 *Schwarze*, in: Schwarze, EU-Kommentar, Art. 19 EUV, Rn. 25.

1126 EuGH v. 8.7.2010 – Rs. C-343/09, Slg. 2010, I-7027, Rz. 45 m.w.N. – *Afton Chemical*; *von Danwitz*, EWS 2003, 393 mit vielen weiteren Nachweisen zur Rechtsprechung der Unionsgerichte. S. auch *Kischel*, EuR 2000, 380 (382); *Dauses/Brigola*, in: Dauses, EU-Wirtschaftsrecht, 40. Lfg. (2016), C, I., Rn. 285; *von Rintelen*, in: Grabitz/Hilf/Nettesheim, Das Recht der Europäischen Union, 42. Lfg. (2010), Art. 43 AEUV, Rn. 79.

1127 Dort begrenzt er die Kompetenzen der Union und schützt dadurch die Souveränität der Mitgliedstaaten; er wird deshalb auch als kompetenzbezogener Grundsatz der Verhältnismäßigkeit bezeichnet, *O. Koch*, Der Grundsatz der Verhältnismäßigkeit in der Rechtsprechung des Gerichtshofs der Europäischen Gemeinschaften, S. 171; *Lienbacher*, in: Schwarze, EU-Kommentar, Art. 5 EUV, Rn. 35. Daneben wird zum

GRCh über Art. 6 EUV in Artt. 49 Abs. 3 und 52 Abs. 1 S. 2 GRCh[1128] wieder. Im Gegensatz zum allgemeinen Verhältnismäßigkeitsgrundsatz ist Art. 49 Abs. 3 GRCh speziell auf Strafen zugeschnitten[1129] und enthält ein einklagbares Recht[1130].

I. Anforderungen an eine verhältnismäßige Sanktion

Der Verhältnismäßigkeitsgrundsatz kann allgemein als Leitgedanke unionsrechtlichen Handelns[1131] bezeichnet werden. Seine Funktion besteht zwar vorwiegend aber nicht ausschließlich darin, in Ermangelung expliziter Schranken Grundrechtsbeeinträchtigungen zu begrenzen.[1132] Darüber hinaus dient er unabhängig von einem Grundrechtseingriff als „übergreifende Direktive aller Rechtsetzungs- und Rechtsanwendungsakte der Gemeinschaft und entfaltet seine besondere Bedeutung als Auslegungsmaxime für den Gerichtshof“[1133]. [1134] Jeder Akt unterliegt folglich dem Grundsatz der Verhältnismäßigkeit. Soll eine Maßnahme danach verhältnismäßig sein, darf sie im Grundsatz „nicht die Grenzen dessen überschreiten, was zur Erreichung der mit der fraglichen Regelung zulässigerweise verfolgten Ziele geeignet und erforderlich ist, wobei, wenn mehrere geeignete Maßnahmen zur Auswahl stehen, die am wenigsten belastende zu wählen ist und die dadurch bedingten Nachteile in angemessenem Verhältnis zu den angestrebten Zielen stehen müssen“[1135]. Für administrative oder strafrechtliche Maßnahmen gilt das entsprechend. Sie „dürfen nämlich nicht über den Rahmen des zur Erreichung der verfolgten Ziele unbedingt Erforderlichen hinausgehen, und [...] nicht so sehr außer Verhältnis zur Schwere des Verstoßes stehen, dass sie sich als eine Behinderung der im Vertrag verankerten Freiheiten [erweisen]“.[1136] Das gilt

---

Teil auch vertreten, dass Art. 5 EUV auch den allgemeinen Verhältnismäßigkeitsgrundsatz beinhaltet, *O. Koch*, S. 164.

1128 *Jarass*, EU-GRCh Kommentar, Art. 49, Rn. 3, Art. 52, Rn. 35.

1129 *Dannecker/Biermann*, in: Immenga/Mestmäcker, WettbR-EU, Band 1/Teil 2, Art. 23 VO 1/2003, Rn. 138.

1130 *Jarass*, EU-GRCh Kommentar, Art. 49, Rn. 3.

1131 *Grupp*, in: Bergmann, Handlexikon der Europäischen Union, Verhältnismäßigkeitsgrundsatz, S. 981; *O. Koch*, S. 174. Vgl. auch *von Danwitz*, EWS 2003, 393, der von einem „Metarechtsgrundsatz“ spricht.

1132 *von Danwitz*, EWS 2003, 393 (394); *Trstenjak/Beysen*, EuR 2012, 265; *Grupp*, in: Bergmann, Handlexikon der Europäischen Union, Verhältnismäßigkeitsgrundsatz, S. 981; *Jarass*, EU-GRCh Kommentar, Art. 52, Rn. 35.

1133 *Von Danwitz*, EWS 2003, 393 (394).

1134 *Von Rintelen*, in: Grabitz/Hilf/Nettesheim, Das Recht der Europäischen Union, 42. Lfg. (2010), Art. 43 AEUV, Rn. 79.

1135 EuGH v. 8.7.2010 – Rs. C-343/09, Slg. 2010, I-7027, Rz. 45 m.w.N. – *Afton Chemical*; *Kingreen*, in: Calliess/Ruffert, EUV/AEUV, Art. 52 GRCh, Rn. 65ff.; *Jarass*, EU-GRCh Kommentar, Art. 52, Rn. 36.

1136 EuGH v. 12.7.2001 – Rs.C-262/99, Slg. 2001, I-5547 Rz.67 – *Louloudakis*; s. auch EuG v. 28.4.2010 – Rs. T-452/05, Slg. 2010, II-1373, Rz. 60 – *BST/Kommission*; EuG v. 27.3.2014 – Rs. T-56/09 und T-73/09, Rz. 354 – *Saint-Gobain*.

wohlgemerkt seit der Inkorporation von Art. 49 Abs. 3 GRCh, der selbst für strafrechtsähnliche Maßnahmen[1137] Geltung hat, ohnehin. Dass der Verhältnismäßigkeitsgrundsatz daher auch im Rahmen kartellrechtlicher Sanktionen zu berücksichtigen ist, steht außer Frage.[1138]

Der Grundsatz der Verhältnismäßigkeit bindet dabei neben der Exekutive auch die Judikative[1139], so dass das Recht des EuGH, auch Urteile des EuG auf ihre Verhältnismäßigkeit hin zu untersuchen, unbestritten gilt.[1140]

II. Verhältnismäßigkeit der Unionspraxis

Auch die Verhältnismäßigkeit der Unionspraxis wurde bereits gerügt.[1141] Sie ist unter zwei Aspekten fraglich: Zum einen, das liegt auf der Hand, könnten die exorbitanten Sanktionshöhen die Unverhältnismäßigkeit zur Folge haben. Zum anderen muss die Sanktion insbesondere aufgrund von Art. 49 Abs. 3 GRCh, um verhältnismäßig zu sein, in einem angemessenen Verhältnis zur Schuld des Täters stehen.[1142] Gegen ein Unternehmen, das den Kartellrechtsverstoß selbst nicht verschuldet hat, darf eine Geldstrafe folglich nicht verhängt werden, wenn sie verhältnismäßig sein will – *nulla poena sine culpa.*[1143]

1. Verhältnismäßigkeit der Höhe nach

Die Höhe des Bußgelds basiert im Wesentlichen auf der Tatsache, dass die Sanktion nicht anhand der gegen das Kartellrecht unmittelbar verstoßenden Tochter berechnet wird, sondern der weltweite Konzernumsatz zu Grunde gelegt wird. Insoweit wurde bereits anerkannt, dass dieses Vorgehen grundsätzlich sowohl mit dem Unternehmensbegriff konform, als auch die Art und Weise der Bußgeldberechnung

---

1137 *Jarass*, NStZ 2012, 611 (615).

1138 EuGH v. 22.5.2008 – Rs. C-266/06 P, Slg. 2008, I-81, Rz 51 – *Degussa/Kommission und Rat*; EuG v 5.4.2006 – Rs. T-279/02, Slg. 2006, II-897, Rz. 77 – *Degussa/Kommission*; EuG v. 27.9.2006 – Rs. T-43/02, Slg. 2006, II-3435, Rz. 87 – *Jungbunzlauer/Kommission*; EuG v. 28.4.2010 – Rs. T-452/05, Slg. 2010, II-1373, Rz. 60 – *BST/Kommission*; EuG v. 12.12.2012 – Rs. T-400/09, Slg. noch nicht veröffentlicht, Rz. 30 – *Ecka Granulate/Kommission*; *Thomas*, JZ 2011, 485 (489).

1139 Ob der Verhältnismäßigkeitsgrundsatz auch die gesetzgebende Gewalt bindet, ist umstritten, *O. Koch*, S. 192 m.w.N. Zustimmend aber wohl *von Danwitz*, EWS 2003, 393 (394f.).

1140 S. dazu nur *O. Koch*, S. 196.

1141 S. bspw. EuGH v. 8.5.2013 – Rs. C-508/11 P, Slg. noch nicht veröffentlicht, Rz. 38, 87 – *Eni/Kommission.*

1142 *Dannecker/Biermann*, in: Immenga/Mestmäcker, WettbR-EU, Band 1/Teil 2, Art. 23 VO 1/2003, Rn. 138; *Jarass*, NStZ 2012, 611 (615); *Jarass*, EU-GRCh Kommentar, Art. 49, Rn. 19.

1143 *Prieß/Spitzer*, in: von der Groeben/Schwarze, Kommentar zum EU-/EG-Vertrag, Art. 280 EG, Rn. 44.

bestimmt genug ist. Da die Kommission bei der Ermittlung der Bußgeldhöhe neben dem Umsatz des Unternehmens auch auf Dauer und Schwere des Verstoßes abstellen muss – die wiederum anhand zahlreicher Gesichtspunkte zu ermitteln sind[1144] –, bestehen diesbezüglich auch keine Bedenken gegen die Wahrung des Verhältnismäßigkeitsgrundsatzes. Denn um die Verhältnismäßigkeit einer Maßnahme zu beurteilen, kommt insbesondere diesen Kriterien besondere Bedeutung zu.[1145]

Genau wie der BGH in seinem *Grauzement*-Beschluss[1146] betont hat, berücksichtigt auch die Kommission grundsätzlich die Leistungsfähigkeit des Bußgeldadressaten,[1147] ohne dazu verpflichtet zu sein.[1148] Da der Verhältnismäßigkeitsgrundsatz der Restriktion dient, darf das angewendete Mittel nicht außer Verhältnis zum verfolgten Zweck stehen.[1149] Das gilt indessen nicht für den Fall, in dem die „wirtschaftliche Einheit" Täter eines Kartellrechtsverstoßes und damit Adressat eines Bußgelds ist.[1150] Auch deshalb stufen die Unionsgerichte nominal sehr hohe Bußgelder in diesen Fällen regelmäßig als nicht unverhältnismäßig ein.

Ein anderes und aussagekräftigeres Bild würde sich aber dann abgeben, wenn auch hier an die wirtschaftliche Leistungsfähigkeit des tatsächlichen Vollstreckungsadressaten angeknüpft würde. Schließlich ist es dieser, der letztlich die Sanktion zahlen wird und auf dessen individuelle Leistungsfähigkeit es für die Beurteilung der Unverhältnismäßigkeit ankommen sollte. Da dies nicht der Fall ist, sondern das Bußgeld an der Umsatzstärke der weltweit agierenden wirtschaftlichen Einheit gemessen wird, schließt die Praxis, anders als von der Kommission dargestellt, unverhältnismäßige Strafen nicht gänzlich aus. Die Kommissionspraxis verzerrt das Kriterium der wirtschaftlichen Leistungsfähigkeit, da dieses die wirtschaftliche Lage des *betroffenen* Unternehmens tatsächlich nicht wiedergibt. Der „Balanceakt zwischen Abschreckung und wirtschaftlicher Leistungsfähigkeit"[1151] wird nicht gewahrt. Das erkennt nunmehr auch der EuGH an, relativiert die Schwäche aber

---

1144 EuGH v. 8.5.2013 – Rs. C-508/11 P, Slg. noch nicht veröffentlicht, Rz. 96 – *Eni/Kommission*; EuG v. 28.4.2010 – Rs. T-452/05, Slg. 2010, II 1373, Rz. 60 – *BST/Kommission.*

1145 *Jarass*, EU-GRCh Kommentar, Art. 49, Rn. 18f.; *O. Koch*, S. 293.

1146 BGH, Beschluss vom 26. 2. 2013 – KRB 20/12, Rz. 61ff., 70 = NJW 2013, 1972 – *Grauzementkartell*; *Ost*, NZKart 2013, 173. S. dazu auch *Achenbach*, WuW 2013, 688.

1147 EuGH v. 18.7.2013 – Rs. C-501/11 P, Slg. noch nicht veröffentlicht, Rz. 168 – *Schindler/Kommission*; s. bereits dazu Schlussanträge der Generalanwältin *Kokott* v. 18.4.2013 – Rs. C-501/11 P, Slg. noch nicht veröffentlicht, Rz. 214 – *Schindler/Kommission.*

1148 EuG v. 15.7.2015 – Rs. T-393/10, Rz. 289 m.w.N. – *Spannstahl-Kartell.*

1149 EuGH v. 22.1.2013 – Rs. C-283/11, Slg. noch nicht veröffentlicht, Rz. 50 – *Sky Österreich*; *Jarass*, EU-GRCh Kommentar, Art. 16, Rn. 24, Art. 49 Rn. 19; *Kingreen*, in: Calliess/Ruffert, EUV/AEUV, Art. 36 AEUV, Rn. 98, Art. 52 GRCh, Rn. 70, beide m.w.N.

1150 EuGH v. 18.7.2013 – Rs. C-501/11 P, Slg. noch nicht veröffentlicht, Rz. 169 – *Schindler/Kommission.*

1151 *Bünder*, FAZ v. 25.1.2014, Nr. 21, S. 14.

wiederum mit einem Verweis darauf, dass die Schwere des Verstoßes berücksichtigt würde.[1152] Schließlich würden auch durch die „Kappungsgrenze" unverhältnismäßige Sanktionen ausgeschlossen, da im Zweifelsfall eine Reduzierung auf ein angemessenes Maß stattfände.[1153]

Ebenfalls in diesem Zusammenhang nicht besonders überzeugend,[1154] da nur selten zur Anwendung kommend,[1155] aber trotzdem im Rahmen einer möglicherweise unverhältnismäßigen Strafe zu berücksichtigender Umstand, sind die in Rn. 35 der Bußgeldleitlinien von 2006 vorgesehenen *inability to pay* Fälle. Bedroht die Sanktion die Existenz des Unternehmens, wäre sie unverhältnismäßig,[1156] denn das Mittel/Zweck-Verhältnis wäre nicht gewahrt. Sanktionen sollen den Wettbewerb erhalten, so dass den Wettbewerb bedrohende Sanktionen schon den Vertragszielen der Union zuwiderlaufen würden[1157] und damit nicht den im Rahmen der Verhältnismäßigkeitsprüfung vorausgesetzten Anforderungen entsprächen: Keine Kartellrechtsdurchsetzung um jeden Preis. Gerade aufgrund der nach der Bußgeldpraxis möglichen Sanktionierung von Tochtergesellschaften am Umsatz des Konzerns ist diese Gefahr im Unionsrecht allgegenwärtig[1158] und konterkariert diesen Gesichtspunkt. Die Kommission ist in diesen Fällen weder verpflichtet, die individuelle Leistungsfähigkeit zu berücksichtigen, noch verbietet das Unionsrecht Sanktionen, die zur Insolvenz des Unternehmens führen würden.[1159] Das gilt unabhängig von der Option, die aufgrund der Schwere und Dauer eines Kartellrechtsverstoßes berechnete Bußgeldhöhe bei 10% des Konzernumsatzes zu kappen,[1160] da auch das so reduzierte Bußgeld noch immer existenzbedrohenden Charakter für die Adressaten haben kann. Die Möglichkeit, eine die Existenz des Unternehmens bedrohende Strafe abzumildern, sollte deshalb eher selbstverständlich sein und deren Gegenwart als ein weiteres Beispiel für die teils zu exzessiv empfundene Kommissionspraxis[1161] verstanden werden.

1152 EuGH v. 18.7.2013 – Rs. C-501/11 P, Slg. noch nicht veröffentlicht, Rz. 169 – *Schindler/Kommission.*

1153 EuG v. 17.12.2014 – Rs. T-72/09, Rz. 280 – *Pilkington Group u.a.* Als Beispiel für einen solchen Fall soll auf EuGH v. 14.9.2016 – Rs. C-519/15 P – *Spannstahl-Kartell* hingewiesen werden.

1154 Kritisch *Soltész*, EuZW 2011, 121; s. auch *Bischke/Boger*, NZG 2010, 1019.

1155 *Barbier/Winckler*, JoECLaP 2010, 327 (342). S. auch EuG v. 15.7.2015 – T-393/10, Rz. 288 – *Spannstahl-Kartell*, wonach eine Ermäßigung „nur unter außergewöhnlichen Umständen [...] gewährt werden kann".

1156 *Möhlenkamp*, in: Schwarze, Instrumente zur Durchsetzung des europäischen Wettbewerbsrechts, S. 121 (127).

1157 Vgl. *Pechstein/Drechsler*, in: Riesenhuber, Europäische Methodenlehre, § 7 Rn. 30.

1158 *Schünemann*, in: Schünemann/González, Bausteine des europäischen Wirtschaftsstrafrechts, 1994, 265 (290).

1159 S. nur EuG v. 15.7.2015 – T-393/10, Rz. 289ff. – *Spannstahl-Kartell.*

1160 EuG v. 17.12.2014 – Rs. T-72/09, Rz. 280 – *Pilkington Group u.a.*

1161 *Mansdörfer/Timmerbeil*, EuZW 2011, 214 (218).

Nichtsdestotrotz dürfte es nicht im Interesse der Unionsorgane sein, Unternehmen für ihre Eskapaden so hart zu sanktionieren, dass diese von der Bildfläche verschwinden.[1162] Darüber hinaus wird gerade im Rahmen von Strafen besonders auf die Einhaltung des Verhältnismäßigkeitsgrundsatzes geachtet,[1163] so dass die konkrete Bußgeldhöhe selten als unverhältnismäßig zu bezeichnen sein wird[1164]. Hinzutritt, dass die gesetzliche Obergrenze des Art. 23 Abs. 2 S. 2 VO 1/2003 dazu führt, dass die Sanktion in der Regel keinen faktisch enteignenden Charakter hat, womit gleichzeitig auch eine Verletzung des Eigentumsrechts des Unternehmens ausgeschlossen ist.[1165]

Sollte tatsächlich die Ausnahme einmal die Regel bestätigen und die Insolvenz des Bußgeldschuldners drohen, kann im Zweifel eine unverhältnismäßige Maßnahme durch einen Rückgriff auf die *inability to pay* Regeln gerettet werden. Exemplarisch kann auf die Entscheidung *Auslandsumzüge* der Kommission verwiesen werden, in der die Kommission die verhängte Buße aufgrund der Zahlungsunfähigkeit um 70% reduzierte.[1166]

Der Gesetzgeber hat folglich die Voraussetzungen geschaffen, ruinösen Folgen vorzubeugen bzw. deren Eintritt zu vermeiden.[1167] Die Anzahl der Fälle, in denen die Unionsgerichte die von der Kommission verhängten Strafen bestätigt haben, ist im Vergleich zu denen, in denen eine Korrektur nach unten vorgenommen wurde, aber unklar. Während zum Teil darauf hingewiesen wird, dass die Gerichte die Kommissionsentscheidungen in der Regel anerkennen, zeigt *O. Koch* anhand einer umfassenden Aufzählung auf, dass die Zahl der Entscheidungen, in denen ein Bußgeld herabgesetzt wurde, mittlerweile jene übertreffen, in denen die Sanktionen nur

1162 *Bünder*, FAZ v. 25.1.2014, Nr. 21, S. 14.

1163 Vgl. *O. Koch*, S. 326; *Jarass*, EU-GRCh Kommentar, Art. 49, Rn. 17.

1164 *Lenaerts*, NZKart 2013, 175 (180); vgl. exemplarisch EuGH v. 18.9.2003 – Rs. C-338/00 P, Slg. 2003, I-9189, Rz. 151 – *Volkswagen/Kommission*; EuG v. 28.4.2010 – Rs. T-452/05, Slg. 2010, II-1373, Rz. 73, 123 – *BST/Kommission*. Allerdings hat der EuGH in anderem Zusammenhang auch schon Urteile des EuG wegen Nichtbeachtung des Grundsatzes der Verhältnismäßigkeit aufgehoben, *O. Koch*, S. 196. *Mansdörfer/Timmerbeil*, EuZW 2011, 214 (218), die die Verhältnismäßigkeit als überschritten ansehen.

1165 Schlussanträge der Generalanwältin *Kokott* v. 18.4.2013 – Rs. C-501/11 P, Slg. noch nicht veröffentlicht, Rz. 215 – *Schindler/Kommission*; vgl. EuG v. 17.12.2014 – Rs. T-72/09, Rz. 280 – *Pilkington Group u.a.*

1166 Entscheidung der Kommission v. 11.3.2008 , COMP 38.543, ABl. 2009/C 188/17, Rz. 20 – *Auslandsumzüge*.

1167 A. A. *Möhlenkamp*, in: Schwarze, Instrumente zur Durchsetzung des europäischen Wettbewerbsrechts, S. 121 (127).

bejaht wurden[1168]. Mit der Anhebung kartellrechtlicher Sanktionen, die ebenfalls möglich sind, hält sich das EuG ohnehin zurück.[1169]

Für die Frage, ob die im europäischen Kartellrecht verhängten Geldstrafen unverhältnismäßig (hoch) sind, bedeutet das Folgendes: Entweder die verhängten Strafen waren von Beginn an verhältnismäßig, oder die Gerichte tragen dafür Sorge, dass sie es wurden. In keinem Fall aber wird eine verhältnismäßige Sanktion in die Unverhältnismäßigkeit (an)gehoben. Auch wenn es kritisch bewertet werden muss, dass sich die Bußgeldhöhe *de facto* nicht an der Leistungsfähigkeit des wahren Täters orientiert und somit jene des Bußgeldadressaten nicht spiegelt, ist der Umsatz des Unternehmens nicht der einzige Katalysator bei der Bußgeldbemessung. Von der Höhe nach unverhältnismäßigen Sanktionen kann daher im Grundsatz nicht gesprochen werden.[1170]

2. *Verhältnismäßigkeit und Schuldprinzip*

Fraglich ist aber, ob der Verhältnismäßigkeitsgrundsatz nicht verletzt wird, da am Ende die Konzernmutter für den Verstoß ihrer Tochter verantwortlich gemacht wird, ohne dass sie selbst daran beteiligt war. Eine Strafe ohne Schuld widerspricht dem Grundsatz, dass die verhängte Sanktion in einem angemessenen Verhältnis zur Schuld stehen muss, und wäre daher unverhältnismäßig. Gleichzeitig könnte darin ein Verstoß gegen den *nulla poena sine culpa* Grundsatz liegen, der ebenfalls als allgemeiner Rechtsgrundsatz[1171] im Rahmen der Rechtsfortbildung zu berücksichtigen sein könnte. Insoweit ist davon auszugehen, dass der Grundsatz „keine Strafe ohne Schuld" als Bestandteil des Schuldprinzips mit dem Verhältnismäßigkeitsgrundsatz deckungsgleich ist.[1172] Die Frage der Unverhältnismäßigkeit hängt daher genauso wie die Frage, ob die Unionspraxis gegen den unionsrechtlichen Trennungsgrundsatz verstößt, davon ab, ob das Schuldprinzip als Bestandteil des

---

1168 *O. Koch*, S. 329, dort Fn. 244f.; zuletzt auch EuG v. 24.3.2011 – Rs. T-382/06, Slg. 2011, II-1157 – *Tomkins/Kommission*; bestätigt durch EuGH v. 22.1.2013 – Rs. C-286/11 P, Slg. noch nicht veröffentlicht – *Kommission/Tomkins* sowie EuGH v. 19.12.2013 – verb. Rs. C-239/11 P, Slg. noch nicht veröffentlicht, Rz. 289 – *Siemens/Kommission*.

1169 *Barbier/Winckler*, JoECLaP 2010, 327 (346).

1170 A. A. *Mansdörfer/Timmerbeil*, EuZW 2011, 214 (218).

1171 Das ist umstritten, *Prieß/Spitzer*, in: von der Groeben/Schwarze, Kommentar zum EU-/EG-Vertrag, Art. 280 EG, Rn. 44; *Dannecker/Biermann*, in: Immenga/Mestmäcker, WettbR-EU, Band 1/Teil 2, Vor. Art. 23 VO 1/2003, Rn. 61; *Dannecker*, in: Schünemann/González, Bausteine des europäischen Wirtschaftsstrafrechts, 1994, 331 (341).

1172 A. A. ist *Frisch*, NStZ 2013, 249 (250), der zumindest den *nulla poena sine culpa* Grundsatz als nicht vom Verhältnismäßigkeitsgrundsatz umfasst ansieht, da er „nichts mit Fragen des Maßes und der fehlenden Verhältnismäßigkeit zu tun hat". Es wird in der deutschen Literatur aber durchaus vertreten, dass Verhältnismäßigkeitsgrundsatz und Schuldprinzip im Wesentlichen kongruent sind, s. ebenfalls *Frisch*, NStZ 2013, 249 m.w.N.

Rechts im Sinne von Art. 19 EUV durch die sukzessive Haftung der Konzernmutter verletzt wird.

III. Ergebnis

Die Zulässigkeit der Unionspraxis im Hinblick auf den Trennungs- und Verhältnismäßigkeitsgrundsatz hängt untrennbar mit der Frage zusammen, ob das Schuldprinzip verletzt wird. Es kann daher hier, genau wie oben, noch auf ein endgültiges Ergebnis verzichtet werden. Im Folgenden soll daher der letztlich alles entscheidenden Frage nachgegangen werden, ob die Tatsache, dass die Konzernmutter für einen Verstoß haftet, den sie nicht begangen hat, mit dem Grundsatz zu vereinbaren ist, dass jede Strafe eine Schuld voraussetzt.

G. Schuldgrundsatz

Das Schuldprinzip stellt als allgemeiner Rechtsgrundsatz des Unionsrechts ein generell zu berücksichtigendes Recht dar.[1173] Zwar war diese Aussage nicht unumstritten.[1174] Schon die Tatsache, dass der Schuldgrundsatz in vielen Ländern anerkannt ist und zum Teil auch Verfassungsrang genießt,[1175] spricht unter Berücksichtigung der vom EuGH herangezogenen Definitionskriterien zur Bestimmung allgemeiner Rechtsgrundsätze für diese Annahme.[1176] Auch ordneten verschiedene Generalanwälte in der Vergangenheit den Grundsatz der persönlichen Schuld als

---

1173 Schlussanträge des Generalanwalts *van Gerven* v. 15.9.1993 – Rs. C-116/92, Slg. 1993, I-6755, Rz. 18 – *Charlton*; Schlussanträge der Generalanwältin *Kokott* v. 28.2.2013 – Rs. C-681/11, Slg. noch nicht veröffentlicht, Rz. 40 – *Schenker*; Schlussanträge der Generalanwältin *Kokott* v. 18.4.2013 – Rs. C-501/11 P, Slg. noch nicht veröffentlicht, Rz. 114 – *Schindler/Kommission*; *Thomas*, JoECLaP 2011, 1 (5); *Prieß/Spitzer*, in: van der Groeben/Schwarze, Kommentar zum EU-/EG-Vertrag, Art. 280 EG, Rn. 45; *Böse*, S. 150; *van Vormizeele*, WuW 2010, 1008 (1013); *Friedmann*, Die Geltung rechtsstaatlicher Grundsätze im kartellrechtlichen Bußgeldverfahren der Europäischen Gemeinschaft, 2005, S. 242; vgl. auch *Vogel/Eisele*, in: Grabitz/Hilf/Nettesheim, 57. Lfg. (2015), Art. 83 AEUV, Rn. 35.

1174 S. dazu *Prieß/Spitzer*, in: van der Groeben/Schwarze, Kommentar zum EU-/EG-Vertrag, Art. 280 EG, Rn. 44f.; *Dannecker/Biermann*, in: Immenga/Mestmäcker, WettbR-EU, Band 1/Teil 2, Vor. Art. 23 VO 1/2003, Rn. 61; *Kindhäuser/Meyer*, in: FK-Kartellrecht, 77. Lfg. (2012), Bußgeldrechtliche Folgen Art. 101 AEUV, Rn. 136 je m.w.N.

1175 Vgl. *Lascuraín*, in: Schünemann/González, Bausteine des europäischen Wirtschaftsstrafrechts, 1994, 35 (45); *Böse*, S. 149f. m.w.N.

1176 So auch Schlussanträge des Generalanwalts *van Gerven* v. 15.9.1993 – Rs. C-116/92, Slg. 1993, I-6755, Rz. 18 – *Charlton*; Schlussanträge der Generalanwältin *Kokott* v. 28.2.2013 – Rs. C-681/11, Slg. noch nicht veröffentlicht, Rz. 41 – *Schenker*; Schlussanträge der Generalanwältin *Kokott* v. 18.4.2013 – Rs. C-501/11 P, Slg. noch nicht veröffentlicht, Rz. 114 – *Schindler/Kommission*.

Teil des Schuldprinzips als allgemeinen Rechtsgrundsatz ein.[1177] Spätestens mit der Inkorporation der GRCh durch Art. 6 Abs. 1 EUV ist aufgrund des in den Artt. 48 Abs. 1 und 49 Abs. 3 GRCh zum Ausdruck kommenden Schuldprinzips an diesem Ergebnis nicht mehr zu rütteln.[1178] Noch nicht verbindlich, aber aufgrund der sich aus dem Unionsrecht und der EMRK ergebenden Pflicht zur loyalen Zusammenarbeit zwischen EuGH und EGMR von ersterem zu beachten, ist der Grundsatz auch aufgrund seiner Verankerung in Art. 6 Abs. 2 EMRK.[1179]

Für das Kartellbußgeldrecht ist die Geltung des Schuldprinzips sowohl aufgrund des klaren Wortlauts von Art. 23 Abs. 2 S. 1 VO 1/2003, der explizit Vorsatz oder Fahrlässigkeit des zu sanktionierenden Unternehmens im Hinblick auf den Wettbewerbsverstoß voraussetzt, als auch wegen des Strafcharakters der Sanktionen ohnehin unstreitig.[1180] Damit hat der Unionsgesetzgeber zugleich die Schuldfähigkeit des Bußgeldadressaten „Unternehmen" anerkannt.[1181]

1177 Schlussanträge des Generalanwalts *Colomer* v. 11.2.2003 – Rs. C-204/00 P, Slg. 2004, I-123, Rz. 63 – *Aalborg Portland/Kommission*. Vgl. Schlussanträge des Generalanwalts *van Gerven* v. 5.12.1989 – Rs. C-326/88, Slg. 1990, I-2911, 2919 (2927), Rz. 13 – *Hansen*; *Kindhäuser/Meyer*, in: FK-Kartellrecht, 77. Lfg. (2012), Bußgeldrechtliche Folgen Art. 101 AEUV, Rn. 136 m.w.N.

1178 Schlussanträge der Generalanwältin *Kokott* v. 28.2.2013 – Rs. C-681/11, Slg. noch nicht veröffentlicht, Rz. 41 – *Schenker*; Schlussanträge der Generalanwältin *Kokott* v. 18.4.2013 – Rs. C-501/11 P, Slg. noch nicht veröffentlicht, Rz. 115 – *Schindler/Kommission*; *Thomas*, JoECLaP 2011, 1 (5); *Thomas*, KSzW 2011, 10 (12); *Friedmann*, S. 242.

1179 Schlussanträge der Generalanwältin *Kokott* v. 18.4.2013 – Rs. C-501/11 P, Slg. noch nicht veröffentlicht, Rz. 115 m.w.N. – *Schindler/Kommission*; *Böse*, S. 150; *Friedmann*, S. 242.

1180 Vgl. Schlussanträge der Generalanwältin *Kokott* v. 28.2.2013 – Rs. C-681/11, Slg. noch nicht veröffentlicht, Rz. 40, 42 – *Schenker*; Schlussanträge der Generalanwältin *Kokott* v. 18.4.2013 – Rs. C-501/11 P, Slg. noch nicht veröffentlicht, Rz. 116 – *Schindler/Kommission*; Schlussanträge der Generalanwältin *Kokott* v. 8.9.2011 – Rs. C-17/10, Slg. noch nicht veröffentlicht, Rz. 48 – *Toshiba*; Schlussanträge der Generalanwältin *Kokott* v. 23.4.2009 – Rs. C-97/08 P, Slg. 2009, I-8237, Rz. 39 mit Verweis auf Fn. 27 – *Akzo Nobel/Kommission*; *Tiedemann*, in FS Jescheck, 1411 (1435); *Friedmann*, S. 242 m.w.N; *Ackermann*, ZWeR 2010, 329 (346); *Siohl*, S. 147f.; *Einhaus*, ELR 2009, 374 (380); *Dannecker/Fischer-Fritsch*, S. 278f. m.w.N; *Dannecker/Biermann*, in: Immenga/Mestmäcker, WettbR-EU, Band 1/Teil 2, Vor. Art. 23 VO 1/2003, Rn. 182 m.w.N; *Dannecker*, in: Schünemann/González, Bausteine des europäischen Wirtschaftsstrafrechts, 1994, 331 (341); *Dannecker/N.Müller*, in: Wabnitz/Janovsky, Handbuch Wirtschafts. u. Steuerstrafrecht, Kap. 18 Rn. 217; s. auch *Prieß/Spitzer*, in: van der Groeben/Schwarze, Kommentar zum EU-/EG-Vertrag, Art. 280 EG, Rn. 44; Schlussanträge der Generalanwältin *Kokott* v. 23.4.2009 – Rs. C-97/08 P, Slg. 2009, I-8237, Rz. 39 (und Fn. 27) – *Akzo Nobel/Kommission*; a.A. noch *Thomas*, S. 192; für das deutsche Recht s. *Achenbach*, WuW 2002, 1154 (1156f.).

1181 *Thomas*, S. 193; s. für die Anwendbarkeit des materiellen Schuldgrundsatzes auf juristische Personen im deutschen Recht auch BVerfG, Beschluss vom 25. Oktober 1966, 2 BvR 506/63, BVerfGE 20, 323.

Eine verschuldensunabhängige Kartellhaftung wäre folglich nicht nur aufgrund der eindeutigen Entscheidung des Unionsgesetzgebers gegen eine solche „Sippenhaft“[1182] *contra legem*, sondern auch, weil der EuGH seinen aus Art. 19 EUV folgenden Rechtsschutzauftrag im Rahmen der Rechtsfortbildung missachten würde. Der EuGH kann sich daher nicht einfach über das Schuldprinzip hinwegsetzen und eine verschuldensunabhängige Zustandshaftung etablieren. Letztlich würde sie nach hier vertretener Auffassung auch die Unverhältnismäßigkeit der Sanktion zur Folge haben.

I. Keine Strafe ohne Schuld *(nulla poena sine culpa)*

Eine Kernaussage des Schuldgrundsatzes ist, dass eine Strafe nur verhängt werden darf, wenn dem Täter der Rechtsbruch individuell vorgehalten werden kann.[1183] Strafe setzt also (persönliche) Schuld[1184] voraus – *nulla poena sine culpa* – und steht folgerichtig der Inanspruchnahme am Verstoß gänzlich Unbeteiligter entgegen.[1185] Als Bestandteil des Schuldprinzips als allgemeinem Rechtsgrundsatz wird auch das *nulla poena sine culpa* Prinzip auf Unionsebene als selbstverständlich vorausgesetzt.[1186] Da das (rechtsfähige) Unternehmen im Unionsrecht selbst schuldfähig ist,[1187] muss sich der Schuldvorwurf auch auf das verantwortliche Unternehmen und sein konkretes Verschulden beziehen.[1188] Eine Verschuldenszurechnung einer

---

1182 *Thomas*, KSzW 2011, 10 (12).

1183 *Frisch*, NStZ 2013, 249 (250); Schlussanträge des Generalanwalts *Colomer* v. 11.2.2003 – Rs. C-204/00 P, Slg. 2004, I-123, Rz. 63 – *Aalborg Portland/Kommission*; *Prieß/Spitzer*, in: van der Groeben/Schwarze, Kommentar zum EU-/EG-Vertrag, Art. 280 EG, Rn. 44; *Böse*, S. 149, 157; *Thomas*, S. 192.

1184 EuGH v. 8.7.1999 – Rs. C-49/92 P, Slg. 1999, I-4125, Rz. 78, 145 – *Kommission/Anic Partecipazioni*; *Mansdörfer/Timmerbeil*, WM 2004, 362 (367); *Thomas*, JZ 2011, 485 (494).

1185 Schlussanträge des Generalanwalts *Bot* v. 26.10.2010 – Rs. C-352/09 P, Slg. 2011, I-2359, Rz. 162 – *ThyssenKrupp/Kommission*; *Meyring*, WuW 2010, 157 (164f.); vgl. *Thomas*, in: FS Canenbley, 459 (464).

1186 Vgl. Schlussanträge der Generalanwältin *Kokott* v. 28.2.2013 – Rs. C-681/11, Slg. noch nicht veröffentlicht, Rz. 41 – *Schenker*; *Tiedemann*, NJW 1993, 23 (28f.); vgl. *Tiedemann*, in: FS Jesceck, 1411 (1435); anders noch EuGH v. 10.7.1990 – Rs. C-326/88, Slg. 1990, I-2911, 2930 (2936), Rz. 20 – *Hansen*; EuGH v. 27.2.1997 – Rs. C-177/95, Slg. 1997, I-1111, 1131 (1143), Rz. 36 – *Ebony Maritime und Loten Navigation.*

1187 *Dannecker/Fischer-Fritsch*, S. 289; *Dannecker/Biermann*, in: Immenga/Mestmäcker, WettbR-EU, Band 1/Teil 2, Vor. Art. 23 VO 1/2003, Rn. 183; *Dannecker*, in: Schünemann/González, Bausteine des europäischen Wirtschaftsstrafrechts, 1994, 331 (342); *Tiedemann*, NJW 1983, 23 (30); *Thomas*, S. 193.

1188 *Dannecker/Fischer-Fritsch*, S. 289; vgl. *Tiedemann*, in: FS Jescheck, 1411 (1420).

anderen (juristischen) Person reicht folglich nicht aus.[1189] Aufgrund des Schuldprinzips ist sie gar nicht möglich.[1190] Von Zurechnung zu sprechen, ist deshalb eigentlich ungenau,[1191] verbietet sich sogar.[1192] Es handelt sich bei konsequenter Anwendung ausschließlich um eine Haftung für eine eigene Schuld.[1193] Auch im Unternehmensverbund ist daher grundsätzlich jedes Unternehmen nur für sein eigenes Verhalten verantwortlich.[1194] Der EuGH spricht in diesem Zusammenhang von „persönlicher Verantwortlichkeit"[1195], die letztlich aber nichts anderes bedeutet, als das sich aus Schuldprinzip ableitende Erfordernis individueller Schuld[1196]. Diesem Gesichtspunkt wird die „Zurechnungslösung" des EuGH nicht gerecht, da sie eine Haftung für eine fremde Schuld begründet.[1197]

II. Wirtschaftliche Einheit als schuldiges Unternehmen

Unabdingbare Voraussetzung, Sanktionsadressat des Art. 23 Abs. 2 VO 1/2003 zu sein, ist also die persönliche Verantwortlichkeit für den begangenen Wettbewerbsverstoß.[1198] Es kann für einen Verstoß gegen die Artt. 101, 102 AEUV nur das Unternehmen in Anspruch genommen werden, das diesen Verstoß selbst begangen hat[1199], dem also ein eigener Verschuldensvorwurf – Tatbeitrag – im Hinblick auf

---

1189 *Dannecker/Fischer-Fritsch*, S. 289; *Thomas*, S. 193. *Rütsch*, S. 57f. *Pohlmann*, S. 363; s. auch *Kokott/Dittert*, WuW 2012, 670 (672).

1190 *Rütsch*, S. 56f.; *Pohlmann*, S. 363.

1191 *Mansdörfer/Timmerbeil*, EuZW 2011, 214 (216).

1192 *Bechtold/Bosch*, ZWeR 2011, 160 (167); *Steinle*, in: FS Bechtold, 541 (545); vgl. Schlussanträge des Generalanwalts *Colomer* v. 11.2.2003 – Rs. C-204/00 P, Slg. 2004, I-123, Rz. 65 – *Aalborg Portland/Kommission*, nach denen „nichts eine Unterdrückung des subjektiven Elements der Schuld" zulässt.

1193 Schlussanträge des Generalanwalts *Bot* v. 26.10.2010 – Rs. C-352/09 P, Slg. 2011, I-2359, Rz. 162 – *ThyssenKrupp/Kommission*; *Bechtold/Bosch*, ZWeR 2011, 160 (166); *Kokott/Dittert*, WuW 2012, 670 (672).

1194 *Pohlmann*, S. 373f.; *Kling*, WRP 2010, 506 (510).

1195 EuGH v. 11.12.2007 – Rs. C-280/06, Slg. 2007, I-10893, Rz. 39 – *ETI*; EuGH v. 10.9.2009 – Rs. C-97/08 P, Slg. 2009, I-8237, Rz. 56, 77 – *Akzo Nobel/Kommission*; EuGH v. 20.1.2011 – Rs. C-90/09 P, Slg. 2011, I-1, Rz. 36 – *General Química/Kommission*; EuGH v. 29.9.2011 – Rs. C-521/09 P, Slg. 2011, I-8947, Rz. 53 – *Elf Aquitaine/Kommission*; EuGH v. 19.7.2012 – Rs. C-628/10 P, Slg. noch nicht veröffentlicht, Rz. 42 – *Alliance One/Kommission.*

1196 Schlussanträge der Generalanwältin *Kokott* v. 23.4.2009 – Rs. C-97/08 P, Slg. 2009, I-8237, Rz. 39 – *Akzo Nobel/Kommission*; *Hackel*, S. 124; *Bosch*, ZWeR 2012, 368 (372); vgl. *van Vormizeele*, WuW 2010, 1008 (1013); *Kokott/Dittert*, WuW 2012, 670 (671) m.w.N.

1197 *Bodenstein*, NZKart 2015, 141 m.w.N.

1198 *Koppensteiner*, GPR 2010, 92 (93); s. auch *Prieß/Spitzer*, in: van der Groeben/Schwarze, Kommentar zum EU-/EG-Vertrag, Art. 280 EG, Rn. 45 m.w.N.

1199 *De Bronett*, EWS 2012, 113 (122); *van Vormizeele*, WuW 2010, 1008 (1013).

die Verletzung der Wettbewerbsnormen gemacht werden kann.[1200] Es muss folglich ein „bußgeldrechtlicher Verantwortungszusammenhang bestehen“[1201]. Verstößt ein Tochterunternehmen gegen das Wettbewerbsrecht, kann auch nur dieses für den Verstoß verantwortlich gemacht werden, es sei denn, der Konzernmutter kann ein eigener Verschuldensvorwurf gemacht werden.

Kommission und Unionsgerichte nehmen die Konzernmutter unabhängig davon in Anspruch, ob die Obergesellschaft an dem Verstoß ihrer Tochter beteiligt war, geschweige denn davon wusste. Täter ist in diesem Fall aber weder die Tochter noch die Mutter, sondern das Konstrukt der wirtschaftlichen Einheit. Es geht also streng genommen darum, eine persönliche Verantwortung dieser Einheit zu begründen.[1202] Da die wirtschaftliche Einheit aber weder schuldfähig und damit konsequenterweise auch nicht Adressat der Fundamentalgarantien ist, können die Unionsgerichte nicht mit der persönlichen Verantwortlichkeit der wirtschaftlichen Einheit argumentieren.[1203] Das hat nunmehr wohl auch der EuGH erkannt und ihn dazu verleitet, im Widerspruch zu seinen vorausgegangen Urteilen in der Rechtssache *Schindler* den Grundsatz der persönlichen Verantwortlichkeit als ungeeignet für die Bestimmung des Urhebers der Zuwiderhandlung zu deklarieren.[1204] Der Grundsatz sei nicht anwendbar, da er an die juristische Person anknüpfe und nicht an das Unternehmen.[1205] Da sich eine verschuldensunabhängige Haftung aus dem Wortlaut aber nicht ergibt, muss, sofern die Konzernmutter in Anspruch genommen werden soll – sei es für den Verstoß der Tochter oder den der wirtschaftlichen Einheit –, ihr ein eigener Schuldvorwurf gemacht werden können.[1206] Denn soweit die Sanktion an die Konzernmutter adressiert wird, ist sie, als Trägerin der Grundrechte aus GRCh und EMRK[1207], Adressatin der Schuldprinzips. Auf die vermeintliche Schuld der wirtschaftlichen

1200 *Bechtold/Bosch*, ZWeR 2011, 160 (166); *Pohlmann*, S. 366; *Kling*, ZWeR 2011, 169 (178); *Rütsch*, S. 56; *Tiedemann*, in: FS Jescheck, 1411 (1420).

1201 *Kling*, ZWeR 2011, 169 (178) mit Verweis auf *Zimmer/Paul*, WuW 2007, 970 (974), die von einer „bußgeldrechtlichen Verantwortungszurechnung“ sprechen.

1202 *Kersting*, WuW 2014, 1156 (1159); *De Bronett*, EWS 2012, 113 (122), der zu Recht bezweifelt, dass dies überhaupt möglich ist; vgl. *Ackermann*, ZWeR 2010, 329 (346).

1203 Vgl. *Thomas*, JoECLaP 2011, 1 (5f.), *de Bronett*, EWS 2012, 113 (122); a.A. *Kersting*, WuW 2014, 1156 (1159), der in der Unionspraxis insgesamt keinen Verstoß gegen rechtsstaatliche Grundsätze, insbesondere den Schuldgrundsatz und die Unschuldsvermutung, sieht.

1204 EuGH v. 18.7.2013 – Rs. C-501/11 P, Slg. noch nicht veröffentlicht, Rz. 101 – *Schindler/Kommission*.

1205 EuGH v. 18.7.2013 – Rs. C-501/11 P, Slg. noch nicht veröffentlicht, Rz. 102 – *Schindler/Kommission*.

1206 *De Bronett*, EWS 2012, 113 (122); s. auch *Steinle*, in: FS Bechtold, 541 (545); a.A. *Ackermann*, ZWeR 2010, 329 (346f.).

1207 *Thomas*, JZ 2011, 485 (494).

Einheit kommt es deshalb nicht an. Die Frage der Haftung kann folglich nicht über den wirtschaftlichen Unternehmensbegriff gelöst werden.[1208]

III. Individueller Schuldvorwurf der Konzernmutter

Der Sanktionsadressat muss gemäß Art. 23 Abs. 2 VO 1/2003 einen Verstoß gegen die Artt. 101, 102 AEUV verschuldet haben. Es können folglich nur Handlungen, die den Tatbestand dieser Normen erfüllen, einen Schuldvorwurf im Sinne der Norm begründen.[1209] Kommission und Unionsgerichte gehen diesbezüglich von einem normativen Schuldbegriff aus, der insbesondere an die Verantwortung anknüpft.[1210] Dagegen bestehen grundsätzlich keine Bedenken, solange für die Frage der Schuld an ein Tun oder Unterlassen des Täters angeknüpft wird, also ein eigener Tatbeitrag vorliegt. Insbesondere der EuGH überdehnt dieses Schuldverständnis aber in bedenklicher Art und Weise. Die Muttergesellschaft haftet auch „ohne dass deren persönliche Beteiligung an der Zuwiderhandlung nachzuweisen wäre“[1211]. Selbst wenn die Muttergesellschaft keine Kenntnis von dem wettbewerbswidrigen Verhalten hatte, soll sie haften.[1212] Es stellt sich zwangsläufig die Frage, worin das Gericht dann die Schuld der Konzernmutter erkennt, wenn nicht in einem eigenen Beitrag zum Wettbewerbsverstoß.

1. 100%ige Anteilsinhaberschaft als kartellrechtswidriges Verhalten

Voraussetzung der Haftung ist seit dem *Akzo Nobel*-Urteil, dass die Mutter- und ihre Tochtergesellschaft eine wirtschaftliche Einheit und damit ein einziges Unternehmen bilden.[1213] In einem solchen Fall kann die Sanktion auch ohne die persönliche Beteiligung der Muttergesellschaft gegen sie verhängt werden. Die wirtschaftliche

---

1208 *Bechtold/Bosch/Brinker*, EU-Kartellrecht, Art. 101 AEUV, Rn. 39 a.E.; *Pohlmann*, S. 42f.

1209 *Pohlmann*, S. 354f., 366; *Thomas*, JZ 2011, 485 (493), vgl. *Thomas*, KSzW 2011, 10 (12), *Tiedemann*, in: FS Jescheck, 1411 (1420).

1210 *Dannecker*, in: Schünemann/González, Bausteine des europäischen Wirtschaftsstrafrechts, 1994, 331 (342); *Dannecker/Biermann*, in: Immenga/Mestmäcker, WettbR-EU, Band 1/Teil 2, Vor. Art. 23 VO 1/2003, Rn. 185; *Dannecker/Fischer-Fritsch*, S. 287.

1211 EuGH v. 10.9.2009 – Rs. C-97/08 P, Slg. 2009, I-8237, Rz. 59 – *Akzo Nobel/Kommission*; EuGH v. 20.1.2011 – Rs. C-90/09 P, Slg. 2011, I-1, Rz. 38 – *General Química/Kommission*; EuGH v. 29.9.2011 – Rs. C-521/09 P, Slg. 2011, I-8947, Rz. 55, 88 – *Elf Aquitaine/Kommission*; EuGH v. 19.7.2012 – Rs. C-628/10 P, Slg. noch nicht veröffentlicht, Rz. 44 – *Alliance One/Kommission.*

1212 So explizit EuG v. 23.1.2014 – Rs. T-384/09, Slg. noch nicht veröffentlicht, Rz. 81 – *SKW/Kommission.*

1213 EuGH v. 10.9.2009 – Rs. C-97/08 P, Slg. 2009, I-8237, Rz. 59 – *Akzo Nobel/Kommission*; EuGH v. 20.1.2011 – Rs. C-90/09 P, Slg. 2011, I-1, Rz. 38, 102 – *General Química/Kommission*; EuGH v. 29.9.2011 – Rs. C-521/09 P, Slg. 2011, I-8947, Rz. 55,

Einheit ist folglich Voraussetzung der Haftung.[1214] Eine wirtschaftliche Einheit wird aber hier nur deshalb angenommen, weil die Konzernmutter (nahezu) 100% an ihrer Tochter hält. An diesem Punkt wird nun vereinzelt angeführt, dass deshalb ein Verstoß gegen den Schuldgrundsatz nicht vorläge. Denn es würde keine Schuld der Muttergesellschaft an dem Kartellrechtsverstoß vermutet, sondern lediglich ihre Zugehörigkeit zur wirtschaftlichen Einheit als dem sich wettbewerbswidrig verhaltenden Unternehmen.[1215] Das ist insoweit konsequent, als dass die Unionsgerichte die wirtschaftliche Einheit als Täterin ansehen. Unabhängig davon, dass „in Wirklichkeit" die Tochtergesellschaft gehandelt hat, sehen die Unionsgerichte und die Kommission aufgrund der Unternehmensstruktur von Tochter und Mutter deren wirtschaftliche Einheit als *handelnde* Täterin an, die auch bebußt werden soll.

Die Ansicht lässt aber unberücksichtigt, dass dann zwar nicht der Mutter ein Schuldvorwurf gemacht wird, wohl aber der wirtschaftlichen Einheit, deren Schuldfähigkeit zumindest fraglich ist. Strafe setzt Schuld voraus und Schuld notwendigerweise Schuldfähigkeit. Schuldfähigkeit setzt wiederum richtigerweise zumindest Rechtsfähigkeit voraus.[1216] Da auch Art. 23 VO 1/2003 nicht von einer schuldunabhängigen Sanktionierung ausgeht, wäre es folglich erforderlich, der schuldunfähigen wirtschaftlichen Einheit entweder eine fremde Schuld zuzurechnen oder eine eigene Schuld zu begründen. Sähe man darüber hinweg, dass es bereits äußerst widersprüchlich, wenn nicht gar unmöglich, erscheint, die eigene Schuld einer schuldunfähigen Rechtsfigur zu begründen, wäre es hier naheliegend, auf den Kartellrechtsverstoß der Tochter abzustellen, die aufgrund der Unternehmensstruktur die wirtschaftliche Einheit ist, so dass ein selbst verschuldeter Verstoß dieser gegeben wäre. Eine Zurechnung fremder Schuld würde jedenfalls von vornherein ausscheiden.[1217] Ein Konflikt mit dem Schuldgrundsatz wäre so in der Tat nicht gegeben.

---

88 – *Elf Aquitaine/Kommission*; EuGH v. 19.7.2012 – Rs. C-628/10 P, Slg. noch nicht veröffentlicht, Rz. 44 – *Alliance One/Kommission.*

1214 *Thomas*, KSzW 2011 10 (12).

1215 *Kersting*, WuW 2014, 1156 (1163); *Kellerbauer*, WuW 2014, 1173 (1180).

1216 Das folgt *e contrario* schon aus der zur Grundrechtsträgerschaft ergangenen Rechtsprechung des EuGH, die eine solche für juristische Personen anerkennt, und sich wiederum bereits im Rahmen der Selbstbelastungsfreiheit schwer tut, diese uneingeschränkt auf juristische Personen anzuwenden, s. dazu schon Fn. 1361 sowie aus den Schlussanträgen der Generalanwältin *Kokott* v. 23.4.2009 – Rs. C-97/08 P, Slg. 2009, I-8237, Rz. 39 m.w.N. – *Akzo Nobel/Kommission*, wonach „persönliche Verantwortlichkeit bedeutet, dass ein Kartellvergehen grundsätzlich derjenigen natürlichen oder juristischen Person zuzurechnen ist". Die Kommission geht somit offensichtlich ebenfalls davon aus, dass Schuld Rechtsfähigkeit voraussetzt. Eben daran fehlt es der Rechtfigur der wirtschaftlichen Einheit bekanntlich. A. A. *Hengst,* die die Frage aufwirft, ob das Schuldsubjekt Rechtspersönlichkeit besitzen muss und dies i.E. ohne weitere Begründung verneint, *Hengst*, in: Langen/Bunte, Kartellrecht, Band 2, Art. 101 Rn. 40.

1217 *Kellerbauer*, WuW 2014, 1173 (1179).

Eine solche Sichtweise ist wie dargestellt nicht nur schwer zu begründen, sondern löst den Konflikt auch nur auf den ersten Blick. Denn zum einen würde die Rechtsfigur der wirtschaftlichen Einheit so zumindest mittelbar die Haftung der Muttergesellschaft begründen, was im Hinblick auf den Schuldgrundsatz ebenfalls bedenklich erscheint. Schließlich käme dies einer unzulässigen Zurechnung von Schuld gefährlich nahe. *De facto* wird hier nämlich die wirtschaftliche Einheit in Gestalt der Konzernmutter sanktioniert.[1218] Zum anderen ändert sich an dem eigentlichen Problem, dass die Konzernmutter, zumindest im Rahmen der Vollstreckung des Bußgeldes, für einen Kartellrechtsverstoß der wirtschaftlichen Einheit verantwortlich gemacht wird, ohne dass ihr ein eigener Schuldvorwurf gemacht wird, da sie den Verstoß nicht begangen hat bzw. von ihm keine Kenntnis hatte, nichts. Ein eigener Schuldvorwurf ist gerade erforderlich, um den Konflikt mit dem Schuldgrundsatz aufzulösen.[1219] Das Argument, die wirtschaftliche Einheit werde bebußt und die Muttergesellschaft hafte nur, überzeugt insbesondere vor dem Hintergrund des Strafcharakters der Kartellsanktionen nicht.[1220] Darüber hinaus schuldet auch derjenige, der haftet.

Im Ergebnis verbleibt es daher aber dabei, dass die Verantwortlichkeit der Obergesellschaft alleine auf ihrer Anteilsinhaberschaft und nicht aufgrund einer eigenen Schuld beruht und beruhen kann.[1221] Das belegt schon Folgendes: Besäße die Muttergesellschaft lediglich 49% der Anteile, müssten weitere Umstände hinzutreten, um eine Verantwortlichkeit zu begründen. Noch deutlicher bringt es die Generalanwältin *Kokott* auf den Punkt: „Persönliche Verantwortlichkeit [also Schuld] bedeutet, dass ein Kartellvergehen grundsätzlich derjenigen natürlichen oder juristischen Person zuzurechnen ist, die das an dem Kartell beteiligte Unternehmen betreibt".[1222] Es wird also nicht an die Zuwiderhandlung gegen das Wettbewerbsrecht angeknüpft, sondern an das „Betreiben" des Unternehmens. Nach Auffassung der Unionsorgane hängt dies wiederum vom jeweiligen Anteilsbesitz bzw., wenn dieser nicht nahezu 100% beträgt, von weiteren „X"-Faktoren ab. Die Ermittlung des Bußgeldadressaten stellt sich folglich nicht als die Suche nach dem für das wettbewerbswidrige Verhalten verantwortlichen Unternehmen dar, sondern als das

---

1218 So auch *Hengst*, in: Langen/Bunte, Kartellrecht, Band 2, Art. 101 Rn. 36, die dennoch für die Zulässigkeit dieser Vorgehensweise plädiert.

1219 Zustimmend wohl auch *Kellerbauer*, WuW 2014, 1173 (1174), der dafür plädiert, dass auch im Fall der gemeinschaftlichen Haftung immer geprüft werden muss, ob tatsächlich nur die Gesellschaften haften, die für den Verstoß auch Verantwortung tragen. A. A. *Kersting*, WuW 2014, 1156 (1163), der eine Verletzung der Unschuldsvermutung ablehnt, da „gegen die Mutter gerade kein Schuldvorwurf erhoben wird".

1220 A. A. *Kersting*, WuW 2014, 1156 (1159).

1221 *Tiedemann*, in: FS Jescheck, 1411 (1421).

1222 Schlussanträge der Generalanwältin *Kokott* v. 23.4.2009 – Rs. C-97/08 P, Slg. 2009, I-8237, Rz. 39 m.w.N. – *Akzo Nobel/Kommission*.

Herausfiltern der Obergesellschaft in der Konzernhierarchie[1223]. Der Konzernmutter wird hier letztlich die Konzernstruktur vorgeworfen[1224] und nicht ein Verstoß gegen das Wettbewerbsrecht. Denn, wie *Kokott* selbst feststellt, „gibt die 100%-Vermutung lediglich Auskunft zu der Frage, aus welchen Bestandteilen sich das Unternehmen zusammensetzt"[1225]. Die Konzernmutter wird bestraft, weil sie zur wirtschaftlichen Einheit gehört, die nach der Unionspraxis gegen das Wettbewerbsrecht verstoßen hat.[1226] Definiert man Verantwortlichkeit aber ausschließlich über die Höhe der prozentualen Anteilsinhaberschaft, stellt sich die Frage, ob hierin ein Verschulden im Hinblick auf die Tatbestandsverwirklichung der Artt. 101, 102 AEUV gesehen werden kann. Oder anders gefragt: Ist die Konzernmutter schon deshalb für den Wettbewerbsverstoß persönlich verantwortlich, weil sie zu (nahezu) 100% an der Tochtergesellschaft beteiligt ist?

Die Antwort lautet: nein. Die Bußgeldpraxis reicht folglich nicht aus, um ein Verschulden im Sinne des Art. 23 Abs. 2 VO 1/2003 zu begründen. Denn Voraussetzung für eine Haftung nach Art. 23 Abs. 2 VO 1/2003 ist die Anknüpfung an ein wettbewerbswidriges Verhalten[1227], das der jeweilige Adressat verschuldet hat. Das ergibt sich neben der klaren Bezugnahme auf die Artt. 101, 102 AEUV auch daraus, dass sich der Vorsatz auf alle objektiven Tatbestandsmerkmale dieser Normen beziehen muss.[1228] Die Norm setzt das Verschulden in einen unmittelbaren Zusammenhang damit, dass der Tatbestand der Wettbewerbsnormen, Artt. 101, 102 AEUV, erfüllt ist. Der Schuldvorwurf setzt folglich an der Begehung eines Wettbewerbsverstoßes an.[1229] Weder die Zugehörigkeit zu einem Unternehmensverbund[1230] noch das bloße Halten einer bestimmten Beteiligungsquote bzw. die Struktur des Unternehmensverbunds erfüllt jedoch einen dieser Tatbestände, so dass sie auch nicht tauglicher Ansatzpunkt für einen individuellen Schuldvorwurf sind.[1231] Der geforderte „bußgeldrechtliche Verantwortungszusammenhang" besteht gerade nicht. Die bloße Eigenschaft, ein Rechtsträger des Unternehmens zu sein, das gegen das Wettbewerbsrechts verstößt, reicht nicht, um einen qualifizierten Schuldvorwurf zu

---

1223 Schlussanträge der Generalanwältin *Kokott* v. 23.4.2009 – Rs. C-97/08 P, Slg. 2009, I-8237, Rz. 39 – *Akzo Nobel/Kommission*; *Hackel*, S. 125.

1224 *Thomas*, KSzW 2011, 10 (12).

1225 Schlussanträge der Generalanwältin *Kokott* v. 18.4.2013 – Rs. C-501/11 P, Slg. noch nicht veröffentlicht, Rz. 118 – *Schindler/Kommission.*

1226 Vgl. EuG v. 23.1.2014 – Rs. T-384/09, Slg. noch nicht veröffentlicht, Rz. 82 – *SKW/Kommission.*

1227 *Pohlmann*, S. 354f.; *Thomas*, JZ 2011, 485 (493).

1228 *Dannecker/Biermann*, in: Immenga/Mestmäcker, WettbR-EU, Band 1/Teil 2, Vor. Art. 23 VO 1/2003, Rn. 189.

1229 *Thomas*, JZ 2011, 485 (493); *Thomas*, KSzW 2011, 10 (12).

1230 *Steinle*, EWS 2004, 118 (122).

1231 *Thomas*, KSzW 2011, 10 (12); *Kling*, WRP 2010, 506 (518).

begründen. Das Rechtsinstitut der wirtschaftlichen Einheit enthält gerade keine bußgeldrelevanten Wertungen, die eine Sanktion begründen könnten.[1232]

Es bedarf folglich einer persönlichen Tatbestandsverwirklichung, wenn man dem Wortlaut des Art. 23 Abs. 2 VO 1/2003 folgend nur eine verschuldens*ab*hängige Haftung für zulässig erachtet.

2. *Stellungnahme*

Soweit sich die Inanspruchnahme der Konzernobergesellschaft allein darauf stützt, dass Mutter und Tochter im Falle einer 100%igen Anteilsbeteiligung eine wirtschaftliche Einheit im Sinne eines Unternehmens bilden, reicht dies für einen individuellen Schuldvorwurf nicht aus.[1233] Dass eine wirtschaftliche Einheit vorliegt, begründet für sich genommen kein wettbewerbswidriges Verhalten und taugt daher nicht als Anknüpfungspunkt der Schuld. Das ergibt sich auch aus den zum Trennungsgrundsatz gefundenen Ergebnissen. Dort wurde festgestellt, dass in den untersuchten Industriestaaten die bloße Möglichkeit von Kontrolle aufgrund einer bestimmten Beteiligungsquote nicht ausreicht, um den Missbrauchseinwand zur Durchbrechung der konzernrechtlichen Trennung zu begründen. Dies lässt sich auf den Grundsatz der persönlichen Verantwortlichkeit übertragen. Kann in dem bloßen Halten von Anteilen kein Missbrauch gesehen werden, ist es fernliegend, wenn nicht gar abwegig, hier ein Verschulden zu erkennen. Dann kann die Anteilsinhaberschaft aber auch kein wettbewerbswidriges Verhalten darstellen und folglich nicht dazu geeignet sein, einen entsprechenden Schuldvorwurf zu begründen. Sie verlangt gerade keinen Zusammenhang zwischen Schuld und Tatbestandserfüllung.[1234]

Die Praxis stellt sich folglich als eine verschuldens*un*abhängige Haftung *contra legem* dar und verstößt daher gegen den Grundsatz der persönlichen Verantwortlichkeit.[1235] Nicht der Schuldgrundsatz muss folglich mit dem Unternehmensbegriff in Einklang gebracht werden[1236], sondern der Unternehmensbegriff mit dem rechtsstaatlichen Grundsatz der persönlichen Verantwortlichkeit.[1237] Schließlich setzen die objektivierbaren Grundsätze des Rechtsstaats der Rechtsfortbildung Grenzen und

---

1232 *Zimmer/Paul*, WuW 2007, 970 (972).

1233 So auch *Karst*, WuW 2012, 150 (154).

1234 *Thomas*, JZ 2011, 485 (493).

1235 *Van Vormizeele*, WuW 2010, 1008 (1013f.); *van Vormizeele*, NZKart 2013, 386 (392); *Bosch*, ZWeR 2012, 368 (373f.); *Zimmer/Paul*, WuW 2007, 907 (971f.); *de Bronett*, EWS 2012, 113 (122f.); *Thomas*, KSzW 2011, 10 (12); *Thomas*, JoECLaP 2011, 1 (11); *Thomas*, in: FS Canenbley, 459 (464). Vgl. *Bechtold/Bosch*, ZWeR 2011, 160 (166f.; 168); *Bodenstein*, NZKart 2015, 141 m.w.N. A. A. *Ackermann*, ZWeR 2010, 329 (347).

1236 So aber das EuG v. 13.7.2011 – Rs. T-144/07, Slg. 2011, Slg. II-5129, Rz. 107 – *ThyssenKrupp Liften Ascenseurs/Kommission.*

1237 *Thomas*, JoECLaP 2011, 1 (6).

nicht umgekehrt. Der Aspekt einer effektiven Kartellrechtsdurchsetzung kann dabei nicht als Rechtfertigungsgrund für eine Beschränkung dieser Grundsätze dienen.[1238]

3. *Ausüben* eines *bestimmenden Einflusses*

Der EuGH ist dem in seiner *Akzo Nobel*-Entscheidung entgegengetreten und hat das Vorliegen einer verschuldensunabhängigen Haftung verneint. „Denn selbst wenn die Muttergesellschaft nicht unmittelbar an der Zuwiderhandlung beteiligt war, übt sie in einem solchen Fall *einen* bestimmenden Einfluss auf die Tochtergesellschaften aus, die daran beteiligt waren."[1239]

a) *Ausüben* irgendeines *Einflusses*

Die Ausführungen könnten zunächst so verstanden werden, dass *irgendein* Einfluss ausreicht, um die Haftung der Konzernmutter zu begründen.[1240] In der Tat verlangt die Kommission für die Annahme eines solchen Einflusses noch nicht einmal eine Einwirkung auf das Tagesgeschäft oder personelle Überschneidungen in Aufsichts- oder Leitungsgremien. Der Rechtsprechung genügt immerhin eine allgemeine Einflussnahme auf die Geschäftsstrategie des Unternehmens.[1241]

Ein solches Verständnis genügt, wie oben dargestellt, nicht, um einen Wettbewerbsverstoß zu begründen. Es fehlt an der erforderlichen Beeinflussung im Hinblick auf die kartellrechtliche Zuwiderhandlung.[1242] Die kartellrechtsneutrale Ausübung ihres beherrschenden Einflusses stellt vielmehr nur das schützenswerte Interesse der Konzernmutter dar, von ihrem Einfluss auch Gebrauch zu machen,[1243] und ist daher *nur* Ausdruck der fehlenden Autonomie der Tochtergesellschaft. Sie darf daher nicht zu einer Inanspruchnahme der Konzernmutter für einen durch ihre Tochter begangenen Verstoß führen.[1244]

b) *Ausüben eines wettbewerbsrelevanten bestimmenden Einflusses*

Nutzt die Konzernmutter ihre Macht, um bspw. die Vorstände der Tochtergesellschaft anzuleiten, einen Kartellrechtsverstoß zu begehen, stünde das Verhalten indessen in unmittelbarem Zusammenhang mit einem wettbewerbswidrigen Verhalten. Sie würde ihren Einfluss dann *konkret* hinsichtlich der Zuwiderhandlung ausüben. In diesem Fall wäre ihr ein eigener Schuldvorwurf zu machen, denn es

---

1238 *Dannecker*, NZKart 2015, 25 (30).

1239 EuGH v. 10.9.2009 – Rs. C-97/08 P, Slg. 2009, I-8237, Rz. 77 – *Akzo Nobel/Kommission* (Hervorhebungen vom Verfasser).

1240 *De Bronett*, EWS 2012, 113 (122); *Thomas*, KSzW 2011, 10 (12f.).

1241 *Zandler*, NZKart 2016, 98 (100) m.N.

1242 *De Bronett*, EWS 2012, 113 (122); *Thomas*, KSzW 2011, 10 (12); *Kling*, WRP 2010, 506 (510); *Zandler*, NZKart 2016, 98 (101).

1243 Vgl. *van Vormizeele*, WuW 2010, 1008 (1014).

1244 *Kling*, ZWeR 2011, 169 (178); *Kling*, WRP 2010, 506 (510f.).

läge ein eigener wettbewerbsäquivalenter Tatbeitrag vor,[1245] an den man die Schuld knüpfen könnte. Soweit dadurch der Schuldgrundsatz gewahrt würde, könnte man angesichts des oben Gesagten zu einer Zulässigkeit der Inanspruchnahme der Konzernmutter gelangen. Es würde ihr zwar das tatbestandsmäßige Verhalten ihrer Tochter zugerechnet, nicht aber ihre Schuld, sondern diesbezüglich darauf abgestellt, dass sie ihre beherrschende Stellung missbräuchlich ausnutzt.

c) Rs. T-384/09 – SKW/Kommission

Das EuG geht neuerdings noch einen Schritt weiter als der EuGH. Es bestätigt den Vorwurf der Strukturhaftung, in dem es explizit sagt, dass der sanktionierten Muttergesellschaft nicht „vorgeworfen würde, ihren Einfluss ausgeübt zu haben, um ihre Tochtergesellschaft zu einer Beteiligung an der Zuwiderhandlung anzustiften [...] ihr wird [...] dafür eine Sanktion auferlegt, dass sie zu einem Unternehmen [nämlich der wirtschaftlichen Einheit] gehörte, das gegen die Wettbewerbsregeln verstoßen hat".[1246]

4. Ergebnis

Die Unionsgerichte scheinen sich ihrer Sache sicher zu sein. Die Rechtsprechung des EuG lässt klar die Tendenz erkennen, dass die Gerichte die bloße Zugehörigkeit der Muttergesellschaft zur wirtschaftlichen Einheit als verschuldeten Wettbewerbsverstoß ansehen. Während die bisherige Annahme, die Muttergesellschaft übe nur *irgendeinen* Einfluss auf ihre Tochter aus, bereits zu einer unzulässigen, mit dem Schuldgrundsatz nicht zu vereinbarenden, verschuldensunabhängigen Haftung führen würde, gilt dies erst recht für den nun vom EuG eingeschlagenen Weg. Es bleibt abzuwarten, ob der EuGH sich diesem anschließt, oder die Gunst der Stunde nutzt. Etwas Anderes könnte im Hinblick auf die Unionspraxis nämlich für den Fall gelten, dass die Konzernmutter einen *konkreten* wettbewerbsrelevanten Einfluss ausgeübt hat. Voraussetzung wäre aber in Abgrenzung zur legitimen Ausübung des Einflusses, dass sie ihre Macht auch tatsächlich dazu benutzt hat, die von ihr beherrschten Unternehmen wettbewerbswidrig zu instruieren. Dass die Konzernobergesellschaft einen *solchen* Einfluss ausgeübt hat, vermuten die Unionsorgane vermeintlich widerlegbar bisweilen, wenn sie (nahezu) 100% an ihrer Tochter hält. Unabhängig von der Frage, ob eine solche Unterstellung der wirtschaftlichen Realität in globalen Unternehmen entspricht[1247], gerät eine solche Interpretation/Praxis

---

1245 *Kling*, ZWeR 2011, 169 (178); vgl. *van Vormizeele*, WuW 2010, 1008 (1018f.).

1246 EuG v. 23.1.2014 – Rs. T-384/09, Slg. noch nicht veröffentlicht, Rz. 81f. – *SKW/Kommission.*

1247 Dies stellt *de Bronett*, EWS 2012, 113 (123) zu Recht in Frage. Vgl. auch *Koppensteiner*, GPR 2010, 92, *van Vormizeele*, WuW 2010, 1008 (1014).

in Konflikt mit der Unschuldsvermutung (*in dubio pro reo*).[1248] Denn entgegen der Rechtsprechung des EuGH erscheint es fragwürdig, „[...] dass die Verantwortlichkeit der Muttergesellschaft nicht bereits aufgrund einer Vermutung festgestellt werden kann, die aus der Kapitalbeteiligung abgeleitet wird. Zwar genügt eine 100%ige Kapitalbeteiligung als Nachweis für eine konzernrechtliche Verbindung, doch [...] kann sie für sich genommen nicht die Vermutung begründen, dass eine Weisungsbefugnis tatsächlich ausgeübt und insofern eine Zuwiderhandlung in Absprache begangen wurde“[1249].

IV. Unschuldsvermutung

Die Unionsgerichte haben die Anwendbarkeit der Unschuldsvermutung als Unionsgrundrecht für das Kartellrecht explizit angenommen.[1250] Heute ist sie als allgemeiner Rechtsgrundsatz anerkannt und ergibt sich darüber hinaus aufgrund der verbindlichen Inkorporation der Grundrechtecharta auch aus Art. 48 Abs. 1 GRCh sowie Art. 6 Abs. 2 EMRK.[1251] Ihre Anwendung ist daher unumstritten.[1252] Alles andere wäre im Hinblick auf den ebenfalls als allgemeinen Rechtsgrundsatz anerkannten Schuldgrundsatz auch paradox. Hinsichtlich der Pflicht, die Unschuldsvermutung

---

1248 *Van Vormizeele*, WuW 2010, 1008 (1013); Schlussanträge des Generalanwalts *Bot* v. 26.10.2010 – Rs. C-201/09, Slg. 2011, I-2239, Rz. 205 – *ArcelorMittal Luxembourg/Kommission*; auch *Ackermann*, ZWeR 2010, 329 (347) tendiert dazu, obwohl er die Rechtsfigur der wirtschaftlichen Einheit noch mit dem Schuldgrundsatz für vereinbar hält.

1249 Schlussanträge des Generalanwalts *Bot* v. 26.10.2010 – Rs. C-201/09, Slg. 2011, I-2239, Rz. 204 – *ArcelorMittal Luxembourg/Kommission.*

1250 EuGH v. 8.7.1999 – Rs. C-199/92 P, Slg. 1999, I-4287, Rz. 149f. – *Hüls/Kommission*; EuGH v. 8.7.1999 – Rs. C-235/92 P, Slg. 1999, I-4539, Rz. 175f. – *Montecatini/Kommission*; EuG v. 12.4.2013 – Rs. T-410/08, Slg. noch nicht veröffentlicht, Rz. 70 – *GEMA/Kommission*; EuGH v. 18.7.2013 – Rs. C-501/11 P, Slg. noch nicht veröffentlicht, Rz. 108 – *Schindler/Kommission*; *van Bael*, Due Process in EU Competition Proceedings, Ch. 4, S. 101; *Blanke*, in: Caliess/Ruffert, EUV/AEUV, Art. 48 GRCh, Rn. 3; *Weiß*, EuZW 2006, 263; *Dannecker/Biermann*, in: Immenga/Mestmäcker, WettbR-EU, Band 1/Teil 2, Vor Art. 23 VO 1/2003, Rn. 62 jeweils m.w.N.

1251 *Nowak*, in: Loewenheim/Meessen/Riesenkampff/Kersting/Meyer-Lindemann, Kartellrecht, Art. 20 VerfVO, Rn. 43; *Blanke*, in: Calliess/Ruffert, EUV/AEUV, Art. 48 GRCh, Rn. 2; *Thomas*, JoECLaP, 1 (8); *van Vormizeele*, in: Schwarze, EU-Kommentar, Art. 48 GRCh, Rn. 2; *Dannecker*, in: FS Immenga, 61 (65); *Gehring/Kasten/Mäger*, CCZ 2013, 1 (4); Schlussanträge der Generalanwältin *Kokott* v. 19.2.2009 – Rs. C-8/08, Slg. 2009, I-4529, Rz. 92 – *T-Mobile Netherlands*; Grünbuch der Europäischen Kommission v. 26.4.2006, KOM(2006) 174 endg., S. 2; EuGH v. 8.7.1999 – Rs. C-199/92 P, Slg. 1999, I-4287, Rz. 149 – *Hüls/Kommission*; EuGH v. 8.7.1999 – Rs. C-235/92 P, Slg. 1999, I-4539, Rz. 175 – *Montecatini/Kommission*; EuGH v. 16.7.2009 – Rs. C-344/08, Slg. 2009, I-7033, Rz. 30 – *Rubach*; EuGH v. 18.7.2013 – Rs. C-501/11 P, Slg. noch nicht veröffentlicht, Rz. 108 – *Schindler/Kommission.*

1252 *Schwarze*, EuR 2009, 171 (190).

auch im Rahmen der Rechtsfortbildung zu wahren[1253], gilt daher dasselbe wie im Rahmen des Schuldgrundsatzes.

Die Unionsgerichte und deren Stellvertreter machen es sich leicht, einen Verstoß hiergegen abzulehnen. Denjenigen, die sich auf eine Verletzung der Unschuldsvermutung bislang berufen haben, warf bspw. Generalanwältin *Kokott* vor, sie würden den Inhalt der 100%-Vermutung falsch verstehen.[1254] Denn die Beteiligung der Obergesellschaft an dem Kartellrechtsverstoß werde nicht vermutet, sondern nur, dass Mutter und Tochter als Standbeine der wirtschaftlichen Einheit unter einer Decke steckten.[1255] Es ginge daher nicht um die Feststellung eines verschuldeten Verstoßes, sondern alleine um die Identifizierung des Rechtsträgers, so dass es sich nur um eine Regelung für die Beweis*würdigung* handele und weder um eine Schuldvermutung noch um eine solche der Beweislast und erst recht nicht um eine Beweislastumkehr.[1256] Diese Argumentation vermag in keinem Punkt zu überzeugen.

1. Grundsatz

Wortwörtlich heißt es in Art. 6 Abs. 2 EMRK: „Jede Person, die einer Straftat angeklagt ist, gilt bis zum gesetzlichen Beweis ihrer Schuld als unschuldig", und in Art. 48 Abs. 1 GRCh fast identisch, dass „jeder Angeklagte [...] bis zum rechtsförmlich erbrachten Beweis seiner Schuld als unschuldig" gilt. Die Unschuldsvermutung führt indessen nicht dazu, dass die Nichtschuld des mutmaßlichen Täters vermutet wird.[1257] Sie führt lediglich dazu, dass der Beschuldigte bis zum rechtsförmlich erbrachten Beweis seiner Schuld nicht als Schuldiger bezeichnet oder behandelt werden darf.[1258] Verboten ist „jede ausdrückliche Feststellung und selbst jede Anspielung auf die Verantwortlichkeit einer eines bestimmten Verstoßes beschuldigten

---

1253 S. dazu EuG v. 12.10.2007 – Rs. T-474/04, Slg. 2007, II-4225, Rz. 75 m.w.N. – *Pergan Hilfsstoffe für industrielle Prozesse/Kommission.*

1254 Schlussanträge der Generalanwältin *Kokott* v. 18.4.2013 – Rs. C-501/11 P, Slg. noch nicht veröffentlicht, Rz. 118 – *Schindler/Kommission.*

1255 *Kokott/Dittert*, WuW 2012, 670 (675).

1256 *Kokott/Dittert*, WuW 2012, 670 (675); s. auch Schlussanträge der Generalanwältin *Kokott* v. 18.4.2013 – Rs. C-501/11 P, Slg. noch nicht veröffentlicht, Rz. 118 – *Schindler/Kommission.* So argumentierte zuvor bereits der EuGH v. 19.7.2012 – verb. Rs. C-628/12, Slg. noch nicht veröffentlicht, Rz. 170 – *Alliance One International/ Kommission.*

1257 *Van Vormizeele*, in: Schwarze, EU-Kommentar, Art. 48 GRCh, Rn. 2.

1258 EuGH v. 16.7.2009 – Rs. C-344/08, Slg. 2009, I-7033, Rz. 31 – *Rubach*; *Blanke*, in: Calliess/Ruffert, EUV/AEUV, Art. 48 GRCh, Rn. 4; *Eser*, in: Meyer, EU-GRCh Kommentar, Art. 48, Rn. 5.

Person“[1259]. Denn die Unschuldsvermutung verlangt, dass die Unionsgerichte dem Beschuldigten die ihm zur Last gelegte Tat nicht von vornherein unterstellen.[1260]

2. Beweislastverteilung im Kartellbußgeldverfahren

Bereits aus der Unschuldsvermutung lässt sich entnehmen, dass es Aufgabe der anklagenden Behörde ist, die Schuld des Täters nachzuweisen[1261] und sie diese Aufgabe grundsätzlich nicht auf diesen abwälzen darf.[1262] Ihr obliegt es, „genaue und übereinstimmende Beweise“ vorzulegen, die belegen, dass eine Zuwiderhandlung begangen wurde bzw. vorliegt.[1263] Die Europäische Kommission hat das in ihrem Grünbuch zur Unschuldsvermutung vom 24.6.2006 explizit festgehalten.[1264] Auch in Art. 23 Abs. 2 VO 1/2003 findet sich diese Aussage wieder.[1265]

Daneben ergibt sich die Beweispflichtigkeit noch aus dem in Art. 2 S. 1 VO 1/2003 zum Ausdruck kommenden Amtsermittlungsgrundsatz.[1266] Gemäß Art 2 S. 1 VO 1/2003 obliegt die Beweislast für eine Zuwiderhandlung gegen Artt. 101, 102 AEUV in allen gemeinschaftsrechtlichen Verfahren der Behörde, die diesen Vorwurf erhebt. Die Norm gilt folglich auch für das Bußgeldverfahren der Kommission.[1267]

K. Schmidt will die Beweispflicht der Behörde indessen nicht auf die Feststellung von Vorsatz und Fahrlässigkeit erstrecken.[1268] Dem ist zu widersprechen.

1259 EuG v. 12.10.2007 – Rs. T-474/04, Slg. 2007, II-4225, Rz. 76 – *Pergan Hilfsstoffe für industrielle Prozesse/Kommission.*

1260 EGMR v. 6.12.1988 – Nr. 24/1986/122/171–173, Rz. 77 – *Barberà, Messegué und Jabardo/Spanien.*

1261 EGMR v. 6.12.1988 – Nr. 24/1986/122/171–173, Rz. 77 – *Barberà, Messegué und Jabardo/Spanien*; *Eser*, in: Meyer, EU-GRCh Kommentar, Art. 48, Rn. 12; *Grabenwarter/Pabel*, Europäische Menschenrechtskonvention, § 24 Rn. 138, 141; *Jarass*, NStZ 2012, 611 (613); *Dannecker/Biermann*, in: Immenga/Mestmäcker, WettbR-EU, Band 1/Teil 2, Vor Art. 23 VO 1/2003, Rn. 62; *Sünner*, EuZW 2007, 8 (12); s. auch EuG v. 8.7.2004 – Rs. T-67/00, Slg. 2004, II-2501, Rz. 179 m.w.N. – *JFE Engineering/Kommission.*

1262 *Jarass*, NStZ 2012, 611 (613); vgl. auch *Böse*, S. 157.

1263 EuG v. 8.7.2004 – Rs. T-67/00, Slg. 2004, II-2501, Rz. 179 m.w.N. – *JFE Engineering/Kommission.*

1264 Grünbuch der Europäischen Kommission v. 26.4.2006, KOM(2006) 174 endg., S. 6.

1265 *Hofstetter/Ludescher*, in: FS Büren, 485 (498).

1266 *Van Vormizeele*, WuW 2010, 1008 (1013), dort Fn. 34; *K. Schmidt*, in: Immenga/Mestmäcker, WettbR-EU, Band 1/Teil 2, Art. 2 VO 1/2003, Rn. 11; a.A. *Zuber*, in: Loewenheim/Meessen/Riesenkampff/Kersting/Meyer-Lindemann, Kartellrecht, Art. 2 VerfVO, Rn. 13.

1267 *K. Schmidt*, in: Immenga/Mestmäcker, WettbR-EU, Band 1/Teil 2, Art. 2 VO 1/2003, Rn. 12, 19; *Bardong*, in: MüKo-EuWettbR, Art. 2 VO 1/2003, Rn. 19; *Zuber*, in: Loewenheim/Meessen/Riesenkampff/Kersting/Meyer-Lindemann, Kartellrecht, Art. 2 VerfVO, Rn. 4.

1268 *K. Schmidt*, in: Immenga/Mestmäcker, WettbR-EU, Band 1/Teil 2, Art. 2 VO 1/2003, Rn. 33.

Erklärt man Art. 2 S. 1 VO 1/2003 für im Bußgeldverfahren anwendbar, wäre es widersprüchlich, der Kommission nur die Beweislast hinsichtlich des Verstoßes zu übertragen. Zwar spricht der Wortlaut der Norm nur von der Zuwiderhandlung gegen die Artt. 101, 102 AEUV. Diese setzen ihrem Tatbestand nach kein Verschulden voraus. Es gilt aber der Grundsatz, dass Unternehmen nur für sie entlastende Umstände beweispflichtig sind.[1269] Hinsichtlich des Verschuldens trifft folglich die Kommission die Beweislast.[1270] Selbst wenn es sich beim Verschulden um einen entlastenden Umstand handeln würde, wäre ein anderes Ergebnis nicht mit dem im Bußgeldverfahren anwendbaren *in dubio pro reo* Grundsatz zu vereinbaren.[1271] Die Unschuldsvermutung verpflichtet die anklagende Behörde, die Schuld des Täters zu beweisen. Es wäre daher widersprüchlich, wenn Art. 2 S. 1 VO 1/2003 eine gegenteilige Beweislastverteilung anordnen würde. Man müsste sich zwangsläufig die Frage stellen, ob Art. 2 VO 1/2003 nicht nur im Hinblick auf S. 2, sondern auch hinsichtlich S. 1 gegen die Unschuldsvermutung und damit einen allgemeinen Rechtsgrundsatz des Unionsrechts verstößt.[1272] Soll Art. 2 VO 1/2003 im Einklang mit dem Unionsrecht stehen, muss die in ihr enthaltene Beweislastverteilung entsprechend unionskonform ausgelegt werden.[1273] Es ist deshalb davon auszugehen, dass sie sich auch auf die Frage von Vorsatz und Fahrlässigkeit als belastende Umstände[1274] bezieht.

Die Kommission trägt folglich auch nach Art. 2 S. 1 VO 1/2003 die Beweislast. Unschuldsvermutung und allgemeine Beweislast stehen nebeneinander.[1275]

Führt die Unionspraxis dem folgend dazu, dass der eigentlich nicht beweispflichtige Sanktionsadressat nunmehr seine Unschuld beweisen muss, ist dies nicht nur systemwidrig, sondern stellt als Beweislastumkehr einen Verstoß gegen die Unschuldsvermutung und allgemeine Beweislastverteilung dar.[1276]

1269 *Dannecker/Biermann*, in: Immenga/Mestmäcker, WettbR-EU, Band 1/Teil 2, Vor Art. 23 VO 1/2003, Rn. 65 m.w.N.

1270 *Hofstetter/Ludescher*, in: FS Büren, 485 (498).

1271 *Dannecker/N.Müller*, in: Wabnitz/Janovsky, Handbuch Wirtschafts- u. Steuerstrafrecht, Kap. 18 Rn. 217, die zu Recht darauf hinweisen, dass die Kommission die Beweislast auch für solche Umstände tragen muss.

1272 Vgl. *Bardong*, in: MüKo-EuWettbR, Art. 2 VO 1/2003, Rn. 34f.; *Schneider/Engelsing*, in: MüKo-EuWettbR, Art. 23 VO 1/2003, Rn. 31, wobei sich diese Frage in erster Linie im Hinblick auf Art. 2 S. 2 VO 1/2003 stellt. *Zuber*, in: Loewenheim/Messen/Riesenkampff/Kersting/Meyer-Lindemann, Kartellrecht, Art. 2 VerfVO, Rn. 3; *Dannecker*, in: FS Immenga, 61 (65f.).

1273 Vgl. *Dannecker*, in: FS Immenga, 61 (66).

1274 So auch *Friedmann*, S. 249; ähnlich wohl auch *van Vormizeele*, WuW 2010, 1008 (1013).

1275 Vgl. *Lieder/Kliebisch*, EWiR 2010, 149 (150).

1276 Zustimmend *Lieder/Kliebisch*, EWiR 2010, 149 (150); *Koppensteiner*, GPR 2010, 92 (93); *van Vormizeele*, WuW 2010, 1008 (1013).

3. *Beweislastumkehr* contra reum

Soweit die Unionsgerichte tatsächlich der Auffassung sind, es ginge nicht um die Feststellung eines verschuldeten Kartellrechtsverstoßes, sondern um die Feststellung des Rechtsträgers, bestünde zwar kein Konflikt mit der Unschuldsvermutung. Die Vorgehensweise wäre aber aus den oben dargelegten Aspekten nicht mit dem Schuldgrundsatz und dem Wortlaut der Norm in Einklang zu bringen. Da die Tatsache, dass Mutter und Tochter ein einheitliches Unternehmen bilden, gerade keinen Wettbewerbsverstoß begründet, würde letztlich die Obergesellschaft für die konzernrechtliche Struktur sanktioniert. Insoweit können sich die Unionsorgane auch nicht darauf berufen, bei der 100%-Vermutung handele es sich nur um eine Beweiswürdigung. Denn dann blieben sie eine Erklärung schuldig, worin der eigene Schuldvorwurf der sanktionierten Konzernobergesellschaft besteht.

Gleichzeitig soll (wohl deshalb) *prima facie* die nahezu 100%ige Beteiligung zu der Schlussfolgerung führen, dass die Konzernmutter einen kartellrechtlich relevanten Einfluss tatsächlich ausgeübt hat.[1277] Es obläge dann völlig zu Recht der Konzernmutter, zu widerlegen, dass sie einen solchen Einfluss geltend gemacht hat.[1278]

Zwar führt nicht jeder *prima facie* Beweis automatisch zu einer Umkehr der Beweislast[1279]. Wird aber das Ausüben eines bußgeldrechtlich relevanten Einflusses der Muttergesellschaft auf ihre Tochter vermutet, wird, da nur hierin der erforderliche Anknüpfungspunkt einer eigenen Schuld gesehen werden kann, auch die Schuld ersterer vermutet. Es liegt dann in den Händen der beschuldigten Gesellschaft, diese Vermutung zu widerlegen, indem sie den Gegenbeweis erbringt.[1280] Die Kommission wird von ihrer grundsätzlichen Beweispflicht befreit,[1281] der Grundsatz *in dubio pro reo* also in sein Gegenteil verkehrt: *in dubio contra reum.*[1282]

4. *Stellungnahme*

Versteht man die Praxis der Unionsorgane richtigerweise so, dass der Obergesellschaft unterstellt wird, sie habe in kartellrechtswidriger Art und Weise bestimmenden Einfluss auf ihre Töchter ausgeübt, wird die angeklagte Konzernmutter für schuldig befunden, ohne dass der rechtsförmliche Beweis ihrer Schuld durch die Kommission erbracht worden ist. Die so durch die Unionspraxis erzeugte Beweislastumkehr ist deshalb weder mit der allgemeinen Beweislastverteilung zu vereinbaren, noch

---

1277 *Kokott/Dittert*, WuW 2012, 670 (675).

1278 *Kokott/Dittert*, WuW 2012, 670 (675).

1279 Vgl. *Zuber*, in: Loewenheim/Meessen/Riesenkampff/Kersting/Meyer-Lindemann, Kartellrecht, Art. 2 VerfVO, Rn. 12.

1280 *Meyring*, WuW 2010, 157 (165).

1281 *Thomas*, JoECLaP 2011, 1 (8).

1282 *Thomas*, JoECLaP 2011, 1 (8).

mit der Unschuldsvermutung respektive dem Schuldgrundsatz.[1283] Denn muss der Beschuldigte seine Schuld widerlegen, stellt dies immer eine Umkehr der Unschuldsvermutung dar.[1284] Der *prima facie* Beweis ist im Hinblick auf die Frage der Schuld daher unzulässig. Er stellt einen Eingriff in die Unschuldsvermutung dar *und* verstößt gegen die allgemeinen Beweislastverteilungsgrundsätze des Unionsrechts.

Schenkt man der Kommission andererseits Glauben, dass die 100%-Vermutung tatsächlich als Mittel herangezogen wird, um den Rechtsträger zu identifizieren, nimmt man in Kauf, dass sich die Verantwortlichkeit desselben alleine aufgrund seiner Stellung als Rechtsträger ergibt. Dann fehlt es am kartellrechtswidrigen Verhaltenszusammenhang, so dass man einen Konflikt mit dem Schuldprinzip heraufbeschwört.

Keiner der Argumentationsansätze auf Seiten der Unionsorgane vermag daher ihre Praxis zu rechtfertigen. Zwar verweist insbesondere *Kokott* immer wieder auf die wirtschaftlichen Gegebenheiten und die Notwendigkeit einer effizienten Kartellrechtsdurchsetzung, um die 100% -Vermutung[1285] und damit auch den Verstoß gegen die Beweislastverteilung zu rechtfertigen. Da der globale Konzern die wirtschaftliche Realität ist, liefe das Grundrecht der Unschuldsvermutung aber faktisch leer, würde man dem folgen. Ganz abgesehen davon, dass eine solche Handhabe weder notgedrungen mit der Realität in den betroffenen Unternehmen übereinstimmt, noch diese alleine dazu geeignet ist, einen Grundrechtsverstoß zu rechtfertigen.

Das gilt auch für den *effet utile* Grundsatz. Beide finden ihre Schranken in einem objektivierbaren Grundsatz, wie dem der Unschuldsvermutung. Der Zweck heiligt nicht alle Mittel.

5. Zwischenergebnis

Die 100%-Vermutung stellt folglich nicht bloß eine Regel für die Beweiswürdigung dar oder etwa einen allgemeinen Lebensgrundsatz, sondern eine Umkehr der Beweislast und einen Verstoß gegen den allgemeinen Rechtsgrundsatz der Unschuldsvermutung sowie die aus Art. 2 S. 1 VO 1/2003 resultierende Beweislastverteilung.

V. Grundrecht der Unschuldsvermutung: ein relatives Recht

Der Eingriff in das Grundrecht der Unschuldsvermutung begründet indessen nicht automatisch auch einen Verstoß gegen das Fundamentalprinzip. Obgleich Art. 6 Abs. 2 EMRK selbst keine Einschränkungsmöglichkeit vorsieht, wird davon ausgegangen,

---

1283 *Bosch*, ZWeR 2012, 368 (374); *Bosch*, ZHR 177 (2013), 454 (458, 460); vgl. *Thomas*, JoECLaP 2011, 1 (8); a.A. wohl *Einhaus*, ELR 2009, 374 (379).

1284 Vgl. *Schünemann*, in: Schünemann/González, Bausteine des europäischen Wirtschaftsstrafrechts, 1994, 265 (273).

1285 *Kokott/Dittert*, WuW 2012, 670 (673); vgl. Schlussanträge der Generalanwältin *Kokott* v. 23.4.2009 – Rs. C-97/08 P, Slg. 2009, I-8237, Rz. 43 – *Akzo Nobel/Kommission*.

dass die Unschuldsvermutung in bestimmten Fällen beschränkbar sei.[1286] Hieran dürften aber strenge Anforderungen zu stellen sein, da der Wortlaut selbst zunächst keine Schranken enthält. Es ist daher mehr als fraglich, ob das vom EuGH in die Waagschale geworfene Argument, die Vermutung diene dazu, ein Gleichgewicht zwischen einem effektiven Wettbewerbsschutz einerseits und allgemeinen Rechtsgrundsätzen wie der Unschuldsvermutung andererseits herzustellen,[1287] geeignet ist, eine Einschränkung dieses Fundamentalgrundrechts zu rechtfertigen.

1. Art. 52 Abs. 1, Abs. 3 GRCh

Einen Orientierungspunkt für die Voraussetzungen einer Einschränkung könnte Art. 52 Abs.1, Abs. 3 GRCh geben. Über Art. 52 Abs. 3 GRCh wurden die Vorschriften der EMRK, und damit auch Art. 6 Abs. 2 EMRK, materiell in die Grundrechtecharta inkorporiert.[1288] Der Einschränkungsvorbehalt des Art. 52 Abs. 1 GRCh gilt daher für Art. 6 Abs. 2 EMRK genauso wie für Art. 48 Abs. 2 GRCh. Danach bedarf jede Einschränkung grundsätzlich einer gesetzlichen Normierung. Zumindest muss sie gemäß Art. 52 Abs. 1 S. 2 GRCh aber verhältnismäßig und damit für den Betroffenen zumutbar sein.[1289] Hier zeigt sich wiederum das Zusammenspiel von Schuld und Verhältnismäßigkeit. Auf Unionsebene dient der Verhältnismäßigkeitsgrundsatz vor allem auch dazu, Eingriffe in schrankenlose Grundrechte zu beschränken. Ein Eingriff in das Grundrecht der Unschuldsvermutung muss verhältnismäßig sein. Umgekehrt kann dem Verhältnismäßigkeitsgrundsatz nicht Genüge getan sein, wenn die Unschuldsvermutung in ungerechtfertigter Weise verletzt wird.

2. Rechtsprechung des EGMR

Auf diesen Standpunkt hat sich auch der EGMR gestellt. Er erkennt die Existenz von Tatsachen- und Rechtsvermutungen grundsätzlich an, verlangt für ihre Legitimation im Anwendungsbereich des Strafrechts aber, dass bestimmte Grenzen eingehalten werden. Eine Einschränkung ist demnach nur dann zulässig, wenn sie in angemessener bzw. verhältnismäßiger Art und Weise unter Berücksichtigung der betroffenen Rechtsgüter erfolgt und Verteidigungsrechte der Betroffenen

---

1286 Vgl. *Grabenwarter/Pabel*, Europäische Menschenrechtskonvention, § 24 Rn. 141; *Jarass*, NStZ 2012, 611 (613); Schlussanträge des Generalanwalts *van Gerven* v. 5.12.1989 – Rs. C-326/88, Slg. 1990, 2919 (2926f.), Rz. 13 – *Hansen*; EuGH v. 29.9.2011 – Rs. C-521/09 P, Slg. 2011, I-8947, Rz. 61 – *Elf Aquitaine/Kommission.*

1287 EuGH v. 29.9.2011 – Rs. C-521/09 P, Slg. 2011, I-8947, Rz. 59 – *Elf Aquitaine/Kommission*; EuGH v. 8.5.2013 – Rs. C-508/11 P, Slg. noch nicht veröffentlicht, Rz. 50 – *Eni/Kommission.*

1288 Vgl. *Borowsky*, in: Meyer, EU-GRCh Kommentar, Art. 52, Rn. 10.

1289 So auch *Jarass*, NStZ 2012, 611 (613).

wahrt.[1290] Die Unschuldsvermutung ist demnach kein absolutes Recht.[1291] Nicht jede Beweislastumkehr – auch im Strafrecht – ist dieser Auffassung zur Folge *per se* unzulässig.[1292] Die Auffassung des straßburgischen Gerichts deckt sich insoweit mit der aus Art. 52 Abs. 1, Abs. 3 GRCh abgeleiteten Möglichkeit, die Unschuldsvermutung einzuschränken.

3. Angemessene Einschränkung der Unschuldsvermutung

Nähere Ausführungen dazu, wann eine aufgestellte Vermutung noch angemessen im obigen Sinne ist, hat der EGMR nicht gemacht. In *Janosevic/Schweden* hat er aber im Rahmen der Beurteilung, ob eine verhältnismäßige Einschränkung der Unschuldsvermutung vorliegt, berücksichtigt, dass es dem Beschuldigten nicht unmöglich war, die aufgestellte Vermutung zu widerlegen.[1293]

Dies legt die Schlussfolgerung nahe, dass eine unangemessene und damit unverhältnismäßige Einschränkung jedenfalls dann vorliegt, wenn die Widerlegung der Vermutung dem Betroffenen nicht möglich ist.[1294] Hieran dürfen keine zu hohen Anforderungen gestellt werden, da die Beschuldigtenrechte durch die Konvention „konkret und effektiv“ und nicht bloß „theoretisch und illusorisch“ gewährleistet werden müssen.[1295] Die Widerlegung der aufgestellten Vermutung muss der sanktionierten Konzernmutter daher ohne Weiteres möglich sein. Denn nur dann werden ihre Verteidigungsrechte entsprechend gewahrt.[1296]

Auch der EuGH legt den Fokus auf die Widerlegbarkeit der Vermutung. So hat er u.a. in seiner *Akzo Nobel* Entscheidung explizit darauf hingewiesen, dass die Vermutung widerlegbar sei.[1297] Das EuG ist anfangs etwas mehr ins Detail gegangen.

1290 EGMR v. 07.10.1988 – 14/1987/137/191, Rz. 28 – *Salabiaku/Frankreich*; EGMR v. 23.7.2002 – Nr. 34619/97, Rz. 101 – *Janosevic/Schweden*; EGMR v. 23.9.2008 – Nr. 19955/05 und Nr. 15085/06, Rz. 40 – *Grayson & Barnhm/The United Kingdom*; EGMR v. 18.3.2010 – Nr. 13201/05, Rz. 34 – *Krumpholz/Österreich*; *Satzger*, Internationales und Europäisches Strafrecht, § 11 Rn. 80.

1291 So explizit EGMR v. 23.9.2008 – Nr. 19955/05 und Nr. 15085/06, Rz. 40 – *Grayson & Barnhm/The United Kingdom*; EGMR v. 18.3.2010 – Nr. 13201/05, Rz. 34 – *Krumpholz/Österreich*; vgl. bereits EGMR v. 07.10.1988 – 14/1987/137/191, Rz. 28 – *Salabiaku/Frankreich*; EGMR v. 23.7.2002 – Nr. 34619/97, Rz. 101 – *Janosevic/Schweden*.

1292 *Eser*, in: Meyer, EU-GRCh Kommentar, Art. 48, Rn. 12.

1293 EGMR v. 23.7.2002 – Nr. 34619/97, Rz. 102 – *Janosevic/Schweden*.

1294 *Eser*, in: Meyer, EU-GRCh Kommentar, Art. 48, Rn. 12; *Jarass*, NStZ 2012, 611 (614); *Böse*, S. 157; Schlussanträge des Generalanwalts *Mazák* v. 14.9.2010 – Rs. C-90/09 P, Slg. 2011, I-1, Rz. 34 – *General Química/Kommission*.

1295 EGMR v. 30.6.2011 – Nr. 30754/03, Rz. 40 – *Klouvi/Frankreich*.

1296 Vgl. *Ackermann*, ZWeR 2010, 329 (347); Schlussanträge des Generalanwalts *Mazák* v. 14.9.2010 – Rs. C-90/09 P, Slg. 2011, I-1, Rz. 34 – *General Química/Kommission*.

1297 EuGH v. 10.9.2009 – Rs. C-97/08 P, Slg. 2009, I-8237, Rz. 60 – *Akzo Nobel/Kommission*; EuGH v. 19.7.2012 – verb. Rs. C-628/10 P, noch nicht in Slg. veröffentlicht, Rz. 48 – *Alliance One International/Kommission*; EuGH v. 5.3.2015 – verb. Rs.

Es hat die Rechtsprechung des EGMR aufgegriffen und einen Verstoß gegen Art. 6 Abs. 2 EMRK jedenfalls für den Fall abgelehnt, dass für die betroffenen Unternehmen die Möglichkeit bestehe, die Vermutung zu widerlegen.[1298] Mittlerweile scheint aber auch das EuG davon auszugehen, dass die (kapitalbezogene) Vermutung in jedem Fall widerlegbar sei.[1299]

Im Grundsatz ist man sich also einig: Ist die Vermutung unwiderleglich, verstößt die Praxis in ungerechtfertigter Weise gegen das Grundrecht der Unschuldsvermutung und wäre damit unzulässig.[1300] Das deckt sich mit der Anwendung des Verhältnismäßigkeitsgrundsatzes durch den EuGH, der von einer Unverhältnismäßigkeit ausgeht, soweit das beschränkte Recht in seinem Wesensgehalt berührt wird.[1301] Dies ist der Fall, wenn sich die Widerlegung nicht als ohne Weiteres möglich oder gar unmöglich darstellt.

Auf die von *Kokott* bereits oben diskutierten – und abgelehnten – Argumente kommt es folglich nicht an, denn die strafrechtliche Unschuldsvermutung setzt der Beweislastumkehr als objektivierbarer Grundsatz des Rechtsstaatsprinzips eine klare Grenze.[1302] Effizienz und wirtschaftliche Realitäten bleiben für die Beurteilung einer Einschränkungsmöglichkeit der Unschuldsvermutung außen vor.

Die Frage, ob die 100%-Vermutung die Unschuldsvermutung zulässig einschränkt, steht und fällt folglich mit der Frage, ob dem betroffenen Unternehmen die Widerlegung der Vermutung faktisch möglich ist.

4. Unwiderlegbarkeit der Vermutung

Es ist nicht sonderlich überraschend, dass der EuGH auf die Widerlegbarkeit „seiner" Vermutung pocht.[1303] Ein Blick auf die bisherige Praxis der Kommission lässt hingegen das genaue Gegenteil vermuten.

C-93/13 und C-123/13, Rz. 41 – *Kommission u.a. / Versalis u.a.*; EuGH v. 16.6.2016 – C-155/14 P, Rz. 28 – *Evonik Degussa (Calciumcarbid)*. s. auch Schlussanträge des Generalanwalts *Mazák* v. 14.9.2010 – Rs. C-90/09 P, Slg. 2011, I-1, Rz. 34 – *General Química/Kommission.*

1298 EuG v. 13.7.2011 – Rs. T-144/07, Slg. 2011, II-5129, Rz. 114 – *ThyssenKrupp Liften Ascenseurs/Kommission*; s. auch Schlussanträge der Generalanwältin *Kokott* v. 19.2.2009 – Rs. C-8/08, Slg. 2009, I-4529, Rz. 92 – *T-Mobile Netherlands.*

1299 EuG v. 15.7.2015 – Rs. T-45/10, Rz. 135 – *Wärmestabilisatoren (GEA) I.*

1300 S. auch Schlussanträge des Generalanwalts *Mazák* v. 14.9.2010 – Rs. C-90/09 P, Slg. 2011, I-1, Rz. 34 – *General Química/Kommission.*

1301 Schlussanträge des Generalanwalts *van Gerven* v. 5.12.1989 – Rs. C-326/88, Slg. 1990, 2919 (2927), Rz. 14 – *Hansen.*

1302 Vgl. EGMR v. 07.10.1988 – 14/1987/137/191, Rz. 28 – *Salabiaku/Frankreich*; *Ackermann*, ZWeR 2010, 329 (347).

1303 EuGH v. 29.9.2011 – Rs. C-521/09 P, Slg. 2011, I-8947, Rz. 59 – *Elf Aquitaine/Kommission*; EuGH v. 19.7.2012 – verb. Rs. C-628/10 P, Slg. noch nicht veröffentlicht, Rz. 48 – *Alliance One International/Kommission*; EuGH v. 18.7.2013 – Rs. C-501/11 P, Slg. noch nicht veröffentlicht, Rz. 109 – *Schindler/Kommission*; vgl. EuGH v.

a) *Spanischer Rohtabak und Gosselin Group*

Beispiele, in denen einem Unternehmen die Exkulpation gelungen ist, sind rar.[1304] Genau genommen können sie an einer Hand aufgezählt werden.

Ein bekanntes Beispiel ist die bereits oben erwähnte Entscheidung *Spanischer Rohtabak*[1305]. Die Kommission entschloss sich, keine Sanktionen gegen die Muttergesellschaften Universal Corporation und Universal Leaf zu verhängen, obwohl erstere an ihrer Tochter Deltafina 100% der Anteile hielt und letztere an ihrer Tochter Taes zunächst 90% und später ebenfalls 100%. Die Kommission begründete diesen Schritt damit, dass ihr nicht genügend Nachweise für einen Einfluss der Mütter auf ihre Töchter vorlägen.[1306] Die Entscheidung hat allerdings aus zwei Gründen kaum einen Aussagewert. Zum einen handelte es sich aus Sicht der Kommission wohl um einen „Betriebsunfall"[1307], denn nur ein Jahr später entschied sie sich in einem inhaltlich identischen Fall dafür, die Muttergesellschaften für die Zuwiderhandlungen ihrer Töchter haften zu lassen.[1308] Zum anderen erging die Entscheidung vor dem *Akzo Nobel*-Urteil des EuGH, so dass sie aus heutiger Sicht weitgehend obsolet sein dürfte.[1309]

Dass eine Enthaftung auch heute noch möglich ist, zeigt aber ein anderer Fall: In der Entscheidung *Gosselin Group/Kommission* ist es der Muttergesellschaft – wohl auch zum Erstaunen des Gerichts – „*tatsächlich*" gelungen, die Vermutung der Ausübung eines bestimmenden Einflusses auf Gosselin zu widerlegen"[1310], obwohl sie nahezu 100% der Anteile an der gegen das Wettbewerbsrecht verstoßenden Tochtergesellschaft hielt.[1311] In der nächsten Instanz tadelte der EuGH die Entscheidung des EuG aber als „rechtsfehlerhaft" und gab dem gegen das Urteil eingelegten

8.5.2013 – Rs. C-508/11 P, Slg. noch nicht veröffentlicht, Rz. 68 – *Eni/Kommission*; EuGH v. 5.3.2015 – verb. Rs. C-93/13 und C-123/13, Rz. 41 – *Kommission u.a. / Versalis u.a.*; EuGH v. 16.6.2016 – C-155/14 P, Rz. 28 – *Evonik Degussa (Calciumcarbid).*

1304 *Bechtold/Bosch/Brinker*, EU-Kartellrecht, Art. 23 VO 1/2003 Rn. 27: „[...] tatsächlich aber noch nie widerlegt wurde"; *Zandler*, NZKart 2016, 98 (101) m.w.N.

1305 KOMM v. 20.10.2004, COMP/C.38.238/B.2, ABl. 2007 L 102/14 – *Rohtabak Spanien.*

1306 KOMM v. 20.10.2004, COMP/C.38.238/B.2, ABl. 2007 L 102/15 – *Rohtabak Spanien.*

1307 *Riesenkampff*, in: FS Loewenheim, 529 (537).

1308 *Riesenkampff*, in: FS Loewenheim, 529 (537) mit Verweis auf KOMM v. 20.10.2005, COMP/38.281/B.2, ABl. 2006 L 353/45 – *Rohtabak Italien.*

1309 *Kling*, ZWeR 2011, 169 (182).

1310 EuG v. 16.6.2011 – verb. Rs. T-208/08, Slg. 2011, II-3639, Rz. 53 – *Gosselin Group/ Kommission* (Hervorhebung vom Verfasser).

1311 In der Entscheidung des EuG v. 15.9.2011 – Rs. T-234/07, Slg. 2011, II-6169, Rz. 88ff. – *Koninklijke Grolsch/Kommission* wurde die Entscheidung der Kommission vom EuG annulliert, da sie über „die wirtschaftlichen, organisatorischen und rechtlichen Bindungen zwischen der Klägerin und ihrer Tochtergesellschaft mit Stillschweigen" hinweggegangen ist und der Klägerin so „die Möglichkeit genommen [hat,] [...] die Vermutung zu widerlegen".

Rechtsmittel der Kommission statt.[1312] Tatsächlich gelang es der Gosselin Group also auch hier nicht, die Vermutung zu widerlegen.

Eine Besonderheit stellt die Entscheidung *Elf Aquitaine* dar, in der der EuGH die Entscheidung des EuG für nichtig erklärte, weil die Kommission die vorgebrachte Argumentation des Unternehmens, um die Vermutung zu widerlegen, nicht ausreichend gewürdigt hatte.[1313]

b) Fehlende Exkulpationsmöglichkeit

Die Konzernmutter muss, um die Vermutung des kartellrechtswidrigen Einflusses zu widerlegen, nachweisen, dass ihre Tochter autonom am Markt agiert, so dass eine wirtschaftliche Einheit nicht gegeben ist.[1314] Hierzu muss sie im streitigen Verfahren alle Angaben in Bezug auf die organisatorischen, wirtschaftlichen und rechtlichen Verbindungen zwischen ihr und ihrer Tochtergesellschaft darlegen, die dem Nachweis dienen könnten, dass die Voraussetzungen einer wirtschaftlichen Einheit nicht vorliegen.[1315]

Von einem autonomen Verhalten der Tochter kann u.U. ausgegangen werden, wenn sie ausdrückliche Anweisungen ihrer Mutter nicht befolgt.[1316] Ein weisungswidriges Verhalten alleine begründet nach der Rechtsprechung des EuGH hingegen noch nicht den Beweis für ein autonomes Auftreten der Tochter am Markt.[1317] Befolgt sie von der Muttergesellschaft erlassene Leitlinien hingegen, bedeutet dies im Umkehrschluss in der Regel, dass sie selbst über nicht genügend Autonomie verfügt, um frei am Markt aufzutreten.[1318]

Das erscheint bedenklich. Denn faktisch wird dadurch die Berücksichtigung von Compliance Programmen ausgeschlossen. Sind diese für eine Tochter verbindlich, verfügt sie über keinerlei Autonomie, da es sich hierbei technisch gesehen um nichts anderes handelt als die Ausübung der internen Leitungsmacht, einen Kartellrechtsverstoß nicht zu begehen.[1319] Das Programm, mit dem die Muttergesellschaft ihrer

---

1312 EuGH v. 11.7.2013 – Rs. C-440/11 P, Slg. noch nicht veröffentlicht, Rz. 66ff. – *Kommission/Stichting Administratiekantoor Portielje.*

1313 EuGH v. 29.9.2011 – Rs. C-521/09 P, Slg. 2011, I.8947, Rz. 131ff. – *Elf Aquitaine/ Kommission.*

1314 EuGH v. 16.6.2016 – Rs. C-155/14 P, Rz. 32 – *Evonik Degussa (Calciumcarbid).*

1315 EuGH v. 16.6.2016 – Rs. C-155/14 P, Rz. 32 m.w.N. – *Evonik Degussa (Calciumcarbid)*; s. hierzu auch ausführlich *Kersting*, WuW 2014, 1156 (1164).

1316 EuGH v. 16.6.2016 – Rs. C-155/14 P, Rz. 40 – *Evonik Degussa (Calciumcarbid)*, für den Fall, dass die Tochtergesellschaft sich nicht an die Anweisung halt, sich nicht an wettbewerbswidrigen Praktiken auf einem bestimmten Markt zu beteiligen. S. auch EuG v. 12.12.2007 – Rs. T-112/05, Slg. 2007, II-5049, Rz. 63 – *Akzo Nobel/ Kommission.*

1317 EuGH v. 16.6.2016 – Rs. C-155/14 P, Rz. 41 – *Evonik Degussa (Calciumcarbid).*

1318 EuGH v. 18.7.2013 – Rs. C-501/11 P, Rz. 114 – *Schindler*; vgl. *Thomas*, JoECLaP 2011, 1 (9). Dieser Praxis in Teilen zustimmend *Kersting*, WuW 2014, 1156 (1165).

1319 *Thomas*, JoECLaP 2011, 1 (9).

eigenen Haftung vorbeugen will, dient dann als Beleg für die fehlende Autonomie und begründet letztlich ihre Haftung.[1320] Kommission und Unionsgerichte schieben also der Möglichkeit, Kartellrechtsverstößen durch Compliance Programme entgegenzusteuern, einen Riegel vor. Wird der Erlass entsprechender Leitlinien als Beleg für die tatsächliche Kontrolle gewertet, schaufelt sich die Konzernmutter im Grunde ihr eigenes Grab, so dass entsprechende Vorgehensweisen bald nicht mehr zur Konzernstrategie gehören dürften. Das wiederum erhöht das Risiko von Verstößen durch die Tochtergesellschaften. Die Konzernmutter hat also die Qual der Wahl: Will sie Kartellrechtsverstößen vorbeugen und erlässt sie deshalb Compliance Programme, die für die Tochtergesellschaften verbindlich sind, haftet sie im Falle eines trotzdem erfolgten Verstoßes quasi automatisch, da die Verbindlichkeit der Anweisung als starkes Indiz für die bestimmende Einflussnahme gewertet wird.[1321] Die Bemühungen der Konzernmutter bringen in diesem Fall nicht nur keinen Vorteil, sondern begründen ein zusätzliches Risiko.[1322] Verzichtet die Muttergesellschaft deshalb darauf, entsprechende Compliance Vorgaben zu machen, erhöht sie das Risiko von Kartellrechtsverstößen, gibt den Unionsorganen aber zumindest kein (offensichtliches) Argument dafür an die Hand, dass sie beherrschenden Einfluss ausübt. Im Ergebnis werden sich die Obergesellschaften daher im Zweifel gegen die Ausweitung ihrer Compliance Bemühungen als geringeres Übel entscheiden, was gerade rechtspolitisch nicht wünschenswert ist.[1323] Vielleicht ist das von Kommission und Unionsgerichten sogar gewollt. Denn in ihren Augen sind Compliance Programme nicht nur „in keiner Weise" geeignet, den Verschuldensvorwurf zu entkräften, sondern hätten im Falle eines Kartellrechtsverstoßes schließlich auch ihre Untauglichkeit zur prophylaktischen Verhinderung von Kartellrechtsverstößen bewiesen.[1324] Eben aus diesem Grund finden Compliance Programme auch im Rahmen der Bußgeldreduzierung keine Berücksichtigung.[1325] Mit anderen Worten: Die Unionsorgane haben Compliance Programmen eine klare Absage erteilt.[1326] Die radikale Bußgeldpraxis scheint da „vielversprechender". Entsprechende Anstrengungen sollen folglich nicht ausreichen, um die Vermutung zu widerlegen und

---

1320 EuG v. 13.7.2011 – Rs. T-138/07, Slg. 2011, II-4819, Rz. 88 – *Schindler/Kommission*; *Gehring/Kasten/Mäger*, CCZ 2013, 1 (2); vgl. *Zandler*, NZKart 2016, 98 (100).

1321 Differenzierend *Kersting*, WuW 2014, 1156 (1165f.), der zwar zustimmt, dass ein Compliance Programm Indiz für einen bestimmenden Einfluss ist, sich daraus aber dennoch kein Indiz für das Bestehen einer wirtschaftlichen Einheit herleiten lässt.

1322 *Liebich*, WRP 2013, 1330 (1331f.).

1323 Zustimmend *Kersting*, WuW 2014, 1156 (1166).

1324 Schlussanträge der Generalanwältin *Kokott* v. 18.4.2013 – Rs. C-501/11 P, Slg. noch nicht veröffentlicht, Rz. 96f. – *Schindler/Kommission*; *Jungbluth*, NZKart 2015, 43 (44).

1325 *Jungbluth*, NZKart 2015, 43 (44); *Kersting*, WuW 2014, 1156 (1165); EuGH v. 28.6.2005, verb. Rs. C-189/02 P, Slg. 2005-I, Rz.371ff. – *Dansk Rørindustri u.a. / Kommission.*

1326 *Bosch*, ZHR 177 (2013), 454 (467).

eine Haftung auszuschließen,[1327] obgleich die hinter der Compliance stehende Intention gerade ist, Kartellrechtsverstößen zu verhindern. Dass dies absurd ist, zeigt ein Vergleich mit der Kronzeugenregelung. Während dem *Whistle Blower* als wohl effektivstem Mittel der Kartellrechtsaufdeckung u.a. Straffreiheit zugesichert wird, scheinen Compliance Bemühungen in den Augen der Kommission derart uneffektiv zu sein, dass sie nicht einmal in der Bußgeldbemessung Berücksichtigung finden.

Praktisch bedeutet das, dass selbst wenn die Muttergesellschaft „womöglich alles in ihrer Macht Stehende unternommen hat, um [...] Verstöße der Tochtergesellschaften gegen das Wettbewerbsrecht“ zu verhindern, dies „nicht den Nachweis [ermöglicht], dass die genannten Tochtergesellschaften ihre Geschäftspolitik eigenständig bestimmten.“[1328] Egal wie sich die Muttergesellschaft im Vorfeld des Wettbewerbsverstoßes verhält, die Widerlegung der Vermutung wird ihr nicht gelingen. Das jedenfalls zeigt die beschriebene Praxis.

Geht man von dem umgekehrten Fall aus, dass die Konzernmutter keinerlei Anweisungen an ihre Tochter gemacht hat, verändert sich das Ergebnis dennoch nicht. Da eine kartellrechtswidrige Beeinflussung vermutet wird, wäre es an der Muttergesellschaft, dies zu widerlegen. Bleibt Anknüpfungspunkt der Widerlegung aber die Frage, ob die Tochtergesellschaft den Instruktionen ihrer Mutter folgt, ist es letzterer schlichtweg unmöglich, den Gegenbeweis zu führen.[1329] Wie soll sie etwas beweisen, dass sie gar nicht ausgeübt hat? Gar nicht muss die Antwort lauten, denn ein Grundsatz für ein funktionierendes Strafrecht[1330] lautet: „Wer etwas (tatsächlich) nicht kann, der kann es nicht gleichwohl im Rechtssinne.“[1331]

c) Formale Unmöglichkeit der Widerlegung

Als wäre es praktisch nicht schon schwer genug, die Vermutung zu widerlegen, wird dies durch die Formalitäten des Kartellverfahrens noch zusätzlich erschwert. Während die Kommission praktisch unbegrenzte Ausführungen in ihren Entscheidungen machen kann, wird die Begründung, in der dargelegt werden kann, dass die Konzernmutter keinen kartellrechtswidrigen Einfluss auf ihre Tochter ausgeübt hat, auf 50 Seiten[1332] und das Plädoyer vor dem EuG auf 15 Minuten begrenzt.[1333] Die Widerlegung der Vermutung erscheint daher nicht nur praktisch unmöglich, sondern auch formal.

1327 *Van Vormizeele*, WuW 2010, 1008 (1014) m.w.N.

1328 EuG v. 13.7.2011 – Rs. T-138/07, Slg. 2011, II-4819, Rz. 88 – *Schindler/Kommission.*

1329 *Thomas*, JoECLaP 2011, 1 (9); *Klusmann*, ZGR 2016, 252 (256).

1330 *Schünemann*, in: Schünemann/González, Bausteine des europäischen Wirtschaftsstrafrechts, 1994, 265 (284), dort Fn. 57.

1331 *Hirsch*, in: Hirsch/Weigend, Strafrecht und Kriminalpolitik in Japan und Deutschland, S. 65 (73).

1332 *Thomas*, JoECLaP 2011, 1 (10).

1333 *Bechtold*, in: Möschel, 50 Jahre Wettbewerbsgesetz, S. 61.

d) *Stellungnahme*

Die Praxis der Unionsorgane stellt die Unternehmen nicht wie vom EuGH zugegeben vor eine schwierige,[1334] sondern eine faktisch unlösbare Aufgabe, die dazu führt, dass die aufgestellte Vermutung als unwiderlegbar einzustufen ist.[1335] Letztlich liegt die Entscheidung, ob ein Unternehmen in der Lage ist, die Vermutung zu widerlegen, in den Händen der Gerichte. Denn für die Frage der Enthaftung kommt es ausschließlich auf die Struktur des Konzerns an. Initiativen der Muttergesellschaft, ihrer Haftung vorzubeugen, spielen bei der Beurteilung keine Rolle. Das kann nicht überzeugen. Es ist schwer nachvollziehbar, warum die Beherrschung der Muttergesellschaft ausschließlich zu ihren Lasten ausgelegt wird und nicht spiegelbildlich auch zu einer Enthaftung führen soll. Das Abstellen auf die Konzernstruktur begründet die Vermutung und macht es für die Obergesellschaft zugleich unmöglich, sie zu widerlegen. Sobald die Tochtergesellschaft von ihrer Muttergesellschaft verpflichtet werden kann, wird sie nicht über die notwendige Autonomie verfügen, deren Nichtvorliegen die Konzernobergesellschaft aber zu beweisen hat. Auch leuchtet es nicht ein, dass die Unionsgerichte Anstrengungen zur Verhinderung von Kartellrechtsverstößen im Konzern gänzlich unbeachtet lassen. Die Konzernmutter muss die Möglichkeit haben, den Kartellrechtsverstoß zu verhindern.[1336] Denn Strafe setzt immer auch die Möglichkeit voraus, sich anders zu verhalten.[1337] Sich exkulpieren zu können, ist unabdingbare Voraussetzung einer verschuldensabhängigen Haftung[1338], die von Art. 23 Abs. 2 vorausgesetzt wird. Es geht schließlich nicht um die Zurechnung eines Verhaltens, sondern um die Haftung für eine eigene Schuld. Praktisch bleibt der Konzernmutter nichts Anderes übrig, als dem Gericht alle Angaben in Bezug auf die organisatorischen, wirtschaftlichen und rechtlichen Verbindungen zwischen ihr und ihrer Tochter offenzulegen[1339] und darauf zu hoffen, dass das urteilende Gericht daraus den Schluss zieht, die Tochtergesellschaft hätte autonom gehandelt. Wie beschrieben dürfte dies zumeist ein hoffnungsloses Unterfangen sein. Denn urteilt das Gericht alleine auf Grundlage der Verbindung zwischen Mutter und Tochter, ohne dass etwaige Maßnahmen der Konzernmutter zur Verhinderung von Kartellrechtsverstößen berücksichtigt werden, fällt es seine Entscheidung im Prinzip auf Grund derselben Tatsachen, auf denen es bereits seine Vermutung begründet

---

1334 EuGH v. 29.9.2011 – Rs. C-521/09 P, Slg. 2011, I-8947, Rz. 61f. – *Elf Aquitaine/Kommission*; EuGH v. 8.5.2013 – Rs. C-508/11 P, Slg. noch nicht veröffentlicht, Rz. 68 – *Eni/Kommission*; *Kersting*, WuW 2014, 1156 (1164).

1335 Zustimmend *Kersting*, WuW 2014, 1156 (1163); s. auch *Klusmann*, ZGR 2016, 252 (256)

1336 *Karst*, WuW 2012, 150 (152); vgl. auch *Kasten*, in: Mäger, Europäisches Kartellrecht, 2. Kap., Rn. 137 sowie *Prieß/Spitzer*, in: van der Groeben/Schwarze, Kommentar zum EU-/EG-Vertrag, Art. 280 EG, Rn. 47.

1337 *Schünemann*, in: Schünemann/González, Bausteine des europäischen Wirtschaftsstrafrechts, 1994, 265 (282); *Bosch*, ZHR 177 (2013), 454 (460).

1338 *Muders*, wistra 2011, 405 (410); *Bosch*, ZHR 177 (2013), 454 (460).

1339 EuGH v. 10.9.2009 – Rs. C-97/08 P, Slg. 2009, I-8237, Rz. 65 – *Akzo Nobel/Kommission*.

hat: der Struktur des Konzerns. Da diese die Vermutung begründen, werden sie wohl kaum dazu führen, sie zu widerlegen.

Hinzutritt, dass die Gerichte sich selbst nicht in der Lage sehen, die für die Widerlegung maßgeblichen Kriterien abschließend aufzuzählen.[1340] Die Antwort auf die Frage, wann eine Widerlegung gelingt, wird darum ein reines Glücksspiel bleiben, dessen Wahrscheinlichkeit die Gerichte bestimmen. Viel spricht daher für die Annahme, dass die Enthaftung des Unternehmens in der Praxis zukünftig ausschließlich auf besonders gelagerte Fallkonstellationen beschränkt bleiben wird.[1341] Das spiegelt gerade auch die gängige Praxis, in der eine Enthaftung die Gerichte selbst überrascht, oder schlichtweg als Betriebsunfall zu den Akten gelegt wird. Wohl mit dem festen Vorsatz, es nächstes Mal besser zu machen.

5. Zwischenergebnis

Aufgrund der (noch) fehlenden endgültigen Verbindlichkeit der EMRK, müsste man, um eine Einschränkung der Unschuldsvermutung dogmatisch sauber begründen zu können, über den vorgeschlagenen Umweg über die Art. 52 Abs. 1, Abs. 3 i.V.m Art. 6 Abs. 2 EMRK gehen. Dem Wortlaut zu Folge muss jede Einschränkung dann aber *gesetzlich* vorgesehen sein. Um eine die Unschuldsvermutung einschränkende Regelung annehmen zu können, bedarf es einer Ermächtigungsgrundlage, sprich eines Gesetzesvorbehalts, der zur Beweislastumkehr legitimiert. Auf Unionsebene ist in diesem Zusammenhang jeder formell-gesetzliche Gesetzgebungsakt zu verstehen.[1342] Eben das trifft auf die 100%-Vermutung nicht zu. Es handelt sich gerade nicht um das Ergebnis eines legislativen Abwägungsprozesses, sondern um eine durch Richterrecht aufgestellte Vermutung. Die strafrechtliche Fundamentalgarantie setzt der Rechtsfortbildung hier aber eine Grenze. Nach hier vertretener Auffassung ist die durch Rechtsfortbildung geschaffene Beweislastumkehr daher unzulässig.

Allerdings könnte man die Umkehr der Beweislast und damit einen Verstoß gegen die Unschuldsvermutung verneinen, wenn man die Auffassung vertreten würde, diese sei noch verhältnismäßig. Bereits die Tatsache, dass eine solche Möglichkeit existieren soll, ist indessen kritisch zu sehen. Das gilt jedenfalls dann, wenn es nicht mehr um die Vermutung von Rechts- oder Tatsachen geht, sondern um die individuelle Schuld eines *mutmaßlichen* (Straf-) Täters. Denn dabei handelt es sich nicht mehr um eine u.U. zulässige Beweisvermutung, sondern um eine unzulässige Schuldvermutung.[1343] Im Ergebnis würde eine solche Vorgehensweise immer eine

1340 EuGH v. 10.9.2009 – Rs. C-97/08 P, Slg. 2009, I-8237, Rz. 74 – *Akzo Nobel/Kommission*; EuG v. 12.12.2007 – Rs. T-112/05, Slg. 2007, II-5049, Rz. 65 – *Akzo Nobel/Kommission*; EuGH v. 1.7.2010 – Rs. C-407/08 P, Slg. 2010, I-6375, Rz. 100 – *Knauf Gips/Kommission*; EuGH v. 19.7.2012 – verb. Rs. C-628/10 P, noch nicht in Slg. veröffentlicht, Rz. 45 – *Alliance One International/Kommission.*

1341 *Kling*, ZWeR 2011, 169 (182); in diesem Sinne auch *Zandler*, NZKart 2016, 98 (101).

1342 *Kingreen*, in: Calliess/Ruffert, EUV/AEUV, Art. 52 GRCh, Rn. 62.

1343 Vgl. in diesem Sinne auch *Böse*, S. 157.

Abwägung *contra reum* darstellen. Dagegen spricht aber schon der *in dubio pro reo* Grundsatz. Danach müsste auch die Abwägung im Zweifel zu Gunsten des Betroffenen ausfallen. Ein Abwägungsergebnis zu Lasten der Unternehmen kann es hier folglich nicht geben. Denn im Strafrecht ist dafür kein Platz.[1344]

Davon unabhängig hat die oben durchgeführte Untersuchung ohnehin gezeigt, dass es an den für eine zulässige Beschränkung der Unschuldsvermutung aufgestellten Voraussetzungen fehlt.[1345] Bereits die überaus geringe Anzahl an Fällen, in denen eine Enthaftung gelungen ist, kann als Indiz für die Unwiderlegbarkeit der Vermutung herangezogen werden. Noch aufschlussreicher sind die Reaktionen von Kommission und Gerichten auf diese Fälle. Ihre Praxis spiegelt die fehlende Bereitschaft, entsprechende Anstrengungen der Unternehmen für eine Exkulpation in Betracht zu ziehen, wie am Beispiel der Compliance Programme deutlich geworden ist. Da Kommission und Unionsgerichte letztlich auf Basis der Umstände über die Exkulpation entscheiden, aufgrund derer sie vermuten, dass auch die Muttergesellschaft für den Verstoß ihrer Töchter einzustehen hat, ist die Möglichkeit der Widerlegung lediglich theoretischer Natur[1346]. Damit entspricht sie aber nicht den Anforderungen, die der EGMR aufgestellt hat, um die Unschuldsvermutung einzuschränken. Denn danach müssen die Beschuldigtenrechte „konkret und effektiv“ und nicht bloß „theoretisch und illusorisch“ gewährleistet werden. Sowohl von letzterem, als auch von einer effektiven Möglichkeit, die Schuldvermutung zu widerlegen, ist die Kartellrechtspraxis indessen meilenweit entfernt.[1347] Tatsächlich besteht die Möglichkeit nach der momentanen Praxis für die Konzernmutter nicht: sie ist unmöglich.[1348] Pikanterweise stellte das auch der heutige Präsident des Bundeskartellamts, *Andreas Mundt*, schon 2006 während eines Vortrags auf der Arbeitssitzung der Studienvereinigung Kartellrecht e.V. in Bonn fest: „Hinsichtlich der tatsächlichen Einflussnahme gilt eine Vermutungsregel, die in der Praxis kaum zu widerlegen ist, so dass es nicht falsch ist, von einer unwiderleglichen Vermutungsregel [...] zu sprechen.“[1349] Die Möglichkeit der Widerlegung steht folglich nur auf dem Papier[1350], so dass es genauso wenig falsch sein kann, diese als reine

1344 Vgl. *Koppensteiner*, GPR 2010, 92 (93).
1345 A. A. *Mansdörfer/Timmerbeil*, EuZW 2011, 214 (217f.).
1346 *Ackermann*, ZWeR 2010, 329 (347).
1347 *Thomas*, JoECLaP 2011, 1 (9) m.w.N.
1348 *Van Vormizeele*, WuW 2010, 1008 (1013); *van Vormizeele*, NZKart 2013, 386 (392); *Bosch*, ZWeR 2012, 368 (372, 374); *Bosch*, ZHR 177 (2013), 454 (459, 472); *de Bronett*, EWS 2012, 113 (123); *Thomas*, JoECLaP 2011, 1 (8f.); s. *Lieder/Kliebisch*, EWiR 2010, 149 (150); a.A. Schlussanträge des Generalanwalts *Mazák* v. 14.9.2010 – Rs. C-90/09 P, Slg. 2011, I-1, Rz. 34 – *General Química/Kommission*.
1349 *Mundt*, WuW 2007, 458 (468).
1350 *Kling*, ZWeR 2011, 169 (183).

Fiktion zu betiteln. Die Beweislastumkehr verstößt daher gegen das Grundrecht der Unschuldsvermutung.[1351]

6. *Sekundäre Darlegungslast*

In gewisser Weise ist die Vorgehensweise von Kommission und Unionsgerichten nachvollziehbar. Es dürfte in der Tat schwerfallen, zu beweisen, dass die Konzernmutter ihre Tochtergesellschaft zur Begehung eines Kartellrechtsverstoßes angewiesen hat. Andererseits gelingt es der Kommission auch, dies zwischen verschiedenen Kartellrechtstätern nachzuweisen. Räumlich und wohl auch organisatorisch gesehen trifft das auf Mutter und Tochtergesellschaften ebenfalls zu. Die Möglichkeit, eine entsprechende Kommunikation sicherzustellen, besteht hier genauso, wie wenn zwei in den Augen der Kommission unterschiedliche Unternehmen kartellrechtswidrig handeln.

Geht man nichtsdestotrotz von einem Beweisdefizit der Kommission aus, könnte dieses durch eine dem deutschen Zivilprozessrecht entsprechende Pflicht zum substantiierten Bestreiten des von der Kommission vorgebrachten Sachverhalts durch die betroffenen Unternehmen ausgeglichen werden. Ist der Beweis dem Kläger nicht möglich, da sich die für seinen Anspruch erheblichen Umstände außerhalb seiner Geschehensabläufe abspielen, während der Beklagte alle wesentlichen Tatsachen kennt, kann von ihm im Rahmen des Zumutbaren verlangt werden, substantiiert zu den Behauptungen des Klägers Stellung zu nehmen[1352], indem er die für das Gegenteil sprechenden Tatsachen und Umstände darlegt.[1353] Man spricht von einer *sekundären Darlegungslast*[1354]. Ein einfaches Bestreiten hat die Geständnisfiktion des § 138 Abs. 3 ZPO zur Folge.[1355]

Auf das Kartellrecht übertragen hätte dies zur Folge, dass die Konzernmutter gezielt zu dem Vorwurf der Kommission, sie habe in wettbewerbswidriger Weise auf ihre Töchter Einfluss genommen, Stellung nehmen müsste. Entsprechend könnte man dem ohne Zweifel auch hier vorliegenden Problem des Negativbeweises[1356] gerecht werden, ohne an den Festen des in *dubio pro reo* Grundsatzes zu rütteln.

1351 Zustimmend *van Vormizeele*, WuW 2010, 1008 (1013); *Gehring/Kasten/Mäger*, CCZ 2013, 1 (4); *Bechtold/Bosch*, ZWeR 2011, 160 (167); *Bosch*, ZWeR 2012, 368 (374); *Thomas*, JoECLaP 2011, 1 (11); *Lieder/Kliebisch*, EWiR 2010, 149 (150); *Ackermann*, ZWeR 2010, 329 (347). A.A *Mansdörfer/Timmerbeil*, EuZW 2011, 214 (217f.).

1352 BGH, NJW 1961 826 (828); BGHZ 86, 23 (29) = NJW 1983, 687 (688); BGHZ 100, 190 (196) = NJW 1987, 2008 (2009); BGHZ 140, 156 (158f.) = NJW 1999, 579 (580), BGHZ 163, 209 (214); BGH, NJW 1986, 3193 (3194); BGH, NJW 2008, 982 (984).

1353 BGH, NJW 2008, 982 (984).

1354 BGH, NJW 2008, 982 (984). *Fritsche*, in: MüKo-ZPO, § 138, Rn. 21 m.w.N; *Prütting*, in: MüKo-ZPO, § 286, Rn. 103.

1355 BGH, NJW 1986, 3193 (3194); *Fritsche*, in: MüKo-ZPO, § 138, Rn. 21; *Prütting*, in: MüKo-ZPO, § 286, Rn. 103.

1356 *Koppensteiner*, GPR 2010, 92 (93).

Denn aus der sekundären Darlegungslast folgt „nur" eine Veränderung der Beweislastverteilung, während es bei der grundsätzlichen Beweislast des Klägers bleibt.[1357] Die Kommission wäre, nun unter Berücksichtigung der offengelegten Sachverhaltsangaben, weiterhin beweispflichtig, so dass weder ein Konflikt mit Art. 2 VO 1/2003 bestünde[1358], noch ein Konflikt mit dem Schuldgrundsatz oder der Schuldvermutung. Insoweit könnte unter Berücksichtigung des *effet utile* Grundsatzes eine entsprechende Beweiserleichterung sogar geboten sein.[1359] Schattenseite dieses Lösungsansatzes wäre aber, dass zu Gunsten der Unschuldsvermutung ein neuer Konflikt mit dem auch im Kartellrecht[1360] auf juristische Personen[1361] anzuwendenden *nemo tenetur* Grundsatz heraufbeschworen werden würde. In Anlehnung an die zu Art. 6 Abs. 1 EMRK ergangene Rechtsprechung des EGMR[1362] wird auch aus dem Zusammenspiel von Artt. 47 Abs. 2 und 48 Abs. 1 GRCh das Recht geschlussfolgert, sich nicht selbst belasten zu müssen.[1363] Dies täte das Unternehmen aber, wenn man ihm die Pflicht aufbürden würde, substantiiert zu den Behauptungen der Kommission Stellung zu beziehen. Daraus erschließt sich auch, dass es sich um ein Prinzip der *Zivil-* und nicht der *Straf*prozessordnung handelt. Auch wenn man hier wieder argumentieren könnte, dass die Unionsorgane es nicht so genau mit strafrechtlichen Prinzipien nehmen, wie insbesondere die Diskussion um die Vereinbarkeit der Kronzeugenregelung mit dem *nemo tenetur* Prinzip zeigt,[1364] darf

1357 *Fritsche*, in: MüKo-ZPO, § 138, Rn. 22.

1358 Vgl. *Berrisch/Burianski*, WuW 2005, 878 (883).

1359 *Berrisch/Burianski*, WuW 2005, 878 (883), die für die Durchsetzung von Schadensersatzansprüchen die Annahme befürworten, der *effet utile* Grundsatz könnte für eine Beweiserleichterung sprechen.

1360 *Weiß*, EuZW 2006, 263; vgl. auch *Schwarze*, EuR 2009, 171 (189).

1361 Zustimmend *Brettel/Thomas*, ZWeR 2009, 25 (61). EuGH und EuG erkennen es mittlerweile zwar grundsätzlich an, dass sich juristische Personen auf die Selbstbelastungsfreiheit berufen können, gewähren diese aber nur soweit sie zur Erhaltung der Verteidigungsrechte notwendig ist, Zwischenbericht des Bundeskartellamtes zum Expertenkreis Kartellsanktionenrecht, NZKart 2015, 2 (5) m.N.; vgl. *Ackermann*, NZKart 2015, 17 (21). Das BVerfG lehnt die Anwendbarkeit des Grundsatzes auf juristische Personen bisher mit Blick auf Art. 19 Abs. 3 GG ab, Monopolkommission, Sondergutachten 72 (2015), Rn. 22 m.N. Die Grundrechtsträgerschaft juristischer Personen wird vom EuGH allgemein angenommen; erstmals EuGH v. 17.12.1970 – Rs. C-11/70, Slg. 1970 1125, Rz. 3ff. – *Internationale Handelsgesellschaft mbH.*

1362 EGMR v. 25.2.1993 – Nr. 82/1991/334/407 – *Funke/Frankreich*; EGMR v. 8.2.1996 – Nr. 41/1994/488/570– *Murray/Großbritannien*; EGMR v. 3.5.2001 – Nr. 31827/96 – *J.B./Schweiz.*

1363 *Eser*, in: Meyer, EU-GRCh Kommentar, Art. 48, Rn. 10a; *Schwarze*, EuR 2009, 171 (192); *Blanke*, in: Caliess/Ruffert, EUV/AEUV, Art. 48 GRCh, Rn. 4.

1364 *Schwarze*, EuR 2009, 171 (189); *Schwarze/Bechtold/Bosch*, Rechtsstaatliche Defizite im Kartellrecht der Europäischen Gemeinschaft, 2008, S. 52f.; a.A. *Säcker*, WuW 2009, 362 (363, 372).

die Inanspruchnahme der Konzernmutter nach hier vertretener Auffassung nicht zu Lasten fundamentaler Rechtsstaatsprinzipien gehen. Damit ist die Übertragung der sekundären Darlegungspflicht auf das Kartellbußgeldrecht abzulehnen.

VI. Ergebnis

Kommission und Unionsgerichte haben im Rahmen des Kartellbußgeldrechts eine Schuldvermutung etabliert, ohne dem betroffenen Unternehmen eine effektive Exkulpationsmöglichkeit einzuräumen. Ohne Aussicht auf eine Enthaftung handelt es sich nicht nur um eine unzulässige Umkehr der Unschuldsvermutung, sondern *de facto* um eine verschuldens*un*abhängige Sanktionierung[1365], die mit dem Verschuldenserfordernis des Art. 23 Abs. 2 VO 1/2003 nicht zu vereinbaren ist.[1366] Kann der Konzernmutter keine eigene Schuld nachgewiesen bzw. eine solche nicht vermutet werden, bleibt nur eine Sanktionierung für die Struktur des Konzerns, was, wie mehrfach betont, kein bußgeldrechtlich relevantes Verhalten darstellt.

Die Bezeichnung der aktuellen Kartellrechtspraxis als eine dem Kartellrecht fremde[1367] „Konzernzustandshaftung“[1368], „Sippenhaft“[1369] oder „Gefährdungshaftung“[1370] ist daher mehr als begründet.

H. Zusammenfassung

Als entscheidend für die Frage, ob die Erweiterung des Unternehmensbegriffs im Wege der Rechtsfortbildung zulässig ist, wurde eingangs darauf abgestellt, ob gegen relative und/oder absolute objektivierbare Rechtsgrundsätze verstoßen wird. Während erstere noch nicht *per se* dagegensprechen, die Konzernmutter für einen Verstoß ihrer Tochtergesellschaft haften zu lassen, sondern sich die Zulässigkeitsfrage durch Abwägung der widerstreitenden Interessen im Sinne einer praktischen Konkordanz ergibt, gilt das für letztere nicht.

1365 *Mansdörfer/Timmerbeil*, EuZW 2011, 214 (217) sprechen von „[...]eine[r] kollektive[n] Haftung ohne individuelle Verantwortlichkeit [...]“. S. auch *Thomas*, JZ 2011, 485 (493); *Muders*, wistra 2011, 405 (410).

1366 *Van Vormizeele*, WuW 2010, 1008 (1013f.); *van Vormizeele*, NZKart 2013, 386 (392); *Bosch*, ZWeR 2012, 368 (373f.); *Rütsch*, S. 57; *Zimmer/Paul*, WuW 2007, 907 (971f.); *de Bronett*, EWS 2012, 113 (122f.); *Thomas*, KSzW 2011, 10 (12); *Thomas*, JoECLaP 2011, 1 (11); *Thomas*, in: FS Canenbley, 459 (464). Vgl. *Bechtold/Bosch*, ZWeR 2011, 160 (166f; 168). A. A. *Ackermann*, ZWeR 2010, 329 (347).

1367 *Kling*, WRP 2010, 506 (510, 518). Darauf, dass es im Unionsrecht grds. keine verschuldensunabhängige Haftung geben kann, weist *Vogel/Eisele*, in: Grabitz/Hilf/Nettesheim, 57. Lfg. (2015), Art. 83 AEUV, Rn. 35 hin.

1368 *Pohlmann*, S. 42.

1369 *Thomas*, KSzW 2011, 10 (12).

1370 *Gehring/Kasten/Mäger*, CCZ 2013, 1 (4).

Relative Grundsätze im hier vertretenen Sinne sind neben dem Verhältnismäßigkeitsgrundsatz, dem Wesentlichkeitsprinzip und dem Bestimmtheitsgrundsatz vor allem das Trennungsprinzip. Obgleich die Untersuchung gezeigt hat, dass der Haftungsdurchgriff durch die Unionsgerichte und die Kommission mit diesen kollidiert, könnte unter Berücksichtigung der gegeneinander abzuwägenden Interessen zu Gunsten eines am Effektivitätsgedanken ausgerichteten Wettbewerbsschutzes eine Durchbrechung bzw. Auflockerung dieser objektivierbaren Rechtsgrundsätze vertretbar sein. Als vielversprechendster Ansatz, die kartellrechtliche Zustandshaftung zu begründen, hat sich der Verzicht auf die Selbstständigkeit der einzelnen Konzerngesellschaften erwiesen. Bereits dort wurde aber darauf hingewiesen, dass die Möglichkeit, die Selbstständigkeit der Konzernmutter zu ignorieren, nur dann bestehen kann, wenn dadurch kein Verstoß gegen das im Wortlaut des Art. 23 Abs. 2 VO 1/2003 zum Ausdruck kommende Schuldprinzip zu sehen ist. Die Integration einer verschuldensunabhängigen Zustandshaftung widerspricht dem in der Norm klar zum Ausdruck gebrachten Willen des Unionsgesetzgebers, dass eine Sanktion nur gegen ein Unternehmen verhängt werden darf, das eine individuelle Schuld am Kartellrechtsverstoß trägt. Wie die Ausführungen zum Schuldprinzip gezeigt haben, ist die Unionspraxis indessen nicht in der Lage, eine solche zu begründen. Vielmehr haftet die Konzernmutter letztendlich für die Struktur des Konzerns. Darüber hinaus verstößt die von den Unionsgerichten gebilligte Vermutung, die Mutter hätte einen (wettbewerbsrelevanten) Einfluss auf ihre Tochter ausgeübt, gegen den aus dem Schuldgrundsatz abgeleiteten *in dubio pro reo* Grundsatz. Durch die Etablierung dieser verschuldensunabhängigen Haftung und der damit verbundenen Beweislastumkehr verstößt der EuGH gegen den strafrechtlichen *nulla poena sine lege* Grundsatz.[1371] Die Unionsorgane setzten sich gesetzeskorrigierend über eine bewusst, also planmäßig, getroffene Entscheidung des Gesetzgebers hinweg und agieren deshalb nach der hier getroffenen Definition *contra legem*. Eine Rechtsfortbildung in diesem Sinne kann es aber nicht geben. Sie stellt eine absolute Grenze der Rechtsfortbildung dar, so dass es auf eine Abwägung im oben erwähnten Sinne nicht (mehr) ankommt und die Kartellrechtspraxis nicht auf die Fortbildung des Unternehmensbegriffs gestützt werden kann.

Im Übrigen führt der Verstoß gegen das Schuldprinzip aufgrund der Verknüpfung von Verhältnismäßigkeit und Schuld auch zur Unverhältnismäßigkeit der Rechtsfortbildung und Unzulässigkeit einer Durchbrechung des Trennungsprinzips, so dass eine Abwägung ohnehin zu Lasten der Effektivität gehen würde.

Dieses Ergebnis wird durch einen Blick auf die verbleibenden absoluten Grenzen noch bestätigt. Es wurde herausgearbeitet, dass es sich bei der aktuellen Sanktionspraxis materiell nicht mehr um Geldbußen, sondern Geldstrafen handelt, die dem Kriminalstrafrecht zuzuordnen sind. Daher finden nicht nur die strafrechtlichen Fundamentalgarantien in uneingeschränkter Weise Anwendung, sondern die Kommission müsste auch über eine entsprechende Kompetenz verfügen. Eine

1371 *Kling*, WRP 2010, 506 (510).

kriminalstrafrechtliche Ermächtigung zum Erlass von Kartellstrafen haben die Mitgliedstaaten aber der Union bis heute nicht übertragen. Es existiert somit nicht nur keine Grundlage für eine verschuldensunabhängige Haftung, sondern es fehlt bereits an einer Grundlage, auf die der Erlass strafrechtlicher Sanktionen gestützt werden könnte. Die Praxis verstößt folglich auch unter diesem Aspekt gegen den *nulla poena sine lege* Grundsatz als strafrechtlichem Grundprinzip. Zugleich liegt hierin natürlich auch eine Verletzung des Vorbehalts des Gesetzes. Indem der EuGH diese Praxis gutheißt, sie durch das Rechtsinstitut der wirtschaftlichen Einheit sogar noch versucht, rechtsfortbildend zu legitimieren, verletzt er den Grundsatz der vertikalen Kompentenzverteilung, da er der Union zu einer Ermächtigungsgrundlage verhilft, die sie nicht besitzt. Dadurch verletzt er seinen aus Art. 19 EUV folgenden Auftrag, das Recht, zu dem auch der sich aus Art. 5 Abs. 2 EUV ergebende Grundsatz der vertikalen Kompetenzverteilung gehört, im Rahmen der Rechtsfortbildung zu wahren. Durch den Effektivitätsgrundsatz dürfen die Harmonisierungsmöglichkeiten nicht erweitert werden. Zumindest der Höhe nach muss die Kartellrechtspraxis daher zu Gunsten der Souveränität der Mitgliedstaaten als unzulässig betrachtet werden.

Last but not least verstößt die Praxis auch gegen das auch auf Unionsebene zu berücksichtigende Analogieverbot zu Lasten des (Straf-)Täters. Da die Rechtsfortbildung im Ergebnis dazu führt, dass die am Kartellrechtsverstoß unbeteiligte Muttergesellschaft in die eigentliche Haftung der Tochtergesellschaft hineingezogen wird, wirkt sich das Richterrecht strafbegründend aus. Eine strafbegründende Fortbildung des Rechts stellt aber einen Verstoß gegen das Analogieverbot als absoluter Grenze der Rechtsfortbildung dar.

5. Kapitel: Gesamtergebnis, Ausblick und Zusammenfassung der Ergebnisse in Thesen

Im Ergebnis handelt es sich bei der Aufspaltung des Unternehmensbegriffs nicht nur um Richterrecht *contra legem*, sondern sie verletzt kumulativ die weiteren absoluten Grenzen der Rechtsfortbildung. Die durch sie begründete Inanspruchnahme der Konzernmutter für fremde Kartellrechtsverstöße kann daher nicht mehr auf Art. 23 Abs. 2 VO 1/2003 als allgemeine Rechtsgrundlage des Kartellbußgeldrechts gestützt werden. Diese Strukturhaftung ist dem geltenden (Kartell-)Recht nicht nur fremd, sondern hat in ihm auch keinen Platz.[1372]

A. Gesamtergebnis

Der Gerichtshof verletzt gleich mehrfach in nicht mehr zu rechtfertigender Weise seinen aus Art. 19 EUV folgenden Rechtsschutzauftrag, der zugleich seine Befugnis zur Rechtsfortbildung einschränkt. Die durch Richterrecht begründete Praxis steht insgesamt in einem Spannungsfeld mit allgemeinen und rechtsstaatlichen Rechtsgrundsätzen des Unionsrechts. Auch wenn das Kartellrecht also ein ständiger Abwägungsprozess der entgegenstehenden Interessen von Unternehmen und effektivem Wettbewerbsschutz ist, lässt sich die Praxis, die Konzernmutter für einen Kartellrechtsverstoß ihrer Tochter in Anspruch zu nehmen, an dem sie selbst nicht beteiligt war, nicht mehr im Wege einer Abwägung dieser Interessen rechtfertigen. Ungeachtet der Verstöße gegen die absoluten Grenzen der Rechtsfortbildung geht die Unionspraxis ausschließlich zu Lasten fundamentaler Prinzipien aus Sicht der Unternehmen, so dass ihre Rechte entgegen einer Abwägung im Sinne der praktischen Konkordanz völlig verdrängt werden. Die Unionsorgane und insbesondere der EuGH müssen sich an die ihnen gesetzten Grenzen halten. Das sind aber die allgemeinen Rechtsgrundsätze, die hier vollständig verdrängt werden. So nachvollziehbar und löblich die Intention ist, die reale Gefahr von Missbräuchen einer Tochtergesellschaft durch ihre sie beherrschende Mutter mit Hilfe der Extension des Unternehmensbegriffs aus dem unionsrechtlichen Binnenmarkt zu verbannen, so wenig darf sich hierzu rechtsstaatswidriger Praktiken bedient werden. Eine effektive Kartellrechtsdurchsetzung um jeden Preis existiert nicht. Der Zweck heiligt eben nicht jedes Mittel, so dass sich die auf Richterrecht gestützte Praxis nicht nur als dem Kartellrecht fremde[1373], sondern auch rechtsstaatswidrige Strukturhaftung (*contra legem*) erweist und damit unzulässig ist.

1372 *Einhaus*, ELR 2009, 374 (380f.).
1373 So bereits *Kling*, WRP 2010, 506 (510).

Das hat zur Folge, dass die Verfahrensweisen der Kommission und Unionsgerichte, die nicht am Kartellverstoß beteiligte Konzernmutter für einen Wettbewerbsrechtsverstoß ihrer (nahezu) 100%igen Tochter haften zu lassen, nicht mehr unter die Rechtsgrundlage der Kartellhaftung, Art. 23 Abs. 2 VO 1/2003, subsumiert werden können. Da es andere zum Erlass einer Kartellsanktion ermächtigende Rechtsgrundlagen im Unionsrecht nicht gibt und die Frage der Haftung von Konzerngesellschaften für Verstöße anderer Konzerngesellschaften auch sonst nicht geregelt ist,[1374] verstößt die Praxis letztlich gegen den Vorbehalt des Gesetzes in seiner strafrechtlichen Form: *nulla poena sine lege.* Die Inanspruchnahme der Konzernmutter ist *de lege lata* unzulässig. Sie stellt damit einen weiteren Kriegsschauplatz im Rahmen der Frage um die Rechtsstaatlichkeit des Kartellbußgeldverfahrens dar.

B. Ausblick

De lege lata ist der sukzessive Rückgriff auf die Konzernmutter für einen durch ihre Tochtergesellschaft begangenen Kartellrechtsverstoß gemessen am weltweiten Umsatz des Konzerns auf Grundlage der geltenden Rechtsprechung folgerichtig nicht möglich. Zwar wäre es denkbar, den Unternehmensbegriff so weiterzuentwickeln, dass er diese Frage mitumfasst. Im Ergebnis scheitert dieser Ansatz aber an den massiven Konflikten, die dadurch heraufbeschworen werden. Im Ergebnis ist also *Pohlmann* zuzustimmen, nach der der Unternehmensbegriff die Frage des Rückgriffs auf die Konzernmutter nicht umfasst.[1375]

Dogmatisch vorzugswürdiger erschiene es ohnehin, für die Mithaftung der Muttergesellschaft nicht an ein positives Tun, sondern ein Unterlassen anzuknüpfen, und sie so für den Kartellrechtsverstoß ihrer Tochter verantwortlich zu machen.[1376] Das liegt schon deshalb nahe, weil die in Artt. 101, 102 AEUV normierten Wettbewerbsverstöße auch durch Unterlassen begangen werden können und ein entsprechendes Verhalten auch von Art. 23 VO 1/2003 umfasst ist.[1377]

Vorteil dieses Ansatzes aus hiesiger Sicht, aber Nachteil aus Sicht der Unionsorgane, wäre zum einen, dass die Figur der wirtschaftlichen Einheit praktisch obsolet werden würde. Das würde zwar dazu führen, dass die Kartellstrafe nicht mehr

---

1374 *Riesenkampff*, in: FS Loewenheim, 529 (530f.).

1375 *Pohlmann*, S. 42, 356.

1376 *Pohlmann*, S. 376; *Karst*, WuW 2012, 150 (155); *Einhaus*, ELR 2009, 374 (381); *Hofstetter/Ludescher*, in: FS Büren, 485 (495), bejahen die Verantwortung der Gesellschaft auch „wenn ihre Organe weder selbst kartelliert noch Kenntnis des wettbewerbswidrigen Verhaltens [hatten]", wenn die Beachtung von Sorgfaltspflichten durch die Organe unterlassen wurde. S. dazu auch *Schünemann*, in: Schünemann/González, Bausteine des europäischen Wirtschaftsstrafrechts, 1994, 265 (274f.). Dieser Gedanke ließe sich auch auf das Verhältnis von Mutter- und Tochterunternehmen übertragen. Vgl. auch *Koppensteiner*, GPR 2010, 92 (93).

1377 *Dannecker/Fischer-Fritsch*, S. 275; *Schneider/Engelsing*, in: MüKo-EuWettbR, Art. 23 VO 1/2003, Rn. 40.

am weltweiten Umsatz des Konzerns bemessen werden könnte. Denn im Endeffekt trägt das Abstellen auf den Konzernumsatz maßgeblich zu den Rekordbußgeldern und damit auch dem materiellen Charakter der Sanktionen bei. Dem stünde aber entgegen, dass mit einer Abkehr von der wirtschaftlichen Einheit dem Kartellverfahren nicht nur zu weitaus mehr Rechtsstaatlichkeit verholfen würde, sondern sich auch das Durchsetzungsproblem praktisch in Luft auflösen würde. Vorteile, die das Defizit und im Hinblick auf die Effektivität zugleich fragliche Argument möglichst hoher Sanktionen im Rahmen der Abwägung klar überwiegen.

Ein Unterlassen einem wettbewerbswidrigen Tun gleichzustellen würde jedoch voraussetzen, dass eine Pflicht der Konzernmutter bestünde, den Wettbewerbsverstoß ihrer Tochter zu verhindern. Denn nur in diesem Falle wäre das Unterlassen einem eigenen (Wettbewerbs-) Verstoß gleichzustellen.[1378] Kommission und EuGH scheinen beide von einer solchen Pflicht auszugehen. Während das Gericht der Ansicht ist, dass bereits die „zentrale Stellung" eines Unternehmens zu der Pflicht führen kann, im Widerspruch zu den Wettbewerbsregeln stehende Verhaltensweisen zu verhindern,[1379] wird eine solche Aussage der Kommission von der Literatur aus der Entscheidung *Johnson & Johnson*[1380] geschlussfolgert.[1381] Eine Begründung für eine solche Pflicht ergibt sich aus der Kommissionsentscheidung indessen nicht.[1382]

Denkbar wäre es, eine solche entweder mit dem Bestehen gesellschaftsrechtlicher Aufsichtspflichten[1383] oder einer Garantenstellung der beherrschenden Gesellschaft gegenüber ihrer Tochter[1384] zu begründen. Ob eine konzernrechtliche Aufsichtspflicht besteht, ist dabei genauso fraglich wie das Bestehen einer Garantenpflicht der Muttergesellschaft für ihre Töchter. Während einerseits ersterer zum Teil eine Unvereinbarkeit mit den Grundsätzen des deutschen Gesellschaftsrechts nachgesagt wird,[1385] andererseits im Falle eines Anteilsbesitzes von 100% durchaus von einer Aufsichtspflicht ausgegangen wird,[1386] ist im Rahmen der Garantenstellung schon fraglich, ob diese in einem Unternehmen bestehen kann,[1387] so dass dies erst recht

---

1378 *Pohlmann*, S. 377.

1379 EuGH v. 7.6.1983 – Rs. C-100/80, Slg. 1983, 1825 (1898), Rz. 75 – *Musique Diffusion française/Kommission.*

1380 KOMM v. 25.11.1980 – IV/29.702, ABl. 1980 L 377/16 – *Johnson & Johnson.*

1381 *Lipowsky*, S. 237; s. auch *Pohlmann*, S. 376.

1382 *Lipowsky*, S. 237.

1383 Vgl. *Koppensteiner*, GPR 2010, 92 (93).

1384 *Lipowsky*, S. 237ff.; *Tiedemann*, NJW 1979, 1849 (1852); s. auch *Schünemann*, in: Schünemann/González, Bausteine des europäischen Wirtschaftsstrafrechts, 1994, 265 (274f.).

1385 *Koppensteiner*, GPR 2010, 92 (93); *Pohlmann*, S. 377 je m.w.N.

1386 *Tiedemann*, NJW 1979, 1849 (1852). Nach der Möglichkeit einer Einflussnahme differenzierend und im Ergebnis ebenfalls bejahend *Karst*, WuW 2012, 150 (151f.) m.w.N.

1387 *Schünemann*, in: Schünemann/González, Bausteine des europäischen Wirtschaftsstrafrechts, 1994, 265 (274f.).

für die Frage gelten dürfte, ob eine Garantenstellung der herrschenden Muttergesellschaft für die beherrschte Tochter bestehen kann.

Am praktikabelsten erscheint es daher, eine Pflicht zur Vermeidung von Wettbewerbsverstößen nicht an das Gesellschaftsrecht oder eine Garantenpflicht zu knüpfen, sondern sie direkt aus den generalklauselartig[1388] formulierten Tatbeständen des europäischen Wettbewerbsrechts zu schlussfolgern. Ähnlich wie es der BGH[1389] im deutschen Wettbewerbsrecht macht, könnte davon ausgegangen werden, dass die Konzernmutter bereits eine wettbewerbsrechtliche Verkehrssicherungspflicht trifft, Dritte vor Kartellrechtsverstößen durch ihre Tochtergesellschaften zu schützen, so dass sich hieraus die Pflicht ergeben kann, solche Verstöße zu verhindern. Im Zweifel ließe sich eine solche auch unter Zuhilfenahme des *effet utile* Grundsatzes begründen.

De facto würde dies aber zu einer konzernrechtlichen Aufsichtspflicht führen, wenn auch unter dem Deckmantel des Wettbewerbsrechts, die von Teilen der Literatur aufgrund ihrer Unvereinbarkeit mit dem nationalen Gesellschaftsrecht abgelehnt wird. Denn letztlich beruht der Grund für die Verkehrssicherungspflicht auf der „Gefahr“, die von der Tochtergesellschaft für den Wettbewerb ausgeht.

Man könnte sich natürlich auf den hier eigentlich nicht vertretenen Standpunkt stellen und wie im Rahmen des Trennungsgrundsatzes argumentieren, dass Gesellschafts- bzw. Konzernrecht und Wettbewerbsrecht zwei verschiedene Paar Schuhe seien. Danach führt die Ablehnung einer konzernrechtlichen Aufsichtspflicht nicht notgedrungen dazu, auch eine wettbewerbsrechtliche negieren zu müssen. Selbst wenn man aber darüber hinwegsehen würde, bliebe ein weiteres Problem bestehen: Und das ist der Nachweis einer verschuldeten Aufsichtspflichtverletzung.

Unabhängig davon, ob man die Pflicht der Konzernmutter auf eine gesellschaftsrechtliche oder wettbewerbsrechtliche Aufsichtspflicht bzw. eine Garantenpflicht stützt, müsste die Kommission den Beweis dafür erbringen, dass die Konzernmutter ihre Pflicht schuldhaft verletzt hat, das heißt nicht alles Mögliche und Zumutbare getan hat, um den Verstoß zu verhindern. An dem Problem, der Muttergesellschaft einen vorsätzlichen oder fahrlässigen Wettbewerbsverstoß nachzuweisen, würde sich folglich nicht viel ändern. Der Kommission wird dieser Nachweis auch dann nur selten gelingen, wenn man den Verstoß gegen die Artt. 101, 102 AEUV auf ein Unterlassen stützt. Eine Beweislastumkehr würde auch hier einen Verstoß gegen den *in dubio pro reo* Grundsatz begründen und eine Beweislasterleichterung mit dem *nemo tenetur* Prinzip in Konflikt geraten.

Eine Entscheidung des Streits, ob die Verantwortlichkeit der Konzernmutter auf ein Unterlassen gestützt werden kann sowie die damit verbundene Frage nach einer Pflicht der Muttergesellschaft, Wettbewerbsverstöße ihrer Töchter zu verhindern, kann folglich offen bleiben. Wollen Kommission und Unionsgerichte in

1388 *Dannecker/Biermann*, in: Immanga/Mestmäcker, WettbR-EU, Band 1/Teil 2, Vor. Art. 23 VO 1/2003, Rn. 47; *Tiedemann*, in: FS Jescheck, 1411 (1425).

1389 BGHZ, 173, 188 = NJW 2008, 758.

der Zukunft auf die Muttergesellschaft zurückgreifen, ohne in Konflikt mit allgemeinen Rechtsgrundsätzen zu geraten, bleibt nicht viel anderes übrig, als dass der Unionsgesetzgeber tätig wird und eine Rechtsgrundlage schafft, auf die *de lege ferenda* die Inanspruchnahme der Konzernmutter für Wettbewerbsverstöße ihrer Töchter gestützt werden kann.[1390] Wie sich anhand der schon jetzt auftretenden Kritik um die §§ 81 Abs. 3a-c, 81a RefE-GWB in Deutschland zeigt,[1391] dürfte es jedoch nicht damit getan sein, die Rechtspraxis des EuGH einfach in Gesetzesform zu gießen. Im Hinblick auf die mit dem RefE-GWB verbundene Angleichung an das europäische Recht, darf schon jetzt die Prognose erstellt werden, dass es nur eine Frage der Zeit sein dürfte, bis sich das Bundesverfassungsgericht mit der Frage der Verfassungsmäßigkeit der Normen auseinanderzusetzen haben dürfte. Ausgehend davon, dass das Gericht sich als zur Überprüfung dieser Frage zuständig ansieht und als Überprüfungsmaßstab das Grundgesetz herangezogen wird,[1392] dürften sich die angesprochenen Probleme bald auch auf nationaler Ebene und aus nationaler Sicht stellen. Soweit den Kritikern der EuGH Rechtsprechung bisher vorgeworfen wurde, das Unionsrecht aus rein deutscher Sicht zu beurteilen und nicht als autonome Rechtsordnung,[1393] wird die im Rahmen der unionsrechtlichen Sanktionspraxis geäußerte Kritik auf nationaler Ebene umsomehr Widerhall finden.[1394]

C. Zusammenfassung aller Ergebnisse in Thesen

1. Geldbußen können gemäß Art. 23 Abs. 2 VO 1/2003 nur gegen das Unternehmen verhängt werden, das auch gegen die Artt. 101, 102 AEUV schuldhaft verstoßen hat. In Konzernsachverhalten ist dies die wirtschaftliche Einheit Konzern.
2. Der in diesem Zusammenhang verwendete Begriff der wirtschaftlichen Einheit definiert die Voraussetzungen, unter denen auch der Konzern bzw. der

1390 Zustimmend *Bauer/Anweiler*, ÖZK 2011, 71 (78); auch *Pohlmann*, S. 57, 427, die bereits in ihrer Habilitationsschrift forderte, „Regeln dafür zu entwickeln, unter welchen Voraussetzungen ein Unternehmensverbund einem Einheitsunternehmen gleichzustellen ist und welche Rechtsfolge diese Gleichstellung auslöst".

1391 S. dazu exemplarisch *Bretter/Thomas*, WuW 2016, 336.

1392 Offen diesbezüglich Monopolkommission, Sondergutachten 72 (2015), Rn. 128; kritisch insoweit *Weck*, WuW 2016, 404 (407), der darauf hinweist, dass das BVerfG den Anwendungsvorrang des Unionsrechts „solange" respektiert, wie nicht der Kernbereich der deutschen Verfassung berührt ist. Gleichwohl dürfte dies aufgrund der betroffenen rechtsstaatlichen Fundamentalgarantien, insbesondere des Strafrechts, nicht ausgeschlossen sein, so auch *Brettel/Thomas*, Compliance und Unternehmensverantwortlichkeit im Kartellrecht, S. 46, 53ff.; a.A. Monopolkommission, Sondergutachten 72 (2015), Rn. 126ff., die einen Verstoß gegen wesentliche verfassungsrechtliche Prinzipien nicht erkennt.

1393 Monopolkommission, Sondergutachten 72 (2015), Rn. 64f.; vgl. *Weck*, WuW 2016, 404 (407).

1394 A. A. ist wieder um die Monopolkommission, vgl. Monopolkommission, Sondergutachten 72 (2015), Rn. 126ff.

Unternehmensverbund ein Unternehmen im Sinne einer eine wirtschaftliche Tätigkeit ausübenden Einheit ist. Die beiden Begriffe sind nicht synonym.

3. Ist die wirtschaftliche Einheit Täterin des Kartellrechtsverstoßes, muss sie auch Adressat der Sanktion sein. Das stellt die Unionsorgane vor folgendes Problem: Nach Art. 299 AEUV kann die Geldbuße nur gegen einen rechtsfähigen Vollstreckungsschuldner durchgesetzt werden. Dazu zählt der Konzern nicht. Um die fehlende Vollstreckbarkeit dennoch zu umgehen, teilt die Kommission ihre Sanktionspraxis in zwei Schritte auf. Es wird in einem ersten Schritt weiterhin auf die wirtschaftliche Einheit als Täterin abgestellt und anhand ihres Umsatzes auch das Bußgeld bemessen. In einem zweiten Schritt wird aber auf die rechtsfähige Konzernmutter abgestellt, gegen die die Sanktion letztlich vollstreckt werden kann.
4. Praktisch ist diese Vorgehensweise gut nachvollziehbar, weshalb sie auch von den Unionsgerichten bestätigt wird. Alle Beteiligten bleiben aber eine Antwort schuldig, auf welche Rechtsgrundlage sie die sukzessive Inanspruchnahme der Muttergesellschaft stützen und wie diese dogmatisch zu begründen ist. In Betracht kommt hier nur eine (extensive) Auslegung des Unternehmensbegriffs oder eine Zurechnung.
5. Mit dem Gedanken der Zurechnung arbeitet der EuGH auf Rechtsfolgenseite. Allerdings fehlt es für eine Zurechnung bereits an den dafür erforderlichen Voraussetzungen, zumindest an einer Rechtsgrundlage, auf die diese gestützt werden könnte.
6. Im Vordergrund der Auslegung stehen systematisch-teleologische Erwägungen. Die Systematik spricht aufgrund der Einheitlichkeit des Unternehmensbegriffs gegen seine Aufspaltung im Sinne der Unionspraxis. Der Teleologie nach ließe sie sich indessen rechtfertigen. Denn das Vertragsziel eines effektiven Wettbewerbsrechts kann nur erfüllt werden, wenn die mit einem Verstoß hiergegen verbundenen Sanktionen auch durchgesetzt werden können. Art. 103 AEUV ermächtigt insoweit nur zu zweckdienlichen Verordnungen.
7. Streng genommen und vor allem ein deutsches Verständnis zu Grunde gelegt handelt es sich dabei aber nicht mehr um Auslegung, sondern um Rechtsfortbildung. Denn nach dem zum Unternehmensbegriff Gesagten, umfasst dieser kein Unternehmen, das nur zu Zwecken der Durchsetzung partiell rechtsfähig ist. Durch die Methoden der Unionsorgane wurde daher ein neuer Unternehmensbegriff geschaffen. Einer dogmatisch exakten Einordnung kommt indessen eine nur untergeordnete Bedeutung zu. Zum einen ist es aufgrund der fließenden Grenze ohnehin kaum möglich, eine solche präzise zu ziehen. Zum anderen differenziert auch der EuGH nicht streng zwischen Auslegung und Rechtsfortbildung. Im Ergebnis sind an beide dieselben Anforderungen zu stellen.
8. Auch, wenn die Aufspaltung des Unternehmensbegriffes aufgrund des Sinn und Zwecks streitbar, da durch die Einführung eines wirtschaftlichen Unternehmensbegriffs selbst verschuldet, ist, wird der Lösungsalternative, zu einer ausschließlichen Haftung des wahren Täters (Konzerntochter) zurückzukehren,

zu Recht der Vorwurf gemacht, ein nicht unerhebliches Missbrauchspotential zu beinhalten.

9. Da unter Effektivitätsgesichtspunkten immer derjenigen Auslegungsvariante der Vorzug zu geben ist, die der Norm zur vollen Wirksamkeit verhilft, ist eine Abkehr vom wirtschaftlichen Unternehmensbegriff abzulehnen und die Aufspaltung des Unternehmensbegriffs in einen nicht rechtsfähigen und einen rechtsfähigen unter Berücksichtigung teleologischer Effektivität zu bejahen.
10. Auch, wenn die Aufspaltung entsprechend begründet werden kann, ergibt sich daraus nicht zugleich auch ihre Zulässigkeit. Dem EuGH sind im Rahmen der Rechtsfortbildung klare und weniger klare, absolute und relative Grenzen gesetzt. In keinem Fall darf er das Recht entgegen dem ausdrücklich geäußerten Willen des Unionsgesetzgebers fortbilden: Kein Richterrecht *contra legem*. Genauso wenig darf er auf diesem Wege das Prinzip des institutionellen Gleichgewichts umgehen, indem Kompetenzen begründet werden, die der Union von den Mitgliedstaaten nicht übertragen wurden. Darüber hinaus ist er an alle objektivierbaren Grundsätze des Rechts gebunden. Positiv kommt diese Bindung an materiell rechtliche Grundsätze in Art. 19 EUV zum Ausdruck. Der Gerichtshof hat im Rahmen der Rechtsfortbildung das Recht zu wahren. Voraussetzung zulässigen Richterrechts ist also immer auch, dass das Ergebnis mit den gegenläufigen Interessen abgewogen wird, um eine unkontrollierte Ausweitung zu verhindern.
11. Zu diesen Rechten gehören alle aus dem Unionsrecht ableitbaren Grundsätze wie der gesellschaftsrechtliche Trennungsgrundsatz oder der Wesentlichkeitsgrundsatz. Von besonderer Bedeutung und stets Maßstab der Rechtsfortbildung sind daneben die den Verfassungstraditionen der Mitgliedstaaten entnommenen und als ungeschriebenes Primärrecht inkorporierten allgemeinen Rechtsgrundsätze. Dazu gehören vor allem das Analogieverbot, der Bestimmtheitsgrundsatz, der Verhältnismäßigkeitsgrundsatz, das Schuldprinzip sowie der Vorbehalt des Gesetzes mit all seinen Ausprägungen.
12. Die Untersuchung hat gezeigt, dass es sich bei den Geldbußen tatsächlich um Geldstrafen handelt, für die die Union keine Kompetenz besitzt. Ihr Erlass ist folglich auch nicht von der Rechtsgrundlage des Art. 23 Abs. 2 VO 1/2003 umfasst. Indem der Gerichtshof die Sanktionspraxis der Kommission dennoch bestätigt und ihr dadurch eine entsprechende Kompetenz verschafft, verstößt er nicht nur gegen das Prinzip des institutionellen Gleichgewichts, sondern auch gegen den *nulla poena sine lege* Grundsatz als strafrechtliche Ausprägung des Vorbehalts des Gesetzes.
13. Die Zuordnung zum Strafrecht hat die Anwendbarkeit des Analogieverbots zu Lasten des Täters zu Folge, gegen das die Rechtsfortbildung des Unternehmensbegriffs ebenfalls verstößt.
14. Gleichzeitig verletzt die Rechtsprechung auch allgemeine Grundsätze des Unionsrechts. Zum einen handelt es sich bei der Frage, wer für einen Wettbewerbsverstoß gemessen an welchem Umsatz haftet, um eine so wesentliche, dass ihre Beantwortung nicht der Judikative überlassen bleiben darf. Der

Unionsgesetzgeber ist aufgrund des Wesentlichkeitsgrundsatzes verpflichtet, sie selbst zu regeln. Diese Auffassung korrespondiert mit der Tatsache, dass die Vorgehensweise auch gegen den gesellschaftlichen Trennungsgrundsatz als kodifiziertem Bestandteil des Primärrechts verstößt. Zwar sind Ausnahmen respektive Durchbrechungen der Selbstständigkeit einer Gesellschaft grundsätzlich denkbar. Die bloße Beherrschung der Tochtergesellschaft durch ihre Muttergesellschaft reicht dafür aber grundsätzlich nicht aus. Etwas Anderes könnte man unter Berücksichtigung der Effektivität dann annehmen, wenn die Muttergesellschaft ihre Macht widerrechtlich ausnutzt. Dies vermuten die Unionsorgane zwar. Die Vermutung kollidiert allerdings mit dem *in dubio pro reo* Grundsatz, so dass die Voraussetzungen für eine legitime Durchgriffshaftung nicht vorliegen.

15. Unabhängig davon gerät die nicht in der Norm angelegte sukzessive Haftung der Konzernmutter für einen Kartellrechtsverstoß der wirtschaftlichen Einheit bzw. ihrer Tochtergesellschaft auch in Konflikt mit dem (strafrechtlichen) Bestimmtheitsgrundsatz, *nulla poena sine lege certa*. Ähnlich wie schon im Rahmen des Wesentlichkeitsprinzips muss der Norm klar zu entnehmen sein, wer Bußgeldadressat ist und unter welchen Voraussetzungen. Es bestehen bereits berechtigte Zweifel daran, ob die wirtschaftliche Einheit, die letztlich die Voraussetzungen bestimmt, wann der Konzern ein Unternehmen darstellt, mit dem Bestimmtheitsgrundsatz in Einklang steht. Das darüber hinaus im Unternehmensbegriff auch noch die Möglichkeit enthalten sein soll, für den Verstoß dieses Unternehmens auf die Konzernmutter zurückzugreifen, ist vor allem unter Berücksichtigung des strafrechtlichen Bestimmtheitsgrundsatzes nicht mehr mit diesem zu vereinbaren.
16. Durch die Praxis der Unionsorgane, die Muttergesellschaft für ein am Umsatz des Konzerns bemessenes Bußgeld in Anspruch zu nehmen, gerät sie zusätzlich in Konflikt mit dem Verhältnismäßigkeitsgrundsatz. Schließlich spiegelt die Sanktion nicht, wie lange behauptet, die wirtschaftliche Leistungsfähigkeit des sanktionierten Unternehmens wider. Auch wenn man diesen Aspekt ablehnt, weil sich die Unionsorgane im Falle der „*inability to pay*" aus der Unverhältnismäßigkeit retten können, steht die Verhältnismäßigkeit in Frage, weil sie nicht mehr in Relation zur Schuld des bestraften Unternehmens steht.
17. Der Konzernmutter selbst kann nämlich kein eigener Schuldvorwurf, den der Wortlaut des Art. 23 Abs. 2 VO 1/2003 aber voraussetzt, gemacht werden. Ein solcher ließe sich nur begründen, wenn die Muttergesellschaft tatsächlich in einer wettbewerbsrelevanten Weise auf ihre Tochtergesellschaften Einfluss genommen hätte. Da die Kommission in der Regel nicht in der Lage ist, dies auch zu beweisen, dreht sie den Spieß um und zwingt die Muttergesellschaft zu beweisen, dass sie keinen beherrschenden Einfluss auf ihre Tochter ausgeübt hat. Obwohl vor allem der EuGH die Widerlegbarkeit dieser Vermutung betont, hat sie sich in der Praxis als weitgehend unwiderlegbar erwiesen. Die Unmöglichkeit der Widerlegung führt denn auch dazu, dass die Beweislastumkehr

nicht mit dem aus dem Schuldprinzip folgenden *in dubio pro reo* Grundsatz zu vereinbaren ist.

18. Die Unionsorgane verstoßen mit der kritisierten Praxis gegen absolute und relative Grenzen gleichermaßen. Daraus folgt die Unzulässigkeit der Rechtsfortbildung. Eine effektive Durchsetzung des Kartellrechts um jeden Preis gibt es nicht.
19. Eine Alternative könnte es darstellen, die Konzernmutter aufgrund eines Unterlassens ihrer konzernrechtlichen oder wettbewerbsrechtlichen Aufsichtspflichten gegenüber der von ihr beherrschten Töchter haften zu lassen. Das Beweisproblem wird aber auch dadurch nicht gelöst. Denn es bliebe der Kommission überlassen, zu beweisen, dass die Muttergesellschaften diesen Pflichten schuldhaft nicht nachgekommen sind, was ihr in der Regel dieselben praktischen Probleme bereiten dürfte, wie es das heute schon tut.
20. Eine Möglichkeit, die Konzernmutter für einen durch ihre Tochtergesellschaft begangenen Kartellrechtsverstoß am Umsatz des Konzerns haften zu lassen, gibt es *de lege lata* nicht. Eine rechtsstaatliche Lösung des Problems kann *de lege ferenda* daher nur der Unionsgesetzgeber schaffen.

Literaturverzeichnis

Achenbach, Hans: Verfassungswidrigkeit variabler Obergrenzen bei Kartellrechtsverstößen, WuW 2002, S. 1154–1162.

_. Grauzement, Bewertungseinheit und Bußgeldobergrenze, WuW 2013, S. 688–706.

Ackermann, Thomas: Prävention als Paradigma: Zur Verteidigung eubes effektiven kartellrechtlichen Sanktionssystems, ZWeR 2010, S. 329–352.

_. Grundrechte juristischer Personen im kartellrechtlichen Sanktionenverfahren: Ein Reformhindernis?, NZKart 2015, S. 17–24.

Aden, Menno: Rechtsfähigkeit des Konzerns, DZWIR 2011, 89–92.

Andenas, Mads/ Wooldridge, Frank: European Comparative Company Law, Cambridge 2009.

Anweiler, Jochen: Die Auslegungsmethoden des Gerichtshofs der Europäischen Gemeinschaften, zugleich Diss.iur., Frankfurt a.M. 1997 (zit.: *Anweiler*, S.).

v. Arnim, Christoph: U.S. Corporation und Aktiengesellschaft im Rechtsvergleich Haftungsdurchgriff im deutschen Kapitalgesellschaftsrecht und Piercing the Corporate Veil im Recht der U.S.-amerikanischen Corporation, NZG 2000, S. 1001–1008.

van Bael, Ivo: Due Process in EU Competition Proceedings, New York 2011.

_. Fining à la Carte: The Lottery of EU Competition Law, ECLR 1995, S. 237–243.

Bälz, Ulrich: Verbundene Unternehmen, AG 1992, S. 277–311.

Bahnmüller, Marc: Strafrechtliche Unternehmensverantwortlichkeit im europäischen Gemeinschafts- und Unionsrecht, zugleich Diss.iur., Frankfurt a.M. 2004 (zit.: *Bahnmüller*, S.).

Bakst, David S. Piercing the Corporate Veil for Enviromental Torts in the United States and the European Union: The Case for the Proposed Civil Liability, ICLR 1996, S. 323–351.

Barbier de La Serre, Éric/Winckler, Charlotte: Legal Issues Regarding Fines Imposed in EU Competition Proceedings, JoECLaP 2010, S. 327–347.

Barnikel, Hans-Heinrich (Hrsg.): Theorie und Praxis der Kartelle, Darmstadt 1972 (zit.: *Bearbeiter*, in: Theorie und Praxis der Kartelle).

Baudisch, Ilja: Die Rechtsstellung des Unternehmens in grenzüberschreitenden Kartellverfahren, FIW-Schriftenreihe Heft 224, Köln 2009 (zit.: *Baudisch*, S.).

Bauer, Günter/Anweiler, Jochen: EuG: Verneinung der Haftung einer Muttergesellschaft für Kartellrechtsverletzungen ihrer 100%igen Tochtergesellschaft, ÖZK 2011, S. 71–79.

Bauer, Günter/Reisner, Nina: Erweiterte Zurechnung des Verhaltens Dritter bei der Festsetzung von Geldbußen im EG-Kartellrecht?, WuW 2007, S. 737–746.

Bechtold, Rainer/Bosch, Wolfgang/Brinker, Ingo (Hrsg.): EU-Kartellrecht, Kommentar, 3. Aufl., München 2014 (zit.: *Bechtold/Bosch/Brinker*, EU-Kartellrecht).

–./Bosch, Wolfgang: Der Zweck heiligt nicht alle Mittel, ZWeR 2011, S. 160–169.

_. Rechtsstaatliche Defizite im europäischen und deutschen Kartell-Bußgeldverfahren, in: Möschel, Wernhard (Hrsg.), 50 Jahre Wettbewerbsgesetz in Deutschland und Europa, Baden-Baden 2010, S. 61–68 (zit.: *Bechtold*, in: 50 Jahre Wettbewerbsgesetz in Deutschland und Europa).

_. Hat Luxemburg Angst vor Straßburg? NZKart 2015, 161–162.

Becker, Rainer: Kartellrechtliche Schadensersatzklagen á l`américaine?, in: Möschel, Wernhard/Bien, Florian (Hrsg.), Kartellrechtsdurchsetzung durch private Schadenersatzklagen?, Baden-Baden 2010, S. 37–70 (zit.: *Becker*, in: Möschel/Bien, Kartellrechtsdurchsetzung durch private Schadenersatzklagen?).

Behrens, Peter: Der Wettbewerb im Vertrag von Lissabon, EuZW 2008, S. 193.

Beljin, Saša: Die Zusammenhänge zwischen dem Vorrang, den Instituten der innerstaatlichen Beachtlichkeit und der Durchführung des Gemeinschaftsrechts, EuR 2002, S. 351–376.

Berg, Werner/Karpenstein, Rolf: Änderungen der rechtlichen Grundlagen der EU durch den Vertrag von Amsterdam, EWS 1998, S. 77–83.

Berghahn, Volker R. The Americanisation of West German Industry 1945–1973, Leamington Spa 1986.

Bergmann, Jan (Hrsg.): Handlexikon der Europäischen Union, 5. Aufl., Baden-Baden 2015 (zit.: *Bearbeiter*, in: Bergmann, Handlexikon der Europäischen Union).

Berrisch, Georg M./Burianski, Markus: Kartellrechtliche Schadensersatzansprüche nach der 7.GWB - Novelle, WuW 2005, S. 878-888.

Berrisch, Georg/Jordan, Eve/Roldan, Rocio Salvador: E.U. Competition and Private Actions for Damages, The Symposium on European Competition Law, JILB 2004 (Vol. 24 Issue 3), S. 585–600.

Beukelmann, Stephan: Europäisierung des Strafrechts – Die neue strafrechtliche Ordnung nach dem Vertrag von Lissabon, NJW 2010, S. 2081–2086.

Biermann, Jörg: Neubestimmung des deutschen und europäischen Kartellsanktionenrechts: Reformüberlegungen, Determinanten und Perspektiven einer Kriminalsierung von Verstößen gegen das Kartellrecht, ZWeR 2007, S. 1–47.

Bischke, Alf-Henrik/Boger, Michael: Neue Praxis der Europäischen Kommission bei Schwierigkeiten von Unternehmen, eine kartellrechtliche Geldbuße zu bezahlen, NZG 2010, S. 1019.

Bitter, Georg/Rauhut, Tilman: Grundzüge zivilrechtlicher Methodik – Schlüssel zu einer gelungenen, JuS 2009, S. 289–298.

Bleckmann, Albert: Europarecht, 6. Aufl., Köln 1997.

Blumberg, Phillip I. Amerikanisches Konzernrecht, in: Lutter, Marcus (Hrsg.), Konzernrecht im Ausland, ZGR-Sonderheft 11, Berlin/New York 1994, S. 264–309 (zit.: *Bearbeiter*, in: Lutter, Konzernrecht im Ausland).

Bodenstein, Ines: Zurück zum bewährten Grundsatz: Wer handelt, haftet, NZKart 2015, S. 141–146.

Boecken, Winfried: BGB-Allgemeiner Teil, 2. Aufl., Stuttgart 2012 (zit.: *Boecken*, S. Rn.).

Böhm, Reinhard: Kompetenzauslegung und Kompetenzlücken im Gemeinschaftsrecht, zugleich Diss.iur., Frankfurt a.M. 1985 (zit.: *Böhm*, S.).

Böse, Martin: Strafen und Sanktionen im europäischen Gemeinschaftsrecht, zugleich Diss.iur., Köln 1996 (zit.: *Böse*, S.).

Bork, Reinhard: Zurechnung im Konzern, ZGR 1994, S. 237–265.

Bosch, Wolfgang: Haftung für kartellrechtswidriges Handeln der Tochtergesellschaft – Neue Rechtslage nach dem Urteil in der Rechtssache Elf Aquitaine/Kommission?, ZWeR 2012, S. 368–379.

_. Verantwortung der Konzerngesellschaft im Kartellrecht, ZHR 177 (2013), S. 454–474.

Brettel, Hauke/Thomas, Stefan: Unternehmensbußgeld, Bestimmtheitsgrundsatz und Schuldprinzip im novellierten deutschen Kartellrecht, ZWeR 2009, S. 25–64.

_. Der Vorschlag einer bußgeldrechtlichen „Konzernhaftung" nach § 81 Abs. 3a RefE 9. GWB-Novelle, WuW 2016, S. 336-341.

_. Compliance und Unternehmensverantwortlichkeit im Kartellrecht, Tübingen 2016.

Bronckers, Marco/Vallery Anne: No Longer Presumed Guilty? The Impact of Fundamental Rights on Certain Dogmas of EU Competition Law, World Competition 2011, S. 535–570.

Buck, Carsten: Über die Auslegungsmethoden des Gerichtshofs der Europäischen Gemeinschaft, zugleich Diss.iur., Frankfurt a.M. 1998 (zit.: *Buck*, S.).

Bürger, Christian: Die Haftung der Konzernmutter für Kartellrechtsverstöße ihrer Tochter nach deutschem Recht, WuW 2011, S. 130–140.

Buerstedde, Wolfgang: Juristische Methodik des Europäischen Gemeinschaftsrechts, zugleich Diss.iur., Baden-Baden 2006 (zit.: *Buerstedde*, S.).

Bulst, Friedrich Wenzel: Zum Problem der Schadensabwälzung und seiner Analyse durch das KG in „Transportbeton", in: Möschel, Wernhard/Bien, Florian (Hrsg.), Kartellrechtsdurchsetzung durch private Schadenersatzklagen?, Baden-Baden 2010, S. 225–265 (zit.: *Bulst*, in: Möschel/Bien, Kartellrechtsdurchsetzung durch private Schadenersatzklagen?).

Bunte, Hermann-Josef (Hrsg.): Kartellrecht, Kommentar Europäisches Kartellrecht, Band 2, 12. Aufl., Köln 2014 (zit.: *Bearbeiter*, in: Langen/Bunte, Kartellrecht, Band 2).

Buntscheck, Martin: § 81 Abs. 4 GWB n.F. – die geänderte Obergrenze für Unternehmensgeldbußen, WuW 2008, S. 941–950.

de Bronett, Georg-Klaus: Die Rechtmäßigkeit der neuen Geldbußenpraxis der EU-Kommission wegen Verstoß gegen Verfahrenspflichten nach Art. 23 Abs. 1 Verordnung 1/2003, WuW 2012, S. 1163–1176.

_. Europäisches Kartellverfahrensrecht, Kommentar zur VO 1/2003, 2. Aufl., Köln 2012 (zit.: *de Bronett*, Europäisches Kartellverfahrensrecht).

_. „Unternehmen" als „wirtschaftliche Einheiten" – Das neue EU-Kartellrecht nach der Rechtsprechung des EuGH in der Rs. C-97/08 P – „Akzo Nobel", EWS 2012, S. 113–124.

Calliess, Christian/Ruffert, Matthias: EUV/AEUV, Kommentar, 5. Aufl., München 2016 (zit.: *Bearbeiter*, in: Calliess/Ruffert, EUV/AEUV).

Calliess, Christian: Grundlagen, Grenzen und Perspektiven europäischen Richterrechts, NJW 2005, S. 929–933.

Calliess, Rolf-Peter: Strafzwecke und Strafrecht – 40 Jahre Grundgesetz – Entwicklungstendenzen vom freiheitlichen zum sozial-autoritären Rechtsstaat?, NJW 1989, S. 1338–1343.

Carree, Martin/ Günster, Andrea/ Schinkel, Maarten Pieter: European Antitrust Policy 1957–2004: An Analysis of Commission Decisions, Review of Industrial Organization 2010, S. 97–131.

Cheng, Thomas K. The Corporate Veil Doctrine Revisited: A Comparative Study of the English and the U.S. Corporate Veil Doctrines, ICLR 2011, S. 329–412.

Classen, Dieter: Rechtsstaatlichkeit als Primärrechtsgebot in der Europäischen Union – Vertragsrechtliche Grundlagen und Rechtsprechung der Gemeinschaftsgerichte, EuR-Beiheft 3 2008, S. 7–23.

Coing, Helmut: Zum Problem des sogennanten Durchgriffs bei juristischen Personen, NJW 1977, S. 1793–1797.

Connor, John M. Global Antitrust Prosecutions of Modern International Cartels, Journal of Industry, Competition and Trade 2004, S. 239–267.

Cuerda, Antonio: Besitzt die Europäische Gemeinschaft ein ius puniendi?, in: Schünemann, Bernd/González, Carlos Suárez (Hrsg.), Bausteine des europäischen Wirtschaftsstrafrechts, Köln 1994, S. 367–377 (zit.: *Cuerda*, in: Schünemann/González, Bausteine des europäischen Wirtschaftsstrafrechts, 1994).

Dänzer-Vanotti: Unzulässige Rechtsfortbildung des Europäischen Gerichtshofs, RIW 1992, S. 733–742.

Dannecker/Fischer-Fritsch: Das EG-Kartellrecht in der Bußgeldpraxis, FIW-Schriftenreihe Heft 133, Köln 1989 (zit.: *Dannecker/Fischer-Fritsch*, S.).

Dannecker, Gerhard: Strafrecht in der Europäischen Gemeinschaft, JZ 1996, S. 869–920.

_. Der Grundrechtsschutz im Kartellordnungswidrigkeitenrecht im Lichte der neueren Rechtsprechung des EuGH, NZKart 2015, S. 25–30.

_. Die Verhängung von Geldbußen gegen Unternehmen als Mittel zur Durchsetzung des Europäischen Wettbewerbsrechts, MschrKrim 1991, S. 268–289.

_. Zur Notwendigkeit der Einführung kriminalrechtlicher Sanktionen gegen Verbände Überlegungen zu den Anforderungen und zur Ausgestaltung eines Verbandsstrafrechts, GA 2001, S. 101–130.

_. Das materielle Strafrecht im Spannungsfeld des Rechts der Europäischen Union (Teil I), JURA 2006, S. 95–102.

_. Die Neuregelung der Sanktionierung von Verstößen gegen das EG-Kartellrecht nach der Verordnung (EG) Nr. 1/2003 des Rates vom 16. Dezember 2002 zur Durchführung der in Art. 81 und 82 des Vertrags niedergelegten Wettbewerbsregeln, in: Fuchs, Andreas/Schwintowski, Hans-Peter/Zimmer, Daniel (Hrsg.), Festschrift für Ulrich Immenga zum 70. Geburtstag, München 2004, S. 61–92 (zit.: *Dannecker*, in: FS Immenga).

_. Sanktionen und Grundsätze des Allgemeinen Teils im Wettbewerbsrecht der Europäischen Gemeinschaft, in: Schünemann, Bernd/González, Carlos Suárez (Hrsg.), Bausteine des europäischen Wirtschaftsstrafrechts, Köln 1994, S. 331–346 (zit.: *Dannecker*, in: Schünemann/González, Bausteine des europäischen Wirtschaftsstrafrechts, 1994).

v. Danwitz, Thomas: Der Grundsatz der Verhältnismäßigkeit im Gemeinschaftsrecht, EWS 2003, S. 393–402.

Dauses, Manfred A. (Hrsg.): Handbuch des EU-Wirtschaftsrechts, 40. Ergänzungslieferung (Stand Juni 2016), München 2016 (zit.: *Bearbeiter*, in: Dauses, EU-Wirtschaftsrecht, 40. Lfg. (2016)).

Davies, Paul (Hrsg.): Gower And Davies: Principles Of Modern Company Law, 7. Aufl., London 2003.

Dederichs, Mariele: Die Methodik des Gerichtshofes der Europäischen Gemeinschaften, EuR 2004, S. 345–359.

Depenbrock, Michael: „Piercing the corporate veil“: Durchgriffshaftung im US-amerikanischen Recht, WiB 1996, S. 66–69.

Dieblich, Franz: Der strafrechtliche Schutz der Rechtsgüter der Europäischen Gemeinschaften, zugleich Diss.iur., Köln 1985 (zit.: *Dieblich*, S.).

Dittrich, Alfred: Geldbußen im Wettbewerbsrecht der Europäischen Union, Zentrum für Europäisches Wirtschaftsrecht (Nr. 182), Bonn 2010.

Dreher, Meinrad: Die komplexe und fortdauernde Zuwiderhandlung im europäischen Kartellrecht, ZWeR 2007, S. 276–302.

Druey, Jean Nicolas: Das deutsche Konzernrecht aus der Sicht des übrigen Europa, in: Lutter, Marcus (Hrsg.), Konzernrecht im Ausland, ZGR-Sonderheft 11, Berlin/New York 1994, S. 310–368 (zit.: *Bearbeiter*, in: Lutter, Konzernrecht im Ausland).

Dück, Hermann/Schultes, Marion: Bußgeldhaftung und Rechtsnachfolge – Schlupfloch für Kartellsünder?, WM 2013, S. 9–14.

Einhaus, Stefan: Parent Liability: Collective Responsibility Returns, ELR 2009, S. 374–382.

Emmerich, Volker/Habersack, Mathias: Konzernrecht, 10. Aufl., München 2013.

Emmerich, Volker/Habersack, Mathias: Aktien- und GmbH-Konzernrecht, 8. Aufl., München 2016.

Engisch, Karl: Die Einheit der Rechtsordnung, in: Heidelberger rechtswissenschaftliche Abhandlungen, Heidelberg 1935, S. 1–94 (zit.: *Engisch*, Die Einheit der Rechtsordnung).

Everling, Ulrich: Rechtsvereinheitlichung durch Richterrecht in der Europäischen Gemeinschaft, RabelsZ 1986, S. 193–232.

Fleischer, Holger/Körber, Torsten: Der Einfluss des US-amerikanischen Antitrustrechts auf das Europäische Wettbewerbsrecht, WuW 2001, S. 6–19.

Forrester, Ian S. Due process in EC competition cases: A distinguished institution with flawed procedures, EL Rev 2009, S. 817–843.

Friedländer, Heinrich: Die Rechtspraxis der Kartelle und Konzerne in Europa, Zürich 1938.

Friedmann, Ruben: Die Geltung rechtsstaatlicher Grundsätze im kartellrechtlichen Bußgeldverfahren der Europäischen Gemeinschaft (unter besonderer Berücksichtigung des italienischen Rechts), zugleich Diss.iur., Berlin/Wolfsburg 2005 (zit.: *Friedmann*, S.).

Frisch, Wolfgang: Schuldgrundsatz und Verhältnismäßigkeitsgrundsatz, NStZ 2013, S. 249–256.

Fromm, Ingo Erasmus: Der strafrechtliche Schutz der Finanzinteressen der EG, zugleich Diss.iur., Berlin 2004 (zit.: *Fromm*, S.).

_. Auf dem Weg zur strafrechtlichen Verantwortlichkeit von Unternehmen / Unternehmensvereinigungen in Europa, ZIS 2007, S. 279–291.

Gaedke, Jürgen: Das Recht der Europäischen Gemeinschaft für Kohle und Stahl, München 1954.

v. Gamm, Otto-Friedrich Freiherr: Das Kartellrecht im EWG-Bereich, Köln 1961.

_. Das Kartellrecht der EWG, zugleich 2. Aufl. das Kartellrecht im EWG-Bereich, Köln 1969.

Gehring, Stefan/Kasten, Boris/Mäger, Thorsten: Unternehmensrisiko Compliance? Fehlanreize für Kartellprävention durch EU-wettbewerbsrechtliche Haftungsprinzipien für Konzerngesellschaften, CCZ 2013, S. 1–11.

Geradin, Damien/Henry, David: EC Fining Policy for Violations of Competition Law: An Empirical Review of the Commission Decisional Practice and the Community Courts' Judgements, ECJ 2005, S. 401–476.

Ginsburg, Douglas H./Wright, Joshua D. Antitrust Sanctions, CIP 2010, S. 3–39.

v. Götz, Florian: 50 Jahre GWB – Die Geburt des GWB und der amerikanische Einfluss auf das Entstehen einer neuen Wettbewerbsordnung in der Bundesrepublik, WRP 2007, S. 741–762.

Grabenwarter, Christoph/Pabel, Katharina: Europäische Menschenrechtskonvention, 6. Aufl., München 2016.

Grabitz, Eberhard: Europäisches Verwaltungsrecht – Gemeinschaftsrechtliche Grundsätze des Verwaltungsverfahrens, NJW 1989, S. 1776–1783.

Griese, Antonia: Die Finanzierung der Europäischen Union, EuR 1998, S. 462–477.

v.d. Groeben, Hans/Schwarze, Jürgen (Hrsg.): Kommentar zum Vertrag über die Europäische Union und zur Gründung der Europäischen Gemeinschaft, 6. Aufl., Baden-Baden 2003 (zit.: *Bearbeiter*, in: von der Groeben/Schwarze, Kommentar zum EU-/EG-Vertrag).

Günther, Eberhard: Zweieinhalb Jahre Antikartellpolitik in Deutschland, in: Kartelle und Monopole im modernen Recht, Band 1, Karlsruhe 1961, S. 79–94.

_. Das neue Kartellgesetz und seine Auswirkungen auf Unternehmen, WuW 1957, S. 677–695.

Haberkamm, Markus/Przybilla, Kathrin: 2. Speyerer Kartellrechtsforum: Aktuelle Entwicklungen, Sanktionen, Modernisierung und Verfahrensfragen, EuZW 2010, S. 404–405.

Hackel, Stefan Siegfried: Konzerndimensionales Kartellrecht, zugleich Diss.iur., Baden-Baden 2012 (zit.: *Hackel*, S.).

Haus, Florian C. Verfassungsprinzipien im Kartellbußgeldrecht – ein Auslaufmodell? Zu den anwendbaren Maßstäben bei der Bemessung umsatzbezogener Geldbußen nach § 81 Abs. 4 GWB, NZKart 2013, S. 183–190.

_. Flucht in die Rechtsnachfolge, Zu den „Risiken und Nebenwirkungen" des § 30 Abs. 2a OWiG, WuW 2015, S. 982–992.

Heine, Günter: Die strafrechtliche Verantwortlichkeit von Unternehmen: internationale Entwicklung nationale Konsequenzen, ÖJZ 1996, S. 211–219.

_. Quasi-Strafrecht und Verantwortlichkeit von Unternehmen im Kartellrecht der Europäischen Gemeinschaften und der Schweiz, ZStrR 2007, S. 105–132.

Heinichen, Christian: Unternehmensbegriff und Haftungsnachfolge im Europäischen Kartellrecht, zugleich Diss.iur., Baden-Baden 2011 (zit.: *Heinichen*, S.).

Hellmann, Hans-Joachim: Vereinbarkeit der Leitlinien der Kommission zur Berechnung von Bußgeldern mit höherrangigem Gemeinschaftsrecht, WuW 2002, S. 944–953.

Hermanns, Ferdinand: Die Entwicklung der Bußgeldpolitik im Kartellverfahren, in: Wettbewerbspolititk und Kartellrecht in der Marktwirtschaft, FIW-Schriftenreihe Heft 234, Köln 2010, S. 193–208 (zit.: *Hermanns*, in: Wettbewerbspolititk und Kartellrecht in der Marktwirtschaft).

Herzberg, Rolf: Kritik der teleologischen Gesetzauslegung, NJW 1990, S. 2525–2530.

Hildebrandt, Michael W. Der Irrtum im Bußgeldrecht der Europäischen Gemeinschaften, zugleich Diss.iur., Frankfurt a.M. 1990 (zit.: *Hildebrandt*, S.).

Hilf, Meinhard/Classen, Kai-Dieter: Der Vorbehalt des Gesetzes im Recht der Europäischen Union, in: Osterloh, Lerke / Schmidt, Karsten / Weber, Hermann (Hrsg.), Festschrift für Selmer zum 70. Geburtstag, Berlin 2004, S. 71–91 (zit.: *Hilf/Classen*, in: FS Selmer).

Hilf, Meinhard/Hörmann, Saskia: Der Grundrechtsschutz von Unternehmen im europäischen Verfassungsverbund, NJW 2003, S. 1–9.

Hirsbrunner, Simon/Werner, Jens: Überholt das schweizerische Kartellgesetz das EU-Vorbild?, Jusletter 20. September 2010, S. 1–12.

Hirsch, Günter / Montag, Frank / Säcker, Jürgen (Hrsg.): Münchner Kommentar zum Europäischen und Deutschen Wettbewerbsrecht, Band 1, 1. Aufl., München 2007 (zit.: *Bearbeiter*, in: MüKo-EuWettbR, 1. Aufl.)

Bornkamm, Joachim / Montag, Frank / Säcker, Franz Jürgen (Hrsg.): Münchner Kommentar Europäisches und Deutsches Wettbewerbsrecht, Band 1, 2. Aufl., München 2015 (zit.: *Bearbeiter*, in: MüKo-EuWettbR).

Hirsch, Günter: Auf dem Weg zum Richterstaat?, JZ 2007, S. 853–904.

Hirsch, Hans-Joachim: Die Entwicklung der Strafrechtsdogmatik in der Bundesrepublik Deutschland in grundsätzlicher Sicht, in: Hirsch, Hans Joachim / Weigend, Thomas (Hrsg.), Strafrecht und Kriminalpolitik in Japan und Deutschland, Berlin 1989, S. 65–79 (zit.: *Hirsch*, in: Strafrecht und Kriminalpolitik in Japan und Deutschland).

Hofstetter, Karl: Sachgerechte Haftungsregeln für Multinationale Konzerne, zugleich Habil., Tübingen 1995 (zit.: *Hofstetter*, S.).

_. EU Cartel Fining Laws and Policies in Urgent Need of Reform, GCP: The Antitrust Chronicle 2009, S. 2–9.

–./Ludescher: Der Konzern als Adressat von Bussen im EU-Kartellrecht, in: Kunz, Peter V. / Herren, Dorothea / Cottier, Thomas/ Matteotti, René (Hrsg.), Festschrift für Roland von Büren, Basel 2009, S. 485–509 (zit.: *Hofstetter/Ludescher*, in: FS Büren).

Holch, Georg: Der Deutsche Bundesrat zur Rechtssetzung der EWG, EuR 1967, S. 217–228.

Honsell, Heinrich: Der „effet utile“ und der EuGH, in: Bernat, Erwin / Böhler, Elisabeth / Weilinger, Arthur (Hrsg.), Festschrift für Heinz Krejci zum 60. Geburtstag, Band 2, Wien 2001, S. 1929–1940 (zit.: *Honsell*, in: FS Krejci).

Huber, Peter M. Das institutionelle Gleichgewicht zwischen Rat und Europäischem Parlament in der künftigen Verfassung für Europa, EuR 2003, S. 574–599.

Immenga, Ulrich/ Mestmäcker, Ernst-Joachim (Hrsg.): Wettbewerbsrecht, Kommentar zum Europäischen Kartellrecht, Band 1. EU / Teil 1, 5. Aufl., München 2012 (zit.: *Bearbeiter*, in: Immenga/Mestmäcker, WettbR-EU, Band 1/Teil 1).

Immenga, Ulrich/ Mestmäcker, Ernst-Joachim (Hrsg.): Wettbewerbsrecht, Kommentar zum Europäischen Kartellrecht, Band 1. EU / Teil 2, 5. Aufl., München 2012 (zit.: *Bearbeiter*, in: Immenga/Mestmäcker, WettbR-EU, Band 1/Teil 2).

Immenga, Ulrich/ Mestmäcker, Ernst-Joachim (Hrsg.): Wettbewerbsrecht, Kommentar zum Deutschen Kartellrecht, Band 2. GWB/Teil 1, 5. Aufl., München 2014 (zit.: *Bearbeiter*, in: Immenga/Mestmäcker, GWB).

Immenga, Ulrich/ Mestmäcker, Ernst-Joachim (Hrsg.): Wettbewerbsrecht, Kommentar zum Europäischen Kartellrecht, EG/Teil 1, 4. Aufl., München 2007 (zit.: *Bearbeiter*, in: Immenga/Mestmäcker, WettbR-EG/Teil 1).

Isay, Rudolf: Die Geschichte der Kartellgesetzgebungen, Berlin 1955.

Jaeger, Wolfgang/Pohlmann, Petra/ Schroeder, Dirk (Hrsg.): Frankfurter Kommentar zum Kartellrecht, Band II, 87. Ergänzungslieferung (Stand August 2016), Köln 2016 (zit.: *Bearbeiter*,in: FK-Kartellrecht).

Jaeger, Wolfgang/Pohlmann, Petra/ Schroeder, Dirk (Hrsg.): Frankfurter Kommentar zum Kartellrecht, Band III, 87. Ergänzungslieferung (Stand August 2016), Köln 2016 (zit.: *Bearbeiter*,in: FK-Kartellrecht).

Jahn, Georg/Junckerstorff, Kurt (Hrsg.): Internationales Handbuch der Kartellpolitik, Berlin 1958 (zit.: *Bearbeiter*, in: Internationales Handbuch der Kartellpolitik).

Jarass, Hans D. (Hrsg.): Charta der Grundrechte der Europäischen Union, Kommentar, 3. Aufl., München 2016 (zit.: *Jarass*, EU-GRCh Kommentar).

–. Strafrechtliche Grundrechte im Unionsrecht, NStZ 2012, S. 611–616.

–./*Beljin, Saša*: Die Bedeutung von Vorrang und Durchführung des EG-Rechts für die nationale Rechtsetzung und Rechtsanwendung, NVwZ 2004, S. 1–11.

–. Unmittelbare Anwendung des EG-Rechts und EG-rechtskonforme Auslegung, JZ 2003, S. 768–777.

Jescheck, Hans-Heinrich: Das deutsche Wirtschaftsstrafrecht, JZ 1959, S. 457–462.

Joecks, Wolfgang/Miebach, Klaus: Münchner Kommentar zum Strafgesetzbuch, Band 3, §§ 80–184g., 2. Aufl., München 2012 (zit.: *Bearbeiter*, in: MüKo-StGB).

Johannes, Hartmut: Das Strafrecht im Bereich der Europäischen Gemeinschaften, EuR 1968, S. 63–126.

Joshua, Julian M. A Sherman Act Bridgehead in Europe, or Ghost Ship in Mid Atlantic? A Close Look at the United Kingdom Proposals to Criminalise Cartel Conduct, ECLR 2002, S. 231–245.

Jungbluth, Armin: Berücksichtigung von Compliance bei Kartellverstößen, NZKart 2015, 43–44.

Karst, Alexander: Kartellrechtscompliance im Konzern, WuW 2012, S. 150–156.

Kathrein, Ulrike: Entwicklung innergemeinschaftlicher Sanktionen in der Europäischen Union, ÖJZ 1994, S. 785–794.

Kellerbauer, Manuel: Die Einordnung der Rechtsprechung der EU-Gerichte zur gemeinschaftlichen Haftung für Kartellbußen in Konzernen in der Recht der EU und der EMRK, WuW 2014, S. 1173–1184.

Kersting, Christian: Die Rechtsprechung des EuGH zur Bußgeldhaftung in der wirtschaftlichen Einheit, WuW 2014, S. 1156–1173.

Kempf, Eberhard/Schilling, Hellen: Revisionsrichterliche Rechtsfortbildung in Strafsachen, NJW 2012, S. 1849–1855.

Kiegler, Christoph: Rechtliche Anforderungen an die Berechnung der Bußgelder im Europäischen Kartellrecht, zugleich Diss.iur., Frankfurt a.M. 2006 (zit.: *Kiegler*, S.).

Kischel, Uwe: Die Kontrolle der Verhältnismäßigkeit durch den Europäischen Gerichtshof, EuR 2000, S. 380–402.

Kling, Michael: Wirtschaftliche Einheit und Gemeinschaftsunternehmen – Konzernprivileg und Haftungszurechnung, ZWeR 2011, S. 169–191.

–. Die Haftung der Konzernmutter für Kartellverstöße ihrer Tochterunternehmen, WRP 2010, S. 506–518.

–./*Thomas, Stefan*: Kartellrecht, München 2016.

Klusmann, Martin: Internationale Kartelle und das Europäische Leniency-Programm aus Sicht der Verteidigung, WuW 2001, S. 820–833.

–. Sanktionsrisiken im Kartellrecht, Ausgewählte Probleme der Verhängung von umsatzbezogenen Unternehmensbußen nach GWB und AEUV, ZGR 2016, S. 252–270.

Koch, Jens: Der kartellrechtliche Sanktionsdurchgriff im Unternehmensverbund, ZHR 171 (2007), S. 554–569.

Koch, Oliver: Der Grundsatz der Verhältnismäßigkeit in der Rechtsprechung des Gerichtshofs der Europäischen Gemeinschaften, zugleich Diss.iur., Berlin 2003 (zit.: *O. Koch*, S.).

Kokott, Juliane/Dittert, Daniel; Die Verantwortlichkeit von Muttergesellschaften für Kartellvergehen ihrer Tochtergesellschaften im Lichte der Rechtsprechung der Unionsgerichte, WuW 2012, S. 670–683.

Koppensteiner, Hans-Georg: Anmerkung zum Urteil des EuGH vom 10. September 2009, Akzo Nobel u.a./Kommission, Rs. C-97/08 P, GPR 2010, S. 92–94.

Korthals, Claudia/Bangard, Annette: Die neuen Leitlinien der Kommission zur Bußgeldbemessung in Kartellverfahren – eine Kritik, BB 1998, S. 1013–1016.

Krüger, Wolfgang/Rauscher, Thomas: Münchner Kommentar Zivilprozessordnung, Band 1, §§ 1–354, 5. Aufl., München 2016 (zit.: *Bearbeiter*, MüKo-ZPO).

Kühl, Kristian (Hrsg.): StGB Kommentar, 28. Aufl., München 2014 (zit.: *Lackner/Kühl*, StGB).

Kühne, Gunther: Die Rezeption des US-amerikanischen Kartellrechts im deutschen und europäischen Kartellrecht, in: Ebke, Werner F. (u.a.) (Hrsg.), Das deutsche Wirtschaftsrecht unter dem Einfluss des US-amerikanischen Rechts, Frankfurt a.M. 2011, S 49–67. (zit.: *Kühne*, in: Ebke/Elsing/Großfeld/Kühne, Das deutsche Wirtschaftsrecht unter dem Einfluss des US-amerikanischen Rechts).

Kutscher, Hans: Über den Gerichtshof der Europäischen Gemeinschaft, EuR 1981, S. 392–413.

Landwehr, Meike: Die Durchgriffshaftung in konzernverbundenen Gesellschaften, zugleich Diss.iur., Frankfurt a.M. 2002 (zit.: *Landwehr*, S.).

Lange, Knut Werner: Kartellrechtlicher Unternehmensbegriff und staatliches Wirtschaftshandeln in Europa, WuW 2002, S. 953–961.

Larenz, Karl: Methodenlehre der Rechtswissenschaft, 4. Aufl., Berlin/Heidelberg 1979 (zit.: *Larenz*, Methodenlehre).

Larenz, Karl/Canaris, Claus-Wilhelm: Methodenlehre der Rechtswissenschaft, 3. Aufl., Berlin/Heidelberg 1995 (zit.: *Larenz/Canaris*, Methodenlehre).

Lascuraín, Juan Antonio: Grund und Grenzen der Garantenpflicht des Unternehmers, in: Schünemann, Bernd/González, Carlos Suárez (Hrsg.), Bausteine des europäischen Wirtschaftsstrafrechts, Köln 1994, S. 35–48 (zit.: *Lascuraín*, in: Schünemann/González, Bausteine des europäischen Wirtschaftsstrafrechts, 1994).

Lavranos, Nikolaos: Verhältnis von EG-Recht und EMRK, EuR 2006, S. 78–92.

Lenaerts, Koen: Due process in competition cases, NZKart 2013, S. 175–182.

Lettl, Tobias: Wettbewerbsrecht, 3. Aufl., München 2016.

Lev, Eran Aharon: European Community Competition Law: Is the Corporate Veil liftet too often?, Journal of Transnational Law & Policy 1993, S. 199–243.

Liebich, Simon: Kommentar zu EuGH, Schindler u.a./Kommission, WRP 2013, S. 1330–1332.

Lieder, Jan/Kliebisch, René: Anmerkung, Zur Zurechnung eines Kartellrechtsverstoßes im Konzern, EWiR 2010, S. 149–150.

Lipowsky, Ursula: Die Zurechnung von Wettbewerbsverstößen zwischen verbundenen Unternehmen im EWG-Wettbewerbsrecht, zugleich Diss.iur., München 1987 (zit.: *Lipowsky*, S.).

Loewenheim, Ulrich / Meessen, Karl M./ Riesenkampff, Alexander / Kersting, Christian / Meyer-Lindemann, Hans Jürgen (Hrsg.): Kartellrecht, Europäisches und Deutsches Recht, Kommentar, 3. Aufl., München 2016 (zit.: *Bearbeiter*, in: Loewenheim/Meessen/Riesenkampff/Kersting/Meyer-Lindemann, Kartellrecht).

Loewenheim, Ulrich / Meessen, Karl M./ Riesenkampff, Alexander (Hrsg.): Kartellrecht, Europäisches und Deutsches Recht, Kommentar, 2. Aufl., München 2009 (zit.: *Bearbeiter*, in: Loewenheim/Meessen/Riesenkampff, Kartellrecht, 2. Aufl.).

Mäger, Thorsten (Hrsg.): Europäisches Kartellrecht, 2. Aufl., Baden-Baden 2011 (zit.: *Bearbeiter*, in: Mäger, Europäisches Kartellrecht).

–. Eltern haften für ihre Kinder?!, NZKart 2015, S. 329–330.

Mäsch, Gerald: Private Ansprüche bei Verstößen gegen das europäische Kartellverbot – „*Courage*" und die Folgen, EuR 2003, S. 825–846.

–. Verwelkte Blütenträume in Brüssel, WuW 2013, S. 687.

Mansdörfer, Marco/Timmerbeil, Sven: Zurechnung und Haftungsdurchgriff im Konzern, WM 2004, S. 362–370.

–. Das Modell der Verbandshaftung im europäischen Kartellbußgeldrecht, EuZW 2011, S. 214–218.

Maunz, Theodor/Dürig, Günter: Grundgesetz Kommentar, Band III, Art. 16–22, 77. Ergänzungslieferung (Stand: Mai 2016), München 2016 (zit.: *Bearbeiter*, in: Maunz/Dürig, GG-Kommentar, 77. Lfg. (2016).

Maunz, Theodor/Dürig, Günter: Grundgesetz Kommentar, Band VI, Art. 86–106b, 77. Ergänzungslieferung (Stand: Mai 2016), München 2016 (zit.: *Bearbeiter*, in: Maunz/Dürig, GG-Kommentar, 77. Lfg. (2016).

Menz, Michael: Wirtschaftliche Einheit und Kartellverbot, zugleich Diss.iur., Berlin 2004 (zit.: *Menz*, S.).

Meyer, Jürgen (Hrsg.): Charta der Grundrechte der Europäischen Union, Kommentar, 4. Aufl., Baden-Baden 2014 (zit.: *Bearbeiter*, in: Meyer, EU-GRCh Kommentar).

Meyer, Justus: Haftungsbeschränkung im Recht der Handelsgesellschaften, zugleich Habil.iur., Berlin/Heidelberg 2000.

Meyring, Bernd: Uferlose Haftung im Bußgeldverfahren? – Neueste Theorien der Kommission zur Zurechnung von Kartellverstößen, WuW 2010, S. 157–169.

Miller, Samuel R./Sandrock, Ryan M. Parental Liability for a Subsidiary's Antitrust violations under U.S. law, GCP: The Antitrust Chronicle 2009, S. 2–4.

Mitsch, Wolfgang: Recht der Ordnungswidrigkeiten, 2. Aufl., Berlin 2005.

–. Grundzüge des Ordnungswidrigkeitenrechts (Teil 1), JA 2008, S. 241–246.

Möhlenkamp, Andreas: Die europäische Bußgeldpraxis aus Unternehmenssicht, in: Schwarze, Jürgen (Hrsg.), Instrumente zur Durchsetzung des europäischen Wettbewerbsrechts, Baden-Baden 2002, S. 121–133 (zit.: *Möhlenkamp*, in: Schwarze, Instrumente zur Durchsetzung des europäischen Wettbewerbsrechts).

Möhring, Philipp: Die Analogie im Kartellrecht, GRUR 1968, S. 541–545.

Möllers, Christoph/von Achenbach Jelena: Die Mitwirkung des Europäischen Parlaments an der abgeleiteten Rechtsetzung der Europäischen Kommission nach dem Lissabonner Vertrag, EuR 2011, S. 39–61.

Möschel, Wernhard: Geldbußen im europäischen Kartellrecht, DB 2010, S. 2377–2381.

–. Fines in European competition law, ECLR 2011, S. 369–375.

Möslein, Florian: Europäisierung der Haftungsbeschränkung, NZG 2011, S. 174–175.

Moll, Dietmar: Europäisches Strafrecht durch nationale Blankettstrafgesetzgebung?, zugleich Diss.iur, Göttingen 1998 (zit.: *Moll*, S.).

Muders, Christian: Zur Haftung juristischer Verbände für das Verhalten natürlicher Personen im europäischen Kartellrecht, wistra 2011, S. 405–412.

Müller, Klaus: Die Haftung der Muttergesellschaft für die Verbindlichkeiten der Tochtergesellschaft im Aktienrecht, ZGR 1977, S. 1–34.

Müller-Freienfels, Wolfram: Zur Lehre vom sogenannten „Durchgriff" bei juristischen Personen im Privatrecht, AcP 156 (1957), S. 522–543.

Mundt, Andreas: Die Bußgeldleitlinien des Bundeskartellamtes, WuW 2007, S. 458–470.

Musielak, Hans-Joachim / Voit, Wolfgang (Hrsg.): Kommentar zur Zivilprozessordnung, 13. Aufl., München 2016 (zit.: *Bearbeiter*, in: Musielak, ZPO).

Musil, Andreas: Umfang und Grenzen europäischer Rechtssetzungsbefugnisse im Bereich des Strafrechts nach dem Vertrag von Amsterdam, NStZ 2000, S. 68–71.

Nerlich, Jörg/Römermann, Volker (Hrsg.): Insolvenzordnung, Kommentar, 30. Aufl. (Stand 07/2016), München 2016 (zit.: *Bearbeiter*, in: Nerlich/Römermann, Insolvenzordnung, 30 Lfg. (2016)).

Nettesheim, Martin (Hrsg.): Das Recht der Europäischen Union, Band 1–3, Kommentar EUV/AEUV, 59. Ergänzungslieferung (Stand Juli 2016), München 2016 (zit.: *Bearbeiter*, in: Grabitz/Hilf/Nettesheim, Das Recht der Europäischen Union, 59. Lfg. (2016)).

–. Normenhierarchien im EU-Recht, EuR 2006, S. 737–772.

Oehler, Dietrich: Der europäische Binnenmarkt und sein wirtschaftsstrafrechtlicher Schutz, in: Arzt, Gunther u.a. (Hrsg.), Festschrift für Jürgen Baumann zum 70. Geburtstag, Bielefeld 1992, S. 561–571 (zit.: *Oehler*, in: FS Baumann).

–. Fragen zum Strafrecht der Europäischen Gemeinschaft, in: Vogler, Theo u.a. (Hrsg.), Festschrift für Hans-Heinrich Jescheck zum 70. Geburtstag, Zweiter Halbband, Berlin 1985, S. 1399–1410 (zit.: *Oehler*, in: FS Jescheck).

–. Internationales Strafrecht, 2. Aufl., Köln 1983.

Oh, Peter B. Veil-Piercing, Texas Law Review 2010, S. 81–145.

Oppermann, Thomas/ Classen, Claus Dieter/ Nettesheim, Martin (Hrsg.): Europarecht, 7. Aufl., München 2016.

Ost, Konrad: Kartellbußgelder, Grundrechte und europäische Konvergenz: der Nebel lichtet sich, NZKart 2013, S. 173–174.

Pache, Eckhard: Der Schutz der finanziellen Interessen der Europäischen Gemeinschaften, zugleich Diss.iur., Berlin 1994 (zit.: *Pache*, S.).

–./*Rösch, Franziska*: Die neue Grundrechtsodnung der EU nach dem Vertrag von Lissabon, EuR 2009, S. 769–790.

Papakiriakou, Theodoros: Das Europäische Unternehmensstrafrecht in Kartellsachen, zugleich Diss.iur. Herbolzheim 2002 (zit.: *Papakiriakou*, S.).

Paschke, Marian: Einheit der Wirtschaftsrechtsordnung, in: Schmidt, Karsten (Hrsg.), Vielfalt des Rechts – Einheit der Rechtsordnung?: Hamburger Ringvorlesung, Berlin 1994, S. 147–164 (zit.: *Paschke*, in: Karsten Schmidt, Vielfalt des Rechts – Einheit der Rechtsordnung?).

Pernice, Ingolf: Die Dritte Gewalt im europäischen Verfassungsbund, EuR 1996, S. 27–43.

Pohlmann, Petra: Der Unternehmensverbund im Europäischen Kartellrecht, zugleich Habil.iur., Berlin 1999 (zit.: *Pohlmann*, S.).

Potacs, Michael: Effet utile als Auslegungsgrundsatz, EuR 2009, S. 465–488.

Prentive, Dan D. Das Recht der Gesellschaftsgruppe in Großbritannien, in: Lutter, Marcus (Hrsg.), Konzernrecht im Ausland, ZGR-Sonderheft 11, Berlin/New York 1994, S. 93–114 (zit.: *Bearbeiter*, in: Lutter, Konzernrecht im Ausland).

Rehbinder, Eckard: Konzernaußenrecht und allgemeines Privatrecht, zugleich Habil. iur, Bad Homburg v.d.H. 1969 (zit.: *Rehbinder*, S.).

Reich, Norbert: Beitritt der EU zur EMRK – Gefahr für das Verwerfungsmonopol des EuGH?, EuZW 2010, S. 641.

Rengeling, Hans-Werner: Deutsches und europäisches Verwaltungsrecht – wechselseitige Einwirkungen, VVDStRL 1994, S. 202–239.

Rengeling, Hans-Werne/Middeke, Andreas/ Gellermann, Martin (Hrsg.): Handbuch des Rechtsschutzes in der Europäischen Union, 2. Aufl., München 2003 (zit.: *Bearbeiter*, in: Rengeling / Middeke/ Gellermann, Handbuch des Rechtsschutzes in der Europäischen Union, 2. Aufl. (2003)).

Rengeling, Hans-Werner/Middeke, Andreas/ Gellermann, Martin (Hrsg.): Handbuch des Rechtsschutzes in der Europäischen Union, 3. Aufl., München 2014 (zit.: *Bearbeiter*, in: Rengeling /Middeke / Gellermann, Handbuch des Rechtsschutzes in der Europäischen Union, 3. Aufl. (2014)).

Riesenhuber, Karl (Hrsg.): Europäische Methodenlehre, 3. Aufl., Berlin/New York 2015 (zit.: *Bearbeiter*, in: Riesenhuber, Europäische Methodenlehre).

Riesenkampff, Alexander: Die Haftung im Konzern für Verstöße gegen europäisches Kartellrecht, in: Hilty, Reto M. /Drexl, Josef / Nordemann, Wilhelm (Hrsg.), Festschrift für Ulrich Loewenheim zum 75. Geburtstag, München 2009, S. 529–543 (zit.: *Riesenkampff*, in: FS Loewenheim).

Rittner, Fritz/Dreher, Meinrad: Europäisches und deutsches Wirtschaftsrecht, 3. Aufl., Heidelberg 2008.

Rittner, Fritz/Kulka, Michael: Wettbewerbs- und Kartellrecht, 7. Aufl., Heidelberg 2008.

Rizvi, Salim: Entfesselte Bussenpraxis im Wettbewerbsrecht? <<Quis custodiet ipsos custodes?>>, AJP 2010, S. 452–466.

Rocco, Julia: Die Bildung besonderer Konzernorgane, zugleich Diss., Karlsruhe 1995.

Rosenau, Henning: Zur Europäisierung im Strafrecht – Vom Schutz finanzieller Interessen der EG zu einem gemeineuropäischen Strafgesetzbuch?-, ZIS 2008, S. 9–19.

Roth, Wulf-Henning: Zum Unternehmensbegriff im europäischen Kartellrecht, in: Brinker, Ingo/Scheuing, Dieter H./Stockmann, Kurt (Hrsg.), Festschrift für Rainer Bechtold zum 65. Geburtstag, München 2006, S. 393–408 (zit.: *Roth*, in: FS Bechtold).

–. Effet utile im europäischen Kartellrecht, WRP 2013, S. 257–265.

Rüthers, Bernd/Höpfner, Clemens: Analogieverbot und subjektive Auslegungsmethode, JZ 2005, S. 21–25.

Rütsch, Claus-Jörg: Strafrechtlicher Durchgriff bei verbundenen Unternehmen?, zugleich Diss.iur., Köln 1987 (zit.: *Rütsch*, S.).

Säcker, Franz Jürgen: Gesellschafts- und dienstvertragsrechtliche Fragen bei Inanspruchnahme der Kronzeugenregelung, WuW 2009, S. 362–373.

Salop, Steven C./White, Lawrence J. Economic Analysis of Private Antitrust Litigation, Georgetown Law Journal 1986, S. 1001–1064.

Satzger, Helmut: Die Internationalisierung des Strafrechts als Herausforderung für den strafrechtlichen Bestimmtheitsgrundsatz, JuS 2004, S. 943–948.

–. Auf dem Weg zu einem Europäischen Strafrecht Kritische Anmerkungen zu dem Kommissionsvorschlag für eine Richtlinie über den strafrechtlichen Schutz der finanziellen Interessen der Gemeinschaft, ZRP 2001, S. 549–554.

–. Internationales und Europäisches Strafrecht, 7. Aufl., Baden-Baden 2016.

Schilling, Theodor: Bestand und allgemeine Lehren der bürgerschützenden allgemeinen Rechtsgrundsätze des Gemeinschaftsrechts, EuGRZ 2000, S. 3–43.

Schmidt, Ingo/Haucap, Justus: Wettbewerbspolitik und Kartellrecht, 10. Aufl., München 2013.

Schmidt, Karsten: Gesellschaftsrecht, 4. Aufl., Köln 2002.

–. Handelsrecht, 6. Aufl., Köln 2014.

–. Zum Haftungsdurchgriff bei unterkapitalisierter GmbH, NJW 1977, S. 1449–1452.

–. Zur Durchgriffsfestigkeit der GmbH, ZIP 1994, S. 837–844.

Schmitthoff, Clive Maximilian: The Wholly Owned and Controlled Subsidiary (1978), in: Cheng, Chia-Jui (Hrsg.), Clive M. Schmitthoff's Select Essays on International Trade Law, Dordrecht 1988, S. 742–752 (zit.: *Schmitthoff*, Select Essays on International Trade Law, 1988).

Schneidtmann, André: Schadensersatzansprüche gegen eine Muttergesellschaft wegen Verstößen einer Tochtergesellschaft gegen Europäisches Kartellrecht, WRP 2010, S. 499–505.

Schröter,Harm G. Cartelization and Decartelization in Europe, 1870–1995: Rise and Decline of an Economic Institution, Journal of European Economic History 1996, S. 129–153.

Schroth, Hans-Jürgen: Economic offences in EEC Law: with Special Reference to English and German Law, zugleich Diss.iur, Kehl 1983 (zit.: *Schroth*, S.).

–. EG-Geldbußen gegen existenzbedrohte Unternehmen, wistra 1984, S. 164–168.

Schünemann, Bernd: Die Strafbarkeit der juristischen Person aus deutscher und europäischer Sicht, in: Schünemann, Bernd/González, Carlos Suárez (Hrsg.), Bausteine des europäischen Wirtschaftsstrafrechts, Köln 1994, S. 265–295 (zit.: *Schünemann*, in: Schünemann/González, Bausteine des europäischen Wirtschaftsstrafrechts, 1994).

Schulze, Reiner / Zuleeg, Manfred / Kadelbach, Stefan (Hrsg.): Europarecht Handbuch für die deutsche Rechtspraxis, 3. Aufl., Baden-Baden 2015 (zit.: *Bearbeiter*, in: Schulze/Zuleeg/Kadelbach, Europarecht).

–./*Hoeren, Thomas*: Dokumente zum Europäischen Recht, Band 3: Kartellrecht (bis 1957), Berlin/Heidelberg 2000.

–. (Hrsg.): Einführung, in: Auslegung europäischen Privatrechts und angeglichenen Rechts, Baden-Baden 1999, S. 9–25 (zit.: *Bearbeiter*, in: Schulze, Auslegung europäischen Privatrechts und angeglichenen Rechts).

Schwarzburg, Peter/Hamdorf, Kai: Brauchen wir ein EU-Finanz-Strafgesetzbuch? Materiell-rechtliche Folgerungen aus dem Vorschlag der EU-Kommission zur Schaffung einer Europäischen Staatsanwaltschaft, NStZ 2002, S. 617–624.

Schwarze, Jürgen (Hrsg.): EU-Kommentar, 3. Aufl., Baden-Baden 2012 (zit.: *Bearbeiter*, in: Schwarze, EU-Kommentar).

–. Europäische Kartellbußgelder im Lichte übergeordneter Vertrags- und Verfassungsgrundsätze, EuR 2009, S. 171–200.

–. Die Wahrung des Rechts als Aufgabe und Verantwortlichkeit des Europäischen Gerichtshofs, in: Bohnert, Joachim/Gramm, Christof/Kindhäuser, Urs (Hrsg.), Festschrift für Alexander Hollerbach zum 70. Geburtstag, Berlin 2001, S. 169–191 (zit.: *Schwarze*, in: FS Hollerbach).

–. Rechtsstaatliche Grenzen der gesetzlichen und richterlichen Qualifikation von Verwaltungssanktionen im europäischen Gemeinschaftsrecht, EuZW 2003, S. 261–269.

–. Rechtsstaatliche Defizite des europäischen Kartellbußgeldverfahrens, WuW 2009, S. 6–12.

–./*Weitbrecht, Andreas*: Grundzüge des europäischen Kartellverfahrensrechts, Berlin 2004.

–./*Bechtold, Rainer/Bosch, Wolfgang*: Rechtsstaatliche Defizite im Kartellrecht der Europäischen Gemeinschaft, Stuttgart 2008.

Schweitzer, Michael/ Hummer, Waldemar/ Obwexer, Walter: Europarecht, Wien 2007.

Schwerdtfeger, Armin (Hrsg.): Gesellschaftsrecht, 3. Aufl., Köln 2015 (zit.: *Bearbeiter*, in: Schwerdtfeger, Gesellschaftsrecht).

Serick, Rolf: Rechtsform und Realität Juristischer Personen, zugleich Habil.iur., 2. Aufl., Tübingen 1980 (zit.: *Serick*, S.).

Seyr, Sibylle: Der *effet utile* in der Rechtsprechung des EuGH, zugleich Diss.iur., Berlin 2008 (zit.: *Seyr*, S.).

Shughart II, William F. Private Antitrust Enforcement Compensation, Deterrence, or Extortion?, Cato Review of Business & Government 1990, S. 53–61.

Sieber, Ulrich: Europäische Einigung und Europäisches Strafrecht, ZStW 103 (1991), S. 957–979.

Siohl, Ulrich: Die Schuldfeststellung bei Unternehmen oder Unternehmensvereinigungen im Rahmen des Art. 15 VO 17 zum EWG-Vertrag, zugleich Diss.iur, Frankfurt a.M. 1986 (zit.: *Siohl*, S.).

Slater, Donald / Thomas, Sébastien/ Waelbroeck, Dennis: Competition law proceedings before the European Commission and the right to a fair trial: no need for reform? ECJ 2009, S. 97–143.

Soltész, Ulrich: Kartellbußgelder unter Almunia – Eine erste Bilanz, EuZW 2011, S. 121.

–. Verhängung einer Geldbuße von 38. Mio. Euro wegen Siegelbruchs – Bestätigung dieser Entscheidung der Kommission durch den EuG; Anmerkung zu EuG v. 15.12.2010 – Rs. T-141/08 *E.ON*, EuZW 2011, S. 230–235.

–. Due Process, Gesetzesvorbehalt und richterliche Kontrolle im Europäischen Kartellbußgeldverfahren, WuW 2012, S. 141–149.

–./*Steinle, Christian/Bielesz, Holger*: Rekordgeldbußen versus Bestimmtheitsgebot, EuZW 2003, S. 202–210.

Spindler, Gerald/Stilz, Eberhard (Hrsg.): Aktiengesetz, Kommentar, Band 2, 3. Aufl., München 2015 (zit.: *Bearbeiter*, in: Spindler/Stilz, Aktiengesetz).

v. Staudinger, Julius: Kommentar zum Bürgerlichen Gesetzbuch mit Einführungsgesetz und Nebengesetzen, Einleitung zum BGB und Allgemeiner Teil 1, Neubearbeitung Berlin 2013 (zit.: Staudinger/*Bearbeiter*, Einl. zum BGB).

Stein, Torsten: Richterrecht wie anderso auch? Der Gerichtshof der Europäischen Gemeinschaften als „Integrationsmotor", in: v. den Hochschullehrern der Juristischen Fakultät der Universität Heidelberg (Hrsg.), Festschrift der Juristischen Fakultät zur 600-Jahr-Feier der Ruprecht-Karls-Universität Heidelberg, Heidelberg 1986, S. 619–641 (zit.: *Stein*, in: FS Richterliche Rechtsfortbildung).

Steinle, Christian: Lassen sich Kartellrechtsverstöße „ausgliedern"? Unternehmensumstrukturierungen und die Bußgeldhaftung nach EG-Kartellrecht, in: Brinker, Ingo/Scheuing, Dieter H./Stockmann, Kurt (Hrsg.), Festschrift für Rainer Bechtold zum 65. Geburtstag, München 2006, S. 541–558 (zit.: *Steinle*, in: FS Bechtold).

–. Kartellbußen gegen Konzernunternehmen nach dem „Aristrain“-Urteil des EuGH, EWS 2004, S. 118–124.

Stiebig, Volker: Strafsetzungskompetenz der Europäischen Gemeinschaft und Europäisches Strafrecht: Skylla und Charybdis einer europäischen Odyssee?, EuR 2005, S. 466–493.

Streinz, Rudolf: Der >> effet utile << in der Rechtsprechung des Gerichtshofs, in: Due, Ole/Lutter, Marcus/Schwarze, Jürgen (Hrsg.), Festschrift für Ulrich Everling, Band 2, Baden-Baden 1995, S. 1491–1510 (zit.: *Streinz*, in: FS Everling).

–. Die Auslegung des Gemeinschaftsrechts durch den EuGH, ZEuS 2004, S. 387–414.

Sünner, Eckart: Das Verfahren zur Festsetzung von Geldbußen nach Art. 23 II lit. a) der Kartellverfahrensordnung (VerfVO), EuZW 2007, S. 8–13.

van Themaat, Pieter Ver Loren: Einige Betrachtungen über die Entwicklung der Wettbewerbspolitik in Europa vor und seit dem Zustandekommen der Verordnung 17/62, in: Everling, Ulrich/Narjes, Karl H./Sedemund, Jochim (Hrsg.), Festschrift für Arved Deringer, Baden-Baden 1993, S. 398–415 (zit.: *van Themaat*, in: FS Deringer).

Thomas, Stefan: Unternehmensverantwortlichkeit und -umstrukturierung nach EG-Kartellrecht, zugleich Diss.iur., München 2005 (zit.: *Thomas*, S.).

–. Die wirtschaftliche Einheit im EU-Kartellbußgeldrecht, KSzW 2011, S. 10–14.

–. Konzernprivileg und Gemeinschaftsunternehmen – Die kartellrechtliche Beurteilung konzerninterner Wettbewerbsbeschränkungen mit Gemeinschaftsunternehmen, ZWeR 2005, S. 236–259.

–. Der Schutz des Wettbewerbs in Europa – welcher Zweck heiligt die Mittel?, JZ 2011, S. 485–495.

–. Guilty of a Fault that one has Committed. The Limits of the Group-Based Sanction Policy Carried out by the Commission and the European Courts in EU-Antitrust Law, JoECLaP 2011, S. 1–18.

–. Der „Wettbewerb der Grundrechtsordnungen“ im Europäischen Kartellrecht, in: Studienvereinigung Kartellrecht e.V. (Hrsg.), Festschrift für Cornelis Canenbley zum 70. Geburtstag, München 2012, S. 459–474 (zit.: *Thomas*, in: FS Canenbley).

Thomas, Sven: Die Anwendung europäischen materiellen Rechts im Strafverfahren, NJW 1991, S. 2233–2238.

Thompson, Robert B. Unpacking Limited Liability: Direct and Vicarious Liability of Corporate Participants for Torts of the Enterprise, Vanderbilt Law Review 1994, S. 1–41.

Tiedemann, Klaus: Strafrechtliche Grundprobleme im Kartellrecht, NJW 1979, S. 1849–1856.

–. Das Kautionsrecht der EWG – ein verdecktes Strafrecht, NJW 1983, S. 2727–2731.

–. Der Allgemeine Teil des europäischen supranationalen Strafrechts, in: Vogler, Theo u.a. (Hrsg.), Festschrift für Hans-Heinrich Jescheck zum 70. Geburtstag, Zweiter Halbband, Berlin 1985, S. 1411–1440 (zit.: *Tiedemann*, in: FS Jescheck).

–. Der Strafschutz der Finanzinteressen der Europäischen Gemeinschaft, NJW 1990, S. 2226–2233.

–. Europäisches Gemeinschaftsrecht und Strafrecht, NJW 1993, S. 23–31.

–. Gegenwart und Zukunft des Europäischen Strafrechts, ZStW 116 (2004), S. 945–958.

Timberg, Sigmund: Antitrust and Foreign Trade, Northwestern University Law Review 1953, 411-426.

Trstenjak, Verica/Beysen, Erwin: Das Prinzip der Verhältnismäßigkeit in der Unionsrechtsordnung, EuR 2012, S. 265–285.

Tsolka, Olga: Der allgemeine Teil des europäischen supranationalen Strafrechts i.w.S., zugleich Diss.iur., Frankfurt a.M. 1995 (zit.: *Tsolka*, S.).

Vagts, Detlev: Wohin mit der beschränkten Haftung der Aktionäre? Neue Strömungen im amerikanischen Gesellschaftsrecht, ZGR 1994, S. 227–236.

van Vormizeele, Philipp Voet: Die EG-kartellrechtliche Haftungszurechnung im Konzern im Widerstreit zu den nationalen Gesellschaftsrechtsordnungen, WuW 2010, S. 1008–1019.

–. Kartellrecht und Verfassungsrecht, NZKart 2013, S. 386–393.

Wabnitz, Heinz-Bernd/Janovsky, Thomas (Hrsg.): Handbuch des Wirtschafts- und Steuerrechts, 4. Aufl., München 2014 (zit.: *Bearbeiter*, in: Wabnitz/Janovsky, Handbuch Wirtschafts- und Steuerstrafrecht).

Wagenführ, Horst: Kartelle in Deutschland, Nürnberg 1931.

Wagner, Eckart/Kleine, Maxim/Liebach, Ingo: Kartellrechtliche Schadensersatzklagen – Bewertung der Vorschläge der Europäischen Kommission im Weißbuch, EWS 2008, S. 305–318.

Wagner, Gerhard: Prävention und Verhaltenssteuerung durch Privatrecht – Anmaßung oder legitime Aufgabe?, AcP 206 (2006), S. 352–476.

Wagner-von Papp, Florian: Kriminalisierung von Kartellen, WuW 2010, S. 268–282.

–. Der Richtlinienentwurf zu kartellrechtlichen Schadensersatzklagen, EWS 2009, S. 445–454.

Weber, Ulrich: Die Überspannung der staatlichen Bußgeldgewalt, ZStW 92 (1980), S. 313–345.

Weck, Thomas: Ein Gebot der Fairness – Übernahme des EU-Unternehmensbegriffs ins deutsche Kartellrecht, WuW 2016, S. 404–410.

Wegner, Carsten: Keine umfassende Begründungspflicht der Kommission für Kartellgeldbußen in Millionenhöhe?, WuW 2001, S. 469–332.

Weigend, Thomas: Strafrecht durch internationale Vereinbarungen – Verlust nationaler Strafrechtskultur?, ZStW 105 (1993), S. 774–802.

Weitbrecht, Andreas: Die Entwicklung des Europäischen Kartellrechts im Jahr 1997, EuZW 1998, S. 677–686.

–*/Baudenbacher, Laura Melusine*: Bußgeld wegen Beihilfe zu einem Kartell? Zum Urteil des EuG vom 8. Juli 2008 (Rs. T-99/2004 – AC Treuhand), EuR 2010, S. 230–241.

Weiß, Wolfgang: EU-Kartellverfahren und Grundrechte: Neues aus Lissabon, ÖZK 2010, S. 12–16.

–. Das Leitlinien(un)wesen der Kommission verletzt den Vertrag von Lissabon, EWS 2010, S. 257–261.

–. Grundrechtsschutz im EG-Kartellrecht nach der Verfahrensnovelle, EuZW 2006, S. 263–268.

Werden, Gregory J. Sanctioning Cartel Activity: Let The Punishment Fit The Crime, ECJ 2009, S. 19–36.

Weyer, Heinrich: Die Erste Durchführungsverordnung zu den Art. 85 und 86 des EWG-Vertrages (Teil II), DB 1962, S. 325–328.

Wiedemann, Gerhard (Hrsg.): Handbuch des Kartellrechts, 3. Aufl., München 2016 (zit.: *Bearbeiter*, in: Wiedemann, Kartellrecht).

Wils, Wouter P.J. The Optimal Enforcement of EC Antitrust Law, Den Haag 2002.

–. The Increased Level of EU Antitrust Fines, Judicial Review and the ECHR, World Competition 2010, S. 5–29.

Winkler, Rolf: Die Rechtsnatur der Geldbuße im Wettbewerbsrecht der Europäischen Wirtschaftsgemeinschaft, zugleich Diss.iur., Tübingen 1971 (zit.: *Winkler*, S.).

Wolf, Ernst: Zum Kartellrecht der EWG, WuW 1962, S. 645–661.

Wolffgang, Hans-Michael/Ulrich, Stephan: Schutz der finanziellen Interessen der Europäischen Gemeinschaften, EuR 1998, S. 616–647.

Woods, Donncadh/ Sinclair, Ailsa/ Ashton, David: Private enforcement of Community competition law: modernisation of the road ahead, Competition Policy Newsletter No. 2 2004, S. 31–37.

Würdinger, Hans: Verbundene Unternehmen und GWB, WuW 1967, S. 84–90.

Zandler, Dieter: Die wirtschaftliche Einheit als Normadressat im Kartellbußgeldrecht, NZKart 2016, S. 98–104.

Zieschang, Frank: Der Einfluss der Europäischen Union auf das deutsche Strafrecht, in: Sieber, Ulrich (u.a.) (Hrsg.), Festschrift für Klaus Tiedemann zum 70. Geburtstag, Köln 2008, S. 1303–1319 (zit.: *Zieschang*, in: FS Tiedemann).

–. Chancen und Risiken der Europäisierung des Strafrechts, ZStW 113 (2001), S. 255–270.

Zimmer, Daniel: Sanktionssysteme im internationalen Vergleich: Administrativentscheidung versus Gerichtliches Verfahren, in: Sanktionen im Kartellrecht, FIW-Schriftenreihe Heft 237, Köln 2011, S. 1–12 (zit.: *Zimmer*, in: Sanktionen im Kartellrecht).

Zimmer, Daniel J./Paul, Thomas: Kartellbußgeldrechtliche Haftung und Haftungsbefreiung im Konzern, WuW 2007, S. 970–980.

Zimmermann, Frank: Wann ist der Einsatz von Strafrecht auf europäischer Ebene sinnvoll? Die neue Richtlinie zum strafrechtlichen Schutz der Umwelt, ZRP 2009, S. 74–77.

Zippelius, Reinhold: Juristische Methodenlehre, 11. Aufl., München 2012 (zit.: *Zippelius*, Methodenlehre).

Zuleeg, Manfred: Der Beitrag des Strafrechts zur europäischen Integration, JZ 1993, S. 761–769.